Claudia Metz · Klaus Schubert

Abgefahren

Claudia Metz · Klaus Schubert

Abgefahren
In 16 Jahren um die Welt

Kiepenheuer & Witsch

Unser Dank gilt allen, die uns bei diesem Buchprojekt geholfen haben, die sich auf unser Globetrotter-Kauderwelsch einen Reim machen konnten – insbesondere Claudia Oberascher und Patty Metz.

10. Auflage 2000

© 1999 by Verlag Kiepenheuer & Witsch, Köln
Alle Rechte vorbehalten. Kein Teil des Werkes
darf in irgendeiner Form (durch Fotografie, Mikrofilm
oder ein anderes Verfahren) ohne schriftliche
Genehmigung des Verlages reproduziert oder unter
Verwendung elektronischer Systeme verarbeitet,
vervielfältigt oder verbreitet werden.
Umschlaggestaltung: Rudolf Linn, Köln
Umschlagfotos, Fotos im Innenteil, Logo: © Schubert/Metz
Karte Vor- und Nachsatz: Erwin Butschan
Reproarbeiten: repro acht, Köln
Gesetzt aus der Garamond Stempel (Berthold)
bei Kalle Giese Grafik, Overath
Druck und Bindearbeiten: Graphische Betriebe Pustet, Regensburg
ISBN 3-462-02790-5

Für Anna Claudia

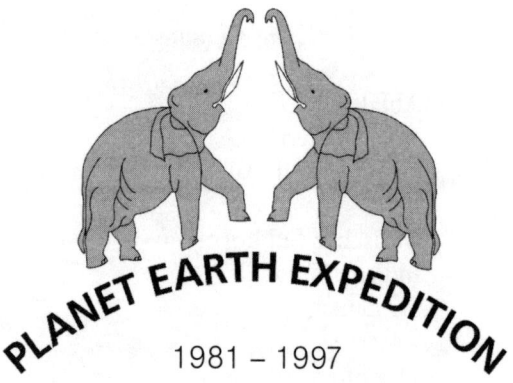

PLANET EARTH EXPEDITION
1981 – 1997

Inhalt

		Abfahrt	
1981	August	Köln · Österreich · Jugoslawien · Griechenland · Türkei · Iran · Pakistan	11
		Indischer Subkontinent	
	September	Indien · Nepal · Bangladesch	36
1982	März	Sri Lanka	54
		Ozeanien	
	Mai	Australien · Neuseeland	58
		Südostasien	
1983	September	Indonesien · Malaysia · Singapur · Thailand	68
1984	Januar	Birma · Indien · Nepal · Thailand · Philippinen	86
		Nordostasien	
	Oktober	Taiwan · Japan · Südkorea	101
		China	
1986	Mai	China	110
	August	Tibet	123
	Oktober	China · Hongkong	130
		Nordamerika	
	Dezember	USA · Kanada · Florida	153
1988	Mai	Kanada · Alaska	164
		Zentralamerika	
1989	Oktober	Mexiko · Belize	179
1990	April	Guatemala · El Salvador · Honduras · Nicaragua · Costa Rica · Panama	200

		Südamerika	
1991	März	Venezuela · Kolumbien · Ecuador · Peru	220
1992	Mai	Bolivien · Chile · Argentinien · Uruguay · Paraguay	232
1993	September	Brasilien	250

		Afrika	
1995	Januar	Südafrika · Swasiland · Lesotho · Namibia · Botswana	275
	September	Zimbabwe · Moçambique · Malawi · Sambia · Tansania · Kenia · Uganda · Ruanda	288
1996	April	Zaire · Zentralafrika · Kamerun	293
	Juli	Nigeria · Benin · Togo · Burkina Faso · Mali · Niger · Senegal · Mauretanien · Marokko	307

		Rückkehr	
1997	März	Spanien · Portugal · Frankreich · Belgien · Holland · Luxemburg	312
	September	Köln	318

Die Motoren laufen. Beide. Gleichmäßig stampfen sie in beruhigendem Rhythmus. Heute geht es los. Wir erreichen die Autobahn und beschleunigen auf 120. Abgefahren – endlich!
Die Hochhäuser des Kölner Nordens bleiben hinter uns zurück. Ein Autofahrer schließt rechts auf, kurbelt das Fenster runter und ruft: »Wo soll es denn hingehen?« – »Nach Japan!« brülle ich zurück. Er lacht erst, schaut noch mal rüber und schüttelt den Kopf. Soll er denken, was er will. Mir geht es auf einmal viel besser. Jetzt habe ich unser Ziel ausgesprochen. Wir sind tatsächlich unterwegs.

Am Morgen war ich mir gar nicht mehr so sicher, was wir da machten. Schon in der ersten Kurve hatte es sich mir rund um die Nase zusammengezogen, ich glaubte Adrenalin auf der Zunge zu schmecken, so ähnlich wie Eisen, wie Blut. Ich fragte mich, ob ich wirklich so mutig bin, wie ich immer tue. Klaus, du bist verrückt! Sie hatten es mir alle gesagt, Freunde, Verwandte, Kollegen.
  Claudia fuhr neben mir. Sie wollte mich auf dieser Reise begleiten. Ein noch größerer Irrsinn. In meiner Brust spürte ich die Angst wie einen Knoten. Mit jedem Kilometer würden wir uns weiter von unserer Heimat entfernen, mit jedem Kilometer tiefer in unser Abenteuer eindringen. Hinter der zweiten Kurve hielt Claudia schon an. Sie wollte schnell die belegten Brötchen essen, die ihre Mutter uns noch vor der Abfahrt zugesteckt hatte. Vor lauter Aufregung hatte Claudia die letzten Tage kaum noch einen Bissen heruntergebracht. Jetzt hatte sie Hunger.
  An der Ampel stand neben uns noch ein drittes Motorrad, auch eine XT 500. Es sah vergammelt aus, war vielleicht drei Jahre alt, der Motor rasselte in den letzten Zügen. Der Fahrer schaute abschätzend auf unsere nagelneuen XTs und sagte: »So hören sich eure auch bald an. 40.000 Kilometer und schon Schrott!«
  Schön wär's gewesen, wenn mein Motor solange gehalten hätte. Doch nur 300 Kilometer südlich von unserer Heimatstadt Köln machte mein Motorrad einen heftigen Ruck, der Motor kreischte, ich zog die Kupplung. Ruhe. Das Motorrad rollte aus, zum Glück gleich in eine Parkbucht neben der Autobahn.

Fassungslos rutschte ich vom Sattel und starrte auf den Motor. Unmöglich, die Maschinen waren brandneu! Der Kolben klemmte. Frustration, Enttäuschung, Wut – alles ballte sich in mir zusammen. Ich wollte schreien, doch meine Gedanken rasten weiter. Die monatelange Arbeit umsonst, alle Planung, alle Hoffnung zunichte. Das war nicht fair. Unser Ziel rückte plötzlich in unerreichbare Ferne. Bald liefen unsere Visa ab, die wir bis einschließlich Bangladesch im voraus gekauft hatten. Ein Motorschaden war nicht einkalkuliert. Was jetzt? Wir mußten zurück.

Wir hatten uns von Verwandten und Freunden verabschiedet, die Wohnungsschlüssel abgegeben, der ganze Haushalt war aufgelöst, ein paar Kartons in Schuppen und Speichern untergestellt. Wir wollten zehn Monate wegbleiben und hatten nicht mal einen Tag geschafft! Vollkommen wirr fing ich an, Schrauben vom Motor zu lösen. Dabei kam der Kolben frei, wir konnten langsam zurückkehren. Es wurde ein Fabrikationsfehler festgestellt, die defekten Teile konnte ich auf Garantie austauschen. Die Arbeiten führte ich selber durch, um lange Wartezeiten zu vermeiden. Am Ende hatte ich das Innenleben meines Viertaktmotors kennengelernt und unser Bordwerkzeug um ein paar Schraubenschlüssel ergänzt.

Wenn mir damals jemand gesagt hätte, daß wir so lange unterwegs sein würden, ich wäre niemals losgefahren.

Angefangen hatte alles damit, daß wir Klaus' ältere Schwester Laila mit ihrem japanischen Ehemann und den beiden Kindern zum Flughafen in Frankfurt brachten. Sie waren im Begriff, nach Japan auszuwandern. Beim Abschied versprach Klaus seiner Schwester, daß er sie besuchen würde. »Wann denn«, wollte sie wissen. Spontan sagte er: »In einem Jahr«, und setzte hinzu: »Aber nicht mit dem Flugzeug, sondern mit dem Motorrad!« Das Versprechen stand.

Auf der Rückfahrt nach Köln verkündete er, daß man für den Preis eines Flugtickets ein neues Motorrad bekommen kann. Zu Hause fuhren wir dann gleich bei einer Buchhandlung vorbei, um eine große Weltkarte zu kaufen, auf der beide Städte, Köln und Tokio, zu finden waren. Sie wurde im Wohnzimmer an die Wand gepinnt. Über Klaus' Enthusiasmus konnte ich da noch schmunzeln. Was für eine verrückte Idee – mit dem Motorrad nach Japan!

Zu diesem Zeitpunkt, im August 1980, waren wir schon seit zwei Jahren zusammen. Ich war von zu Hause aus- und bei Klaus einge-

zogen, genoß meine neue Selbständigkeit. Nach dem Abitur hatte ich bei verschiedenen Firmen gejobbt und zum ersten Mal richtig Geld verdient. Bald darauf hatte ich mit meinem Studium der Sonderpädagogik begonnen. Klaus absolvierte gerade seinen Zivildienst und besuchte parallel dazu die Abendschule, um das Fachabitur nachzuholen.

Irgendwann setzte Klaus ein konkretes Abfahrtsdatum, den 1. August 1981, und fing mit den Reisevorbereitungen an. Zu Anfang waren es nur die bunten Broschüren der verschiedenen Fremdenverkehrsämter, die mit der Post kamen. Doch bald begann Klaus sich nach einem geeigneten Motorradmodell umzuschauen und sich nach den Visabestimmungen der einzelnen Länder zu erkundigen. Langsam dämmerte mir, daß es ihm ernst war.

Was sollte aus mir werden? Klaus meinte nur, ich könnte ihn ja unterwegs per Flugzeug besuchen. Ich kam ins Grübeln. Mein Studium wollte ich eigentlich nicht abbrechen. Aber der Gedanke, in Deutschland zurückzubleiben, während Klaus in fremden Ländern unterwegs war, behagte mir gar nicht. So fragte ich ihn, ob ich nicht mitkommen könnte.

Bis dahin war ich es gewohnt, bei ihm als Sozia hinten auf dem Motorrad zu sitzen. Obwohl ich zwei Jahre zuvor den Führerschein gemacht hatte, war ich nie selbst gefahren. Klaus durchschaute meine Gedanken sofort und nahm mir jede Illusion. Den Platz hinter sich würde er für seine Ausrüstung brauchen, schließlich ging er auf große Tour. »Wenn du mitkommen willst, mußt du schon dein eigenes Motorrad fahren.« Ich protestierte sofort, doch er meinte nur: »Wenn du es wirklich willst, dann kannst du es auch!« Okay, ich beschloß, daß ich es wirklich wollte.

Von nun an beteiligte ich mich an den Reisevorbereitungen und erzählte allen, die es hören wollten, daß ich mit Klaus auf große Tour gehen würde. Zu meinem stillen Entsetzen schien mir das niemand abzunehmen. Nur ein alter Schulkamerad, den ich eines Abends in einer Kneipe traf, fand die Idee auf Anhieb toll. Ich glaube, er weiß bis heute nicht, wieviel Mut er mir damals gemacht hat, weil er mich ernst nahm. Ich ließ also nicht locker und kaufte mir eine gebrauchte 250-ccm-Maschine, um Fahrpraxis zu bekommen. Nach zwei Wochen im Straßenverkehr nahm mir ein anderer Fahrer die Vorfahrt, und es krachte. Der Zweitakter wurde repariert und verkauft, ich war frustriert, doch war zum Glück nichts weiter passiert.

Nach Abschluß seines Zivildienstes arbeitete Klaus wieder als Elektroniker bei seiner Firma. Sein Chef machte ihm den Vorschlag, anstatt zu kündigen, doch lieber für die Firma ins Ausland zu gehen. Am Ende einigten sie sich auf zehn Monate unbezahlten Sonderurlaub. Ich ging zu meinem Vertrauensprofessor, einem älteren Herrn, und erzählte ihm von meinen Sorgen, den Studienplatz zu verlieren. Er sagte nur: »Fahren Sie doch erst einmal nach Japan, dann wird die Welt für Sie ganz anders aussehen.«

Der letzte Monat vor unserer Abreise verlief vollkommen chaotisch. Nach und nach kauften wir die komplette Ausrüstung, Zelt, Schlafsäcke, Isomatten, Kocher, Packtaschen, Lederkombis, Helme, Stiefel, Handschuhe und natürlich zwei nagelneue 500er Einzylinder-Enduros. Gleichzeitig machte ich noch die Abschlußprüfungen für das Semester, wir lösten die Wohnung auf, absolvierten den Impfplan des Gesundheitsamtes und fuhren alle paar Tage nach Bonn, um die nötigen Visa zu beschaffen. Ein Gefühl der Panik überkam mich, ich konnte kaum noch etwas essen, geschweige denn eine Nacht durchschlafen. Zu meiner eigenen Beruhigung versicherte ich allen, daß ich es erst mal bis Griechenland versuchen wollte. Wenn es dann nicht klappen sollte mit dem Motorradfahren, würde ich mit dem Zug nach Hause zurückkommen.

Am Tag unserer Abfahrt waren meine drei Schwestern bereits im Urlaub. Es kamen nur wenige Freunde, um uns zu verabschieden. Meine Mutter war da und Klaus' Eltern. Sie waren gekommen, um noch eines ihrer acht Kinder in die weite Welt entschwinden zu sehen. Laila, die Älteste, war in Japan, Petra, Klaus' Zwillingsschwester, hatte einen Amerikaner aus Illinois geheiratet, und von Doris, der jüngeren Schwester, hatten wir kurz zuvor noch Post aus Indien erhalten. Ihr wollten wir unterwegs auch einen Besuch abstatten.

Ich kann mich nicht erinnern, in der Nacht geschlafen zu haben. Wir verstauten die letzten Dinge, zwängten uns zwischen das Gepäck, lächelten in die Kameras, um diesen denkwürdigen Augenblick festzuhalten, verabschiedeten uns und waren unterwegs. Wahrscheinlich war ich viel zu sehr mit der Technik des Motorradfahrens beschäftigt, um mir groß Gedanken zu machen. Schließlich war es für mich die erste Fahrt auf einem vollbeladenen Motorrad, das eigentlich eine Nummer zu groß für mich war.

Südlich von Frankfurt fuhren wir von der Autobahn ab, um in einem Werk vier Reservereifen abzuholen, die wir vorher bestellt hatten. Jeder bekam zwei davon noch zusätzlich aufs Gepäck geschnallt. Klaus, der voranfuhr, bog links ab, wo es eigentlich nicht erlaubt war. Ich kam wegen des Gegenverkehrs nicht nach, wollte aber auch die Autos hinter mir nicht blockieren. Ich beschloß, auf dem Bürgersteig auf Klaus zu warten. Also Blinker raus, Gang rein, Vorderrad hoch – und platsch, da lag ich. Irgendwie hatte ich nicht genug Anlauf genommen, das Hinterrad war nicht nachgekommen, so daß meine Füße in der Luft baumelten, bis ich einfach umfiel.

Jetzt lag das Motorrad halb auf der Straße, und ich schaute mich hilfesuchend um. Aus dem Auto hinter mir stieg ein Mann, der sofort losbrüllte: »Das ist ja unverantwortlich! So ein kleines Geschöpf auf so einer großen Maschine. Das sollte verboten werden!« Ich war so verdattert, daß ich den Typ nur anstarrte, bis jemand kam und mir half, das schwere Motorrad von der Straße zu bugsieren. Kurz darauf, wieder auf der Autobahn, passierte die Panne, die uns zwang, nach Köln zurückzukehren. Als wir gegen Abend wieder am Haus meiner Großmutter ankamen, empfing sie mich mit den Worten: »Ich wußte ja, daß du wiederkommen würdest!« Erst viele Jahre nach ihrem Tod erfuhr ich, daß sie noch am selben Abend rumtelefoniert hatte, um allen Verwandten mitzuteilen, »einmal Japan und zurück« sei abgesagt.

Genau eine Woche später, am 13. August 1981, starten wir unseren zweiten Versuch. Hier fängt unsere eigene Zeitrechnung an, denn den ersten Versuch nennen wir den Fehlstart, den mit dem Kloß im Hals. Heute muß es klappen.

Claudia wird mich bis Griechenland begleiten. Bis dahin wird sie eingesehen haben, daß die Reise nichts für sie ist. Wir werden noch gemeinsam Urlaub machen, dann setze ich sie mit ihrem Motorrad auf den Zug, und sie fährt zurück nach Köln. Ich fahre dann weiter, Richtung Bosporus, und lasse Europa hinter mir. In einem Tag sind wir raus aus Deutschland. Dann gelten die strengen deutschen Gesetze nicht mehr, alles ist viel lockerer – das hoffe ich wenigstens.

Die Motorräder sind nämlich hoffnungslos überladen. Wir haben zuviel Gepäck. Später werden wir jeder mit 40 Kilo auskommen. Jetzt wissen wir noch nicht, was wir alles entbehren können. Dazu kommt der übergroße Benzintank. Der wird vom TÜV nicht genehmigt. Fiberglastanks sind in Deutschland verboten. Warum, weiß der Geier. So nenne ich den Bundesadler. Der thront über allem – dem Bundestag, den Gerichtshöfen, den Finanzämtern. Seine wachsamen

Augen sind allgegenwärtig. Daß man mit einem Acht-Liter-Tank nicht weit kommt, schon gar nicht in der Wüste, ist dem Geier egal. Den interessiert auch nicht, daß wir eine lange Reise vor uns haben und deshalb viel Gepäck benötigen. Der Geier kennt nur seine Paragraphen. Jeden Tag werden neue Gesetze erlassen, kommen Paragraphen und Richtlinien hinzu. Da kennt sich kaum noch einer aus. Man steht also immer mit einem Bein im Knast. Besser, wir lassen uns nicht erwischen.

Also, schnell raus aus Deutschland, bevor die Polizei auf uns aufmerksam wird. Hier ist es mir zu eng geworden. Arbeiten, konsumieren, arbeiten, alt werden, sterben. Soll so mein Leben aussehen? Meine Eltern träumten davon, nach Neuseeland auszuwandern, als sie jung waren. Doch dann kamen die Kinder. So viele Menschen träumen vom Aussteigen, von der großen Freiheit. Aber ich will meine Träume verwirklichen.

Wir fahren bis in die Nacht hinein. Um zehn Uhr abends erreichen wir einen Campingplatz am Chiemsee. Knapp siebenhundert Kilometer am ersten Tag. Es soll der Tagesstreckenrekord unserer gesamten Reise sein. Wir wissen es nur noch nicht. Wir wissen noch gar nichts. Zum Glück.

Am nächsten Morgen bleiben wir lange in unseren Schlafsäcken und genießen unser neues Heim. Das Rundbogenzelt war so teuer wie eine Monatsmiete. Draußen warten neugierige Badegäste. Sie wollen wissen, wohin die Reise geht. »Wenn ihr so spät aufsteht, kommt ihr da nie an!« Klar haben sie recht. Durch unseren Fehlstart sind wir mit dem Zeitplan sowieso schon in Verzug. Schließlich habe ich die Streckenabschnitte minutiös vorausgeplant. Viel Zeit für Zwischenfälle ist da nicht drin. Den Absprung haben wir geschafft.

Es ist schon früher Nachmittag, als wir wieder unterwegs sind. Bei herrlichem Sommerwetter fahren wir durch die österreichischen Alpen, über den Loibl-Paß nach Jugoslawien, durch Ljubljana auf den Autoput Richtung Zagreb. Diese Durchgangsstraße ist voller stinkender Lkws, eine Lawine aus Blech, mit der wir nach Osten geschoben werden.

Am fünften Tag erreichen wir die griechische Grenze. Die Sonne brennt vom Himmel, und wir schwitzen unter unseren Lederkombis. Ganz Thessaloniki ist ein einziger Stau, kühlender Fahrtwind kann da nicht aufkommen. Bis zum Abend sind wir mit einer Fähre auf die Insel Thassos übergesetzt. Wir haben unsere erste Zwischenetappe erreicht, wo wir uns ausruhen wollen. Die nächste ist Nepal.

Die ersten Tage hatte ich mich nur aufs Motorradfahren und den Straßenverkehr konzentriert. Doch bei unserer Ankunft auf der Insel fiel ich prompt wieder mit der schweren Maschine um. Ich vermied es tunlichst, die Zugverbindung nach Deutschland zu erwähnen. Niemals wäre ich so einfach umgekehrt! Klaus bot mir an, in Zukunft bei schwierigen Stücken zu helfen, und mit diesem Versprechen wuchs auch meine Zuversicht, daß ich es schaffen könnte.

Wir verbringen ein paar schöne Tage auf Thassos. Diskutieren viel über unsere Zukunft. Im stillen bewundere ich Claudias Mut und Entschlossenheit. Jetzt leben wir schon seit drei Jahren zusammen. Ein Abschied würde auch mir sehr schwer fallen. Aber die Strecke, die vor uns liegt, ist viel zu hart, ja es ist ungewiß, ob wir überhaupt durchkommen. Wir haben nur von einem einzigen Motorradfahrer gehört, der es über Land bis nach Indien geschafft hat. Das war allerdings, bevor der Nahe Osten zum Krisengebiet wurde.

Ursprünglich wollte ich ja durch Rußland fahren: von Köln nach Tokio, auf möglichst geradem Weg. Auf der großen Karte, die zu Hause an der Wand hing, verband ich die beiden Städte mit dem Lineal. Die Linie verlief quer durch die Sowjetunion und China. Also rief ich bei Intourist in Moskau an. Die Verhandlungen mit der sowjetischen Tourismusbehörde zogen sich über drei Monate hin. Auch ein persönlicher Brief an den Staats- und Parteichef Breschnew, mit der Bitte um eine Sondergenehmigung, hatte keinen Erfolg. Es blieb dabei: Mit einem Wohnmobil würde man uns bis zum Aralsee fahren lassen, mit Motorrädern dürften wir gar nicht erst in die UdSSR einreisen. Wir schrieben das Jahr 1981. An Perestroika dachte noch nicht einmal Gorbatschow. Es war die Zeit des »Eisernen Vorhangs«, die Zeit des Kalten Krieges.

Also verlegte ich die Linie auf der Landkarte nach Süden. Türkei, Iran, Pakistan. Die Aussichten, hier durchzukommen, waren auch nicht rosig. In der Türkei sorgte eine Militärregierung für Ruhe. Wie die Militärs dabei vorgingen, konnte ich mir denken. Im Iran sorgte der fanatische Religionsführer Ayatollah Khomeini für Aufregung. Iranische Studenten hatten monatelang amerikanische Geiseln in der

Teheraner US-Botschaft gefangengehalten. Außerdem führten die Perser Krieg gegen das Nachbarland Irak. Die direkte Überlandroute von Teheran zur afghanischen Hauptstadt Kabul und weiter über den Khyber-Paß nach Lahore und Delhi war unterbrochen. In Afghanistan herrschte Bürgerkrieg, die Russen waren einmarschiert, die Grenzen dicht. Ich hatte die Hoffnung, daß wir Afghanistan irgendwie umfahren könnten.

Aber jetzt liegt erst mal die Türkei vor uns. Türkische Bekannte aus Deutschland hatten uns gewarnt: Das Land sei für Ausländer viel zu gefährlich, der Tourismus noch nicht entwickelt. Die eindringlichste Warnung muß ich verdrängt haben. Sie kam von einem Fernfahrer auf dem Autoput. Es ging dabei um den Ort Dogobayazit, ganz im Osten der Türkei. Daß wir da auf gar keinen Fall anhalten dürfen, fällt mir erst wieder ein, als es schon fast zu spät ist. Kurdische Banditen hätten diesen Teil Anatoliens fest im Griff, hatte der Lastwagenfahrer erzählt. Selbst Polizei und Militär hielten sich von diesem Gebiet fern. Sie, die Trucker, führen nur im Konvoi von mehreren Lkws, Maschinengewehre auf den Führerkabinen festmontiert, um sich notfalls den Weg freischießen zu können.

Dogobayazit – das klingt richtig schön. Deshalb muß der Name auf die Sonnenseite meines Gedächtnisses gerutscht sein. Oder, weil andere Traveller davon erzählten. Hinter dem Ort soll ein Schotterweg den Berg raufführen. Oben sei ein wunderschönes Kloster in einen Felshang gebaut, mit einer tollen Aussicht auf den schneebedeckten Ararat. Der Ruinenwächter ließe Reisende da gerne zelten. Das sind die Tips unter Globetrottern, da wollen wir hin.

Für heute sind wir genug gefahren. Den Iran haben wir fast erreicht, die Formalitäten an der Grenze wollen wir uns für morgen aufheben. Außerdem sind wir müde und hungrig. Und ich bin sauer. Stinksauer sogar. Wegen diesem Lkw-Fahrer, der uns heute vormittag entgegenkam. Der hat uns in voller Fahrt mit Kieselsteinen beworfen. Hatte die Steine griffbereit in einer Kiste außen an der Tür. Claudia wurde am Schienbein getroffen und ich am Knöchel des linken Zeigefingers, den ich wegen einer Blutblase jetzt nicht mehr bewegen kann.

Und dann die Schafhirten am Straßenrand. Kaum sehen die Kinder uns kommen, bücken sie sich nach Steinen. Ich hab mir angewöhnt, voll auf sie zuzufahren. So haben sie keine Gelegenheit mehr, nach uns zu werfen.

Dabei hat uns die Türkei so gut gefallen. Angefangen mit Istanbul. Eine Stadt, auf sieben Hügeln erbaut, am Bosporus gelegen, der geographischen Grenze zwischen Europa und Asien. Überall Moscheen mit hohen Türmen, Minaretten, an denen Lautsprecher aus Blech angebracht waren. Schon früh morgens riefen die Muezzin zum Gebet. Für meine ungeübten Ohren hörte es sich an, als ob sie ihre Stimmbänder trainierten. Dutzende Lautsprecher krächzten durcheinander, je lauter, desto besser. Ab hier war der Islam die vorherrschende Religion. Männer trugen Kappen auf dem Kopf, ihre Körper waren in lange Gewänder gehüllt. In den engen Gassen der Stadt glaubten wir, schon mitten im Orient zu sein. Alte Männer mit grauen Bärten saugten genüßlich an riesigen Wasserpfeifen, während sie dem geschäftigen Treiben der fliegenden Händler zuschauten. In offenen Fenstern lag das Lebensmittelangebot, viele Auberginen, Schafs- und Ziegenfleisch. Appetitliche Düfte verführten zum Naschen.

In den Katakomben unter der Stadt nahmen wir uns etwas Zeit. Soviel Neues und Beeindruckendes. Die Geschäftsleute versuchen, den kalten, moderigen Gestank mit süßlich qualmenden Räucherstäbchen zu überdecken. Hier gibt es alles, was so manches Herz begehrt: Teppiche, Edelsteine, Schmuck, Elfenbein. Ein Lastwagen würde nicht ausreichen, all das zu verstauen. Auf unseren Motorrädern haben wir keinen Platz mehr, nicht mal für ein kleines Souvenir. Zum Glück, denn die Geschichten der Verkäufer sind gut und überzeugend: Wenn die Oma nicht plötzlich gestorben wäre und sie das Geld nicht für die Beerdigung bräuchten, würden sie sich niemals von diesem antiken Teppich trennen. Der war schon seit fünf Generationen in Familienbesitz. Schau mal, diese Farben, das Muster, es ist ein einmaliges Stück. Und fast geschenkt. Bei der dritten toten Oma innerhalb von fünf Minuten war mir endlich klar, daß die Teppiche maschinell gefertigt sind und nur deshalb so billig verkauft werden konnten.

Die Begegnungen waren lebhaft und freundlich, man trank Tee zusammen, ein Ritual, das sich unterwegs stets wiederholte. Manchmal rissen sie uns fast von den fahrenden Motorrädern. Es wäre unhöflich gewesen, als Gast in ihrem Land nicht wenigstens anzuhalten und ein Glas Tee mit ihnen zu trinken. Uns war das ganz schön peinlich. Wir wußten, wie schlecht Türken oftmals in Deutschland behandelt wurden. Trotzdem bestand ein Restaurantbesitzer darauf, daß Deutsche bei ihm grundsätzlich nicht fürs Essen bezahlen. Auch er sprach fließend Deutsch, wie viele andere. Wir waren von Land und Leuten begeistert und beschlossen, unseren nächsten Urlaub in der Türkei zu verbringen. Diesmal hatten wir keine Zeit, uns alles genau anzuschauen.

Ausgerechnet heute, zum Abschluß, beschmeißen uns solche Idioten mit Steinen. Und mit matschigen Tomaten. Treffen mich mitten aufs Visier. Das waren die Bauern, die auf dem Anhänger saßen, als wir am Fuße des Ararat vorbeifuhren. Der überwältigende Anblick dieses Berges, wie er plötzlich aus der Ebene wächst und beim Näherkommen immer größer wird, hatte mich schon wieder etwas versöhnt. Ich versuchte mir gerade vorzustellen, wie da oben nach der Sintflut Noah mit seiner Arche gelandet ist. Da hagelte es Tomaten.

Völlig entnervt halten wir vor einer niedrigen Lehmhütte in dem kleinen Ort Dogobayazit. Bevor wir das Kloster aufsuchen, wollen wir uns noch nach einem Restaurant umschauen. Der Ort scheint ausgestorben. Plötzlich tauchen von allen Seiten dunkle Gestalten auf. Wilde Typen, in Sacktuch gewickelt. Sie sind nicht nur mit Zähnen bewaffnet. Alte Knarren, Revolver, Dolche, sogar Bajonette und Säbel. Sie bilden einen geschlossenen Kreis um uns. Ein Mann mit funkelnden schwarzen Augen und einer knochigen Nase fragt in gebrochenem Englisch durch seinen dichten Vollbart, ob unsere Reifen zu verkaufen sind. Lässig tippt er mit seinem Gewehr auf meine Reservereifen. Ne, tut mir leid, antworte ich schnell, die brauchen wir noch in Indien. Daß wir bis Japan wollen, sage ich ihm lieber nicht, sonst denkt er bestimmt, wir hätten eine Menge Bargeld dabei. Seine Kumpels fangen an zu lachen. Gelbe Zähne kommen zum Vorschein. Gleichzeitig zerren sie am Gepäck, versuchen, Seile, Gurte und Gummis zu lösen. Am meisten Sorgen mache ich mir jetzt um Claudia. Wenn die Banditen mitbekommen, daß sich unter der Lederkombi eine Frau verbirgt ... Sie steht fast neben mir. Zum Glück läuft ihre Maschine noch. Ich drehe mich zu ihr um und rufe: »Gib Gas, schnell, jetzt!«

Wir fahren gleichzeitig los. Vor uns spritzen die Typen erschrocken zur Seite. Einer hängt sich noch bei mir hinten an den Reifen, will mich festhalten. In diesem Moment lerne ich die Kraft meiner 500er zu schätzen. Der Verrückte will die Reifen nicht loslassen, versucht mitzulaufen, wird schließlich hinterher geschleift, bis er endlich aufgibt. Er hat uns das Leben gerettet. Denn er befand sich genau in der

Schußlinie zwischen uns und den Banditen. Jetzt halten wir nicht mehr an. Vierzig Kilometer bis zur Grenze. Die erreichen wir mit pochenden Herzen.

Klaus hatte alles genau geplant, insbesondere, wie viele Kilometer wir im Schnitt fahren mußten, um mit unseren Visa nicht in Verzug zu geraten. Das bedeutete: morgens früh raus und den ganzen Tag Motorrad fahren, so daß ich abends immer total groggy einschlief. Mir fehlte einfach die Erfahrung, alles war neu und aufregend. Plötzlich mußte ich mich in völlig fremden Kulturen zurechtfinden. Daß die Türkei ein moslemisches Land ist, bedeutete für mich hauptsächlich, daß ich von Männern vollkommen ignoriert wurde. Selbst wenn ich das Gemüse auf dem Markt bezahlt hatte, bekam Klaus das Wechselgeld. Bei Unterhaltungen durfte ich zuhören, wurde aber nicht mit einbezogen. Trotzdem war es schön in der Türkei. Wir fuhren unsere ersten Schotterpisten durch die Berge und hatten das Gefühl, auf dem Weg ins Abenteuer zu sein.

Es war ein unglückseliger Tag, als wir in Dogobayazit anhielten. Ich hatte mich auf die Übernachtung im Kloster schon gefreut, doch nach dem Überfall fuhren wir schnell bis zur Grenze weiter. Dort wurde mir klar, daß ich überhaupt keine Ahnung hatte, worauf ich mich mit dieser Tour eingelassen hatte.

Wir rollen durch ein hohes Tor in einem großen Gebäude, das aussieht wie eine Festung. Hinter uns werden die Torflügel geschlossen, denn gerade sind Nachrichten aus der Hauptstadt Teheran eingetroffen: Bei einem Bombenattentat wurden der Staatspräsident und der Regierungschef getötet. Die Grenze bleibt bis auf weiteres geschlossen. Glück im Unglück. Morgen wären wir nicht mehr rüber gekommen.

Aber auch hier sei es nicht sicher, geben uns zwei Perser zu verstehen, die fließend deutsch sprechen. Sie sind mit einem Mercedes aus Deutschland unterwegs in ihre Heimat. Die nächste Stadt, Täbris, sei 280 Kilometer entfernt, dort kennen sie den Besitzer eines guten Hotels. Bis dahin wollen sie uns begleiten. Außerdem benötigten wir Benzincoupons, denn offiziell gebe es zur Zeit gar kein Benzin zu kaufen. Es herrscht Krieg. Sie könnten uns Benzin besorgen und später auch Coupons. Geld tauschen sollen wir noch nicht, bezahlen könnten wir später. Wir sollen genau das machen, was sie sagen, sie kennen sich aus.«Zeigt nie eure Pässe. Deutsche Pässe sind hier heiße Ware. Zu viele Perser versuchen, damit außer Landes zu fliehen.«

Bis wir die Grenzformalitäten erledigt haben, ist es dunkel. In der Halle ein Riesenporträt von Ayatollah Khomeini. An der Straße ein Schild: nächster Campingplatz 786 Kilometer. Es ist eine mondlose Nacht bei klarem Himmel. Millionen Sterne leuchten stark genug, um die schwarze Teerstraße aus dem reflektierenden Wüstensand hervorzuheben. Das ist gut so, denn wir dürfen nicht mit Licht fahren. Die irakische Grenze ist zu nah, dahinter lauern die Feinde.

Wir folgen Mustafa und Achmed, den beiden Persern. Sie fahren zu schnell. Irgendwie versuche ich so zwischen ihnen und Claudia zu fahren, daß ich beide noch erkennen kann. Die Perser weit vor mir, Claudia weit hinter mir. Sie kommt nicht nach, warum gibt sie kein Gas? Dann höre ich die Trillerpfeife. Sofort steige ich in die Bremsen, lasse das Hinterrad auf dem Asphalt quietschen. Genauso haben es uns die beiden Perser erklärt: »Wenn es nicht quietscht, werdet ihr erschossen.«

Claudia schließt auf, stellt sich neben mich. Dann sehen wir die ersten Bewegungen. Aus den Straßengräben tauchen Gestalten auf, Schnellfeuergewehre im Anschlag, bilden einen Halbkreis, kommen langsam auf uns zu. Es sind Khomeinis Milizen, junge, fanatische Bauernkinder, ihre zitternden Finger am Abzug, alle Läufe auf uns gerichtet. Sie wollen unsere Papiere sehen, durchwühlen unser Gepäck. Unsere persische Begleitung kommt zurück, muß sich auch durchsuchen lassen. Dann geht es weiter, bis zum nächsten Trillern. Einmal finden sie Claudias Tampons. Ein Junge glaubt wohl, es seien kleine Bomben mit Zündschnur, nimmt sie vorsichtig auseinander. Bis er aufgeklärt wird, da läßt er sie schnell fallen. So was dürfen Männer nicht anfassen.

Dann entdecken sie unseren Brennspiritus. Alkohol ist im Iran strengstens verboten. Der Soldat setzt zum Trinken an. Ich habe Mühe, ihm die Flasche wieder abzunehmen, ihm zu erklären, daß Spiritus giftig ist. Dann hole ich unseren Kocher raus und demonstriere den staunenden Zuschauern das Brennelement. Wir dürfen den Spiritus behalten. Daß man was Brennbares nicht trinken kann, ist jedem klar.

Wir fahren weiter. Nach einer Weile kann ich Claudia hinter mir nicht mehr sehen. Das hat doch nichts mit dem Lkw zu tun, der uns eben entgegenkam? Panisch gebe ich Lichtzeichen an die vorausfahrenden Perser und kehre um. Als erstes finde ich ihr Motorrad. Es liegt neben der Straße auf der Seite, Benzin läuft aus dem Tank. Dann erkenne ich einen alten Hirten, Arme und Gesicht gen Himmel gestreckt. Vor ihm im Sand liegt Claudia. Rundum blökende Schafe.

Sie fuhren viel zu schnell vor, und ich war erschöpft von dem langen Tag. Als ich in die Sandverwehung geriet, die sich in der Mitte der Teerstraße gebildet hatte, fing mein Motorrad an zu schlingern und schaukelte sich immer mehr auf. Es kam der Moment, wo ich einfach den Lenker losließ und mich gleichzeitig von den Fußrasten abstieß, so daß ich einen Salto durch die Luft machte. Mein einziger Gedanke war: erst 5.000 Kilometer, und schon vorbei! Ich landete auf dem Nacken, ließ mich abrollen und machte die Augen auf. Vor mir stand in pechschwarzer Nacht ein Mann mit Turban und langem Bart inmitten einer Schafherde. Ich fing einfach an zu schreien, was den armen Hirten noch mehr erschreckte. Wahrscheinlich dachte er, ich sei vom Himmel gefallen mit meiner Lederkombi und dem Helm.

Der entgegenkommende Lkw, der ja auch ohne Licht fuhr, hatte kurz sein Fernlicht eingeschaltet. Das hatte Claudia vollkommen geblendet. So war sie in die Sandverwehung geraten. Zum Glück ist ihr nicht viel passiert. Das linke Knie scheint verletzt, sie kann schlecht auftreten. Ich nehme sie in die Arme. Unsere persischen Freunde reißen uns auseinander. In der Öffentlichkeit ist eine Umarmung zwischen Männern und Frauen strengstens verboten.

Das Motorrad ist nur leicht lädiert, für den gebrochenen Kupplungshebel haben wir Ersatz. Mustafa fährt Claudias Motorrad die letzten 60 Kilometer bis Täbris, während Claudia im Mercedes Platz nimmt. Mustafa hat erhebliche Probleme, das Motorrad gerade auf der Straße zu halten. Als wir ankommen, gibt er sich keine Mühe, das Rad vernünftig abzustellen, er läßt es einfach fallen. Dann schüttelt er den Kopf und sagt, wir seien verrückt, mit so überladenen Maschinen zu fahren. Er hat vollkommen recht.

Im Hotel bekommen wir ein Zimmer. Ich muß für Claudia mit unterschreiben, mit ihren 20 Jahren gilt sie im Iran noch nicht als volljährig. Wir sind nicht verheiratet. Es sollte besser nicht herauskommen, daß wir im selben Zimmer übernachten. Außerdem wird Claudia dringend geraten, sich ein Tuch um den Kopf zu binden. Beim Fahren hat sie ja den Helm als Kopfbedeckung.

Auf dem Zimmer treffen wir uns mit Mustafa, Achmed und dem Hotelbesitzer Mohamed. Sie wollen mit uns feiern, zaubern eine Flasche Whisky hervor. Ich glaub, ich trau meinen Augen nicht. Unsere beiden Gönner haben ein ganzes Dutzend dieser Flaschen geschmuggelt, bei den vielen Kontrollen eigentlich unmöglich. Sie müssen Profis sein. Jetzt erfahren wir, warum wir so oft angehalten wurden: Während des Kriegsrechts sind große Motorräder verboten. Sie werden angeblich von Terroristen bei Attentaten benutzt. Außerdem maskieren sie sich mit den gleichen Sturmhauben, wie wir sie als Staub- und Windschutz unterm Helm tragen.

Wie auffällig wir im Iran mit großen Motorrädern sind, zeigt sich am übernächsten Tag, als wir alleine weiterfahren. Die Straßenschilder sind in Farsi beschrieben, Schriftzeichen, die wir nicht entziffern können. Zwischen all den Schnörkeln und Strichen kommen uns ein paar bekannt vor: Teheran. Ah, gut, extra für dumme Ausländer wie uns. Wir folgen der angegebenen Richtung, finden weitere Schilder mit derselben Aufschrift. Irgend etwas stimmt nicht. Als wir nach gut einer Stunde wieder an unserem Hotel vorbeikommen, wissen wir, daß sich jemand mit den dummen Ausländern einen Scherz erlaubt hat. Also orientieren wir uns am natürlichen Kompaß, dem Stand der Sonne. So finden wir eine große Ausfallstraße, die nach Osten führt. Kaum sind wir glücklich aus der Stadt raus, werden wir von einem noch größeren Motorrad geschnitten, wir rutschen ihm fast in die Seite. Der riesige Fahrer baut sich vor uns auf. Aus dem feuchten Schwall von fremden Schimpfwörtern verstehen wir immerhin »Passport«. Der Bulle ist aber in Zivil, also fordere ich ihn auf, erst mal seinen eigenen »Passport« zu zeigen. Seine Wut wird noch schäumender, sein Gestikulieren noch wilder. Gleich wird er auf mich einprügeln. Ich rufe laut um Hilfe.

Am Ende werden wir abgeführt, das heißt, wir werden von mehreren Milizen auf kleinen Mopeds eskortiert, Gewehre auf uns gerichtet. Hinter uns schließen sich zwei große Metalltore. Wachtürme, Scheinwerfer, Stacheldraht, überall Soldaten. Ein Gefangenenlager. Absteigen, Helm ablegen, Hände hinter den Kopf. Ein Wächter tastet mich gründlich ab. Die eine Hand in meiner Lederhose ein bißchen zu gründlich. Claudia muß vortreten. Ich sehe sie unter ihrem Helm zittern. Einer der Umherstehenden hat Claudias weibliche Formen erkannt. Ja, sie ist meine Frau. Gut, ihre Religion verbietet ihnen, eine fremde Frau anzufassen. Wir werden in ein Vorzimmer geführt, die Pässe verschwinden hinter der Tür des Chefs.

Die Zeit vergeht. Wir fühlen uns ausgeliefert. Wozu die Fanatiker fähig sind, zeigte das Schicksal der 52 amerikanischen Geiseln, die 444 Tage gefangen gehalten wurden. Endlich werden wir zum Chef vorgelassen. Er ist höflich, bietet uns Tee an. Dann will er wissen, wie es kommt, daß wir Touristenvisa besitzen. Ich erkläre, daß der persische Botschafter in unserer Bundeshauptstadt Bonn so freundlich war, uns drei Wochen Aufenthaltsgenehmigung zu gewähren. Wir wissen, daß es zur Zeit eigentlich kaum möglich ist, Visa für den Iran zu erhalten.

Als wir ein paar Wochen vorher den Botschafter getroffen hatten, war der ganz schön aufgebracht. Revolutionsgegner hatten in der Nacht zuvor die Botschaftseinrichtung verwüstet. »Ihr wollt in mein Land reisen, bei dem Chaos dort? Wenn ihr darauf besteht, bitte!« Er drückte die Stempel eigenhändig in unsere Pässe. So schnell hatte uns keine andere Botschaft bedient. Jetzt sind wir hier. 3.000 Kilometer Ungewißheit liegen noch vor uns.

Mit einer Wegbeschreibung sitzen wir wieder im Sattel. Die Straße führt auf eine Hochebene. Ziemlich karges Gelände, kaum noch Menschen, kaum Verkehr. Dafür viel Wind. Wir fahren dicht hintereinander, um den Windschatten des anderen zu nutzen. Der weite Horizont rundherum lädt zum Träumen ein.

Seit Tagen fahren wir jetzt schon nach Osten. Immer der aufgehenden Sonne entgegen. Jeden Tag legen wir Distanzen zurück wie von Köln nach Hamburg, von Hamburg nach Berlin, nach München oder Köln. Nur, daß wir diese Entfernungen alle hintereinander hängen, in einer geraden Linie, immer nach Osten. Die Hochebene ist wie eine runde Scheibe. Wir befinden uns in ihrer Mitte. Obwohl wir in gleichmäßigem Tempo vorwärts rollen, könnte man meinen, wir ständen still. Es ist eher der riesige Erdball, der rollt. Er kommt uns entgegen, rollt unter unseren Rädern weg. Ich muß nur gut steuern, Hindernissen ausweichen. Darf von diesem schwarzen Teerstreifen nicht abkommen. Wenn ich stehenbleibe, wird die Erde mich mit nach hinten reißen ...

Da, links vor uns: eine Windhose. Sie wirbelt Sand auf. Wie ein Staubsauger mit riesigem Schlauch. Der Schlauch tanzt senkrecht durch die Luft, wippt ein wenig hin und her, neigt sich vor, rast auf uns zu. Wir werden geschüttelt, Staub in der Nase, Sand in den Augen. Als die Sicht wieder klar wird, erkenne ich vor uns ein Motorrad. Das steht da rum, mitten in der Wüste. Ein Typ ist auch dabei, mit einer riesigen Flagge. Schwarz, rot, gold. Hält uns einen Zeitungsartikel entgegen, Titelseite: Baden-Badener Junge erfüllt sich seinen Jugendtraum. Mit dem Motorrad nach Australien, ganz alleine!

Olli hat unterwegs von uns gehört. Hatte in der Türkei noch auf uns gewartet, ist dann doch schon mal vorausgefahren. In Teheran hat die Polizei ihm das Motorrad zusammengetreten, eine BMW R80GS. Die haben ihm auch zwei elektrische Fanfaren abgenommen. Er will der Lauteste sein, der Stärkste auf der Straße. Nur so glaubt er, eine Chance zu haben. Jetzt hat er Angst, will sich uns anschließen. Wenn das mal gut geht. Wir haben Teheran umfahren. Ist doch klar, daß der Krieg in der Hauptstadt ausgetragen wird. In der Wüste bekommt man davon nichts mit.

In Esfahan hatten wir Glück. Da war es ruhig. Die Stadt hat uns beeindruckt. Besonders die Moscheen mit ihren Kuppeldächern, alles verziert mit feinen Mosaiksteinchen aus Keramik. Die Akustik im Inneren ist bemerkenswert, die Worte des Redners werden durch die raffinierte Architektur der Kuppel verstärkt und über den Hof getragen. Claudia durfte eintreten, nachdem sie sich von Kopf bis Fuß in einen schwarzen Umhang gehüllt hatte, der ihr in einem Nebengebäude der Moschee geliehen wurde.

Die Perser begegnen uns sehr freundlich. Es passiert, daß Unbekannte unsere Rechnung im Restaurant begleichen. Viele junge Männer sprechen uns an, Frauen sehen wir selten auf der Straße. Sie halten sich verdeckt, immer im Hintergrund. Bis vor kurzem soll das noch ganz anders gewesen sein. Frauen konnten sich in Teheran so frei bewegen wie etwa in Paris. Da hätte es auch viele Touristen gegeben. Jetzt treffen wir keine anderen Ausländer mehr. Junge Leute bitten uns um unsere Adresse oder Kontakte in Deutschland. Sie wollen versuchen, aus dem Land zu fliehen, um in Europa Asyl zu finden. Ja, sie wollten den Schah auch vertreiben, mit einem Fanatiker wie Khomeini hätten sie aber nicht gerechnet. Das sei jetzt nur noch ein religiöser Kampf.

Wir wollen das Land möglichst schnell verlassen. Vielleicht kommen wir später einmal wieder, wenn sich die Verhältnisse geändert haben. Dann werden wir uns auch die Zeit nehmen, Shiraz zu besuchen, wenn dort der jährliche Kamelmarkt stattfindet. Persien bleibt für uns eine geheimnisvolle Welt. Wir würden ihr gerne auf den Grund gehen.

Am schönsten sind die Nächte, besonders hier draußen in der Hochebene. Ich wußte gar nicht, daß die Milchstraße so viele Sterne hat. Der Himmel ist so ausgefüllt von blitzenden Sternen, es ist schwierig, schwarze Flächen dazwischen ausfindig zu machen. Olli hat einen Reiseführer dabei. Darin steht, daß hier im Wüstenort Bam, wo wir in einer Truckerherberge übernachten, der klarste Sternenhimmel der Welt sei. Man könne bei Neumond im reinen Sternenlicht noch bequem Zeitung lesen. Stimmt, ich prüfe es selber nach.

Wir wußten gar nicht, daß es Reiseführer über diese Wüste gibt. Ich möchte gerne wissen, wie Afghanistan umfahren werden kann. Da hilft uns der Reiseführer auch nicht weiter, er kennt nur die Strecke über Kabul. Olli glaubt auch, daß es möglich ist, einen Weg durch die Wüste zu finden. Wir könnten es zusammen versuchen. Aber wir passen überhaupt nicht zusammen. Olli hat ein stärkeres Motorrad, er fährt viel schneller, aggressiv, und tritt ziemlich arrogant auf. Ich befürchte, daß er uns in heikle Situationen hineinziehen könnte.

Am nächsten Tag wird es eng. Soldaten aus Khomeinis Revolutionsarmee überfallen uns in einem einsamen Truckstop. Die Fanatiker sind sehr nervös und aufgeregt, fuchteln mit Schnellfeuergewehren rum, scheuchen uns umher. Sie wollen Ollis BMW. Der kramt nach dem Zündschlüssel, will ihn vor aller Augen herunterschlucken. Wir haben Mühe, ihn davon abzuhalten. Olli meint, er habe extra für diesen Fall zehn Nachschlüssel dabei. Ich sage ihm, daß die Typen, so wie sie drauf sind, bestimmt keine Skrupel kennen. Wenn die den Schlüssel haben wollen, schlitzen sie ihm, ratsch, den Bauch auf. Ich will lieber verhandeln. Doch sie sprechen kein Englisch. Sie treiben uns raus auf die Straße, wir sollen alle dem Jeep folgen. Ein Soldat setzt sich bei Olli noch zusätzlich auf das Gepäck, hoch oben auf den Seesack. Drückt dem verdutzten Jungen das Gewehr in den Nacken, Finger am Abzug. So soll er fahren, wir hinterher.

Nach einer Weile biegt der Konvoi von der Teerstraße ab auf eine Wüstenpiste. Ab ins Nichts. Da fahre ich lieber geradeaus weiter. Besser, wir versuchen abzuhauen. So könnten wir Hilfe holen. Wo, weiß ich auch nicht. Claudia folgt mir. Vor uns liegt nur noch der Grenzort Zahedan. Dahinter hört die Straße in den Osten auf. Eine Trillerpfeife unterbricht meine verzweifelten Gedanken. Wir müssen umkehren.

Mitten im Nichts gibt es doch etwas. Ein Gefängnis. So trostlos der Anblick auch ist, er macht mir Hoffnung. Wieder werden wir verhört, werden unsere Daten über Funk weitergegeben. Warten. Die

Situation ist gespannt, die Uniformierten sind nervös, genau wie wir. Es ist zwar nicht so heiß in der Hochebene, aber ich schwitze unterm Leder. Die Zeit dehnt sich endlos. Schließlich kommt die Antwort. Das erste Lächeln. Tee wird serviert. Wir dürfen alle weiterfahren.

Zahedan ist ein staubiger, heruntergekommener Ort. Wir quartieren uns in einem Hotel ein, eine Lehmhütte mit Innenhof. Hier laufen die verwegensten Kerle rum, die ich bisher gesehen habe. Hartgesottene Wüstenbewohner, sonnengegerbte Haut, tiefe Furchen, blitzende, schwarze Augen. Vergilbte Gewänder, Waffen, Dolche. Orte in der Nähe einer Grenze sind die gefährlichsten, habe ich mir sagen lassen. Da trifft sich die Unterwelt, die Schmuggler, Menschenhändler und Kriminellen. Ich tausche 10 Dollar auf dem Schwarzmarkt. Das sollte reichen, um die beiden Tanks und die drei 20-Liter-Reservekanister aufzufüllen. Benzin ist hier spottbillig, der Dollar steht hoch im Kurs.

Am frühen Morgen füllen wir noch unseren 15-Liter-Leinensack mit frischem Wasser auf, dann fahren wir los. Zu dritt. Man hat uns gesagt, wir sollen der Teerstraße nach Süden folgen und hinter den letzten Häusern links abbiegen. Dann immer geradeaus, genau nach Osten. Nach 30 Kilometern kommt der Grenzort Taftan. Dann seid ihr in Pakistan. So einfach.

Erst mal fahren wir ziemlich weit nach Süden. Tolle Teerstraße, nur kommen da keine Häuser mehr. Also zurück. Keine Straße, nur Spuren im Sand. Hier müssen wir lang. Mir wird schlecht. Das Motorrad versinkt mit beiden Rädern im weichen Sand. Ich versuche im ersten Gang vorwärts zu kommen, helfe mit den Füßen nach. Der Boden wird fester, drückt den Lenker zur Seite. Claudia schafft es auch nicht, versucht ihre Maschine aufrecht zu halten. Ich eile ihr zu Hilfe, schiebe, bis sie sicher in einer Spur steht.

Weit vorne fährt Olli. Auch er hat Probleme, aber er kommt wenigstens voran. Wir beobachten ihn, bis er im weißen Dunst verschwindet. Ihn werden wir wohl so bald nicht wiedersehen. 30 Kilometer sind eine ganze Menge, wenn man kaum von der Stelle kommt. Irgendwie muß es gehen. Je weiter wir uns in die Wüste vorkämpfen, um so mehr breiten sich die Spuren aus. Ich fahre kreuz und quer, um den besten Untergrund zu finden. Es ist eine Salzwüste. Über Jahrhunderte haben sich kantige Wellen geformt. Dazwischen liegt staubfeiner Sand, der unsere Motorräder einsinken läßt. Dann wieder knochenharter Grund, der den Lenker schüttelt. Wir fahren im zweiten

Gang, es rappelt, als säßen wir auf einem Preßlufthammer. Dann wieder Weichsand. Die Hinterräder fräsen sich ein, die Packtaschen setzen auf. Claudias Handgelenke schwellen an. Sie kann ihre Maschine kaum noch halten. Sie läßt die Kupplung zu stark schleifen, hält den Lenker zu verkrampft. Die Motoren drohen zu überhitzen. Ich nehme ihr einen Spritkanister ab, schnalle ihn noch irgendwie oben auf meinen Gepäckturm drauf. Dann fahre ich meine Enduro hundert Meter vor, renne zurück, lenke Claudias Karre über die schlimmsten Stücke.

Irgendwann haben wir 30 Kilometer geschafft, die Grenze muß bald kommen. Die Sonne hat den Zenit erreicht, brennt erbarmungslos auf uns nieder, dörrt uns aus. Höchste Zeit, etwas zu trinken. Der Leinensack hängt schlaff hinten runter. Das Wasser ist weg. Irgendwo auf der Strecke hat es ein Loch in den Sack gerissen. Wir schauen uns um. Kein Leben in Sicht, keine Grenze, nichts als diese rauhe Mondlandschaft.

Jetzt, wo wir wissen, daß wir kein Wasser mehr haben, wird der Durst unerträglich. Wir kämpfen uns weiter vorwärts. Eigentlich haben wir keine Kraft mehr, aber der Überlebenswille ist stärker. Wir titschen gemeinsam über die harte Salzkruste. Im nächsten Weichsand liegen wir beide wieder unten. Ich wühle mich raus, helfe Claudia. Um die Maschinen wieder aufzurichten, stellt sich Claudia auf das Hinterrad und hebelt das Gewicht über die Packtasche nach oben. Gleichzeitig stemme ich von der anderen Seite dagegen, zerre das Fuhrwerk am Lenker hoch. Die Anstrengung ist enorm. Während wir die zweite Maschine aufstellen, kippt die erste wieder um. Damit sich der Seitenständer nicht in den Sand drückt, legen wir einen Lederhandschuh unter. Bei nächster Gelegenheit muß ich eine Platte unter den Ständer schweißen, um die Auflagefläche zu vergrößern. Ob wir die Gelegenheit noch mal bekommen?

70 Kilometer, noch immer keine Grenze. Claudia will aufgeben. Ich brülle sie an, kann nicht mehr normal denken. Die Gepäckträger sind abgebrochen, die Stoßdämpfer leck geschlagen. Irgendwie binden wir alles wieder zusammen.

90 Kilometer. Meine Zunge fühlt sich an wie Bimsstein. Ich kann nicht mehr schlucken. Die trockene Hitze scheint alle Feuchtigkeit aus dem Körper gezogen zu haben. Auch die Augen sind trocken, sie schmerzen vom schmirgelnden Staub.

Austrocknen hat einen verrückten Effekt auf Geist und Körper. Wir sitzen neben dem Skelett eines verblichenen Kamels. Die gebleckten Zähne sind zum Grinsen erstarrt. Ich muß selber kichern, bekomme aber nur noch ein rauhes Röcheln zustande. Meine Lunge habe ich mir längst aus dem Hals gebrüllt. Wie weit sollte es bis zur Grenze sein? 30 Kilometer. Immer den Spuren folgen. Wo sind die Spuren? Wo ist Osten? Hier wird uns keiner mehr finden, hier verenden sogar die Kamele.

Kurz vorm Verdursten wird es noch mal richtig schön. Hab ich irgendwo gelesen. Mein Körper ist jetzt ganz leicht, die Knochen schmerzen nicht mehr, fühlen sich an, als ob sie sich abgelöst haben. Im Nacken kribbelt's, der ganze Kopf kitzelt. Claudia lächelt. Wo wollen wir hin? Nach Japan? Meine Schwester besuchen? War alles nur ein Traum? Wie der Typ mit dem Turban da hinten? Taucht plötzlich aus dem Flimmern auf und hängt Wäsche auf die Leine! Eine Fata Morgana kurz vorm Verdursten?

Aber Claudia sieht dieselbe Szene. Wir rappeln uns auf, kriechen mehr, als daß wir laufen. Stolpern über Eisenbahnschienen. Der Mann ist echt, Wasser tropft von den Kleidern. Wortlos läßt der Mensch einen alten Ölkanister an einem Seil in einem Erdloch verschwinden. Er schöpft Wasser, kippt es in unsere ausgestreckten Hände. Wie gut Wasser schmecken kann. Langsam kehren die Lebensgeister zurück.

Die Grenze erreichen wir nach Einbruch der Dämmerung. Die Tachos haben heute 110 Kilometer gezählt. Die letzten 20 Kilometer hatten wir keine Orientierungsschwierigkeiten mehr. Wir mußten nur den Eisenbahnschienen folgen. Einmal die Woche fährt hier eine Dampflokomotive lang, um die wenigen Orte und die Grenzstation mit Trinkwasser zu versorgen. Der unterirdische Wasserbunker, aus dem wir getrunken haben, ist ein Notreservoir für die Dampfmaschine. Wir legen uns auf die Ladefläche eines ausrangierten Lastwagens. Machen uns nicht mehr die Mühe, wenigstens die schweren Stiefel auszuziehen. Weder herumstreifende Gestalten noch kläffende Hunde vermögen unseren Schlaf zu stören.

Am Morgen sieht die Welt wieder anders aus. Während Claudia Kaffee kocht, streife ich durchs Grenzgebiet auf der Suche nach etwas Eßbarem. Die Leute sind freundlich. Nomaden sitzen im Sand, ihre Kamele hocken angepflockt daneben. Wir befinden uns mitten in der Wüste von Belutschistan. Jetzt müssen wir nur noch den Anschluß an eine Straße in Pakistan finden. Der persische Zöllner zeigt auf einen Maschendrahtzaun im Sand, der etwa zweihundert Meter lang ist. In der Mitte befindet sich eine Öffnung. Da müssen wir durchfahren.

Wir sind die einzigen, die diesen Weg nehmen. Alle anderen benutzen Pfade außerhalb des Zauns, die für Schmuggler reserviert sind und für alle, die keine Dokumente besitzen. Wie gut, daß alles seine Ordnung hat. Weiß angemalte Steine lotsen uns von der rechten Seite einer angedeuteten Straße auf die linke Seite. Ab hier ist Linksverkehr, wie in England.

Die Formalitäten in der großen pakistanischen Zollhalle dauern Stunden, obwohl wir heute garantiert die einzigen offiziellen Besucher sind. Der Empfang ist nett, wir bekommen gleich eine kühle Cola serviert. Aber die Bürokratie erfordert viel Papier, die Hitze erschwert das Leben zusätzlich.

Gegen Mittag sind wir frei. Eine vom Bulldozer geschobene Piste führt weiter gen Osten. Die Straßenoberfläche hat die Struktur von Wellblech. Wir werden zwar unangenehm durchgeschüttelt, kommen dafür aber ganz gut voran. Fünfzehn Kilometer an einem Stück. Dann brauchen wir eine Pause.

So ein Mist, Claudias Schlafsack ist weg. Er muß sich bei der Rappelei gelöst haben. Ich entschließe mich, nach ihm zu suchen, während Claudia auf mich wartet. Nach ein paar Kilometern kommt mir ein Truck entgegen. Ich stelle mich mitten auf die Piste, halte ihn an. Auf der Ladung sitzen dunkelhäutige Typen, in grob gewebte Stoffe gehüllt. Sie umklammern nagelneue Gewehre, verstehen kein Englisch, lachen, als ich Anstalten mache, die Ladung zu durchsuchen. Anstelle des Schlafsacks sehe ich kistenweise Munition, Panzerfäuste und kleine Raketen. Mir dämmert's: Es handelt sich um afghanische Rebellen. Ich fahre noch zurück bis zum Grenzposten. Als ich die Tür zur Zollhalle öffne, traue ich meinen Augen nicht. Die netten Beamten feiern eine Orgie. Ob die alle schwul sind? Schnell schließe ich die Tür wieder, schwinge mich aufs Motorrad und rase zurück. Dann finde ich Claudia wieder. Die Afghanen haben sie zum Glück nicht gesehen. Die Wüste hat den Truck sowie den Schlafsack spurlos verschluckt.

Stück für Stück kommen wir weiter, brauchen wegen der Anstrengung viele Pausen. Vor uns hat sich ein Pritschenwagen in einem Sandloch festgefahren. Ein Kipplaster versucht, ihn mit einem Schiffstau rauszuziehen. Das dicke Seil reißt. Wir wollen diese Stelle umfahren, bleiben aber in einer Sandverwehung stecken. Der Staub reicht bis zum Tank, wirbelt bei der kleinsten Bewegung auf, nimmt einem die Sicht und die Luft. Wir rufen die Leute zu Hilfe. Doch die rollen erst mal kleine Teppiche aus und beten gen Mekka. Die Sonne geht gerade unter, ein unglaublich schöner und friedlicher Anblick.

In der Nacht erreichen wir Nok Kundi, den ersten Ort in Pakistan. In Lehmhütten flackert das Licht von Kerosinlampen. Wir werden freundlich empfangen, bekommen Tee und was zu essen. Das Fleisch ist ungenießbar, die Hunde wollen es auch nicht. Schließlich werden wir in einem leerstehenden Gästehaus für Regierungsangestellte untergebracht. Die Belutschen haben eine natürliche Herzlichkeit. Sie lachen gerne und respektieren uns. Kinder spielen mit Autoreifen im Sand.

Hier soll eine Teerstraße beginnen, die aus der Wüste herausführt. Doch vom Straßenbelag ist nicht mehr viel übrig. Ein Schlagloch reiht sich ans nächste, manche sind groß genug, um einen ganzen Laster darin verschwinden zu lassen. Froh, wieder Teer unter den Rädern zu spüren, starten wir eine Slalomfahrt.

Während einer Pause holt uns ein Motorradfahrer auf einer BMW-Enduro ein. Fast kein Gepäck, dafür viele Werbeaufkleber. Es ist Hans Tholstrup, gebürtiger Däne, in Australien zu Hause. Er will versuchen, einen neuen Weltrekord aufzustellen. London – Sydney in 18 Tagen! Dafür muß er Tag und Nacht durchfahren. Leider muß er aufgeben. Sein übergroßer Aluminiumtank ist gerissen. Sprit läuft langsam raus, seine Hosenbeine runter, in die Stiefel. Er ist eine wandelnde Brandbombe. Da fällt mir ein, daß ich einen Spezialkleber dabei habe. Ich frage ihn, ob er mir vier Stunden geben kann, den Tank zu flicken.

Während Hans sich in den Schatten des einzigen Baumes legt, begebe ich mich an die Arbeit. Der Kleber braucht eigentlich 24 Stunden zum Aushärten. Mit der Flamme eines Feuerzeugs kann ich den Prozeß erheblich beschleunigen. Die offene Flamme darf nur nicht mit den Benzindämpfen in Verbindung kommen. Deshalb klebe ich den Riß zuerst mit Leukoplast zu. Am Ende ist der Tank wieder dicht.

Hans lädt uns ein auf ein Bier, bei ihm zu Hause in Sydney. In Australien könne man gut Arbeit finden. Seine Adresse bräuchten wir nicht, er sei im ganzen Land bekannt. Verrückter Typ. Aber gut zu wissen, daß es noch Verrücktere gibt als uns.

Drei Wochen später lesen wir es in der Zeitung. Er hat den Weltrekord geschafft. Und er ist weitergefahren, hat die ganze Welt mit seinem Motorrad in nur 24 Tagen umrundet! Darum beneiden wir ihn nicht. Aber die Begegnung mit ihm hat bei uns tief im Unterbewußten etwas bewirkt, eine Sehnsucht, die wir noch nicht artikulieren können.

Kaum haben wir die Wüste verlassen und ein trockenes, steiniges Gebirge überquert, da ändert sich schlagartig alles. Wir tauchen ab in ein grünes Pflanzenmeer, wo der Monsunregen gerade vorbeigezogen ist. Wasserbüffel stehen bis zum Hals in wassergefüllten Senken. Schwüle Hitze setzt uns zu, unerträgliche, lähmende Hitze.

Claudia hat sich am Wüstenwasser infiziert, sie kann schon seit Tagen kein Essen mehr bei sich behalten. Der Durchfall kommt in Schüben, sie wird zusehends schwächer.

Wir erreichen die Stadt Sibi. Die Straßen sind verstopft mit Menschen, Tieren, Fahrrädern, Bussen, Ochsenkarren, ein buntes Durcheinander. Wir halten vor einem Regierungsgebäude mit gepflegtem Garten. Dort möchten wir zelten, bekommen aber ein Gästezimmer zugewiesen. Es stellt sich heraus, daß wir beim pakistanischen Geheimdienst gelandet sind. Sie wollen uns helfen, verabreichen Claudia irgendwelche Pillen, die ihren Zustand noch verschlechtern. Nach dem gemeinsamen Essen, Chicken Byriani, scharf gewürzt auf Reis, will der Chef der Truppe Benzin für uns auftreiben. Ich hole unsere Reservekanister und setze mich auf den Beifahrersitz des offenen Jeeps.

Als wir nur wenige Minuten später zurückkehren, stehen mir immer noch die Haare zu Berge. Daß die Fahrer in diesen Breitengraden nur Vollgas und Vollbremsung kennen, wußten wir schon aus Erzählungen. Aber daß die Leute hier nachts ihre Schlafzimmer auf die offene Straße verlegen, hätte ich nicht gedacht. Bei der Hitze ist das ja verständlich. Vor zwei Wochen sollen es noch 55 Grad im Schatten gewesen sein. Nachts kühlt es kaum ab. Dann reihen die Leute ihre Betten einfach rechts und links am Straßenrand auf. Wenn die Straße breit genug ist, kommt noch eine Reihe Betten in die Mitte. Die Betten bestehen aus einem Holzrahmen auf Stützbeinen, in den Seile wie ein Netz gespannt sind. Die Schlafenden hängen also buchstäblich in den Seilen, während wir nur wenige Zentimeter an ihren Köpfen vorbeirasen. Für sie ist es das Normalste der Welt. Für mich ein Alptraum, der erst endet, als ich wieder auf meinen eigenen Beinen stehe.

Am Tag darauf fahren wir bis Sukkur. Wieder eine Großstadt, die von Menschen nur so wimmelt. In dem lärmenden Gewühl von Handkarren, Rikschas und bunt verzierten Lastern, die auch als Sammeltaxis dienen, gelingt es uns irgendwie, ins Zentrum der Stadt vorzudringen. Wir halten auf einem großen Platz vor einem Getränkestand, um eine kalte Cola zu kaufen. Bevor wir absteigen können, sind wir von einer Traube schaulustiger Männer umstellt. Binnen weniger Minuten herrscht Chaos. Von meiner erhöhten Position beobachte ich voll Horror, daß sich der gesamte Platz mit Menschen gefüllt hat, alle schauen zu uns rüber, alle drängen näher, stacheln sich gegenseitig an. Dazwischen stecken Fahrzeuge im Gedränge fest, veranstalten ein Hupkonzert. Die ersten Schreie. Gleich wird Panik aufkommen. Wir werden mit den Motorrädern hin und her gedrückt. Geile Männer begrabschen Claudia. Ein Polizist hat sich mit einem Knüppel zu uns durchgekämpft. Er schimpft, wir sollen verschwinden. Nichts lieber als das, aber wie? Zum Glück kommt uns ein Zeitungsreporter zu Hilfe. Sagt, dort drüben gäbe es ein Hotel. Der Polizist schlägt uns mit dem Knüppel einen Weg durch die Menschenmasse. Vorm Hotel wird ein Gittertor zur Seite geschoben, gerade so lange, bis wir im Hof stehen. Ein paar Schaulustige haben sich mit durchgequetscht. Dann flüchten wir auf ein Zimmer.

Der Schweiß tropft uns vom Hemd. Der Deckenventilator dreht sich auf schnellster Stufe. Wir liegen nackt darunter, trinken literweise Tee, um unseren Flüssigkeitsverlust wieder auszugleichen. So kann's nicht weitergehen. Ist denn die ganze Welt verrückt geworden?

Claudias Zustand verschlechtert sich. Ich gehe allein durch die Gassen, versuche Medikamente aufzutreiben, will mit einem Arzt sprechen. Wo ich herkomme, wie ich heiße, wollen sie alle wissen. Ah, aus Deutschland, das ist ein gutes Land, wegen Hitler. Was ist so gut an Hitler? Daß er die Juden umgebracht hat. Die Engländer hätte er auch alle umbringen sollen. Daß sie ihre alten Kolonialherren hassen, kann ich möglicherweise verstehen. Aber daß sie die Juden hassen?

In der Straße sehe ich das Elend. Ein etwa siebzehnjähriger Junge liegt abgemagert neben dem Rinnstein im Sterben. Ab und zu schüttelt sich sein Körper, gefolgt von Schweißausbrüchen. Keiner kümmert sich um ihn, niemand wird ihm helfen.

Ich finde Trockensuppen und Bananen. Das ist Claudias Diät für zwei Tage. Dann hebe ich sie im Morgengrauen auf ihr Motorrad, nachdem ich den Motor gestartet habe. Im nebligen Dunst geht es auf einer langen Brücke über den Indus. Eine wellige Straße führt in den Norden. Der einzige Grenzübergang nach Indien liegt zwischen Lahore und Amritsar. Da müssen wir hin. Unterwegs geht uns das Geld aus. Dollar wechseln kann einen ganzen Tag in Anspruch nehmen. Ein Bankmanager hilft uns, einen Privatmann zu finden, der mir 10 Dollar eintauscht.

Dann, kurz vor Lahore, bleibt Claudia zurück. Ich finde sie, weil sich ein Pulk von Neugierigen um sie herum gebildet hat. Ihr Motorrad hat einen Platten. Der Nagel steckt im Hinterrad, er ist handgeschmiedet. Ich zerre ihn aus dem Gummi, zeige den Übeltäter theatralisch der aufgeregten Menge, die vielsagend nickt. Was jetzt? Diesmal habe ich einen Gag, den sie bestimmt noch nicht kennen. Reifenflickschaum aus der Sprühdose. Ein kurzer Knopfdruck genügt. Der Reifen ist wieder prall, wir fahren weiter. An den wilden Gesten hinter uns erkenne ich, daß mir die Schau gelungen ist. Für die Grenze ist es heute schon zu spät, wir bekommen ein Quartier in einer Polizeistation.

Der Grenzwechsel scheitert an unseren Carnets de Passages, den Zolldokumenten für die vorübergehende Einfuhr von Kraftfahrzeugen. Wir hatten sie uns beim deutschen Automobilclub für teures Geld besorgt, mit Auslandsschutzbriefen und allem Drum und Dran. Hatten ein Vermögen als Sicherheit hinterlegen müssen, damit wir unsere Fahrzeuge nicht unverzollt im Ausland verkaufen. Und jetzt, wo wir das Dokument brauchen, ist es nichts wert. Aus irgendeinem Grund ist es für Indien nicht gültig geschrieben. Die Grenzer versichern uns, daß es nur ein Fehler sei, den müßten wir beim pakistanischen Automobilclub beheben lassen. Die Pakistaner brauchen nur eine Genehmigung des deutschen Clubs. Telexe, Telegramme nach Deutschland – keine Antwort.

Inzwischen wohnen wir in einem Hotel in Lahore. Eine Familie kümmert sich um uns. Sie sind sehr nett, zeigen uns die Sehenswürdigkeiten der Stadt, laden uns in ihr Haus ein, wo die Großfamilie von Enkelkindern bis Urgroßmutter wohnt. Im Keller ist die Werkstatt mit Drehbänken, in der die Väter und Söhne irgendwelche Ersatzteile fertigen. Die Frauen entführen Claudia in ihre Gemächer, ihr Gefängnis, wo sie zurückgezogen von der Öffentlichkeit leben. Nur ganz selten dürfen sie raus auf die Straße. Für Claudia haben sie ein wertvolles Geschenk: einen typischen pakistanischen Dreß. Sie können es nicht ertragen, daß Claudia in Männerhosen herumläuft. Dann wird sie geschminkt. So erkenne ich sie erst nicht wieder.

Ein Sohn der Familie besitzt eine Apotheke. Wir bitten ihn, Medikamente gegen den anhaltenden Durchfall zu besorgen. Als er uns später im Hotel besucht, mißt er Claudia ganz einfühlsam den Puls. Dann fragt er sie, wie oft ich sie am Tag benutze. Vorher hatte er sich bei mir noch erkundigt, ob ich ihm meine Frau mal für eine Nacht ausleihen würde. Na, wenigstens hat er soviel Anstand, mich zu fragen. Eine Frau hat hier offensichtlich nicht viel zu sagen.

Jeden Tag fahre ich zum Telexamt, in der Hoffnung auf eine Antwort aus Deutschland. Schließlich besuchen wir das deutsche Konsulat. Wir erfahren, daß der Automobilclub immer wieder Indienreisende auflaufen läßt. Der Konsul schaltet sich ein, telefoniert und schickt Telegramme. Er empfiehlt uns seinen Hausarzt. Der rät Claudia zum Heimflug.

Alles in allem war ich heilfroh, als wir den Iran verließen. Doch auch auf Pakistan war ich nicht gefaßt gewesen. Zum einen wurde ich zunehmend schwächer wegen des Durchfalls, den ich mir in der Wüste eingefangen hatte. Zum anderen kam ich mit der Mentalität der Pakistaner nicht klar. Das lag wohl hauptsächlich daran, daß auf den Straßen fast ausschließlich Männer unterwegs waren. Eine Frau war nur an ihrem zeltähnlichen Gewand zu erkennen, das nur einen kleinen Gitterausschnitt für die Augen freiließ. Sobald die Männer mitbekamen, daß ich eine Frau bin und noch dazu eine Europäerin, kannten sie überhaupt keinen Respekt mehr. An die täglichen handgreiflichen Unverschämtheiten konnte und wollte ich mich nicht gewöhnen. Es half wenig, daß Klaus dabei war, es gab einfach zu viele Hände in jeder Menschenmenge. Ich war nicht nur frustriert, ich fühlte mich jeden Tag elender. Doch ich mußte und wollte da durch.

Mein erstes bewußtes Bild von Indien war eine Frau auf einem Fahrrad. Ihr im Wind flatternder Sari war wie ein Symbol der Freiheit. Jetzt konnte alles nur besser werden.

Indien – ich atme tief durch. Ich rieche es förmlich, schmecke es, will Indien mit einem Atemzug verstehen.

Endlich war die Antwort aus Deutschland gekommen, wir dürfen die Grenze passieren. Viele Leute laufen herum, wir beobachten sie schon den ganzen Tag, die Grenzabfertigung dauert Stunden. Etwas

Bakschisch hätte den Vorgang beschleunigen können, wie uns der wichtigste Mann im kleinen Nebenzimmer zu verstehen gab, vielleicht eine Musikkassette oder ein Farbfilm. Aber wir haben Zeit. Der Zöllner ist so wichtig, weil die Stempel für unsere Pässe in seiner Schreibtischschublade liegen. Alle paar Minuten erinnert er uns an die Tatsache, daß es so heiß ist. Er wischt sich mit dem Hemdsärmel über die hohe Stirn, die schon ganz blankpoliert glänzt. Er teilt seinen Tee mit uns, wir teilen mit ihm unsere Kekse.

Eine gewisse Ruhe hat von uns Besitz ergriffen. Ist es die gelassene Geschäftigkeit draußen oder das leise Gemurmel im Hintergrund? Vielleicht ist es auch nur die Gewißheit, daß wir weiterkommen. Diese Grenze ist auf jeden Fall ein Erlebnis, eine Livevorführung, zu der wir keine Eintrittskarte benötigen. Warum sollen wir uns da eine Austrittskarte kaufen? Bakschisch zahlen wir nicht gerne, und diese Schau wollen wir uns nicht entgehen lassen.

Im großen Saal sind etwa dreißig Schreibtische im Kreis angeordnet. Unsere Pässe wandern von Tisch zu Tisch. Auf jedem Tisch befindet sich ein großes Buch, in das jeweils alle unsere Daten eingetragen werden. Die Eintragungen werden untereinander verglichen, bestätigt, die Pässe weitergereicht. Manchmal verliere ich sie aus den Augen, dann sehe ich einen beflissenen Beamten, wie er mit unseren Pässen in der Hand die Reihe seiner Kollegen abläuft, irgendwo hat sich ein Fehler eingeschlichen. Kurze Aufregung, vielsagende Blicke werden ausgetauscht, die Prozedur nimmt wieder ihren Lauf. Sowohl Pakistan als auch Indien sind ehemalige Kolonien der britischen Krone. Beiden wurde als Erbe die Bürokratie hinterlassen. Die Grenzer haben sie zur hohen Kunst verfeinert.

Draußen auf dem Hof geht der Warenaustausch weiter. Völlig in Blau gekleidete Pakistaner tragen verschnürte Bündel auf dem Kopf und marschieren im Gänsemarsch zum Grenzstrich, der mit Kreide auf dem Boden markiert ist. Dort übergeben sie Bündel für Bündel an die Inder, die alle ganz in Rot gekleidet sind. Aufseher stehen auf beiden Seiten bereit, um jede Transaktion akribisch in Büchern zu notieren. Schade, daß sie unsere Motorräder nicht auf ihren Köpfen balancieren können, das wäre doch eine schöne Geste gewesen. Doch jetzt ist die Vorführung vorbei, der Tee ist getrunken und die Kekse sind gegessen, die Pässe gestempelt und ausgehändigt.

Das Licht der Abendsonne fängt sich im Qualm der Feuer, wo der Müll verbrennt, der im Laufe des Tages angefallen ist. Straßenfeger kehren ihn mit Reisigbündeln zusammen. Sie scheuchen Vögel auf, ich schaue ihnen nach. Sie fliegen umher, brauchen sich um die Staatsgrenze nicht zu kümmern. Diese Grenze hat uns aufgehalten, eine Woche lang nichts als Ärger. Wir waren gefahren wie auf einer Hetzjagd, weiter, immer weiter. Hatten die anfänglichen Zeitrückstände nach und nach fast aufgeholt, dann hat diese blöde Grenze uns wieder zurückgeworfen. Die Inder glauben an die Reinkarnation, die Wiedergeburt. Wenn das stimmt, würde ich mir wünschen, als Vogel wiedergeboren zu werden. Endlich frei, ich würde fliegen, immer nur fliegen, überall hin. Könnte das Leben nehmen, wie es kommt, hätte endlich Zeit, brauchte ihr nicht mehr hinterherzurennen.

Ich schaue mich um, alles flach hier, genau wie jenseits der Grenze. Die Grenzlinie wurde von Menschenhand gezogen, willkürlich in eine monotone Landschaft. Und doch ist hier alles anders. Ich kann es riechen. Weihrauch? Räucherstäbchen! Männer mit Haarknoten auf dem Kopf. Heilige Kühe im Schatten der Bäume. Dort hinten steht ein Saddhu, ein Pilger, ein Heiliger, mit langen verfilzten Haaren. Steht da, auf seinen Stock gestützt, barfuß, beobachtet uns, wie wir losfahren. Seine Augen begegnen den meinen, sie leuchten mit einer geheimnisvollen Kraft. Ein Schauer durchfährt meinen Körper.

Vor uns liegt Amritsar, wo das Heiligtum der Sikhs steht, der Goldene Tempel, auf einer Insel in einem heiligen See. Wir liegen an seinem Ufer, auf von unten beheiztem Marmor, lauschen den harmonischen Klängen der Sithar, begleitet von sanften Flöten und Tablas. Es tut gut. Der Goldene Tempel in der Mitte des Sees. Eine Prozession schiebt sich über die Verbindungsbrücke langsam vorwärts. Der Priester trägt auf dem Kopf eine wichtige Schrift. Die Schrift enthält die alte Lehre des Sektengründers. Das heilige Buch ist in viele Tücher gewickelt. Tuch um Tuch wird entfaltet. Die Schrift vom Priester vorgelesen, in feierlichem Ton. Die Gläubigen sitzen drum herum, wiederholen die Worte, verfallen in einen Sprechgesang. Sie wiegen sich, singen und chanten zu den Klängen der akustischen Instrumente, die Musik schwillt an, ebbt ab, kommt wieder.

Wie viele Stunden sind vergangen? Hat die Zeit noch irgendeine Bedeutung? Leben, hier und jetzt. Was liegt hinter uns: Pakistan, Iran, Türkei – Bilder, viele Bilder, die aufeinander folgen, immer schneller, verschwimmen, bedeutungslos werden, unwirklich. Streß, Ärger, Unverständnis. Wir sind überall vorbeigerast, haben nichts verstanden, all die verschiedenen Kulturen, hatten keine Zeit aufzunehmen, zu lernen, zu verarbeiten. Alles umsonst, alles vorbei? Jetzt liegen wir hier. Hier und jetzt.

Wir brauchen nicht mehr viel zu reden, wir sind uns einig: Wir geben unseren Plan auf. Ob zehn Monate, ein Jahr, drei Jahre, wen stört es? Die Richtung ist auch egal, Hauptsache wir leben bewußt, jeden Tag. Wenn uns das Geld ausgeht, suchen wir Arbeit. Die Leute hier leben auch, sie leben überall auf der Welt. Der Streß fällt ab, befreit atmen wir auf. Endlich sind wir angekommen. Japan kann warten.

So entstand die Planet Earth Expedition, wie wir unsere Tour in Indien tauften. Sie dauerte über sechzehn Jahre.

Mittwoch, 1. Juli 1998. Heute haben wir den Vertrag beim Verlag abgegeben. Wir schreiben ein Buch über unsere Reise. Am Ende kamen wir nach Köln zurück. Und wir brachten unsere Motorräder wieder mit. Wir kamen den Rhein runter, an dessen Ufern wir geboren sind. Es waren noch dieselben Motorräder, mit denselben Kölner Nummern, mit denen wir damals losgefahren waren. Nur hatten die Maschinen noch nie den deutschen TÜV gesehen, mit all den technischen Veränderungen hätten wir da auch keine Chance gehabt.

Also kamen wir auf dem Wasserweg zurück, mit unserem Boot »Juma da Amazonia«, das wir mitten im Dschungel gebaut hatten. Einheimische hatten uns dabei geholfen, Indianer das Blätterdach geflochten. Aber das ist eine andere Geschichte, die werden wir später noch erzählen. Jedenfalls benutzten wir unsere Motorräder, um das Boot anzutreiben. Dafür hatte ich drei große Schaufelräder gebaut. Es war damals die einzige Möglichkeit, das Amazonasgebiet zu erkunden. Es war auch die einzige Möglichkeit, mit unseren Motorrädern wieder zurück nach Köln zu kommen, denn auf deutschen Straßen hätten wir damit nicht fahren dürfen.

Das war am 20. September 1997. Wir hatten 252.000 Kilometer über Land zurückgelegt, dazu noch mal 5.000 Kilometer amphibisch. Original an unseren Maschinen waren noch beide Kickstarter, die Rahmen, Getriebegehäuse, ein Spiegel, eine Felge, beide Lampengehäuse, beide Lampengläser und diverse Blinkerteile.

Jetzt sind wir hier und wollen das Buch schreiben. Dafür haben wir 300, vielleicht 350 Seiten Platz, à 30 Zeilen, à 60 Anschläge.

Ich hatte schon mal angefangen mit unserer Geschichte, weil ich wußte, daß wir den Vertrag unterschreiben werden. Ich hatte die ersten fünf Wochen unserer Reise erzählt, sozusagen um mich warm zu schreiben, um zu sehen, wie es so läuft. Nachdem Claudia mein Werk radikal um die Hälfte gekürzt und ihre Seiten eingefügt hatte, blieben immer noch 40 Buchseiten übrig. Letzte Nacht habe ich bis viertel vor zwölf am Computer gesessen. So können wir nicht weitermachen, sechzehn Jahre im Detail.

Indien hat uns stark beeinflußt. Zwei Jahre später, Anfang 1984, haben wir noch mal einen Abstecher von Bangkok aus gemacht, da hatten wir Abstand gewonnen und sahen Indien viel positiver. Vorerst waren wir jedoch nicht so gut auf Land und Leute zu sprechen. Grund dafür war unser täglicher Kampf ums Überleben auf den gefährlichen Straßen. Oft hatten wir den Eindruck, daß sich das Leben der Inder ausschließlich auf der Straße abspielt, denn alles und jeder scheint sich hier gleichzeitig zu bewegen, eine Mischung aus latenter Aggressivität und stoischer Ruhe, einer Hingabe und Fügung ins Schicksal, das in den Händen der Götter liegt.

Nur die heilige Kuh scheint sich ihrer Sonderstellung bewußt zu sein, sie ist der einzige berechenbare Verkehrsteilnehmer: Wenn sie sich zum Überqueren der Straße entschieden hat, setzt sie mit gleichmäßigen Schritten, in unverändertem Winkel, ihr Vorhaben in die Tat um. Darauf können wir uns einstellen, ganz im Gegensatz zu den Aktionen aller anderen am Straßengeschehen Beteiligten. Zwischen dem Gewühl von Hand- und Ochsenkarren, Rikschas, Fahrrädern, Fußgängern und motorisierten Zweirädern, Hühnern, Hunden findet sich auch gelegentlich ein Leprakranker auf einem Brett sitzend, unter das alte Kugellager als Räder montiert sind, der sich mit dem Stumpen, der von der Hand übrigblieb, am Boden vorwärts stößt. Ganz oben in der Hierarchie herrschen bedrohlich die walzenden Kolosse der Busse und Lkws, die untereinander, ohne Rücksicht auf die niederen Ränge, täglich aufs neue ihre Kräfte messen. Wenn sich eine Gesetzmäßigkeit erkennen läßt, dann ist es tatsächlich das Recht des Stärkeren.

Geteert ist meist nur der mittlere Teil der Straße, nicht breit genug, um zwei Fahrzeugen Platz zu bieten. Kommen sich zwei Lkws entgegen, sieht die Regelung vor, daß beide mit der Hälfte des Fahrzeugs auf die breiten Schultern der erhöhten Trasse ausweichen, die mit festgefahrenem Schotter eine akzeptable Alternative zum Asphalt bieten. Die Könige der Straße weichen ihren Gegnern aber oft erst in allerletzter Sekunde aus, manchmal haben beide Fahrer Nerven wie Stahlseile, sie weichen keinen Zoll, noch treten sie auf die Bremse.

Zahlreiche Lastwagenleichen, Ergebnis dieser präzisen Frontalzusammenstöße, sind die traurigen Zeugen einer uns unverständlichen Fahrkultur.

Auch wir bleiben nicht verschont. So mancher Kamikazefahrer hat es sich zum Hobby gemacht, Motorräder in die tiefen Seitengräben zu scheuchen. Als unmißverständliche Warnung wird kurz aufgeblendet. Selbst wenn die Straße mal breit genug für alle ist, steuern diese Verrückten gnadenlos auf die Gegenfahrbahn, wir haben keine Chance, oft ist der Graben unsere letzte Rettung.

Es bleibt nicht aus, ich werde in einen Unfall verwickelt, im wahrsten Sinne des Wortes. Wir fahren entlang der Grenze zu Bangladesch mit 80 Stundenkilometern, unserer Reisegeschwindigkeit auf freier Strecke. Links vor mir, auf der sandigen Schulter neben dem Asphalt, pedalt ein Radfahrer. Die Teerkante ist ungefähr fünf Zentimeter hoch. Beim Vorbeifahren hupe ich, so wie es üblich ist, doch plötzlich schlägt der Radfahrer einen Haken, hebt sein Vorderrad über die Teerkante und knallt mir voll in die Seite. Ich überschlage mich, rutsche auf dem Knie weiter, die Enduro drückt es auf den Teer, der raspelt mir das ganze Gelenk auf. Die Kniescheibe verrutscht, Blut tropft durch die Risse im Leder. Mein Gepäck liegt auf der Straße, unsere Travellerschecks flattern im Wind. Ich verstehe die Welt nicht mehr, ein Rangniederer hat mich attackiert. Er sucht humpelnd das Weite, läßt sein verbogenes Rad zurück. Claudia soll ihn sich schnappen. Doch sie sammelt lieber unser Verbandszeug von der Straße, gerade rechtzeitig, bevor ein Überlandbus anhält. Alle Insassen steigen aus, auch vom Dach klettern sie runter. Der Bus fährt leer weiter. Die Schaulustigen drängen näher und gaffen, während Claudia mich verbindet.

Zum Glück gibt es ein paar Kilometer zurück eine Station der Caritas. Der Missionsleiter Vater LaFerla gehört zum Malteserorden. Er kam nach Kalkutta, als er siebzehn Jahre alt war. Später wurde er hierher versetzt, wo er beim Aufbau der Mission half. Jetzt ist er ein alter Mann, er kennt sich aus. Das große Krankenhaus im Ort sei hoffnungslos, da lägen zwar viele Kranke, aber die wenigen Ärzte seien total überfordert. Er kennt einen Privatarzt, der auch röntgen kann. Dem Arzt muß ich erst noch den Zusammenhang zwischen Familienplanung und Strahlenschutz erklären. Als er die Bleischürze findet, ist sie noch original verpackt. Die Entwicklung der Röntgenaufnahmen dauert vier Tage. Der Befund lautet: neben dem Loch im Knie noch ein verdrehter Fuß und eine Splitterung im Schultergelenk.

Wir werden vor dem korrupten Polizeichef gewarnt. Zwangssterilisierungen von Frauen, das Blenden ertappter Diebe mit glühenden Schwertern und andere brutale Foltermethoden seien hier an der Tagesordnung. Wir erfahren auch, daß Fahrzeuge aus anderen Provinzen, die hier in einen Unfall verwickelt werden, ohne Rücksicht auf die Schuldfrage grundsätzlich abgefackelt würden. In meinem Fall wird die Polizei behaupten, der Radfahrer sei an den Folgen des Unfalls gestorben. Sie werden Wiedergutmachung in Höhe von mindestens tausend Dollar fordern. Eine Aufenthaltsgenehmigung für die Sperrzone, in die wir unwissentlich hineingeraten sind, wird es nicht geben.

Bis eine Lösung gefunden ist, bekommen wir ein Krankenzimmer auf der Mission. Als kurz darauf der Polizeichef mit breitem Grinsen und Hände reibend ins Zimmer kommt, bin ich gewappnet. Bevor er zu Wort kommt, schimpfe ich schon los, bombardiere ihn mit Fragen, will wissen, wo der Übeltäter ist, der Fahrerflucht begangen hat. Der Polizeichef zuckt zusammen, sein Grinsen verzerrt sich zur Grimasse, seine Augen verraten Angst. Jetzt hab ich ihn. Ich steigere meine Lautstärke, brülle und schimpfe, als ob es in diesem Film einen Oskar zu gewinnen gäbe. Dann impfe ich ihm leise, aber bestimmt die Unwahrheit ein: Mein Vater sei erster Sekretär in Bonn, zuständig für die Entwicklungshilfe in der Dritten Welt. Wenn der erfährt, daß ich einen Unfall hatte, wird er sofort herkommen. Das bedeutet das Ende für unsere Reise und das Ende für ihn und seine Polizeikarriere. Mein Vater ist in Regierungskreisen zu bekannt, kein Wort darf zu ihm durchsickern. Das müssen wir unbedingt verhindern. Der Polizeichef ist sofort einverstanden. Niemand wird von dem Vorfall erfahren. In Geheimhaltung sind sie hier erfahren. Wir vereinbaren eine Genesungsfrist von zwei Wochen.

Der Arm kommt in eine Schlinge, das Knie soll von selbst heilen. Als alter Sanitäter helfe ich nach, schneide mit dem Skalpell gesund aussehende Hautfetzen ab und setze sie als Heilungsinseln auf die Wundfläche. Der Rest ist pure Energie.

Inzwischen geht das Leben auf der Mission seinen gewohnten Gang. In verschiedenen Werkstätten werden junge Leute an einfachen Werkzeugen ausgebildet, damit sie später ihren Beruf auch in Dörfern ausüben können, wo es keinen elektrischen Strom gibt. Die hiesigen Schwestern von Mutter Theresa teilen allmorgendlich Medikamente aus. Für Hungernde liegt Bulgur, getrockneter Weizen, aus

Amerika bereit. Der Stolz von Vater LaFerla ist eine voll eingerichtete kleine Augenklinik, in der schon Tausende von Patienten operiert wurden. Der graue Star ist in dieser ärmsten Region Indiens weit verbreitet.

Mit dem Arm in der Binde repariere ich das Motorrad. Dann geht es wieder los. Claudia tritt den Kickstarter für mich. Vorsichtig lege ich den lädierten Arm auf den Lenker. Zum Abschied sind viele neue Freunde gekommen. Sogar der Bischof, er wollte sich persönlich bei Claudia für das Pfannkuchenrezept bedanken. Bisher hatten die Missionare vergeblich versucht, die Eier aus ihrer Entenzucht unters Volk zu bringen. Die Inder lehnten Enteneier aus nicht erfindlichen Gründen ab. Claudias Pfannkuchen waren aber so begehrt, da war es jedem recht, daß Enteneier zum Rezept gehörten.

Um den Gefahren auf der Straße vorübergehend zu entkommen, tun wir uns ein paar Tage später mit einem Motorrad-Missionar des Jesuitenordens zusammen, der querfeldein seine Runde über die Dörfer dreht, die abseits des Straßennetzes liegen, beinahe unberührt vom Fortschritt. Hier bietet sich ein völlig anderes Bild, das ich meiner Mutter im Brief vermitteln möchte. Auslöser für den Brief ist eine Pfefferplantage, an der wir eine Pause einlegen.

»Liebe Mutter!

Jetzt bin ich endlich da angekommen, wo Du mich schon immer hin verwünscht hast, wenn Du mit meinen Launen nicht mehr zurecht kamst. Nämlich da, wo der Pfeffer wächst. Seit wir uns entschlossen haben, langsamer zu reisen, geht es uns viel besser. Natürlich haben wir jetzt auch die Zeit, Sehenswürdigkeiten wie das Taj Mahal in Agra, die Tempelanlage in Khajuraho oder die verlassene Stadt Fatehpur Sikri anzuschauen. Auch unseren Besuch in Varanasi am Ganges, wo die Leichen öffentlich eingeäschert werden, werden wir wohl nie vergessen. Aber noch viel eindrucksvoller sind die vielen Begegnungen und Entdeckungen am Rande, das Alltägliche, die Lebensgewohnheiten und die Genügsamkeit der Bauern.

Im Moment sind wir mit Vater Albert unterwegs, der mit seinem indischen Motorrad, einer Rajdoot, über die Feldwege knattert. Abseits der Hauptstraßen ist es wunderschön. Vielleicht, weil es noch keine Strommasten gibt, keine Maschinen und kein Wellblech. Die Häuser sind aus selbstgestampften Lehmziegeln erbaut, die Wände mit Lehm verputzt und mit Ornamenten verziert. Die Dächer sind noch mit Stroh gedeckt. Der einzige Luxus einer wohlhabenden Familie besteht aus einer Messingschüssel. Als wir hier gestern ankamen, wurden uns darin, als besondere Ehre, die Füße gewaschen. Claudia mußte dabei neben mir sitzen, auf einem Stuhl, der halb so hoch war wie meiner. Das Peinlichste war, als die ganze Dorfbevölkerung kam, um uns zu begrüßen. Alle beugten sich tief vor uns bis auf den Boden, auch die ganz Alten. Wir mußten sie dann immer hochwinken. Eigentlich erweisen so die Jüngeren den Älteren Respekt. Bei uns machten es alle, weil wir Weiße sind und damit der höchsten Kaste angehören.

Wir sollten in einem Zimmer schlafen, das sie für uns freigeräumt hatten. Wegen der vielen Mücken zogen wir aber unser Zelt vor. Außerdem wollten wir den Leuten zeigen, wie wir als moderne Nomaden überall unsere eigene Hütte aufbauen können. Sie brachten eine Menge Stroh und stellten das Zelt oben drauf. Wir sollten weich schlafen. Aber vorher zeigte Vater Albert noch Dias, sie nennen das Kino, ein großes Ereignis. Gezeigt werden Bibelgeschichten, die aus Kinderbüchern abfotografiert sind. Als Leinwand dient eine frisch gekalkte Hauswand. Die Glühbirne des einfachen Diaprojektors konnten wir an unsere Motorradbatterie anschließen. Normalerweise benutzen sie als Stromquelle einen Dynamo, das Fahrrad steht dabei auf dem Kopf, und einer dreht die Pedale mit der Hand.

Die Leute sind unheimlich nett. Im Hauptdorf, wo Vater Albert seine Mission hat, beköstigten sie uns mit echten Spaghetti und Käse aus Italien. Das angrenzende Krankenhaus ist mit deutschen Spendengeldern gebaut worden. Jetzt freuen sie sich, hier Deutsche zu Gast zu haben. Interessant auch, wie sie für die Gaslampen selber Methan herstellen. Sie kippen einfach die Jauche aus den Kuhställen in riesige unterirdische Tanks, worin sich die Biogase bilden. Damit wird auch gekocht.

Das indische Essen ist übrigens sehr lecker. Überall entlang der Hauptstraßen gibt es kleine Bretterbuden, in denen etwas zu essen angeboten wird. Wir stehen immer schon früh auf, fahren etwa achtzig Kilometer und halten dann zum Frühstücken an so einer Bude. Die Grundnahrung besteht aus Reis und Dhal, einem Linsengericht, sowie Chapatis, indisches Fladenbrot. Aber jede Gegend hat ihre eigenen traditionellen Beilagen. Allein die machen eine Indienreise zum kulinarischen Hochgenuß.

Als Brennstoff für die einfachen Kochöfen werden meist getrocknete Kuhfladen verwendet. Kinder laufen den heiligen Kühen hinterher, sammeln die frischen, dampfenden Fladen ein und klatschen sie zum Trocknen an die Hauswand. Der Mist glüht im Ofen wie Kohle. Daher kommt auch der typische Geruch, mit dem ich Indien immer verbinden werde.

Typisch ist auch das Kauen der Betelnuß. Diese Nuß wird mit einer Gewürzmischung in ein Teeblatt gewickelt, und dann wird stundenlang darauf herumgekaut. Das soll die Mundgegend leicht betäuben und das Hungergefühl unterdrücken. Mir hat mal jemand in Pakistan so eine Nuß spendiert. Das war so ekelhaft, ich habe alles ganz schnell runtergeschluckt. Dabei soll man es ausspucken. Jedenfalls bildet sich beim Kauen viel Speichel, der von der Nuß dunkelrot gefärbt wird. Den spucken die Leute im gezielten Strahl ständig aus. Blöd ist das nur, wenn wir Busse überholen. Die haben nämlich meist keine Fensterscheiben.

Und dann die vielen Frauen, die beim Straßenbau helfen. Sie sitzen unter einfachen Sonnenschirmen vor einem riesigen Berg von Steinen. Mit einem Hammer hauen sie die Steine Stück für Stück klein. Damit bauen sie dann das Straßenbett, über das eine dünne Schicht Teer gespritzt wird. Es ist einfach unglaublich, daß es dafür keine Maschinen gibt. Die Frauen sind in Saris gewickelt und haben einen roten Punkt auf der Stirn. Ihre Babies liegen daneben auf einem Tuch.

Wir werden bald weiterfahren, obwohl wir eingeladen sind, hierzubleiben und zu arbeiten. Die Missionare meinen, sie könnten einen technisch begabten jungen Mann als Ausbilder für ihren Entwicklungsdienst gut gebrauchen. Claudia könnte als Krankenschwester helfen. Wie Du siehst, es geht uns sehr gut. Ich hoffe, Euch geht es auch gut, viele Grüße, auch von Claudia, bis bald.

P. S. Habt Ihr auch Neuigkeiten von Doris? Sie hat am Kovalam Beach, in Südindien, einen Sohn zur Welt gebracht, ganz alleine, unter einer Palme im Mondschein. Sie hat ihn auch selbst abgenabelt. Wenn ich ihren Brief richtig entziffere, will sie ihn Django nennen. Wir möchten sie gerne besuchen, vorausgesetzt, wir finden uns mit ihrer Wegbeschreibung auf den Trampelpfaden zurecht.«

Natürlich verheimliche ich meiner Mutter die Schattenseiten. Das Elend in den Städten, die Krankheiten, der Hunger. Menschen, die in riesigen, stinkenden Müllbergen nach Eßbarem suchen. Obdachlose in Kalkuttas Straßen, wo morgens um sechs Uhr die Leichen der Nacht auf Handkarren eingesammelt werden. Ein alter Mann, der in der Mega-Millionenstadt allein gegen einen Telegrafenmast gelehnt steht und weint. Eine Frau, die im Morgengrauen in einer Hausecke im Hocken ein Kind zur Welt bringt.

Meine Mutter wird froh sein, uns in den Händen von Missionaren gut aufgehoben zu wissen. Besondere Angst hatte sie vor den Gurus. »Nimm dich vor denen in acht«, hatte sie mir bei der Abfahrt in Köln noch hinterhergerufen. Bilder aus der Presse vom Baghwan in Poona müssen in ihr die schlimmsten Befürchtungen geweckt haben. Aber ich werde mich niemals in einen Ashram setzen und versuchen, den Weg eines Gurus zu kopieren. Den Zustand der Erleuchtung würde ich auch gerne erreichen, aber ich glaube, daß jeder seinen eigenen Weg finden muß. So, wie jeder Glaube eine ganz persönliche Angelegenheit ist. Je stärker der Glaube, desto stärker die Kraft. Mit dieser Kraft ist die Wunde an meinem Knie geheilt. Ich konnte beobachten, wie sich das Loch schloß und ausheilte. Es hat sich noch nicht mal entzündet, trotz des allgegenwärtigen Drecks und trotz der vielen Fliegen. Es blieben kaum sichtbare Narben zurück.

Der Unfall ereignete sich am einhundertundelften Tag unserer Reise. Erst Jahre später finde ich heraus, daß die 111 eigentlich meine Glückszahl ist. Noch weiß ich nichts von Numerologie. Ich habe lediglich eine leise Ahnung, daß es neben der uns bekannten Realität noch eine andere Wirklichkeit geben muß. Und das ist es, was ich Indien verdanke. Ich suche nicht mehr für alles eine rationale Erklärung, sondern lerne, nach dem Gefühl zu leben. Schon der erste Tag in diesem Land veranlaßte uns, alle Pläne über Bord zu werfen.

An diesem einhundertundelften Reisetag war vor dem Unfall noch etwas geschehen. Wir hatten versucht, südlich von Darjeeling trotz fehlender Straßenverbindungen über die Felder nach Bangladesch einzureisen. Nach stundenlanger Fahrt erreichten wir ein von der Zivilisation abgeschnittenes Dorf. Als ich den Helm vom Kopf zog, schaute ich in die Augen eines alten Mannes mit einem langen, weißen Bart. Seine Augen leuchteten nicht nur, sie schienen mit den meinen zu verschmelzen. Ich spürte eine rege Kommunikation, einen starken Energiefluß. Später sagte mir Claudia, der gebannte Kontakt habe nur einige Sekunden gedauert. Es sei kein Wort gefallen. Ich hatte das Gefühl, daß es eine lange Zeit war, in der ich ihm mein ganzes Leben erzählte. Es war meine erste, bewußt erlebte nonverbale Kommunikation.

Wir sind dann umgekehrt, und zurück in Indien war mir der Radfahrer in die Quere gekommen. Und das war schon der zweite Unfall innerhalb einer Woche. Das Unglaublichste aber: Ich hatte von den Unfällen gewußt. Ich hatte sie geträumt. Das war vorher, als wir noch in den Bergen von Nepal zelteten. Von Varanasi aus hatten wir einen mehrwöchigen Abstecher nach Nepal gemacht, bevor wir in Darjeeling wieder nach Indien zurückkehrten. Der Traum hatte mich stark beschäftigt. Es war kein normaler Traum. Obwohl die verrückte Umgebung eher typisch für Träume war: Wir saßen in einer großen Halle an einem Tisch. An der Wand hingen abgebrochene Flugzeugteile, es stand eine Art Mondfahrzeug mit Solarpanels rum, ein Schiffscontainer, ein riesiges Wasserfaß. Eine Stimme fragte: »Hattet ihr irgendwelche Unfälle?« Ich antwortete: »Ja, drei ...«

Bald beluden wir unsere Motorräder wieder, die zweimonatige Pause in den Bergen hatte uns gutgetan. Wir mußten nur noch den Gebirgszug des Nieder-Himalaya überqueren, bevor es runter ging in die indische Ebene, die dann am Golf von Bengalen sanft ausläuft. Eine letzte Pause an einem Mount-Everest-Aussichtspunkt mit herrlichem Rundumblick auf die schneebedeckten Gipfel, die eingefroren im ewigen Eis alles Irdische überragen und doch Teil unseres Planeten sind.

Aber selbst dieser überwältigende Anblick kann mich nicht von meiner düsteren Vorahnung befreien. Drei Unfälle ... Bisher war noch nichts passiert. Mit gemischten Gefühlen besteige ich mein Gefährt und stoße mich ab. Den Motor kann ich heute beim mehrstündigen Abstieg in die Ebene schonen. Mit den Bremsen reguliere ich das Tempo, genüßlich lasse ich mich in die Kurven fallen, folge dem Lauf der Serpentinen, lasse etwas Fahrtwind aufkommen, um genügend Schwung zu haben, über eine Brücke zu huschen und die kleine Steigung zwischendurch zu erklimmen, um dann wieder in meinen Rhythmus zu verfallen, rechts, links, kurz, lang, rechts, links, geradeaus, doppelt rechts, bremsen, anlaufen, mit Schwung rüber, weiter, immer weiter runter. Manchmal sehe ich tief unten im Tal den Verlauf der Straße, mit den kleinen Mäuerchen in gleichmäßigen Abständen auf der Talseite und einem handgemeißelten Graben auf der Bergseite. Jeder Meter der Straße in mühsamer Handarbeit in die rauhen Berghänge gekratzt und geebnet, wo wir, um dem Schweiß der unzähligen Bauarbeiter einen Sinn zu geben, jetzt entlangrollen, immer weiter – bis es kommt, wie es kommen muß.

Hinter einer engen Kurve gefriert mir das Blut in den Adern. Alles geht blitzschnell, obwohl die Zeit fast stehen bleibt und ich den Ablauf des Geschehens wie in Zeitlupe erlebe: Die Straße ist schwarz, überzogen mit einer Ölschicht. Mein Motorrad verliert den Halt unter den Rädern, schlingert, bricht aus, ein kräftiger Schlag haut es auf die Seite. Die Wucht katapultiert mich nach vorne, ich mache eine Drehung in der Luft, lande auf dem Hintern, rutsche rückwärts, sitzend, wie auf Glatteis die Straße runter. Mein Motorrad kommt hinterhergeschossen, folgt in meiner Spur in greifbarem Abstand. Wie gelähmt erwarte ich das Unausweichliche, bis mich der Aufprall im steinernen Graben bremst. Mein Motorrad folgt, mit einem dumpfen Geräusch landet es auf mir, die Räder in die Luft gestreckt, Lenker und Packtaschen zwischen die Felsen verkeilt. Ruhe – nur ein leichtes Summen in den Ohren, sonst alles still. Ein ungeheurer Druck lastet auf meiner Brust, ich will atmen, aber mein Brustkorb ist zusammengedrückt. Ich versuche mich zu bewegen, nichts zu machen. Schmerzen in der Brust. Bloß keine Panik, sonst werde ich noch ersticken. Ich lasse mich fallen, in eine andere Dimension, muß nachdenken, Ruhe bewahren. Wie lange überlebt das Gehirn ohne Sauerstoffzufuhr? Drei Minuten. Unter Wasser halte ich es bis zu fünf Minuten aus, aber dann sind meine Lungen prall gefüllt.

Ob Claudia auch hinfliegt? Nein, zum Glück kommt sie angelaufen. Ich muß ihr ein Lebenszeichen geben – gut, den Fuß kann ich bewegen –, sie darf jetzt auch keine Panik bekommen, sie muß mir helfen, mich retten. Claudia versucht das Motorrad zu bewegen – keine Chance, sie zieht und zerrt, ohne Erfolg. Claudia geht weg. Sie verabschiedet sich noch nicht mal, geht einfach. Meine letzten Gedanken sind: Du wirst nicht sterben. Erinnere dich. Es werden drei Unfälle sein, das ist erst der erste, die anderen wirst du auch noch erleben.

Als ich aufwache, spüre ich Luft, die wie eine feste Masse in meinen Körper strömt, stechend, prickelnd. Ich muß husten, Benzindämpfe in der Nase, im Mund, in der Lunge. Überall Hände, sie greifen mich, ziehen mich hoch. Lachende Gesichter, liebevolle Augen. Fremde und doch Freunde. Es sind Sherpas, das Volk dieser Berge. Ich bin gerettet.

Als ich um die steile Kurve kam, sah ich etwas Großes, Weißes durch die Luft fliegen. Wie ich mein Motorrad auf der ölverschmierten Straße anhalten konnte, ist mir bis heute ein Rätsel. Ich rannte zu Klaus, von dem ich nur das linke Bein sehen konnte. Das Motorrad hatte sich hoffnungslos in den Felsen verkeilt und Klaus unter sich begraben. Ein Felsbrocken steckte im Tank, aus dem das Benzin ausströmte. Verzweifelt versuchte ich die Maschine zu bewegen, doch das war aussichtslos! Klaus gab keinen Ton von sich, nur den Fuß bewegte er kurz, als ich in der Ferne das Geräusch eines den Berg hinaufkriechenden Lasters vernahm. Es schien eine Ewigkeit zu dauern, bis er näher kam. Auf der Ladefläche saßen einige Männer, lachend, Zigaretten rauchend. Ich rannte zu ihnen und hielt den Laster in einiger Entfernung an. Zum Glück verstanden sie mein wildes Gestikulieren und warfen ihre Kippen weg, bevor sie das Motorrad und dann Klaus aus dem Graben zogen.

Zweimal quietschte Klaus verdächtig, dann atmete er wieder richtig. Sein Brustkorb tat ihm weh, doch seine Sorge galt hauptsächlich dem Motorrad und der Kamera, die er um den Hals hängen hatte. Wir dankten den Sherpas, die sich freuten, geholfen zu haben, und schnürten den abgerissenen Tankrucksack bei mir mit drauf. Bis zum nächsten Ort hatten wir noch sechzig Kilometer reine Serpentinen vor uns, die wir vorsichtig fuhren. Es war stockdunkel, als wir in der kleinen Stadt ankamen. Wir fragten uns durch bis zum Krankenhaus. Dort war gerade der Strom ausgefallen, und ein Arzt war auch nicht da. Ein Assistent kam mit einer Kerze, leuchtete Klaus' Oberkörper ab und pinselte ihn schließlich von oben bis unten mit einer Jodtinktur ein. Dann wurden wir entlassen.

Genau eine Woche später hätte ich Klaus beinahe überfahren, als er mit dem Radfahrer zusammenstieß und sich ein paar Mal mit seinem Motorrad überschlug. Diesmal war Klaus aber nicht so glimpflich davongekommen, es sah ziemlich übel aus. Am Straßenrand verband ich die Wunden notdürftig, wobei schaulustige Inder fast auf uns drauf trampelten. Wir hatten großes Glück, in der Caritas-Station aufgenommen zu werden.

Ohne die Fürsorge von Vater LaFerla wäre unsere Reise hier vielleicht schon zu Ende gewesen. Klaus litt unter den Schmerzen, die korrupte Polizei machte die Situation auch nicht gerade angenehmer, und das allgemeine Elend um uns herum gab uns den Rest. Es wäre einfach gewesen, sich ins Flugzeug zu setzen ...

Dabei hatten wir eine so schöne Zeit erlebt. In Nepal waren wir zwei Monate geblieben. Das Volk der Sherpas, das Klima, die unbeschreibliche Bergwelt des Himalaya, all das gefiel uns so gut, daß wir uns einfach Zeit nahmen.

In Pokhara, damals noch ein idyllischer Ort am gleichnamigen See, mieteten wir uns in einer Lodge ein. Wir bauten das gesamte Gepäck von den Maschinen, denn alles mußte gesäubert und überholt werden. Schließlich hatten wir schon zwölftausend Kilometer hinter uns gebracht. Als Klaus mir zu der Ankunft in Pokhara gratulierte, überkam mich ein Gefühl von Stolz, eine Freude, endlich angekommen zu sein.

Nach Hause schrieb ich: »Die Menschen hier sind zwar fast alle arm, aber so groß, wie ich dachte, ist das Elend gar nicht. Wenn man sich ein bißchen anpaßt, kann man sehr gut leben. Wir haben überlegt, uns für alles mehr Zeit zu lassen und mehr zu genießen. Je nachdem, wie das Geld reicht, bleiben wir wahrscheinlich zwei Jahre weg, so bis Mitte 1983. Es ist ein gutes Gefühl, noch soviel vor sich zu haben. Wer weiß, vielleicht bekomme ich schon früher Heimweh, aber das werdet Ihr schon merken!«

In Pokhara feierte ich meinen einundzwanzigsten Geburtstag, wir machten Ausflüge in die Umgebung, besuchten Werkstätten tibetischer Flüchtlinge, badeten im See. In Katmandu besorgten wir uns eine Trekking-Genehmigung und zogen mit Rucksack in die Berge. Nach einer Woche Fußmarsch saßen wir abends allein in einer Lodge in Shermatang, als wir draußen Stimmen hörten. Es war schon dunkel, wohl ein paar verirrte Trekker, da meinte Klaus plötzlich, die Stimme kennen wir doch! Tatsächlich, da stand Werner, den wir aus Köln kannten. Als wir uns auf dem Gesundheitsamt unsere Typhusimpfung geholt hatten, war er mit uns der einzige Abenteurer in einer Gruppe von Geschäftsreisenden gewesen. Wir hatten noch einen Kaffee zusammen getrunken und unsere Reisepläne ausgetauscht. Beim Abschied hatten wir uns zugerufen: »Wir sehen uns in Nepal!«

Später dann, da hatten wir uns schon von Vater Albert verabschiedet, zur Weihnachtszeit 1981 – unser erstes Weihnachten unterwegs –, hatten wir unser Zelt auf dem Gelände der Jugendherberge in Puri aufgebaut. Der Ort liegt am Golf von Bengalen, südlich von Kalkutta an der Ostküste Indiens, und ist berühmt für seine Tempelanlagen.

Puri galt als Tip unter Travellern, nicht zuletzt wegen des langen Sandstrandes. Womit wir nicht gerechnet hatten, waren die vielen indischen Touristen, die die Feiertage nutzten, um sich die Häuser ihrer Götter anzuschauen und im Meer zu baden. Irgendwie sprach es sich unter den Rikscha-Fahrern herum, daß wir mit unseren Motorrädern zu besichtigen waren, und bald hatte uns jeder von ihnen in seine Sightseeing-Tour aufgenommen. Wir konnten ja verstehen, daß die neugierigen Inder uns als Kuriosität betrachteten. Wir waren es gewohnt, angestarrt zu werden, doch schienen die Inder plötzlich ihren Augen nicht mehr so recht zu trauen, denn ständig mußten sie alles anfassen. Sie rüttelten am Zelt, öffneten die Reißverschlüsse, spielten mit den Knöpfen und Griffen der Motorräder und setzten sich sogar auf unsere Maschinen. Dazu immer dieselben Fragen: »Hello, Mister! Where do you come from? What is your name?« Die Rikscha-Fahrer grinsten im Hintergrund.

Paradiesische Ruhe dagegen in Goa, der ehemaligen portugiesischen Kolonie an der Westküste. Wir konnten unsere Motorräder parken, ohne daß einer daran herumspielte, und sogar unser Zelt tagsüber stehen lassen. Die jährlich über hunderttausend deutschen Weihnachtstouristen waren schon wieder fort. Wir genossen die Einsamkeit der Strände, die Sonne, den Sand und das Meer.

Dann machten wir uns endlich auf, um Klaus' Schwester Doris in Kovalam Beach in der Provinz Kerala zu besuchen. Nach einem langen Motorradtag mit viel Verkehrsgewühl und schwüler Hitze kamen wir kurz vorm Dunkelwerden am Leuchtturm von Kovalam an. Da wir nicht genau wußten, in welchem Haus Doris wohnte, ließen wir unsere Mopeds stehen, nahmen die Helme und machten uns auf die Suche. Es wurde schnell düster. Die Lehmhäuser waren im Schatten der hohen Palmen gebaut. Wir gingen auf ein Haus zu, vor dem Kinder spielten, doch als diese uns sahen, begannen sie lauthals zu brüllen. Die Kinder vor dem Nachbarhaus ebenfalls. Besorgte Mütter erschienen. Als wir sie ansprechen wollten, stellten sie sich schützend vor ihre Kinder und stimmten in das Gekreisch ein. Im Nu war das ganze Dorf in Aufruhr. Zum Glück erschien auch Doris vor ihrer Tür, und die Leute beruhigten sich wieder.

Sie lebte jetzt schon fast ein halbes Jahr hier mit ihren beiden Söhnen Geronimo und Django, den sie hier zur Welt gebracht hatte. Ihren bescheidenen Lebensunterhalt verdiente sie sich mit dem Bakken von Schwarzbrot, das sie an die Rucksackreisenden aus Europa verkaufte. Manche kamen extra wegen des Brotes nach Kovalam Beach. Wir wurden selbst Zeuge, wie die Ausländer Schlange standen, sobald der selbstgebaute Lehmofen anfing, seinen abendlichen Duft zu verströmen, den Duft nach frisch gebackenem Brot.

Während Klaus bei seiner Schwester in die Schule ging und die Kunst des Teigknetens erlernte, besann ich mich der guten alten Obstkuchenrezepte von zu Hause. So enstanden Papaya-, Ananas-, Kokos- und Bananentorten, die am Strand unter den Palmen begeisterte Abnehmer fanden. Leider machten mir die Einheimischen schon nach vier Tagen einen Strich durch die Rechnung. Sie meinten, die Touristen würden bei ihnen in den Restaurants nichts mehr essen, ich durfte nichts mehr verkaufen. In den vier Tagen hatte ich aber genug Geld für die nächsten zwei Wochen verdient und gelernt, daß man sich mit guten Ideen immer über Wasser halten kann.

Kovalam Beach wurde gerade bekannt in der Aussteigerszene, entsprechend hemmungs- und hüllenlos bewegten sich die jungen Europäer und Amerikaner am Strand. Die Einheimischen schienen dies zu dulden, verdienten sie doch alle ihren Lebensunterhalt mit dem Tourismus, der besonders an den Wochenenden florierte. Dann kamen die Großstädter in Reisebussen mit ihren Fotoapparaten, um sich das Schauspiel nackter, frisbeespielender Ausländer aus nächster Nähe anzuschauen und als Erinnerung auf Zelluloid zu bannen.

In Indien fiel uns zum erstenmal auf, daß, wo immer Traveller zusammenkamen, sich eine Art Wettbewerb entspann. Bevor man überhaupt ins Gespräch kam, war die erste Frage: »Wie lange bist du schon unterwegs?« Je nachdem, mit wie vielen Wochen oder gar Monaten man auftrumpfen konnte, wurde man dann eingestuft und mit mehr oder weniger Respekt behandelt. Wegen unserer Motorräder und der Tatsache, daß wir über Land gereist waren und nicht mit dem Flugzeug, galten wir automatisch als etwas Besonderes. Interessant wurde es immer, wenn wir unsere Mopeds irgendwo abgestellt hatten und nicht mehr eindeutig zugeordnet werden konnten. Jedenfalls hüteten wir uns, jedem von unserer Reise und zukünftigen Plänen zu erzählen. Auf die Art von Bekanntheit konnten wir gut verzichten.

Auffällig auch, daß die meisten allein unterwegs waren oder sich erst auf der Reise zusammengetan hatten. Viele waren mit einem Partner losgefahren, hatten sich aber schon nach kurzer Zeit getrennt. Eine normale Beziehung schien die besondere Belastung einer Reise *nicht auszuhalten. Plötzlich war man vierundzwanzig Stunden am Tag zusammen und aufeinander angewiesen. Klaus und mich machte dies nachdenklich, und wir redeten viel darüber, hatten wir doch selbst mit dieser ungewohnten Nähe zu kämpfen gehabt.*

Aber Tatsache war, wir hatten gekämpft und nicht gleich bei den ersten Problemen unsere Beziehung aufgegeben. Vielleicht lag es daran, daß wir uns schon lange gekannt hatten. Für uns war schon immer klar gewesen, daß wir uns nie im Streit trennen, sondern über alles reden würden, auch wenn es Zeit und Ausdauer erforderte. Damals ahnten wir nicht, daß wir mal zusammen unterwegs sein würden.

Die Überfahrt vom indischen Subkontinent nach Sri Lanka war eine haarsträubende Angelegenheit. Zuerst mußten wir unsere Motorräder in einen Güterzug verladen, da es keine Straßenverbindung zum Hafen gab. Dort konnte die Fähre wegen Ebbe nicht anlegen. Ein kleines Segelboot war damit beschäftigt, die Passagiere mit ihrem Gepäck zur draußen ankernden Fähre zu bringen. Als wir uns das Boot aus der Nähe anschauten, wäre ich am liebsten gleich wieder umgekehrt. Es schien unmöglich, unsere ziemlich großen Maschinen damit bis aufs offene Meer hinauszubringen und sie bei dem starken Wellengang zu verladen. Aber es klappte dennoch. Klaus mußte mit den Indern lange um den Preis feilschen, bis unsere Motorräder über eine morsche Planke gerollt und notdürftig an Bord vertäut wurden.

Sri Lanka, umgeben vom blauen Wasser des Indischen Ozeans, das in sanften Wellen in eine einsame Bucht spült oder an anderer Stelle als tosende Brandung auf den harten Sand des endlosen Strandes klatscht. Wir genossen dieses Inselland, zelteten im Schatten der Palmen, schnorchelten in den ruhigen Buchten, saßen mit anderen Travellern in den Bambushütten am Strand und tranken eisgekühlte Kokosmilch. Oder wir machten Tagesausflüge ins Innere der Insel, zu den Teeplantagen und Reisterrassen, in die Nebelwälder und Naturreservate, wo die wilden Elefanten leben.

Wir hatten viel Zeit, uns mit anderen Reisenden zu unterhalten. Manchmal gab es heftige Diskussionen, besonders wenn verschiedene Nationalitäten aufeinandertrafen. Es war die Zeit des Falkland-Krieges. Ich erinnere mich noch sehr gut, wie schockiert ich war, als in den Nachrichten verkündet wurde, daß Margaret Thatcher Argentinien den Krieg erklärt und die Royal Navy in Marsch gesetzt hatte. Wie konnte ein zivilisiertes europäisches Land nach den Erfahrungen des Zweiten Weltkriegs so etwas tun? Manche Engländer, die dabeisaßen, versuchten, diese Entscheidung zu rechtfertigen. Für uns hatte es den Anschein, als ginge es nur noch bergab in Europa. So fiel es uns auch nicht schwer, unsere Zukunft vorerst woanders zu planen.

Was mich immer mehr störte, war das ständige Kritisieren der Europäer. Egal, worüber gesprochen wurde, immer gab es etwas auszusetzen, immer wurde nach dem Negativen gesucht. Nie war etwas einfach nur schön, alles wurde durchdiskutiert und in Frage gestellt. Dabei befanden wir uns in einem fremden Land mit exotischen Bräuchen und Sitten, die für uns doch eigentlich unerklärlich blieben. Wie konnte ich hingehen und zum Beispiel das Kastensystem der Inder und Ceylonesen verurteilen, ohne die zugrundeliegende Kultur und Geschichte genau zu kennen? Ich nahm mir vor, als Besucher weniger zu kritisieren, dafür eher zu beobachten, um mehr verstehen und akzeptieren zu können.

Wir waren auf dem Weg von Arugam Bay im Nordosten Sri Lankas zum Strand von Kalkudah, als es zum dritten Mal vor mir knallte. Klaus überholte gerade einen Mofafahrer, als dieser einfach ausscherte. Klaus überschlug sich und blieb mit dem Helm eingeklemmt unter dem Motorrad liegen. Ich schaffte es gerade noch, mit einer Vollbremsung stehenzubleiben, ließ mein Motorrad einfach fallen und eilte Klaus zu Hilfe. Unglücklicherweise war er ohne Handschuhe gefahren und hatte nun tiefe Schürfwunden an beiden Händen. Am Motorrad war die linke Packtasche verbogen. Der Mofafahrer war mit einem Schreck und einigen Beulen an seinem Mofa davongekommen, so daß wir uns einigten, jeden mit seinem Schaden zu belassen. Im Tagebuch vermerkte ich noch, daß der Knall genau bei Tageskilometerstand 111 passiert war.

Der Tag, an dem Klaus seine Kündigung an die Firma in Köln abschickte, war ein Festtag für uns. Wir gingen in ein Restaurant und tranken Bier, obwohl eine Flasche fünfmal soviel kostete wie das Essen. Seitdem wir uns entschlossen hatten, länger unterwegs zu sein, versuchten wir natürlich, unser Geld einzuteilen. Das war oft nicht so einfach. Allein die Tatsache, daß wir Besitzer zweier großer Motorräder waren, ließ die Einheimischen häufig annehmen, daß wir wesentlich reicher sein müßten als die Rucksackreisenden. Entsprechend fiel die Preisgestaltung aus. Wir verbrachten viel Zeit damit, den Menschen zu erklären, warum wir nicht zu den Reichen zählten. Der Rucksackreisende mag arm erscheinen, weil er nicht viel Gepäck hat, doch hat er in der Regel sein Rückflugticket in der Tasche, und zu Hause wartet eine Wohnung oder ein Haus auf ihn, eine feste Arbeitsstelle oder ein Studienplatz. Wir dagegen hatten zu Hause nichts mehr. Alles, was wir besaßen, waren die Motorräder und der Inhalt unserer Packtaschen.

Ursprünglich wollten wir von Sri Lanka nach Indien zurückkehren, um dann von Madras an der Ostküste eine Fähre nach Penang in Malaysia zu nehmen. Diese Fähre fuhr alle paar Monate einmal. Es waren Gerüchte im Umlauf über die horrenden Zustände an Bord, die Verpflegung, die sanitären Anlagen, unmögliche Schlafstätten und auch die zu erwartenden Stürme bei der Überquerung des Indischen Ozeans. Irgend jemand erzählte, daß die Fähre gesunken sei und es auch keinen Ersatz gebe. Das war uns zuviel Ungewißheit. Da wir sowieso nicht so recht Lust hatten, nach Indien zurückzukehren und von Lastwagen gejagt zu werden, faßten wir einen anderen Gedanken ins Auge.

Seit wir die Bekanntschaft mit dem Australier Hans gemacht hatten – in der dritten Woche unserer Reise in der Wüste von Pakistan – war unser Interesse an Australien geweckt. Als Dank für die Hilfe beim Tankflicken hatte Hans uns zum Abschied ein kleines Taschenbuch geschenkt, »The Satisfaction of Doing It Yourself«, dessen Autor er war. Das Buch handelte von allen möglichen und unmöglichen Rekorden, die Hans in seinem Leben schon aufgestellt hatte. Zum Beispiel war er mit einem kleinen Speedboot einmal um den australischen Kontinent gefahren, oder er hatte die Welt in einem Segelflugzeug ohne jegliche Navigationsinstrumente umrundet.

Auf Sri Lanka trafen wir viele Australier, die zum Surfen herkamen. So hatten wir genug Gelegenheit, uns nach dem Land down under zu erkundigen. Die Australier schienen durchweg ein lebenslustiges Völkchen zu sein. Arbeit sei überhaupt kein Problem dort, es gebe genug davon. Nur, ein Visum zu bekommen, sollte angeblich nicht so einfach sein. Wir fuhren in die Hauptstadt Colombo, um uns bei der australischen Botschaft zu erkundigen. Wir waren sehr überrascht, als man uns sofort zwei Antragsformulare zuschob und sagte, wir könnten unsere Visa am folgenden Montag abholen. Damit waren die Würfel gefallen.

Ein paar Tage vor unserer Abreise stand ich mit meinem Moped vor der Post und wartete auf Klaus, als ich von einer älteren Dame, die zu einer Reisegruppe gehörte, auf Kölsch angequatscht wurde: »Sach ens Kind, bisste etwa d'r janze Wech vun Kölle bis hierher jefahre? Loss dich ens drücke!« Unsere Kölner Nummernschilder mußten in ihr eine Welle von Heimweh ausgelöst haben. Ehe ich mich versah, hing mir diese kölsche Dame am Hals und erdrückte mich fast.

Als nächstes galt es, ein Schiff oder Flugzeug zu finden, das uns mitsamt Gepäck nach Sydney befördern könnte. Es stellte sich heraus, daß See- oder Luftfracht für unsere Motorräder dasselbe kosten würde. Da wir auf dem Schiff nicht mitfahren durften, konzentrierten wir uns auf die Fluggesellschaften. Ein Manager erklärte sich schließlich bereit, uns einen dreißigprozentigen Nachlaß zu gewähren. Die einzige Auflage: Wir müßten unsere Motorräder in einer Holzkiste verpacken, da der Flug über Bangkok gehe und die Motorräder dort umgeladen werden müßten. Er empfahl uns noch einen Schreiner, der die Kiste für uns bauen sollte. Wir zahlten den stolzen Preis von 2.000 Dollar, sozusagen das letzte Geld in unseren Taschen.

Wir sind in Sydney gelandet. Unsere Motorräder müssen noch nachkommen, sie sind irgendwo unterwegs beim Umsteigen zurückgeblieben. Ohne unsere treuen Gefährten fühlen wir uns etwas einsam auf dem neuen Kontinent. Aber wir kennen ja Hans, den Weltmeister aus der Wüste. Wir sind gespannt, ob er hier wirklich so bekannt ist, wie er damals behauptet hat, und setzen uns am Flughafen ins nächste Taxi. Wohin? Zu Hans Tholstrup bitte. Tatsächlich: Der Taxifahrer weiß nicht nur die Adresse, er weiß sogar, daß Hans zur Zeit nicht zu Hause ist. Genauer gesagt, er sei in der Wüste verschollen. Er habe versucht, die Simpsonwüste im Zentrum Australiens zu Fuß zu durchqueren. Sportpiloten suchen ihn schon seit Tagen. Sein Trinkwasser muß mittlerweile aufgebraucht sein, zu Fuß konnte er nicht soviel mitnehmen. Wir fahren trotzdem zu seinem Haus, das wie ein Fabrikgebäude aussieht. Keine Reaktion, als wir klingeln. Der Taxifahrer setzt uns vor einer Traveller-Absteige am Kings Cross ab. Am nächsten Tag erfahren wir es aus den Nachrichten im Fernsehen: Tholstrup ist zufällig mitten in der Wüste auf ein Geologenteam gestoßen.

Eine Woche darauf bei ihm zu Hause. Die Überraschung ist groß, mit uns hat er nicht gerechnet. Wir sitzen bei ihm am Küchentisch, er steht auf, um die Kaffeemaschine in Gang zu setzen. Im Weggehen stellt er die Frage: »Hattet ihr irgendwelche Unfälle?« – »Ja, drei ...« ich stocke, schaue mich um wie in Trance, erkenne alles wieder: Flugzeugteile, ein Solarauto, der Container, das Wasserfaß. Der furchtbare Traum ist Wirklichkeit geworden, endlich ist der Spuk vorbei.

Australien. Schmunzelnd lassen wir die ersten Eindrücke auf uns wirken. Mai 1982. Im herbstlichen Sonnenlicht präsentiert sich Sydney als moderne Metropole wie hochglanzpoliert. Fein säuberlich geordnete Vororte mit Reihenhäusern und gepflegten Vorgärten. Im Zentrum Plastik, Chrom und Glas, dazwischen Grünflächen, Parkbänke, Springbrunnen und Tauben. So weit fort von zu Hause, und doch kommt uns so vieles bekannt vor. Was wir sehen, ist das Resultat einer multikulturellen Gesellschaft, eine Kopie des modernen Europa. Die

Zebrastreifen auf den Straßen sind wir nicht mehr gewohnt. Wir brauchen nur in ihre Nähe zu schlendern, schon bremsen alle Fahrer und lassen uns gemütlich passieren. Noch kurz vorher, in Asien, war jeder Sprint über die Straße wie Russisches Roulette.

Leicht benebelt vom langen Flug und dem damit verbundenen Zeitunterschied, kommt es uns auch ein wenig vor, als hätte uns eine Zeitmaschine in eine andere Welt transportiert. Vorher waren wir über Land gefahren, hatten die Veränderungen nach und nach erlebt, uns an die Zustände gewöhnt, bis zum Schluß, als wir in Colombo das Düsenprojektil betraten, das uns nach Sydney katapultieren sollte. Selbst die letzte Szene, noch auf dem Weg zum Flughafen, schien uns ganz normal, wie wir, eingepfercht im hupenden Gezeter der Minibusse, in klebriger Schwüle, uns vorsichtig von einem wassergefüllten Schlagloch zum anderen vortasteten und sich unsere frischen T-Shirts vom Smog schwarz färbten. Wir hatten dann im Flieger die dunkle Monsun-Wolkenschicht durchstoßen, den Dampfkessel Sri Lanka hinter uns gelassen, mit Kurs auf eine neue Welt, die unsere Neugier geweckt hatte. Eigentlich wußten wir nichts über diesen Kontinent, der sich auf der anderen Seite des Erdballs unter allen anderen Ländern versteckt hält, außer daß früher die Briten ihre Sträflinge dort ansiedelten und der Erdteil noch heute viele Möchtegerne-Aussteiger zum Träumen bringt.

Mit unserem Schulenglisch hat der Aussi-Slang nicht allzu viel gemein. Die zwei meistgebrauchten Wörter sind »bloody« und »fuckin'«. Sydney ist gut durchorganisiert, weit und breit keine stinkenden Müllhalden, sogar die Hunde und Katzen sind vom Wohlstand geprägt. Der Sauberkeitswahn geht dann doch zu weit, als unsere Motorräder endlich am Flughafen in Sydney eintreffen. Ein Beamter findet mit dem Taschenmesser etwas Dreck unterm Schutzblech hinter einer Schraube, hält ihn uns in der ausgestreckten Hand entgegen, will wissen was das fuckin' denn bloody sei, wenn's nicht bloody fuckin' Dreck ist? Kurzerhand holt er ein gelbes Klebeband hervor, spult es mehrmals rund um die Motorräder ab, der schwarze Aufdruck unmißverständlich: Quarantäne. Bloody Fuck.

Offensichtlich haben die Aussis Angst vor eingeschleppten Bakterien und Viren. Schon bei der Landung hatten sie uns zusammen mit vierhundert laotischen Flüchtlingen von Kopf bis Fuß mit irgendeinem Insektenvertilgungsmittel eingesprüht.

Wir waren entsetzt, als der Beamte uns mitteilte, daß die Motorräder mindestens vier Wochen dableiben und wir sie dann desinfizieren lassen müßten, was pro Maschine 50 Dollar kosten würde. Mit den letzten dreihundert Dollar in der Tasche kamen wir in diesem großen Land sowieso nicht weit. Die Herberge am Kings Cross kostete uns allein 10 Dollar pro Nase und Nacht.

Enttäuscht standen wir an der Bushaltestelle am Flughafen, als Tim, ein junger Australier, mit seinem Auto anhielt und anbot, uns mit in die Stadt zu nehmen. Er sagte »no worries«, keine Sorge, was wir später selber oft sagen würden, und erzählte, daß er gerade einen Freund aus seiner Wohngemeinschaft verabschiedet habe, der ein Jahr in Indien bleiben wollte. Er lud uns auf eine Tasse Tee zu sich nach Hause ein. Bei der Gelegenheit lernten wir auch die anderen Mitbewohner kennen, und am selben Abend noch zogen wir bei ihnen ein. Die Miete von 40 Dollar die Woche wurde uns gestundet, bis wir Geld verdienten.

Auf den Rat von Tim fuhren wir am nächsten Tag wieder zum Flughafen. Er hatte Recht, der Beamte vom Vortag war nirgendwo zu sehen. Statt dessen saß dort ein wesentlich jüngerer Kollege, der uns freundlich begrüßte. Nachdem er unsere Frachtpapiere angeschaut hatte, entfernte er eigenhändig das Klebeband, drückte uns einen Wasserschlauch in die Hand und meinte, wir sollten die Motorräder wenigstens abspritzen. Dann stempelte er die Papiere, vergaß die Gebühren und wünschte uns einen guten Tag. Wir fuhren gleich los und hatten das Gefühl, endlich in Australien angekommen zu sein.

Die Arbeitssuche erwies sich zunächst problematischer als erwartet. Touristen dürfen keine Jobs annehmen. Mit den Motorrädern durften wir offiziell auch nicht fahren, der internationale Führerschein wird nicht anerkannt. Um den australischen zu bekommen, mußten wir erst die theoretische Prüfung bestehen. Das amtliche Dokument galt gleichzeitig als Ausweis – so schnell waren wir legale australische Bürger mit fester Adresse!

Klaus fand in der Nachbarschaft kleine Jobs, wo er Waschmaschinen, Rasenmäher, Autos, tropfende Wasserhähne und ähnliches reparierte. Es dauerte eine Weile, bis wir uns akklimatisiert und die lässig-lockere Lebenseinstellung der Aussies übernommen hatten. Wir schauten uns in der Stadt um, machten Ausflüge zum Opernhaus und zum Strand und kauften uns täglich die Zeitung, um einen Job zu finden.

Zu seinem vierundzwanzigsten Geburtstag bekam Klaus von mir eine selbstgebackene Schwarzwälder Kirschtorte, die Zutaten hatte ich im deutschen Delikatessengeschäft gefunden. Damit eroberte ich meinen Platz in der Gemeinschaftsküche. Überhaupt machte uns das Leben in der WG ungeheuren Spaß. Während Gabriele uns mit libanesischen Köstlichkeiten verwöhnte, zauberte Debbie australisch Vollwertiges auf den Tisch. Wir revanchierten uns mit deutscher Hausmannskost, Kartoffelsuppe oder Reibekuchen mit Apfelmus.

So langsam kamen wir auch mit dem Aussie-Slang besser zurecht. Zum Glück waren unsere neuen Freunde geduldig, und was wirklich half, war die Bekanntschaft mit dem dreijährigen Griffin. Unermüdlich wiederholte er Wörter und Sätze, begleitete alles mit anschaulicher Gestik und Mimik, so daß wir öfter vor Lachen halb am Boden lagen.

Schon nach kurzer Zeit war Klaus erfolgreich und bekam einen Job als Dachdecker auf dem Bau. Es war Winter in der südlichen Hemisphäre. Warme Arbeitsklamotten besorgten wir uns in Secondhand-Läden. Ich hatte mich schon als Bürohilfe, Küchenhilfe, Tellerwäscher, Kellnerin und Kneipenbedienung vorgestellt, leider ohne Erfolg, doch dann fand ich auch eine Arbeit, als Machine Operator, Maschinen-Bediener in der Postabteilung einer großen Firma. Die Arbeit mit netten, internationalen Kollegen war ein absoluter Glücksgriff. Ich arbeitete in der Spätschicht und hatte so die Vormittage frei. Wenn die Sonne schien, setzte ich mich gerne in den Hof hinter unserem Haus. Eines Tages fiel mir auf, daß die Sonne gar nicht da stand, wo sie stehen sollte, nämlich im Süden. Nein, sie stand im Norden! Mir wurde klar, warum wir die ersten Wochen in der Stadt solche Orientierungsschwierigkeiten gehabt hatten.

Nach drei Monaten sitzen wir wieder im Sattel, jetzt wollen wir etwas vom Land sehen. Kaum verlassen wir die Vororte von Sydney, da beginnt schon das Outback. Die siebzehn Millionen Einwohner Australiens haben sich fast ausschließlich in den wenigen Städten entlang der Küste angesiedelt. Vor uns liegt nichts, oder etwas, das wir darin erst noch finden müssen: die große Weite, darüber ein riesiger Himmel. Leere, die vertrocknet ist, weil es seit Jahren nicht mehr geregnet hat.

In der Übergangszone besuchen wir Farmer, die wegen der anhaltenden Dürre ihre Schafe notschlachten müssen. Der Verkaufswert eines Schafes ist schon auf zwei Dollar gesunken. Auf einer fünftausend Hektar großen Farm helfe ich eine Wasserpumpe reparieren. Die Pumpen werden mit großen Windrädern angetrieben. Wind ist uns im Outback ein zuverlässiger Begleiter. Am Abend sitzen wir am Lagerfeuer und rösten Lammkeule.

Bei Adelaide und Port Augusta erreichen wir die Südküste und die letzte Einkaufsmöglichkeit, bevor wir uns auf den Stuart Highway begeben, der den Kontinent von Süden nach Norden durchschneidet. 750 Kilometer sind noch nicht asphaltiert, das bedeutet Wellblechpiste und tiefe Spurrillen im roten Sand. Wir kommen nur langsam voran, ans Tiefsandfahren müssen wir uns erst wieder gewöhnen. In einem Ort fragen wir nach Wasser, aber es gibt nur Bier. Die Zisternen zum Speichern von Regenwasser, das normalerweise von Hausdächern abgeleitet wird, sind leer. Grundwasser ist hier salzhaltiger als das Rote Meer. Deshalb ist das Landesinnere auch nur so dünn besiedelt. Es kommt vor, daß der nächste Nachbar fünfhundert Kilometer entfernt wohnt. Uns gefällt die Einsamkeit, wir biegen von der Piste ab in den spärlichen Busch und genießen die Ruhe.

Am nächsten Morgen fühlen wir uns beobachtet. Ein Känguruh schaut neugierig durchs Moskitonetz ins Zelt. Die geringste Bewegung, und es springt in hohen Sätzen davon. Känguruhs haben mit Menschen schlechte Erfahrungen gemacht. Viele Aussis betrachten sie als Plage und veranstalten Schießwettbewerbe auf sie. Sogar Hubschraubereinsätze werden geflogen. Aber die meisten Känguruhs sterben am Straßenrand. Insbesondere nachts werden sie von Fahrzeugen aufgeschreckt und springen irritiert in die Scheinwerfer. Daher rührt die Erfindung der Roo-Bars, hohe Stahlrohrgitter an den Fahrzeugen. Immer wieder kündigen sich die Kadaver bei der Fahrt durchs Outback durch ihren süßlichen Verwesungsgeruch an.

Für uns sind die Fliegen eine Plage. Es ist kaum möglich, eine Flasche Bier zu trinken, ohne daß Fliegen mit drin sind. Beim Essen müssen wir uns daran gewöhnen, die Fliegen zu Dutzenden aus der Suppe zu fischen und am Tellerrand aufzureihen. Ein anderes Problem ist der ständige Wind. Beim Zusammenpacken wird das Zelt wie ein Ballon aufgeblasen. Nur mit viel Geduld gelingt es uns, das Zelt zu falten und einzurollen.

Auf der Straße sind wir dann allein, bis auf die gelegentliche Begegnung mit einem Road Train. Diese Eisenbahnen der Landstraße bestehen aus einem Sattelschlepper mit drei Anhängern. Wir erkennen sie von weitem an der gigantischen Staubwolke, die sie mit sich ziehen. Für uns heißt es dann, sofort von der Piste abzufahren, tief Luft zu holen und zu warten, bis das Ungeheuer mit hundertzwanzig Stundenkilometern an uns vorbeigedonnert ist.

Unterwegs besuchen wir den Opalminenort Coober Peedy. Trinkwasser erhalten wir an einer Tankstelle aus einer Zapfsäule gegen Bezahlung. Eine moderne Wasseraufbereitungsanlage pumpt das Salzwasser aus hundert Metern Tiefe durch mehrere Filter. Dem entsalzten Wasser müssen anschließend verschiedene Mineralien zugefügt werden, um es trinkbar zu machen.

Die Menschen haben sich hier unter der Erde einquartiert. Wie die Termiten buddeln sie sich Gänge und Räume in den Sandstein, denn da unten bleiben die Temperaturen von 20 bis 24 Grad Celsius konstant, Tag wie Nacht, Sommer wie Winter. Wir besichtigen eine unterirdische Kirche und verschiedene Höhlen, alle ganz individuell gestaltet, eine sogar mit Schwimmbecken. Dieses Wohnkonzept fasziniert uns. Es erfordert keine Baumaterialien, man kann bei der Gestaltung der Phantasie freien Lauf lassen, ob eckige Räume oder runde, alle sind auf verschiedenen Ebenen und mit Gängen untereinander verbunden. Lichtschächte ersetzen die Fenster. Eine Buddelgenehmigung kostet nur ein paar Dollar pro Jahr.

Die nächste Sehenswürdigkeit ist der Ayers Rock, zu dem eine geteerte Stichstraße von 250 Kilometern Länge führt. Wie Abertausende vor uns, steigen auch wir die 348 Meter hoch bis zur Spitze des größten Monolithen der Welt. Am Abend bewundern wir das Farbenspiel des Sonnenuntergangs. Zur Linken die schwarzen Silhouetten hüpfender Kängurus gegen den glutroten Himmel, zur Rechten die Lichtreflektion auf dem rostigen Felsen.

Dieser Fels war das heilige Zentrum der Aborigines, sie nannten es Uluru. Hier tankten sie Kraft, hier waren die Felszeichnungen, die Gräber, ihre wichtigsten Kultgegenstände, die von Generation zu Generation weitergegeben wurden. Alles, was wir über die australischen Ureinwohner gelesen haben, hat uns zutiefst beeindruckt. Sie sollen nicht nur hellseherische Fähigkeiten gehabt haben und in der Lage gewesen sein, Gedanken über den Kontinent zu übertragen, sondern auch ihre anderen fünf Sinne müssen den unseren weit überlegen gewesen sein. Sie hatten keine Probleme, in der Salzwüste zu überleben, weil sie vollkommen eins waren mit der Natur, verbunden durch die Traumzeit, wie sie es nannten. Mit der Entdeckung Australiens und der anschließenden Besiedelung durch Europäer wurde dieses Urvolk fast völlig ausgerottet. Es soll sogar Treibjagden gegeben haben, bei denen für jedes Paar Aborigines-Ohren zwei Pennies bezahlt wurden. Die Regierung will die Touristenattraktion jetzt systematisch erschließen, sie plant einen Flugplatz für Großraumflugzeuge, Massenunterkünfte in modernen Hotels.

Nördlich von Queensland erreichen wir den Carpentaria-Golf. Australische Camper begrüßen uns mit kaltem Bier. Wir spülen den Staub der Schotterstraßen runter, die leere Dose kommt unter den Seitenständer des Motorrads – die Platte gegen das Versinken im Sand habe ich immer noch nicht druntergeschweißt. Zehn Minuten später sitzen wir in einem kleinen Motorboot und fischen fürs Abendessen. An die Angeln bekommen wir Wels, Lachs, kleine Haie und eine Wasserschlange. Letzterer schenken wir den Haken und schneiden sie frei. Ein Biß von ihr soll einem noch dreißig Sekunden lassen, sich von dieser Welt zu verabschieden. Außerdem gibt es Krokodile. Um die nicht zu unserem Camp zu locken, verfüttern wir die Essensreste an die Pelikane, die dann in den Sonnenuntergang davonsegeln.

Der Norden Australiens ist heiß und feucht, die Vegetation entsprechend üppig. Im Atherton-Tafelland schwingen wir uns auf kurvenreichen Straßen durch bewaldete Hügel. Fette Kühe liegen wiederkäuend auf saftigen Wiesen. Nördlich von Cairns überqueren wir den Daintree-Fluß auf einem Behelfsfloß. So gelangen wir nach Cape Tribulation, einem ungewöhnlich schönen Platz, der noch als Geheimtip unter Langzeitreisenden gilt. Regenwald reicht bis an den Pazifischen Ozean. Kleine Höhlen sind in den dichten Dschungel geschnitten, wo gerade mal unser Zelt und die Motorräder reinpassen. Bei Flut müssen wir durch seichtes Wasser waten, um von der eigenen Bucht zu den Nachbarn zu gelangen, die sich entlang der Küste verteilt haben. Am Abend sitzen wir alle zusammen um ein Lagerfeuer, eine bunte Gemeinschaft aus fünf Kontinenten. Einige von ihnen haben ihre Musikinstrumente mitgebracht.

Die Nächte sind lustig, die Tage vergehen. Geschäfte oder Märkte, wo wir Lebensmittel einkaufen könnten, sind zu weit entfernt, deshalb müssen wir improvisieren. Der Urwald mit seinen über neunhundert verschiedenen Baumarten und stacheligen Riesenfarnen bietet sicherlich einige eßbare Pflanzen, doch keiner von uns kennt sich aus. Wir beschränken uns aufs Fischen, Brot backen und Kokosnüsse pflücken. Am Abend schmeißen wir alles zusammen und kreieren ganz neue internationale Gerichte. Dann sitzen alle ums Feuer und erzählen Geschichten aus ihrem Vagabundenleben.

Die weitere Strecke entlang der Ostküste nach Süden, vor der sich über tausend Kilometer lang das Große Barrierriff erstreckt, war vom Tourismus überlaufen. Oft war es schwierig, einen Zeltplatz in freier Natur zu finden, so daß wir uns entschlossen, mit der Fähre zur Fraser-Insel überzusetzen. Die größte Sandinsel der Welt, zugleich Naturschutzgebiet, war wie für uns geschaffen. Weit und breit keine Menschenseele! Oberhalb eines kleinen Frischwasserflüßchens bauten wir unser Zelt an einer Düne auf und hatten einen tollen Ausblick auf den Strand und das Meer.

Vorräte hatten wir genug für zwei Wochen mitgebracht. Mit den einfachen Zutaten zauberten wir immer wieder etwas Neues für den Gaumen. In der Glut des Lagerfeuers backten wir in leeren Konservendosen Brot, das trotz verbrannter Kruste nicht besser hätte schmecken können. Die Tage verbrachten wir mit ausgedehnten Spaziergängen über die Insel oder einfach am Strand entlang. Wir faulenzten in der Sonne und tummelten uns in den Wellen. Klaus hatte Zeit, an seiner Hängematte weiterzuknüpfen. Die Materialien dafür hatte er sich noch in Sri Lanka besorgt. Nun saß er dort geduldig und verknüpfte verschiedene Nylonschnüre durch Hunderte von Knoten zu einem Kunstwerk. Als am zehnten Tag endlich die Zeit gekommen war, die Hängematte einzuweihen, hängte er sie an einen der wenigen Bäume. Ich sollte mit einer Kamera diesen lange ersehnten Moment festhalten. Doch so schnell, wie die Hängematte krachte und Klaus die Düne runterflog, konnte ich gar nicht auf den Auslöser drücken, zumal ich vor Lachen selbst fast hinterherrollte.

Zurück in Sydney, organisierten wir einen Flug nach Neuseeland. Wir wollten drei Monate im Land der großen, weißen Wolke bleiben und anschließend noch mal ein halbes Jahr in Australien arbeiten und reisen. Neuseeländer hatten uns erzählt, daß der Sommer dort sehr schön sei und wir auf die Regenkombis leicht verzichten könnten. Also reduzierten wir unser Gepäck auf ein Minimum und stellten einige Sachen in Sydney unter – ein verhängnisvoller Fehler. In unseren Tagebüchern ist nachzulesen, daß es zwei von drei Monaten in einem durch regnete. Dementsprechend ungemütlich war es auf den Mopeds, zumal es in den Bergen auch noch recht kalt sein konnte. Trotzdem legten wir fast siebentausend Kilometer zurück. Wir lernten nette Neuseeländer kennen, die uns zu sich nach Hause einluden. Dabei fiel uns auf, wie englisch das Land geprägt ist. Besonders zu Weihnachten, als es überall nach Christmas Pudding roch.

Ein paar Tage arbeiteten wir auf einer Obstplantage im Norden, nicht so sehr wegen des Hungerlohns, sondern vielmehr der Erfahrung wegen. Neben Schaffleisch und Wolle ist Obst ein wichtiges Exportgut. Die siebzig Millionen Schafe leben auf riesigen eingezäunten Weideflächen, so daß wir nur selten mal von der Straße abfahren konnten, um unser Zelt ungestört in der Natur aufzubauen. Wir waren gezwungen, auf die wenigen Campingplätze auszuweichen. Frustrierend, wenn dann am Eingang große Verbotsschilder zu lesen waren: »Keine Hunde, keine Motorräder!«

Irgendwie fühlten wir uns nicht willkommen in diesem Land. Dies war wohl ein subjektiver Eindruck, doch konnten wir nicht so recht nachvollziehen, was andere Reisende so von diesem Land schwärmen ließ – mit Ausnahme vielleicht der steilen Berge zwischen den Fjorden auf der Südinsel, wo sich die Abholzung zur Schaffung von Weideland nicht lohnte.

Dort hatten wir ein schönes Erlebnis: Nach einer mehrtägigen Wanderung zum Milford Sound feierten wir in einer Vollmondnacht gemeinsam mit Einheimischen Sylvester. Es gab ein Hangi und Tangi nach altem maorischem Brauch. Dabei wurden im Feuer aufgeheizte Wackersteine in eine ausgehobene Grube geworfen. Körbe voller in Kohlblätter eingewickeltem Schafsfleisch wurden darauf gestellt, alles mit einem Tuch abgedeckt und wieder zugeschaufelt, um mehrere Stunden lang zu garen. Es schmeckte köstlich, wir kamen alle satt ins neue Jahr und amüsierten uns prächtig.

Ein paar Tage später waren wir am Ostkap unterwegs, zur Abwechslung schien einmal die Sonne. Die Nacht hatten wir mitten im Busch verbracht und morgens beim Zusammenpacken noch lange gebummelt, da uns der Platz so gut gefiel. Eigentlich wollten wir ja weiterfahren, doch als wir nach nur zwanzig Kilometern um eine Kurve kamen und diesen schönen Fluß erblickten, waren wir uns sofort einig: Hier zelten wir! Obwohl Einpacken samt Frühstück im Schnitt eine Aktion von zwei Stunden war, fanden wir es überhaupt nicht tragisch, nun wieder alles auszupacken. Wir lachten und waren froh, unser Leben so einteilen zu können, wie wir gerade lustig waren.

Ende Februar flogen wir zurück nach Sydney, unsere Mopeds kamen ein paar Tage später mit der Fähre nach. Noch am selben Tag ging ich bei meiner alten Arbeitsstelle vorbei. Bob hätte mich am liebsten sofort wieder an die Post-Sortiermaschine gestellt, ich versprach, am nächsten Tag anzufangen. So kam es, daß wir noch einmal drei Monate in dieser Stadt verbrachten, in der wir uns schon fast zu Hause fühlten. Meinen Arbeitskollegen erzählte ich lieber, daß ich ein paar Jahre vorher mit meiner Familie aus Deutschland ausgewandert wäre und bisher in einer der Kolonien im Outback gelebt hätte, wo nur Deutsch gesprochen wurde. Ich glaubte, eine Begründung für mein mangelhaftes Australisch liefern zu müssen. Und schließlich war unser australischer Führerschein ja keine offizielle Arbeitserlaubnis. Doch im Grunde war es allen ganz egal, wo ich herkam.

Alles in allem hatten wir zehntausend Dollar zusammengespart und wußten, daß dies bis Japan reichen mußte. Um so größer war unser Schock, als der australische Dollar in der Nacht der Parlamentswahlen um zehn Prozent abgewertet wurde.

Unsere zweite Tour auf dem australischen Kontinent führte uns zunächst nach Tasmanien und Melbourne, bevor wir uns an die Durchquerung der Nullarborebene wagten. Von Ost nach West verläuft der Highway schnurgerade fünftausend Kilometer. Fast die gesamte Strecke hatten wir mit Seitenwind zu kämpfen – am Ende waren unsere Reifen wegen der ständigen Schräglage auf einer Seite komplett abgefahren. Wir ließen uns Zeit, zelteten im australischen Busch, saßen abends lange am Lagerfeuer und beobachteten die Känguruhs. Eines Tages hielt uns ein junger Typ im Auto an. Er würdigte mich keines Blickes, sondern klopfte Klaus auf die Schulter und sagte ihm auf Schweizerdeutsch, wie toll er es fände, daß Klaus hier mit dem Töff unterwegs sei. Während er Klaus eine Flasche eisgekühltes Bier überreichte, stellte er alle möglichen Fragen im Singular. War der Typ vollkommen blind? Konnte er nicht sehen, daß wir zu zweit waren?

Als wir an der Westküste in Perth ankamen, hatten unsere Mopeds 50.000 Kilometer auf dem Tacho, und es war Zeit für eine Überholung der Motoren. Anschließend kauften wir uns das billigste Flugticket nach Asien, mußten aber feststellen, daß die nächsten Flüge alle ausgebucht waren. Wir mußten unsere Visa bei der Einwanderungsbehörde um fünf Tage verlängern lassen. Wieder waren wir überrascht, wie unkompliziert die Beamten waren. Sie fragten uns sogar, ob wir nicht dableiben wollten. Leute wie uns könnten sie in Australien gut gebrauchen!

Der Flieger fällt in ein Luftloch, im Magen kitzelt es wie früher beim Achterbahnfahren. Sofort muß ich an unsere Motorräder denken, die im Bauch des Jumbos stehen, festgezurrt in einem Luftfracht-Container. Eine Luftpassage kann manchmal rauher sein als eine Schiffsfahrt. Deshalb achte ich beim Vertäuen der Motorräder immer darauf, daß sie in alle Richtungen stramm abgespannt sind, sich nicht losschütteln können. Auch wir sind gut angeschnallt, der Jet befindet sich im Landeanflug. Ich finde es immer wieder aufs neue faszinierend, wie so große Flugkörper mit den Luftgewalten kämpfen, ja fast mit den Flügeln schlagen, daß man meint, sie müßten abbrechen.

Mir wird dann immer wieder bewußt, welche Kraft die Natur hat, wie sehr wir Menschen in unserem Allmachtswahn glauben, sie völlig berechnen und bezwingen zu können. Wir sind dabei, die Grundlagen unseres Lebens zu zerstören. Doch die Natur als gestaltende Kraft wird bleiben. Sie hat Zeit. Unendlich viel Zeit. Verglichen damit dauert die menschliche Existenz nur einen Augenblick. Aber dennoch maßen wir uns an, mit unserer überschätzten Intelligenz in das natürliche Gleichgewicht beliebig eingreifen zu dürfen – ohne die Konsequenzen auch nur zu erahnen. Jeder Eingriff zieht unvorhersehbare Folgen nach sich, die mit immer neuen Eingriffen korrigiert werden. Ein Lauffeuer, das bald zum Flächenbrand wird, dem die menschliche Intelligenz am Ende vielleicht nichts mehr entgegensetzen kann – es sei denn, wir denken um und nehmen die Natur wieder ernst.

Wir befinden uns im tiefen Gleitflug über dem Meer, die Insel kommt in Sicht, türkisfarbenes Wasser, seichte Wellen, weißer Sandstrand, bunte Holzboote, Palmen, Blätterdächer der Hütten, Wald, Landebahn – angespannte Stille, aufsetzen, ausrollen, Beifallklatschen der Passagiere. »Willkommen in Bali«, der Pilot bedankt sich über die Bordlautsprecher, die Temperatur an diesem 4. September '83: 35 Grad Celsius, Luftfeuchtigkeit 85 Prozent. Die Türen öffnen sich, jeder schnappt sich sein Handgepäck, steigt die Treppen herunter aufs Rollfeld. Die grelle Sonne blendet, die schwüle Hitze wirkt erdrückend, steht in krassem Gegensatz zum künstlichen trockenkalten Klima im Flugzeug. Wir stehen in der langen Schlange von Fluggästen, die sich langsam, aber stetig an einem Schreibtisch vorbeizwängt. Da sitzt ein Immigrationsbeamter unterm Schattendach, gekühlt vom Standventilator, der Einreisestempel in die Pässe knallt. Wir haben jeder vierzig Kilo Gepäck, konnten davon aber zusammen nur knapp fünfzig aufgeben. Entsprechend schwer ist das Handgepäck. Die dicken Lederklamotten haben wir uns angezogen. Verglichen mit den australischen Urlaubern, die sich in Hawaihemden und Bermudashorts mit breitkrempigen Strohhüten Wind zufächeln, sehen wir eher aus, als ob wir eine Expedition in die Arktis starten wollten.

Aber schon eine Stunde später liegen wir am Strand, nur noch mit Badehose und Bikini bekleidet. Wir beobachten die Flieger beim Landeanflug, wie sie einer nach dem anderen noch mehr Urlauber herschaffen. Sie alle wünschen sich ein Stück Paradies, wenigstens zwei oder drei Wochen zum Aufatmen, bevor sie zurückkehren müssen, zu Alltag, Arbeit und Streß.

Für uns bricht ein neues Kapitel unserer Reise an, Südostasien. Wir wollen es ruhig angehen, auch etwas Urlaub machen, uns an das tropische Klima erst mal gewöhnen. Denn andauernd unterwegs sein kann ganz schön an den Kräften zehren. Wir haben uns eine gemütliche Bambushütte im Schatten hoher Bäume gemietet, umgeben von duftenden Pflanzen und dem Gezwitscher der Vögel, nur wenige Meter vom Strand, wo eine leichte Brise die sonst nur schwer erträgliche Hitze fortbläst.

So genießen wir unseren Urlaub, sitzen im Sand und beobachten die glutrote Sonne, die senkrecht am Horizont ins Wasser stürzt. Die Dämmerung ist hier, in der Nähe des Äquators, nur kurz. Zwölf Stunden Tag, zwölf Stunden Nacht, Sommer wie Winter. Wir sammeln etwas Treibholz, entfachen ein kleines Feuer und braten anschließend auf der Glut Fisch mit Knoblauch und Zitrone.

Doch bald sind wir der Geruhsamkeit wieder überdrüssig, in ungeduldiger Erwartung satteln wir auf, um Bali zu erkunden. Das Landesinnere ist bergig, geprägt von Vulkanen. Wir besuchen junge Künstler beim Bergdorf Ubud, die sich am Rande eines Urwaldes niedergelassen haben. Im Wald gibt es Trampelpfade, aber dreiste Affen fordern Wegezoll in Form von Früchten oder Nüssen. Dagegen sind wir immer wieder überrascht, wie freundlich die Balinesen uns Ausländern begegnen. Und das, obwohl Bali wohl eines der ältesten

Fernziele für organisierten Gruppentourismus ist. Die Einheimischen lassen sich davon nicht groß stören und gehen ihrer traditionellen Arbeit nach. Die Berghänge sind in kunstvolle Terrassen umgestaltet, auf denen Reis angebaut wird. Weil er regelmäßig geflutet wird, ist er viel schmackhafter als der Sumpfreis aus den Ebenen. Hier entdecken wir auch eine ganz besondere Sorte, den schwarzen Reis, der als Reispudding zum Frühstück serviert wird.

Nicht zu übersehen sind in Bali die vielen kleinen Tempel, die auf den hinduistischen Glauben aufmerksam machen, die vorherrschende Religion auf der Insel. Im Gegensatz dazu ist die Nachbarinsel Java christlich und moslemisch geprägt, ihre Bewohner wirken viel aufdringlicher auf uns. Hier besuchen wir Silberschmieden, Batikfabriken und einen der größten Märkte der Welt in Yogjakarta. Er umfaßt ein ganzes Stadtviertel. Die Gassen sind eng, die Stände dicht beladen und behangen mit allen nur denkbaren Gebrauchsgegenständen und Trödel.

Ständig auf der Hut vor Taschendieben, verbringen wir einen ganzen Tag im Gedränge. Feste Preise scheint es nicht zu geben, immer wird verhandelt, wer nicht feilscht, ist Spielverderber. Auch ich handele eine Ewigkeit, wie mir scheint, um den Preis einer kleinen Kuhglocke aus Bronze, die ich mir als stromlose Alarmanlage versteckt ans Moped hängen will. Während der Verkäufer seinen anfänglichen Wucherpreis immer wieder halbiert, erhöhe ich mein lächerliches Gegenangebot nur um Viertelsummen. Zu spät merkt der enthusiastische Verkäufer, daß wir uns nicht in der Mitte treffen werden. Erschrocken kämpft er jetzt darum, nicht noch auf seinen Einkaufspreis draufzahlen zu müssen. Zum Schluß geht es noch minutenlang um Pfennigbeträge. Ich lege mit gespielter Enttäuschung die Glocke zurück, er versucht sie mir wieder in die Hand zu drücken, gibt mir theatralisch zu verstehen, daß seine ganze Existenz von meinem Kauf abhängt. Alles nur Schau, ein Spiel, das gut gespielt allen Beteiligten Vergnügen bereitet. Oft genug passiert es mir, Dinge unter Wert zu erstehen. Wenn ich das Gefühl habe, daß ich den günstigen Preis nur bekomme, damit das Geld fürs Abendessen in die Kasse kommt, zahle ich nach Abschluß der Verhandlungen einen Bonus, der auch freudig angenommen wird. Wichtig ist mir, daß ich respektiert werde. Zahle ich dagegen den überhöhten Anfangspreis, werde ich schnell als »dummer Ausländer« verachtet. Handeln ohne Ende ist Teil der Kultur, für mich ein Beweis, daß Zeit hier nicht Geld ist.

Die Menschenmassen, der ganze Dreck und Gestank, der Lärm und die Abgase des gestauten Verkehrs vertreiben uns bald wieder aus der Stadt. Wir steuern die höheren Lagen des kühlen Vulkangebiets im Inland an, um wieder für eine Weile in freier Natur zu zelten. Beeindruckend ein Abstecher in den großen Krater von Mount Bromo. Eine Straße führt hinauf bis zum Kraterrand, ein Eselsweg steil hinunter in eine Ebene, die sich als Vulkansandwüste im riesigen Schlund des erloschenen Vulkans erstreckt. In seiner Mitte hat sich ein neuer Vulkan erhoben, der vor sich hin brodelt und qualmt.

Doch bevor wir den großen Krater erreichen, versperrt der Schlagbaum eines Militärpostens die Auffahrt. Ab hier dürfen keine Fahrzeuge mehr fahren. Da erinnere ich mich, daß die Nummernschilder der indonesischen Militärfahrzeuge unseren deutschen Kennzeichen sehr ähneln. Schnell stricke ich dem Hüter der Ordnung eine überzeugende Geschichte zusammen. Wir seien offizielle Gäste der Regierung, wären auf Empfehlung hier hergekommen. Er will einen Beweis, ich mache mir einen Witz daraus und zeige ihm kurz unsere »Gastnummern« an den Motorrädern. Sofort steht er stramm, grüßt militärisch steif, öffnet den Schlagbaum und wünscht uns eine angenehme Zeit im Krater. Es ist immer wieder erschreckend, wie obrigkeitshörig Militärs sind.

Unten bauen wir unser Zelt auf, umgeben von dunkelbraunem Sand. Kein Strauch, keine Pflanzen weit und breit, bis zum Rand des gigantischen Kessels, der steil emporragt und die Sandfläche umschließt. Einsam und verlassen könnten wir uns vorstellen, auf einem fremden Planeten gestrandet zu sein. Die Nacht ist besonders gespenstisch. Es ist Vollmond, und wir finden kaum Schlaf. Entfernte Geräusche und Stimmen lassen keine Entspannung zu. Claudia beschwert sich über den üblen Gestank im Zelt, der nur von mir stammen könne, dabei kommt der Geruch nach faulen Eiern aus dem zweiten Vulkankrater. Durch einen geöffneten Spalt im Überzelt erspähe ich zwei Reiter, die im Licht des Mondes über die Fläche galoppieren. Dann entdecke ich Lichter, die wie lose aneinandergereihte, leuchtende Perlen die Steilwand herunterrollen. Es sind Pilger, die mit Lampen und Pechfackeln, eingehüllt in Wolldecken, gekommen sind, um auf den Rand des noch aktiven, kleineren Kraters zu klettern und dem Sonnenaufgang zu huldigen. Auch wir machen uns fertig, um diesem eindrucksvollen Schauspiel beizuwohnen. Langsam färbt sich der Horizont im Osten. Unten im Schlot blubbert blutrot die kochende Lava. Wie eine klaffende Wunde in der Haut unseres Planeten stößt er übelriechende Schwefeldämpfe aus. Es ist wie ein später Einblick in die Entstehungsgeschichte der Erde.

Mit der Sonne steigen Nebelschwaden auf. Wir beeilen uns, zum Zelt zurückzukehren, alles einzupacken und aus dem Kessel zu verschwinden, bevor er zum Backofen wird. Weiter westwärts fahren wir durch hügelige Landschaft, abgeholzt, einsam und trostlos. Der graue Himmel wird immer dunkler, bis es anfängt zu regnen. Es ist für uns der erste Regen seit Monaten, eine willkommene Erfrischung. Als wir einen Unterstellplatz gefunden haben, sind wir naß bis auf die Knochen. Die Baracken scheinen verlassen zu sein. Nähere Erkundungen deuten auf ein militärisches Übungsgelände hin, mit Schützengräben und Schießständen. In einem Bretterverschlag finden wir ein trockenes Plätzchen, wo wir unsere Schlafmatten ausrollen können. Auf dem Spiritusbrenner kocht Wasser für schwarzen Tee, als wir draußen ein Moped vorfahren hören. Für eine Weile herrscht gespenstische Stille, auch der starke Regen hat aufgehört. Durch den Türspalt schiebt sich ein Rohr, der Lauf eines Gewehres. Bevor ich Worte finde, wird die Tür aufgetreten, ein Mann steht da, das Gewehr im Anschlag, schimpft er auf Holländisch: »Verboden, verboden!« Doch plötzlich entspannt er sich, läßt das Gewehr sinken, fängt an zu lachen. Offensichtlich hat er die Situation begriffen, gibt uns zu verstehen, daß wir hier ruhig schlafen können. Wir laden ihn zum Tee ein, doch er hat es eilig, fortzukommen. Zum Einbruch der Dämmerung ist er wieder zurück, diesmal hat er seinen Enkelsohn dabei, dem er stolz unsere Motorräder zeigt. Es sei gefährlich hier alleine in der Nacht, deshalb will er bleiben, um uns zu beschützen. Bis auf sein Schnarchen, das aus der Nachbarhütte zu uns herüberdringt, ist die Nacht aber ruhig.

Die nächsten Tage möchten wir auf der Insel Sumatra verbringen, die Autofähre ist nicht mehr weit, die Überfahrt nur ein Katzensprung. Gespannt erwarten wir ein Dschungelabenteuer mit härtester Lehmpiste. Der Monsunregen hat begonnen, wir wissen nicht, ob es überhaupt ein Durchkommen gibt. Trotzdem freuen wir uns darauf. Schon vor unserer Abfahrt in Köln hatte ich nichtsahnend einen Aufkleber der »Camel Trophy '81« aufs Motorrad gepappt: »1.000 Meilen durch den Dschungel Sumatras«. Natürlich hatte diese Tour nicht auf unserem Programm gestanden. Ich wollte damit nur ein bißchen angeben. Jetzt müssen wir beweisen, daß wir den Mut wirklich aufbringen. Aber unversehens empfängt uns eine nagelneue Teerstraße. Wie mit dem Messer geschnitten teilt sie den Urwald entzwei. Rechts und links eine undurchdringliche, grüne Wand, die um so schneller an uns vorbeijagt, je mehr wir beschleunigen. Wir wissen nicht, ob wir enttäuscht oder erleichtert sein sollen. Das ist wohl die moderne Urwald-Safari.

Der neue Trans-Sumatra-Highway ignoriert sogar die wenigen Dörfer, die mit der alten, gewundenen Urwaldpiste noch untereinander verbunden sind. Was uns aber vorerst auf dem Asphalt hält, ist der drohend schwarze Vorhang, der sich vor uns am Himmel zuzieht. Innerhalb von fünf Minuten schüttet es wie aus Eimern auf uns nieder. Diesmal erreichen wir noch rechtzeitig eine überdachte Bushaltestelle. Das Schauspiel dauert nur eine Stunde, während sich die Wassergräben neben der Straße füllen. Dampf steigt auf, um neue Wolken zu bilden, die sich dann wieder entleeren – der Kreislauf des Monsuns. Im Nu ist die Straße wieder trocken.

Um einen Truckstop zu finden, machen wir einen Abstecher in ein Dorf, das mittels einer Schotterstraße an den Highway angeschlossen ist. Die großen Schlaglöcher umfahren wir lieber, denn das Wasser steht bis zum Rand darin. In manchen Löchern tummeln sich fette Gänse. Nackte Kinder spielen mit Autoreifen im Schlamm. Betonklötze dienen als Häuser, in einer Wellblechhütte gibt es Reis mit Gemüse. Sprechgesang dröhnt aus dem plärrenden Lautsprecher einer Moschee, blecherne Klänge dringen aus einer Metallschweißerei. Der kleine Ort ist an ein Stromnetz angeschlossen. Aber bleiben wollen wir hier nicht, die Leute im Süden der Insel erscheinen uns zu aggressiv. Lieber suchen wir einen Platz zum Zelten im Grünen. Vor einer Reparaturwerkstatt stehen Benzinkanister, vorsichtshalber lassen wir unsere Tanks noch einmal auffüllen. Bis wir einen geeigneten Platz fürs Zelt gefunden haben, ist es Abend geworden. Obwohl wir versteckt, hinter einem unbewohnten Neubau, fernab von Leuten sind, können wir in dieser Nacht kaum schlafen. Ungewohnte Tierlaute vermischen sich zu einem durchdringenden fremdartigen Gesang, hier und da unterbrochen von kreischenden oder rhythmisch klopfenden Geräuschen. Nachts lebt der Urwald auf, während er tagsüber im Schlaf zu liegen scheint.

Am nächsten Morgen wählen wir einen schmalen Seitenweg, der uns an den Ranau-See führt. Der Pfad ist in einem sehr schlechten Zustand, dafür fühlen wir uns so richtig im Urwald. Über klapprige

Brücken passieren wir tief ausgegrabene, schlammige Flüsse, auf denen Flöße und Einbäume treiben. An den Ufern stehen Häuser aus Bambus oder Holz auf hohen Pfählen. Die Bewohner bauen Kaffee und Bananen an.

Als wir den See erreichen, müssen wir uns in einer freien Zelle der Polizeistation einquartieren. Die Leute seien keine Ausländer gewohnt. Die ersten und einzigen Europäer, die diesen Ort jemals besuchten, seien vier Engländer gewesen, die kurz nach dem Zweiten Weltkrieg herkamen, um zu sehen, ob sich der Bau einer Eisenbahnlinie lohnen würde, was wohl nicht der Fall war. Auf der Straße können wir uns kaum blicken lassen, ohne sofort von johlender Dorfjugend umringt zu sein. Zu ihrem Vergügen kentern wir bei einer Probefahrt im Einbaum, trotz Ausleger. Der Dorfarzt und ein Lehrer sprechen Englisch. Der Bürgermeister lädt uns sogar zu einem großen Buffet ein. Aber die Freundlichkeit endet, als in unserer Nachbarzelle ein verängstigter Junge eingeschlossen wird. Ich erfahre, daß er fünfzehn Jahre alt ist und einen kleinen Sack Kaffeebohnen geklaut haben soll. Dafür muß er angeblich sterben. In der Nacht würde die Polizei ihn aus dem Dorf herausfahren, ihn irgendwo laufen lassen, um ihn hinterrücks zu erschießen. Im Polizeibericht würde dann stehen: auf der Flucht erschossen. So wird hier Kriminalität bestraft, daran könne ich auch nichts ändern. Aber ich kann es nicht glauben.

Am Abend fährt tatsächlich ein Polizeijeep vor, der Junge wird rausgeführt, er ist nur an den Händen gefesselt. Er zittert am ganzen Körper, seine angsterfüllten Augen krallen sich in den meinen fest. Bin ich seine letzte Hoffnung? Was kann ich tun, um ihm zu helfen? Der Junge wird rücklings in den Jeep gezerrt, und schon sind sie mit Vollgas davon. Später lese ich über das mysteriöse Verschwinden von 1.500 Straßenkindern in der Hauptstadt Jakarta.

Am Morgen reisen wir bedrückt ab. Über einen anderen Weg finden wir zurück zum Highway. Kurz vor Lubuklinggau hört der Asphalt auf. Im Schritttempo schlingern wir durch tiefen Schlamm. Vor uns fällt die Piste fünfhundert Meter steil ab. Kettenfahrzeuge ziehen Busse und Lastwagen in der Gegenrichtung hoch. Wir können runterrutschen, hoch kämen wir da auch nicht alleine. Über die nächsten 150 Kilometer freunden wir uns mit so manchem Trucker an, die zwar noch langsamer als wir vorankommen, dafür nicht so viele Pausen brauchen. Im Schlamm zu fahren ist nicht nur für uns anstrengend, auch die Motoren sind schnell überhitzt. Wenn uns dann die

Trucks wieder einholen, halten die Fahrer lachend den erhobenen Daumen aus dem Fenster und brüllen »Bagus!« – gut so, weiter!

Erst in West-Sumatra hat uns die Zivilisation wieder. Hier hat sich die prä-islamische matrilineare Gesellschaftsordnung der Minangkabau bis heute erhalten. Die alten Langhäuser sehen aus wie riesige Schiffe auf Stelzen. Traditionell werden keine Nägel oder Schrauben zum Bau verwendet, sondern alle Holzverbindungen miteinander verzapft. Der Straßenkarte nach befinden wir uns knapp vor dem Äquator. Er ist nicht zu übersehen: Ein Globus auf einer Betonsäule und ein weißer Strich quer über die Straße markieren die Null-Linie. Ein bedeutsamer Meilenstein auf unserer Reise, den wir natürlich fotografieren.

Samosir ist eine große Insel, die im Toba-See liegt. Wir haben Glück, weil wir ein richtiges Batakhaus mieten können, direkt am Ufer. Die Häuser der Batak, die hier leben, sind ähnlich wie die der Minangkabau. Die Ruhe der Insel gefällt uns so gut, daß wir zwei Wochen bleiben. So gelingt es uns, ein paar Leute aus der Nachbarschaft kennenzulernen. Sie laden uns zu einer Hochzeit ein. Zum Festessen gibt es Wildschwein. Es wird mit Haut und Haaren in kleine Würfel gehackt und unter den Reis gemischt. Die vielen Borsten, die wir bei jedem Bissen wieder aus dem Mund fischen, scheinen nur uns zu stören. In der Nähe ist ein großer, flacher Stein wie ein Altar aufgebaut. Hier wurden bis vor nicht allzulanger Zeit Übeltäter von den Batak verspeist. Der Dorfchef bekam den leckersten Teil, nämlich den Handballen, den er dem Opfer bei lebendigem Leib mit den Zähnen rausgerissen hat. Eine grausige Geschichte, die man uns mit einem Augenzwinkern auftischt.

Heutzutage werden die Toten ordnungsgemäß eingesargt und begraben, wie wir uns selbst vergewissern. Bizarr ist allerdings die Mischung aus traditioneller Totenfeier und katholischem Brauch. Der Leichnam eines alten Mannes liegt aufgebahrt und herausgeputzt im offenen Sarg. Rundherum tanzen ausgelassen seine Freunde und Verwandten zur fröhlichen Musik, die von einer kleinen Gruppe mit akustischen Instrumenten gespielt wird. Es gibt harten Schnaps und süße Reiskuchen. Der Tote wird spielerisch geneckt, es gibt keine Anzeichen der Trauer. Erst als der Priester mit Weihrauch und Wasser kommt, schlägt die Stimmung abrupt um. Kaum ist der Sarg zugenagelt, hebt lautstarkes Gejammer an. Die Leute heulen, manche schreien sogar. Sie folgen dem Sarg in eine kleine Kapelle, wo eine

Messe gelesen wird, bevor er im Grab verschwindet. Später wird er wieder ausgegraben werden, um die Knochen zu säubern, die dann in Gebeinhäuser umgebettet werden.

Einige Tage später erreichen wir Medan, die nordwestlichste Stadt Sumatras, wo es einen internationalen Flughafen gibt. Größere Maschinen als eine Boeing 737 können hier nicht landen. Mit viel Mühe gelingt es uns, die Motorräder durch die kleine Frachttür zu heben. Im Gepäckraum legen wir sie auf die Seite und polstern sie rundherum mit Koffern und Rucksäcken der anderen Fluggäste. Der kurze Sprung nach Penang in Malaysia dauert nur zwanzig Minuten. Der malayische Zoll will uns die Motorräder nur gegen Vorlage des Carnet de Passages rausrücken. Diese internationale Zollbürgschaft war uns aber auf Dauer zu lästig und zu teuer, deshalb hatten wir sie in Australien aufgelöst. Wir wollten fortan versuchen, ohne dieses Papier zu reisen, was uns auch gelingen sollte. Diesmal behaupte ich, das Carnet sei lediglich eine internationale Versicherung, eine Haftpflichtversicherung können wir auch hier abschließen. Es funktioniert, wichtig ist nur ein selbstbewußtes, bestimmtes Auftreten, und dabei möglichst freundlich und diplomatisch zu bleiben.

In Singapur sei eine Einreise ohne Carnet allerdings nicht möglich, versichern uns andere Motorradfernreisende. Ich möchte es dennoch versuchen. Ein guter Reisebekannter, der dort für das British Council arbeitet, das englische Gegenstück des deutschen Goethe-Instituts, hatte uns eingeladen.

Für eine Weile bin ich alleine unterwegs. Claudia ist nach Deutschland geflogen, wo sie für vier Wochen ihre Familie besuchen will. Ich kann ihren Entschluß verstehen, auch wenn ich selbst noch nie so etwas wie Heimweh verspürt habe. Aber ursprünglich sollte unsere Reise ja nur 10 Monate dauern, jetzt sind wir schon 27 Monate unterwegs. Die einzige Bedingung, die ich stelle, ist, daß sie zurückkommt und mir eine Flasche Kölsch mitbringt. Der Abschied fällt uns nicht leicht. Wir sind sehr eng miteinander verbunden, ein Team, das praktisch vierundzwanzig Stunden am Tag alles zusammen unternimmt. Aber vielleicht tut uns eine Trennung auf Zeit auch mal ganz gut.

Auf meiner Rundreise fühle ich mich im Osten Malaysias am wohlsten. Hier leben die Menschen in einfachen Verhältnissen, im ruhigen Rhythmus des Alltags. Dagegen haben sich im Westen des Landes indische und chinesische Firmen niedergelassen und mit Industrie und Exportgütern das Land zu einem Tigerstaat gemacht, der im eigenen Abfall zu ersticken droht. Der Regenwald im Landesinneren wird zur Zeit im Auftrag japanischer Konzerne komplett niedergemäht. Gerade erst haben sie Kalimantan kahlgeschlagen, eine Insel, die zum Welterbe der Menschheit zählt. Die Urwaldriesen brauchen zum Teil Hunderte von Jahren, bis sie ausgewachsen sind. Was gibt diesen Verbrechern das Recht, sich daran zu vergreifen? Die japanische Methode ist hundertprozentiger Kahlschlag, achtzig Prozent bleiben liegen, zwanzig Prozent werden ausgesucht und zu Einweg-Eßstäbchen verarbeitet, die nach Gebrauch auch weggeworfen werden. Also hundertprozentige Verschwendung.

Die Vernichtung unserer Umwelt schreitet schnell voran. Rohstoffe werden von der Industrie im Übermaß verbraucht, Abfälle türmen sich auf Deponien, strahlender Giftmüll verseucht die Meere. Und, und, und ... Und das alles, um den Lebensstandard von acht Prozent der Weltbevölkerung aufrechtzuerhalten – auf Kosten aller anderen. Verantwortlich, oder doch mindestens mitverantwortlich, ist jeder von uns, der als Konsument unreflektiert zu dieser Entwicklung beiträgt. Genau darin, in der Verantwortlichkeit jedes einzelnen, sehe ich die Chance, eine Trendwende herbeizuführen.

An der Ostküste Malaysias scheint die Natur noch halbwegs intakt. Dort sind auch die schönsten Strände. Unter einer superhohen Palme schlage ich unser Zelt auf, einsam und allein. Gegen Abend liege ich gemütlich auf meiner Matte, möchte einschlafen. Aber irgendeine Stimme dringt in mein Bewußtsein. Angestrengt lausche ich, doch die Stimme hat keinen Ton. Trotzdem ist sie da. Es ist eine Warnung, sie beunruhigt mich. Mit einem Mal ist meine Müdigkeit verflogen. Mein Herz fängt an zu rasen. Was ist los? Ich setze mich auf, versuche gleichmäßig zu atmen, merke, wie mein Körper sich beruhigt. Rational kann ich es nicht erklären. Wenn ich nicht so dumm wäre, würde ich jetzt nicht so hilflos dasitzen, sondern könnte klarer sehen. Ich lege mich wieder hin. Da ist es wieder, eine starke Unruhe ergreift mich. Ich schalte das Licht ein, nehme ein Buch zur Hand, um meine Nervosität zu zerstreuen. Es gelingt nicht, ich kann mich nicht konzentrieren. Schließlich hocke ich mich in die äußerste Ecke des Zelts. Zum Glück kann mich keiner beobachten, ich glaube selber schon, verrückt zu werden. Plötzlich gibt es einen ungeheuren Knall. Auf meinem Kopfkissen liegt eine Kokosnuß, im Zeltdach klafft ein Loch. Die Nuß ist aus über zwanzig Metern Höhe abgestürzt, hätte meinen Kopf getroffen und zerschlagen.

Am nächsten Morgen mache ich einen langen Strandspaziergang. In der Ferne sehe ich ein angeschwemmtes Boot. Näher betrachtet ist es nur noch ein halbes Boot; in der Mitte durchgebrochen, ist nur der vordere Teil hier gestrandet. Es hat vielleicht dreißig Menschen Platz geboten, den Boat People, Flüchtlingen aus Kambodscha, Laos oder Vietnam. Sie versuchen den Greueltaten in ihrer Heimat zu entkommen, retten sich in kleinen Holzbooten hinaus aufs offene Meer, in der Hoffnung, irgendwo aufgenommen zu werden, wo sie ein neues Leben anfangen können. Doch draußen fallen sie den thailändischen Piraten zum Opfer, die ihnen in Schnellbooten auflauern. Nur wenige überleben die Passage übers Meer. Sie werden in Arbeitslager gesteckt. Raus kommen sie da nur, wenn ein westliches Land, wie zum Beispiel Deutschland oder Amerika, sie aufnimmt. Aber die haben schon längst ihre Grenzen dicht gemacht. Keiner will die Boat People mehr haben. Endstation Arbeitslager. Auch hier entdecke ich so eine Einrichtung. Kinder stecken ihre Ärmchen durch den Zaun. Zwischen uns Stacheldraht, alle fünfzig Meter ein Wachturm, zwei Kilometer nördlich ein Club Mediterranée.

An der südlichen Spitze der malayischen Halbinsel liegt Singapur, ein Wirtschaftswunderland, das vom Export lebt, hauptsächlich Elektronik und Plastik. Seine politische Unabhängigkeit von Malaysia verdankt das Land den Engländern. Mit der offiziellen Einladung vom British Council werde ich behandelt wie ein Diplomat. Der Immigrationschef bringt mich persönlich bis hinter die Grenzabsperrung ins Land. Ich werde gar nicht kontrolliert, so fällt auch nicht auf, daß ich kein Carnet besitze. Außerdem sind meine Haare viel länger, als die Norm hier es zuläßt, sie dürften mich gar nicht einreisen lassen. Tatsächlich treffe ich in ganz Singapur nur noch einen anderen jungen Mann mit langen Haaren. Er hat sie sich hier wachsen lassen.

Gleich am ersten Abend werde ich von ausländischen Journalisten zu einer großen Party eingeladen. Was ich hier an Insiderinformationen bekomme, lehrt mich das Grausen. Der Präsident von Singapur soll angeblich vorhaben, durch Selektion den Supermenschen zu züchten. Angeblich dürfen nur noch Frauen mit hohem Intelligenzquotienten Kinder austragen. Alle einfachen Frauen sollen sterilisiert werden. Wie diktatorisch das Regime ist, zeigt das jüngste Beispiel der rigiden Politik: Bei einem Kinobesuch hat sich ein Minister mit seinem teuren Anzug in einen Kaugummi gesetzt. Ab sofort ist das Kaugummikauen im ganzen Land unter hoher Strafe verboten, alle Kaugummibestände werden vernichtet. Bei einem Konzert von David Bowie sind für jeden Zuschauer zwei Polizisten abbestellt. Alle müssen sitzen, dürfen keine Emotionen zeigen, ohne einen Rausschmiß zu riskieren. Ich halte es nur eine Woche in Singapur aus, dann fahre ich langsam zurück nach Penang. Ich freue mich auf Claudia.

Kurz vor unserem Abflug im australischen Perth hatte es noch eine Überraschung gegeben. Fast tausend Dollar zuviel gezahlter Steuern wurden mir zurückerstattet, woraufhin ich beschloß, bei nächstbester Gelegenheit nach Deutschland zu fliegen. Die Ticketpreise in Penang waren so niedrig, daß ich nicht lange zögerte. Einen sicheren Unterstellplatz für mein Motorrad fand ich bei einer medizinischen Instrumentenfirma, in deren Gebäude auch das deutsche Generalkonsulat untergebracht war. Jedoch mußte ich dort ein Papier unterschreiben, wonach mein Motorrad samt Gepäck in das Eigentum der Firma überginge, sollte ich es nicht nach einem Monat wieder abholen. Für mich war das eine Garantie, daß ich mich auf keinen Fall dazu verleiten lassen würde, länger in Deutschland zu bleiben.
   Der Abschied von Klaus tat mir weh, ich fühlte mich wie zwiegespalten. Einerseits wollte ich ihn, aus Angst, es könnte ihm was passieren, nicht alleine lassen, andererseits freute ich mich auf zu Hause. Jedenfalls war ich sehr aufgeregt, als ich nach fünfzig Stunden Flug und Wartezeit endlich deutschen Boden betrat. Alle um mich herum sprachen deutsch, und auch die Schilder konnte ich lesen. Meine drei Schwestern waren gekommen, ließen Sektkorken knallen. Draußen herrschten Temperaturen um die zehn Grad, es war November, aber irgendwie drang die Kälte nicht zu mir durch. Eine Art Euphorie erfüllte mich, alles schien mir etwas unwirklich zu sein.
   Ich blieb knapp vier Wochen. Alle waren besonders freundlich zu mir, ich war eben nur zu Besuch. Allerdings mußte ich schon nach ein paar Tagen feststellen, daß das Interesse an unseren Abenteuern gar nicht so groß war. Eher im Gegenteil, keiner schien etwas mit meinen Erzählungen aus Indien oder Australien anfangen zu können. Mein Mitteilungsbedürfnis war jedoch so groß, daß mir dies fast zu spät auffiel. Verwandte und Freunde wollten mir viel lieber von sich berichten, wünschten sich, daß ich mich für ihr Leben interessierte.
   Die Zeit verging wie im Flug, und ehe ich mich versah, hieß es schon wieder Abschied nehmen, Abschied auf unbestimmte Zeit,

denn ich konnte nicht wissen, ob und wann ich alle noch einmal wiedersehen würde. Diese Traurigkeit war es, mit der ich dann in Kuala Lumpur landete, die mich verwirrte, die Klaus nicht verstehen konnte. Da stand er freudestrahlend und wunderte sich, daß ich zu weinen anfing. Klaus freute sich über die vielen Leckereien, die ich ihm mitgebracht hatte, wie Schwarzbrot und Schinken, Käse, Schokolade und Marzipan, und natürlich eine Flasche Kölsch. Aber wir hatten nicht viel Zeit für Gespräche. Seine Schwester aus Tokio hatte sich für einen Besuch in Süd-Thailand angemeldet. Sie wollte nicht mehr solange warten, bis ihr Bruder endlich in Japan ankommen würde.

Mit Laila verband Klaus eine innige Freundschaft, die weit in ihre Jugendzeit zurückreichte. Gerade mal dreizehn und fünfzehn Jahre alt, waren sie auf der Fahrt zu Verwandten in Schweden, wo sie ihre Sommerferien verbringen sollten, einfach ausgerissen und auf eigene Faust weitergereist. Als blinde Passagiere waren sie von Schweden nach Schottland gekommen, hatten sich durch kleine Jobs Geld verdient und bei netten Leuten Unterkunft und Verpflegung bekommen. Erst als die Schule in Köln schon längst wieder begonnen hatte, waren sie schließlich aus England nach Hause zurückgekehrt.

Wir beluden unsere Motorräder und fuhren über die Grenze nach Thailand bis zur Halbinsel Phuket. In einer bildschönen Bucht mieteten wir uns eine Bambushütte. Schon am nächsten Tag kam Laila mit ihren beiden Kindern an. Während Klaus mit seiner Schwester Erinnerungen austauschte und die Erlebnisse der letzten Jahre besprach, spielte ich mit den Kindern am Strand. Aya, die jüngere Tochter, freute sich ihres Lebens und tummelte sich stundenlang im Wasser. Shida, der ältere Sohn, beklagte sich bei seiner Mutter, daß er ihr doch gesagt hätte, sie solle mit ihm nicht dahin fahren, wo es so heiß ist! Die Kinder sprachen nur japanisch. Eine Woche später beschlossen wir, alle zusammen auf eine Insel namens Koh Samui zu fahren. »Samui« bedeutet auf japanisch kalt, doch zu Shidas Enttäuschung war es dort genauso warm wie in Phuket.

Die Überfahrt von Koh Samui zurück zum Festland ist ruhig. Als ich mein Motorrad starten will, um es von der Rampe der Autofähre zu fahren, verklemmt sich der Kickstarter. Wir müssen das Getriebe öffnen. Damit kein Öl rausläuft, legen wir das Motorrad auf die Seite. Sofort werden wir von vielen Schaulustigen umringt. Zuerst wird mir ein Beil und dann ein Hammer gereicht, was ich beides gut gebrauchen kann. Eine alte Frau bringt eine kleine Schüssel für die Schrauben und für Claudia einen Sack zum Draufsetzen. Ein kompliziertes Zahnrad ist gebrochen. Wir müssen es in Deutschland über unseren Freund Ossi bestellen und per Express nach Bangkok schicken lassen. Solange muß mich Claudia anschieben, um den Motor zu starten. Jetzt können wir die Horrorstadt nicht mehr einfach umfahren, wir müssen mitten rein in den Moloch.

Schon die sechsspurige Zufahrtsstraße ist völlig dicht. Obwohl die Städteplaner die Straßen gerade auf ein Einbahnsystem umstellen, hat sich der Verkehr in der ganzen Stadt verkeilt. Wir stehen auf einer Brücke über einem Kanal. Das Wasser ist pechschwarz, der Gestank scheint uns die Atemwege zu verätzen. Langsam pfuschen wir uns im Stau vorwärts. An einem Kreisverkehr nimmt uns ein Straßenpolizist zur Seite, läßt unsere Papiere in seiner Rocktasche verschwinden. Will umgerechnet 400 Mark Lösegeld. Ich tue so, als verstehe ich ihn nicht, hole unsere Straßenkarte hervor, will von ihm wissen, wo wir sind. Da kommt der Vorgesetzte zur Hilfe, er spricht ein paar Worte Englisch, kann uns erklären, wie wir zum Hauptpostamt kommen. Leider ist mein Kickstarter kaputt, jemand muß mich anschieben. Der Chef beordert seinen korrupten Kollegen mit der schweißtreibenden Arbeit. Immerhin sind es 36 Grad im Schatten. Wir erhalten unsere Papiere zurück, der Bulle schiebt. Aber ich lasse den Gang nicht kommen, drehe mich um und schimpfe: »Schieb schneller, du Lahmarsch!« Er soll so richtig ins Schwitzen geraten unter seiner weißen Uniform.

Das Ersatzteil kommt bald an, Ossi hat es schnell in Köln besorgt und abgeschickt. Jetzt wollen wir ganz hoch in den Norden von Thailand. Das Land ist nicht ungefährlich, viele Thais laufen mit Schußwaffen herum. Manche veranstalten Zielschießen auf Touristen, die mit Leihmopeds rumfahren. Wir lesen darüber in der Zeitung. Ein Verrückter rennt durch die Straßen, sticht mit einem Messer willkürlich Ausländer ab. Eines Tages erwischt es unseren Zimmernachbarn. Er überlebt schwerverletzt auf der Intensivstation.

Der boomende Sextourismus hat diesen Haß ausgelöst. Angefangen hat es zur Zeit des Vietnamkrieges, als amerikanische GIs zur Befriedigung ihrer Triebe nach Thailand kamen. Heute sind es hauptsächlich Deutsche, die täglich mit mehreren Flugzeugen hergebracht werden. Einige haben mich ausgelacht, weil ich meine eigene Frau mitgebracht habe, wo es hier doch so viele so billig zu mieten gibt. Die Souvenirs gibt es gratis dazu: alle möglichen Geschlechtskrankheiten, der neueste Renner ein Virus, der Aids genannt wird. Die meisten der jungen Opfer sind Mädchen, die von armen Familien in den Bergen zum Anschaffen fortgeschickt werden.

Vorerst geben wir das Zelten in freier Wildbahn auf. Lieber bitten wir die Einheimischen, unser Zelt unter ihren Häusern, die auf hohen Stelzen stehen, aufbauen zu dürfen. Somit stehen wir unter dem Schutz der Familie, ja des gesamten Dorfes. Immer werden wir mit viel Freude aufgenommen. Sofort stellen uns die Gastgeber Stühle zur Verfügung, verlegen elektrische Kabel und hängen eine Glühbirne auf. Einer schwingt sich aufs Fahrrad, läßt sich am nächsten Büdchen eine Plastiktüte mit Mekong-Whisky abfüllen, lädt das halbe Dorf ein. Leute bringen ihre Gitarren mit, und los geht das Fest. Ruhiger ist es in den buddhistischen Klöstern. So ruhig, daß wir nachts ein leises, hektisches Schnaufen direkt neben unserem Zelt hören. Claudia stößt einen Schrei aus, ein Mönch nimmt nun lieber seine Beine in die Hand und flieht in die Dunkelheit. Tagsüber geht er mit einer großen Schüssel über die Dörfer sammeln und erzählt allen von seinen Gästen. Bei seiner Rückkehr teilt er die Essensspenden mit uns.

In der Stadt Chiang Mai werden wir vom jährlichen Wasserfest überrascht. Zur heißesten Zeit des Jahres bewaffnet sich jeder mit Eimern. Überall stehen sie, entlang der Straßen, an den Flüssen und werfen Wasserfontänen. Schütten eimerweise kühles Naß aus offenen Fenstern, spritzen Wasser von Pritschenwagen. Es dauert nicht lange, und wir sind pitschenaß.

Auf dem Markt haben wir frische Erdbeeren entdeckt. Zurück im Gästehaus glückt uns ein Experiment: Wir stellen zwei Campingtöpfe ineinander, dazwischen kommt etwas Wasser, im Inneren backen wir einen Tortenboden auf schwacher Flamme. So einfach läßt sich unser Spirituskocher zum Backofen umfunktionieren.

Weiter im Norden besuchen wir die verschiedenen Bergvölker, die hier zuhause sind. Viele von ihnen bauen Mohnblumen an, aus deren Fruchtkapseln rohes Opium gewonnen und im Labor zu Heroin weiterverarbeitet wird. Auffallend viele ältere Leute sind der Opiumsucht verfallen. Sie liegen auf Bänken und rauchen das klebrige Harz in winzigen Pfeifenköpfen, die auf langen Röhrchen stecken. Die Asche wird mit etwas Wasser und Aspirinpulver über einer Flamme wieder zur weichen Masse geknetet und kann von neuem geraucht werden.

In einem Gebiet entlang der Grenze zu Birma wird nur Knoblauch angepflanzt. Lastwagen sind mit Millionen dieser Knollen beladen. Wir sind völlig benebelt von dem beißenden Geruch, den sie hinter sich herziehen. Hier gibt es keine Kaufläden und Märkte mehr. Zuletzt haben wir noch ein Gemüseboot auf einem Fluß angehalten und uns eingedeckt. Jetzt sind wir wieder auf die Hilfe der Leute angewiesen. In einem gemütlichen Dorf bekommen wir hausgemachte Nudeln mit einer fischigen Soße. Später laden uns die Gastgeber in ihr Haus ein. In der Küche stehen drei Schüsseln, in denen es vor Würmern, Kriechtieren, Küchenschaben und Schnecken nur so wimmelt. Nicht alles sei eßbar, erklärt uns die Hausfrau. Bei den einen muß der Kopf abgerissen werden, bei den Schaben die harten Flügel, bei anderen die Beine, bei wieder anderen sei nur der Kopf zu genießen, der rote Bauch hingegen giftig. Daraus besteht also die Soße! Wir hatten uns schon gewundert, was die Leute nachts am Flußufer im Schein der Taschenlampen suchen. So schlecht hat es gar nicht geschmeckt. Trotzdem verzichten wir aufs Abendessen und fahren am nächsten Morgen weiter.

Wir kommen noch bis ins Goldene Dreieck, das die Grenzgebiete von Thailand, Birma und Laos umfaßt. Am Ufer des Mekong mieten wir eine von drei Bambushütten. Ich möchte ein Floß bauen, mit dem wir den Grenzfluß bis Kambodscha runtertreiben können. Doch ich gebe den Plan schnell wieder auf. Erst kürzlich hätten zwei Kanadier einen ähnlichen Versuch mit einem Kanu gestartet. Es sei auf sie geschossen worden. Tatsächlich fallen nachts viele Schüsse. Leute versuchen aus Laos zu flüchten, ganze Familien schwimmen über den Fluß nach Thailand. Im Dreiländereck, im Niemandsland, befindet sich eine kleine Insel, auf die sich etwa zweihundertfünfzig chinesische Flüchtlinge gerettet haben sollen. Soldaten aller drei Länder haben sich positioniert. Angeblich sollen die Chinesen ausgehungert werden. Ich schnappe mir die Kamera und einen Einbaum, will rüberpaddeln und nachschauen, ob es stimmt. Warnschüsse zwingen mich zur Umkehr. Flußabwärts treffe ich auf Mitarbeiter einer internationalen Hilfsorganisation. Auch ihnen sind die Hände gebunden. Sie dürfen nur denen helfen, die durchkommen. Hilfe bedeutet Aufnahme ins Arbeitslager. Eine Gruppe kommt von einem auswärtigen Arbeitseinsatz zurück. Mit ihr gelingt es mir, an den Wachen vorbei ins Lager zu kommen. Auf engstem Raum hat sich eine gut funktionierende Produktionsstätte gebildet. Überall wird gewerkelt, ob in der Silberschmiede, Tischlerei, Metallverarbeitung oder an Webstühlen, ich sehe Nähmaschinen, Drehbänke und Schweißgeräte. Chancen, hier wieder rauszukommen, haben nur die wenigsten.

Wir versuchen, südlich weiter entlang der laotischen Grenze zu fahren. Unsere Karte verzeichnet hier eine Naturstraße. Erst überqueren wir eine wacklige Bambusbrücke, die in fünfzehn Metern Höhe über den Fluß führt. Dann sehen wir die ersten brennenden Hütten. Wir sind mitten in einen Grenzkonflikt geraten. Ein paar Kilometer weiter scheint der Weg zu Ende zu sein. Frauen verstecken ihre Kinder hinter ihrem Rücken, haben furchtbare Angst. Von ihren Häusern sind nur noch verkohlte Reste zu erkennen. Ich versuche sie zu beruhigen, will wissen, wo es weitergeht. Eine Frau sieht Claudia und verliert wohl etwas ihre Beklemmung. Sie faßt sich ein Herz, läuft voraus, zeigt uns, wo wir weiterfahren müssen. Es wird immer unwegsamer, teils ist die Spur weggewaschen. Junge Bäume und Sträucher wachsen dort, wo einst eine Straße war. An einer Stelle ist die Erde vollständig weggeschwemmt. Zwischen nackten Felsen klafft ein tiefer Graben. Claudia nimmt allen Mut zusammen, springt mit Vollgas rüber, setzt mit dem Rahmen auf, steht dann aber wieder sicher auf den Rädern.

Bis zum nächsten Ort kann es nicht mehr weit sein. Auf einer kleinen Waldlichtung versuchen wir uns zu orientieren. Plötzlich bewegen sich vor unseren Füßen die Blätter. Zwei Köpfe erscheinen, schauen uns erschrocken an. Es sind Soldaten, die sich eingegraben haben. Sie zeigen uns Spuren, die von einem Panzer stammen. Den Spuren folgend erreichen wir eine Schotterstraße. Die endet an einem Schlagbaum: die Grenze nach Thailand! Wir waren unwissentlich nach Laos gelangt. Die Grenzer heißen uns willkommen, lassen uns dort zelten, schenken mir ein halbes Kilo Kräuter, eingewickelt in Zeitungspapier. Dann laden sie uns zum Essen ein, Hühnerfüße in klarer Brühe, eine Delikatesse. Irgendwie habe ich doch keinen Hunger, bitte Claudia, meine Portion mitzuessen und ziehe mich ins Zelt zurück. Dort untersuche ich die Kräuter. Es ist tatsächlich Marihuana. Am Morgen gebe ich es dankend zurück, erkläre ihnen, daß Rauchen und Motorradfahren schlecht zusammenpassen. Der Besitz von Marihuana ist strafbar: Fünfzehn Jahre Gefängnis stehen darauf. Niemand überlebt das. Unterirdisch muß die Strafe abgesessen werden, bei Reis und Wasser, in einer feuchten Massenzelle, ohne Sonnenlicht. Auch viele Ausländer sind unter den Gefangenen in Bangkok, niemand kann ihnen helfen. In Singapur und Malaysia werden sie gehängt. Trotzdem sind allein in Malaysia acht Prozent der Bevölkerung heroinabhängig. Marihuana macht zwar nicht süchtig, wird aber genauso hart bestraft. Wir müssen höllisch aufpassen, daß uns nicht irgend jemand Drogen unterschiebt. Gerüchten zufolge ist das schon vielen passiert.

Zurück in Bangkok, beschließen wir, noch einmal eine Trekkingtour in Nepal zu machen. Die Motorräder stellen wir solange unter. Nach einem einwöchigen Abstecher in Birma jetten wir via Bangladesch nach Kalkutta, besuchen Vater LaFerla in Raiganj und ziehen dann sechs Wochen lang durch die Berge.

Unser nächstes Ziel sind die Philippinen. Wir versuchen, eine Schiffspassage dorthin zu bekommen. Im abgesicherten Hafen der thailändischen Hauptstadt sprechen wir mit einigen Agenturen und Kapitänen. Keiner will uns mitnehmen, nicht einmal die Motorräder per Schiffsfracht. Es ist wie verhext: keiner will die Absage begründen, niemand will uns helfen. Irgendwo liegt der Hase im Pfeffer. Ein so mysteriöses Hindernis kann nur ein Fingerzeig sein. Wir müssen einen anderen Weg zu den Philippinen finden. Fliegen zum Beispiel.

Tatsächlich empfängt uns ein PR-Manager der nationalen Fluggesellschaft mit offenen Armen. Er will die Luftfracht der Motorräder sponsern, sie sollen auf einer Palette festgezurrt werden, um die Verpackung will sich die Airline selbst kümmern. Für uns gibt es ein Billigticket, als Gegenleistung formulieren wir eine Pressenotiz für die Lokalzeitung. Im Juni 1984 landen wir mit Sack und Pack in Manila. Ramon, ein junger Philippino, kennt sich im Wust der Bürokratie aus. Er kann helfen, die Motorräder für ein bescheidenes Honorar aus dem Zoll zu holen.

Später lädt er mich zur Taufe ein. Er möchte, daß ich der Patenonkel seines neugeborenen Sohnes werde. Die Wegbeschreibung führt mich in die Slums von Manila. Die Familie lebt mit Eltern und Großeltern eingezwängt in einer winzigen Zweiraumbude aus Kistenbrettern, die noch exotische Aufdrucke wie Mombasa, Bremen oder Yokohama erkennen lassen. Das Dach ist mit Plastik ausgebessert. Wasser wird vom Brunnen im Zentrum der Behelfssiedlung angeschleppt. Zur Feier des Tages gibt es Hund am Spieß. Der herrenlose Köter suchte wohl noch tags zuvor zwischen den Bretterverschlägen nach Küchenabfällen.

Die Leute schimpfen auf Präsident Marcos, der das Land seit fünfzehn Jahren als Diktator regiert. Er hätte das Land ausbluten lassen und das ganze Volksvermögen auf seinen Konten in der Schweiz deponiert. Während die Philippinos verhungern, kauft sich seine Frau Imelda das siebentausendste Paar Schuhe. Ihre ganze Hoffnung setzten sie auf den Oppositionsführer Aquino. Doch als er kürzlich aus dem Exil zurückkehrte, wurde er gleich bei seiner Ankunft am Flughafen erschossen. Die ausgebeuteten Menschen wollen jetzt auf die Straße gehen und solange demonstrieren, bis Marcos freie Wahlen zuläßt.

Wir wohnen zufällig bei dem Enkelsohn eines früheren Staatspräsidenten. Sein großes Haus steht in einem verwahrlosten Vorort, wo wir zunächst nur ungern alleine auf die Straße gehen. Aber es spricht sich bald herum, bei wem wir wohnen. Unser Gastgeber genießt einen guten Ruf, er ist bekannt dafür zu helfen, wo er kann. Zur Begrüßung gibt es Balut, eine philippinische Delikatesse: ein fast ausgebrütetes Huhn, halb gekocht, das direkt aus der Schale geschlürft wird. Aber viel Freude kommt nicht auf, die Gespräche kreisen immer wieder um Marcos und wie er zu stürzen wäre. Fast täglich werden verstümmelte Leichen demonstrativ auf Bahren durch die Straßen getragen. Meist sind es Oppositionelle, die den brutalen Foltermethoden des Regimes zum Opfer fielen. Dem Volk sollen so die Augen über die Marcos-Diktatur geöffnet werden. Doch je größer der öffentliche Druck wird, desto mehr Opfer werden gefunden.

Aus dieser Stimmung heraus fahren wir ab in den Norden der Hauptinsel Luzon. Hier ist es ruhiger, hat sich die politische Lage anscheinend noch nicht so zugespitzt. Es geht vorbei an den amerikanischen Militärstützpunkten mit ihren Stundenhotels entlang der Küste, bis in die Berge nach Lubuagan. Dort zeigt uns der Dorfsheriff Einschußlöcher in der Fassade der Polizeistation. Die Unruhen hier sind anderer Art. Rebellen der NPA, der New People's Army, hätten sich in den Bergen verschanzt. Gelegentlich würden sie Ausländer als Geiseln nehmen. Unsere beste Chance, heil wieder nach Manila zu kommen, sei ein großer Umweg über Tuguegarao. Auf gar keinen Fall dürften wir direkt südlich entlang des Chico-Flusses fahren. Dort hausen entlaufene Sträflinge, die nicht nur von Polizei und Militär gejagt werden, sondern auch von den Rebellen. Trotz aller Warnungen wählen wir die Chico-Route. Zu allem Überfluß sollen dort noch irgendwo zwei Stämme leben, die gelegentlich Fehden untereinander austragen. Sie schnappen sich einen Gegner, schlagen ihm das Haupt ab, um es dann zum Schrumpfkopf zu verarbeiten.

Das Tal ist wunderschön. An den steilen Hängen ziehen sich Reisterrassen empor, die schon vor zweitausend Jahren angelegt wurden. Die festgefahrene Naturstraße auf felsigem Grund ist in erstaunlich gutem Zustand, wenn man bedenkt, daß sie schon seit Jahren nicht mehr benutzt wird. Nur stellenweise haben wir Schwierigkeiten, nämlich dort, wo die Straße weggebrochen ist oder wo Sturzbäche den Boden zu sehr aufgeweicht haben. Hinter einer engen Kurve liegt ein Baumstamm quer über der Straße. Aus der Nähe erkenne ich, daß er ganz frisch gefällt wurde. Möglicherweise haben Banditen unsere Motoren schon von weither gehört und schnell die Straße blockiert. Etwas oberhalb am Hang steht eine kleine Gruppe Männer, sie sind bewaffnet. Durchs geöffnete Visier fixiere ich sie mit den Augen, spüre eine starke Energie in mir wachsen. Sie stehen da, wie angewurzelt, in ihrer letzten Bewegung eingefroren. Ich verstehe diese Situation selbst nicht, lasse aber erst ab von den Typen, als Claudia nachkommt. Ein schmaler Spalt zwischen Stamm und Hang ist gerade breit genug, damit wir passieren können. Wir fahren ungehindert weiter.

Tief unten im Tal erkennen wir ein traditionelles Dorf. Leider führen nur Trampelpfade hinunter, eine Hängebrücke ist über den Fluß gespannt. Plötzlich steht ein Eingeborener im Lendenschurz vor uns. Er ist kleinwüchsig, hat nur je vier Zehen an den Füßen. Von diesem genetischen Markenzeichen der Kopfjäger hatte ich gelesen. Auch er ist bewaffnet – mit Machete und Schleuderspeer, letzterer der Vorgänger von Pfeil und Bogen, eine Waffe, die noch aus der Steinzeit stammt. Aber er lächelt freundlich, versucht uns etwas mitzuteilen. Er reibt die Hände aneinander und macht dann die Bewegung wie beim Anzünden von Streichhölzern. Claudia kramt in der Tasche, holt ein Päckchen hervor. Seine Augen leuchten auf, er nickt heftig, legt die Hände bittend zusammen. Natürlich kann er die Streichhölzer haben. Auch ich habe eine Bitte, hole meine Kamera hervor, möchte sein Einverständnis, ihn abzulichten. Er schüttelt den Kopf, er könne die Kamera nicht brauchen – offensichtlich weiß er nicht, wofür sie gut ist. Dann führt er uns den Schleuderspeer vor, der aus zwei Stangen besteht. Eine dient als Führung, mit der der Speer auf unglaubliche Geschwindigkeit beschleunigt wird. Es geht so schnell, daß ich die zackige Bewegung kaum richtig zu erkennen vermag. So kann er aus weiter Entfernung noch ein Reh erlegen. Wir sind beeindruckt. Der kleine Mann verabschiedet sich fröhlich, legt die Hände aufs Herz und verbeugt sich. Dann ist er genauso plötzlich verschwunden, wie er aufgetaucht war.

Ins nächste Dorf fährt Claudia schon mal vor, weil ich noch unterwegs die eindrucksvolle Landschaft fotografieren will. Die Leute bekreuzigen sich, können nicht verstehen, wie jemand, noch dazu eine Frau, auf dem Weg von Norden kommen konnte. Als ich dazustoße, sind sie zwar etwas erleichtert, bleiben aber dabei, daß das Gebiet, das hinter uns liegt, tabu sei.

Vor Einbruch der Dunkelheit erreichen wir das Bergdorf Sagada. Es ist bekannt wegen seiner Höhlenbegräbnisse. Die Menschen hier schnitzen ihre Särge aus Baumstämmen und verdübeln die Sargdeckel mit je zwei Pflöcken. Anschließend stapeln sie diese Stämme in Höhlen.

Es ist gerade Regenzeit, deshalb mieten wir uns bei einer Familie ein gemütliches Zimmer. Hier haben wir endlich wieder Muße, Briefe an unsere Familien und die vielen Freunde zu schreiben, die wir in den letzten Jahren getroffen haben. Wir genießen den warmen Regen, unternehmen ausgedehnte Spaziergänge, atmen die modrige Waldluft. Die Tage vergehen. Auch hier treffen wir wieder einige sympathische Leute, auch politisch engagierte Intellektuelle. Sie verraten uns nicht, daß sich in Sagada die Führungsspitze der NPA versteckt hält.

Die Philippinen bestehen aus siebentausend Inseln. Um wenigstens einige davon zu sehen, müssen wir Frachtschiffe finden, denn Autofähren gibt es so gut wie keine. Weil den Frachtern eine Laderampe fehlt, müssen die Motorräder mit dem Bordkran verladen werden, was immer eine größere Aktion ist, auch in bürokratischer Hinsicht. Als Ausländer mit eigenen Fahrzeugen werden wir besonders zur Kasse gebeten. Um den unverschämten Forderungen einen Riegel vorzuschieben, das heißt, um den eigentlich längeren Hebel der Bürokratie etwas zu verkürzen, mache ich mir eine allgemein bekannte Tatsache zunutze. Der philippinische Polizei- und Militärchef Fidel Ramos ist nämlich Motorradfan. Ich behaupte, daß er uns gerade diese Route empfohlen hat. Was sollen wir ihm nach unserer Rückkehr berichten? Die Erwähnung seines Namens genügt. Bei den korrupten Beamten brauchen wir gar nichts mehr zu bezahlen, plötzlich sind sie übereifrig bemüht, uns zufriedenzustellen.

Jetzt macht das Inselhüpfen wenigstens Spaß. Eine der ersten Inseln, die wir besuchen, heißt Boracay. Ein winziges Eiland, das man in dreißig Minuten durchquert hat. Palmen, weißer Strand, Korallenriffe –

nur ein paar Familien, die vom Fischfang leben. Eine Handvoll Europäer hat diesen kleinen Garten Eden entdeckt, sie sind zufällig vorbeigekommen und geblieben. Wir können sie gut verstehen, wissen aber, daß es bei ihrem Robinson-Crusoe-Glück nicht bleiben wird. Denn es ist immer dasselbe, erst kommen die Traveller, dann die Aussteiger. Die etablieren sich, bauen Unterkünfte für Urlauber, bieten Sportmöglichkeiten wie Windsurfen oder Tauchlehrgänge, verdienen sich eine goldene Nase. Zum Schluß rücken zahlungskräftige Investoren an, bauen Ferienclubs und große Hotels. Im Nu wird der kleine Garten kaputtgetrampelt, zubetoniert und muß künstlich am Leben gehalten werden.

Aber noch können wir die Idylle in ihrer natürlichen Version genießen. Wir wohnen in der Bambushütte einer Schwedin, mit eigener Bucht, die wir nur mit einer Fischerfamilie teilen. Abends sitzen wir auf der Veranda, schauen der Sonne nach, die zwischen den vorgelagerten Felsen am rot schimmernden Horizont versinkt. Das Farbenspiel ist hier besonders intensiv wegen der vielen dünnen Wolkenschichten, die sich über den Inselketten bilden. Dann kommt Victor, unser Nachbar, wir segeln etwas raus, werfen seine Netze aus, haben schnell unser Abendbrot gefangen. Am Morgen kommt der Schweizer aus der anderen Bucht vorbeigesegelt, bringt frisch gebackene Brötchen und süßen Zopf. Er bleibt auf eine Tasse Bohnenkaffee, den wir noch aus der Hauptstadt mitgebracht haben. Wir klönen ein bißchen über das Leben auf der Insel. Sein Steinbackofen kann wohl so richtig in Betrieb gehen, sobald die Strandhütten des Bayern-Sepp in der Südbucht fertiggestellt sind. Dann bindet er den Korb wieder hoch an den Mast und segelt zum nächsten Kunden. Oben auf der Felsspitze hat sich ein anderer Freak niedergelassen. Er leiht uns seinen Katamaran, mit dem wir aufs Meer hinausgleiten, um uns bei gerefften Segeln faul in der Sonne treiben zu lassen, in Ruhe zu baden – leicht geschaukelt von den seichten Wellen, verträumt den Tag in Wonne schwimmend. Hier könnten wir uns vorstellen zu bleiben, wie schon in den Bergen von Nepal oder in der Wüste von Australien.

Boracay war für uns wie das Paradies. Aus der ursprünglich geplanten Woche dort wurden mit Leichtigkeit drei Wochen, die aber auch viel zu schnell vergingen. Auf der Landkarte hatten wir in der Nähe der großen Insel Palawan eine winzige Insel mit dem Namen »Fritz Island« entdeckt. Es hieß, wer auf einer unbewohnten Insel Trinkwas-

ser findet und Nutzpflanzen anbaut, könne diese Insel vom Staat kaufen und ihr einen eigenen Namen geben. Eines Abends auf der Veranda der Bambushütte überlegten wir, was wohl jeder von uns machen würde, falls wir uns einmal trennen sollten. Klaus war felsenfest überzeugt, daß es für mich nur den Weg zurück nach Deutschland und zur Familie geben würde, während er zweifellos weiter um die Welt ziehen würde. Ich widersprach ihm heftig, obwohl ich gar nicht so sicher war. In meiner Phantasie konnte ich mir jedenfalls gut vorstellen, mich irgendwo alleine auf einem schönen Flecken der Erde niederzulassen. Klaus wollte natürlich wissen, welchen Platz ich mir denn aussuchen würde. Doch so einfach wollte ich es ihm nicht machen. Erst nach langem Drängen verriet ich, daß ich mir eine Insel kaufen und »Claudia Island« nennen würde. Anstatt ihm zu schreiben, würde ich einfach warten, bis Klaus die Insel auf der Karte entdeckt und mich besuchen kommt. Da lachte er und meinte, daß er mich dann nicht besuchen würde, sondern die Nachbarinsel, nämlich »Klaus Island«, beziehen würde ...

Es dauert nie lange, bis die Unruhe wieder erwacht, der Drang nach Taten wächst, wieder Bewegung erforderlich wird. Denn Bewegung bringt Energie, die wir brauchen, um in Bewegung zu bleiben, und die uns wohl auch die Kraft gibt, der Dauerbelastung des Reisens standzuhalten.

Mit einem Taxiboot fahren wir zurück zur Insel Panay, wo wir unsere Motorräder untergestellt haben. Es tut mal ganz gut, die motorisierten Fortbewegungsmittel für eine Weile wegzuschließen, um auf andere Art zu reisen oder einfach nur Urlaub zu machen. Vorausgesetzt, wir haben einen sicheren Stellplatz. Hier müssen wir uns wenig Sorgen wegen Diebstahls machen. Die Philippinos sind zumeist streng katholisch und extrem abergläubisch. Täglich melden die Zeitungen Heiligenerscheinungen, die meist Kinder am Himmel gesichtet haben sollen. Jungfrau Maria soll da auf einer Wolke geritten sein, Petrus hätte segnend seine Hände ausgebreitet. Überall wird gemunkelt, die Apokalypse werde bald über die Menschheit hereinbrechen. Auch ich werde öfter um Rat gefragt. Wenn wir bei einem Dorf zelten, kommen die Leute angelaufen, stellen ernste Fragen, beklagen sich über ihre Armut. Ich nutze dann die Gelegenheit zu einem kleinen Kolleg über das Leben in den Industrieländern, das für sie vor allem Wohlstand und Luxus bedeutet. Wenn ich so rede, ihnen begreiflich zu machen versuche, was Disziplin bedeutet, tagtäglich zur Arbeit zu gehen, Pünktlichkeit, Genauigkeit, Leistungsdruck, Fortbildungszwang, Konkurrenzkampf, Streß, Preise, Rechnungen, Verschuldung und so weiter, dann sitzen sie da und lauschen gebannt meinen Worten. Offiziell ist die Nationalsprache Tagalog, doch neben ihrem lokalen Dialekt sprechen fast alle Englisch. Anschließend scheinen sie dann doch etwas erleichtert zu sein. Sie räumen ein, von den Schattenseiten der westlichen Welt, die sie vor allem aus den Seifenopern im Fernsehen kennen, nichts gewußt zu haben.

Unangenehm wird es, wenn mich die Leute wegen meines Aussehens für Jesus halten. Immer wieder passiert es, daß einer mit dem Finger auf mich zeigt und »Jesus Christ« ruft. Mehr und mehr Leute stimmen ein, brüllen im Chor. Ich ergreife dann die Flucht, bevor die Menge hysterisch wird. Zum Einkaufen fahre ich auf einen Marktplatz, stelle mein Motorrad ab, hänge den Helm an den Rückspiegel. Kaum bin ich vom Sattel gerutscht, fällt eine alte Frau vor mir auf die Knie, verkrampft ihre Hände in meiner Jeans, besteht darauf, daß ich sie und ihren Enkelsohn segne. Im nächsten Moment hängen die Marktfrauen an mir, ich habe Schwierigkeiten, mich aus dem Staub zu machen.

Wir fahren von einer Insel zur nächsten. Nicht überall besitzen die Leute eigenes Land, das sie bewirtschaften. Am ersten Tag auf Mindanao werden wir von einer aufgebrachten Gruppe angehalten. Sie arbeiten auf einer großen Kokosnußplantage, die einem Engländer gehört. Der gibt ihnen nur Unterkunft und Essen. Jetzt haben sie geschlossen die Arbeit niedergelegt, um zusätzlich eine Entlohnung durchzusetzen. Der Großgrundbesitzer will den Streik aussitzen, verweigert ihnen schon seit drei Wochen die Verpflegung. Langsam geht ihnen die Puste aus, sie glauben nicht mehr, das, was ihnen zusteht, mit friedlichen Mitteln erreichen zu können. Wir seien vom gleichen Blut wie der Engländer, hätten unsere Koffer voller Dollar, wir sollten ihnen das Geld geben. Die Situation ist brenzlig. Wir steigen ab, setzen uns zu den Ältesten auf die Bank. Geduldig erklären wir ihnen, daß unsere Reise natürlich sehr viel Geld kostet. Da wir soviel aber nicht besitzen, sind wir selbst immer wieder auf die Hilfe anderer angewiesen. Wir müssen unterwegs Jobs suchen, um wenigstens ein bißchen zu verdienen. Jobs sind nicht immer einfach zu finden. Auch wir verurteilen Sklaverei. Was wir zu essen mit uns führen, wollen wir gerne mit ihnen teilen. Ich öffne eine Packtasche. Statt der geforderten Dollar fällt ein fünf Kilo schwerer Sack Reis heraus. Der wurde uns gestern noch von einer Familie auf der Nachbarinsel Bohol zum Abschied geschenkt. Claudia findet in der Küchenkiste noch Zwiebeln und anderes Gemüse. Der Sekretär der Gruppe trägt die Spende in das Gemeindebuch ein. Alle wollen uns die Hände schütteln, bevor wir weiterfahren dürfen.

Ganz im Süden, in Zamboanga, ist der Teufel los. Überall Bewaffnete mit abgesägten Flinten, hier herrscht Bürgerkrieg. Der Bürgermeister der Stadt, Cesar Climaco, ist ein erbitterter Gegner von Marcos. Auf seinem Schreibtisch steht ein Schild: »I'm not a dirty old man. I am a sexy senior citizen.« Seine wallenden weißen Haare reichen bis weit über die Schultern, sein Bart bis auf die Brust. Bei unserem Besuch sagt er, er habe geschworen, sich nicht mehr zu rasieren und die Haare zu schneiden, solange Marcos an der Macht ist. Aber seine Hauptsorge gilt der sinnlosen Gewalt in den Straßen. Er habe an jeder Straßenecke Polizei mit Schnellfeuerwaffen postiert, doch das Morden nimmt kein Ende. Aus seinem Fenster im Rathaus hängen Bettlaken, auf denen mit Blut die neuesten Opferzahlen verzeichnet sind. Er versucht die Menschen zur Vernunft zu bringen, ist überrascht, daß wir hier lebend angekommen sind, glaubt, daß er selbst bald ermordet wird. Tatsächlich ist er wenige Tage später tot, erschossen.

Wir willigen ein, ein Interview für die örtliche Zeitung zu geben. Es ist unser erstes auf der Reise. Am nächsten Tag erscheint der Artikel auf der Titelseite. Er mutet an wie eine Friedensinsel inmitten von Schlagzeilen, die von Bluttaten berichten. Dafür werden wir von den Leuten auf offener Straße beglückwünscht, sie laden uns ein. Vor unserer Abfahrt mit dem Schiff holt uns der Besitzer in sein Nobelrestaurant. Wir müssen eine besondere Sorte Krebs probieren, die – einmalig hier an der Küste – in vierhundert Meter Meerestiefe lebt. Am Kai kotze ich alles wieder aus, Erdnußsoße und Innereien waren zu mächtig für meinen Magen. Kaum hat das Schiff abgelegt, werden noch in Sichtweite des Hafens wieder die Anker geworfen. Der Motor ist kaputt, muß zerlegt werden. Die Kolbenringe sind größer als Hulahop-Reifen. Die Reparatur dauert anderthalb Tage. Kinder schwimmen vom Festland rüber, tauchen nach Geldstücken, die ihnen von den Passagieren zugeworfen werden.

Endlich geht's weiter. Unser Ziel ist die Insel Cebu, eine lange Fahrt liegt vor uns. Das Schiff ist voll beladen, die Passagiere schlafen in ihren Etagenbetten wie die Sardinen in der Dose. Ein rauher Seegang zwingt alle Passagiere aufs untere Deck. Es ist die Jahreszeit der Taifune, irgendwo in der Nähe zieht einer vorbei. Bei der Ankunft in Cebu City muß ich mich sofort um die Verkranung der Mopeds kümmern, meins hängt schon am Haken. Unten auf der Mole stehen die Leute dicht gedrängt. Das ist mir nicht geheuer, ich will nicht, daß mein Motorrad da mit allem Gepäck allein ankommt. Kurzentschlossen hänge ich mich an die Fußrasten und schwebe mit an Land.

Wir haben von Reisenden einen Tip in der Tasche: Moalboal Beach auf der anderen Seite der Insel. Dort soll einer der drei besten Tauchgründe der Welt sein. Als wir dort ankommen, finden wir ein Touristenghetto, das aber kaum belegt ist, denn die Sommersaison ist vorüber. Etwas abseits zwischen den Palmen suchen wir einen gemütlichen Flecken ebener Erde für unser Zelt.

Im Laufe der Jahre haben wir unseren Instinkt für sichere Plätze geschärft. Es fing schon damals in Indien an, wo wir fast jede Nacht im Freien zelteten. Beim Fahren halten wir immer schon frühzeitig nach einem geeigneten Platz Ausschau. Manchmal fahren wir noch extra fünfzig oder hundert Kilometer weiter, bis das Gefühl stimmt. Ein andermal biegen wir von unserer Route ab, weil ich irgendwo einen entlegenen, ruhigen Platz wittere. Dort können wir dann gut schlafen, wenn auch gewissermaßen immer mit einem wachsamen Ohr. So wissen wir, daß uns das kleinste Geräusch wecken würde. Es passiert nur sehr selten, daß sich nachts jemand anschleicht. Mit ziemlicher Sicherheit ist es dann ein Gelegenheitsdieb. Die lassen sich leicht verscheuchen.

Diesmal stimmt irgend etwas nicht, obwohl der Platz geradezu ideal anmutet. Wir fühlen dasselbe, stellen unser Zelt mehrmals um. Nach zwei Stunden wollen wir es einfach stehen lassen und einräumen, aber uns wird beiden flau im Magen. Dies ist das letzte, sicherste Zeichen, daß etwas nicht in Ordnung ist. Der Bauch weiß es besser als der Kopf, darauf können wir uns hundertprozentig verlassen. Wir gehen zu den Hütten rüber, die zu mieten sind. Die letzte ganz hinten, Nr. 51, ist hinter der Umrahmung von mehreren dicht ineinander gewachsenen alten Bäumen versteckt, die uns leider die Sicht auf das Meer und die Insel Negros im Hintergrund nimmt. Aber hier verschwindet die Übelkeit, also verzichten wir aufs Zelt und ziehen ein.

Ich leihe mir Schnorchel und Brille, schwimme etwas aufs Meer raus und tauche ein in die Unterwasserwelt. Sie präsentiert sich in schillernden Farben, Korallenbänke türmen sich übereinander in allen erdenklichen Formen und Gebilden, zwischen denen vereinzelt bunte, exotische Fische und manchmal ganze Schwärme umhergleiten. Es ist eine völlig andere Dimension der Natur und ihrer Wunder, die ich hier bestaune, eine fremde Märchenwelt, die mich in ihren Bann zieht. Jetzt bin ich doch froh, daß wir hergekommen sind. Mich hatte erst der touristische Charakter dieses Ortes gestört, die Strandpromenade mit den vielen Souvenirshops, Discos und Tauchschulen. Auch am Abend, als wir den Strand entlang in Richtung Ort spazieren, fällt uns ein zweistöckiger Neubau direkt am Wasser ins Auge. Ein Fischer erklärt uns, das Haus gehöre einem Deutschen, der habe Baupläne geschickt, das fertige Haus aber noch nicht gesehen. Spontan sage ich, er wird es auch nicht mehr sehen, vorher wird es zerstört werden. Ich bin selbst erschrocken und habe den Eindruck, meinen eigenen Worten zu lauschen. Wir setzen uns an den Strand, um auf den Sonnenuntergang zu warten. Am grauen Firmament zeichnet sich ein roter Strich ab. Wir können es uns nicht erklären, mit dem Sonnenwinkel hat er nichts zu tun. Dann gehen wir in das einzige geöffnete Restaurant, wo wir zwei der wenigen Ausländer treffen, die sich zur Zeit noch in Moalboal aufhalten. Rick und Michael philosophieren mit dem Besitzer und den Bediensteten, wollen wissen, was ich von den Vibrations dieser besonderen Gegend halte. Wieder meldet sich mein Bauch. Ich höre mich sagen: »Dieser Ort wird nicht mehr lange bestehen.« Die Leute lachen, machen sich über mich lustig. Aber wir wissen es besser – nur was eigentlich? Beunruhigt gehen wir zurück zu unserer Hütte mit Wänden aus geflochtenen Palmblättern, die letzte ganz hinten am Strand.

Am nächsten Morgen werden nicht nur wir von der Unwetterkatastrophe überrascht. Auch die meteorologischen Beobachtungsposten schlagen keinen Alarm. Zu spät geht die Warnung über den Äther. In wenigen Stunden werden die Nachrichtensprecher in der ganzen Welt von der verheerenden Verwüstung berichten. Anfangs ist von über eintausend Toten die Rede. Eine Woche später berichten die lokalen Medien von siebentausend Todesopfern.

Zwei Tage nach der Katastrophe schrieb ich in mein Tagebuch:
»Moalboal Beach, Anfang September 1984, Dienstag. Ich kam hierher, um zu sehen, ob die Schaukel noch da ist, um im Schatten des großen Baumes zu sitzen und zu schreiben. Ich balancierte über die abgestorbene Korallenplattform. Zuvor war hier weißer Sandstrand. Der Anblick der schönen Landschaft entlang der Westküste von

Cebu, mit den vielen alten Bäumen, hat sich total verändert. Die Schaukel ist nicht mehr da. Der Baum steht teilweise noch, alle Äste sind abgebrochen, keine Blätter mehr, und somit auch kein Schatten. Riesenbäume liegen entwurzelt durcheinander. Einige Palmen stehen noch, doch ihre schönen wehenden Kronen sind gerupft. Es sieht aus, als sei die Druckwelle einer nuklearen Bombe hier durchgeschlagen. Doch erst mal von Anfang an:

... Wir hatten eine ruhige Nacht. Am Morgen regnete es, Wind kam auf, so war es drinnen gemütlich, wir blieben im Bett. Es war Sonntag und Markttag in dem dreieinhalb Kilometer entfernten Ort. Später würde ich dorthin fahren, wenn es draußen besser würde, und die Vorräte für die kommende Woche einkaufen. Aber der Wind wurde stärker, und das Haus vibrierte schon manchmal. Er peitschte Regen gegen die Nordseite, Wasser kam durch die geflochtene Blätterwand, wir mußten es mit Schüsseln auffangen. Gegen Norden waren wir gut geschützt, denn da standen noch drei größere Cottages in einer Reihe. Das Haus des Strandwarts gegenüber war ungeschützt. Ich fotografierte, während der Sturm über uns wegbrauste und allmählich zum Taifun wurde. Langsam wurden wir naß, denn der Wind hob das Blätterdach stellenweise an. Ein Trupp Arbeiter kam angerannt, nagelte Balken an die Hütte gegenüber. Später brachten sie dicke Seile, um Haus Nummer 48 an Palmen festzubinden. Dort wohnten Rick und Michael, zwei junge Aussies. Wir checkten öfters die Mopeds zwischen Haus und Bäumen und fühlten uns in unserer geschützten Lage ziemlich sicher.

Dann wurde der Sturm aus Norden noch stärker. Das Haus des Strandwarts stürzte von seinen Pfählen, wurde vom Wind erfaßt, umgestürzt und verfing sich mit dem Dach in den Palmen. Ich fotografierte. Das Schild 'Welcome to Pacitas Nepahut' stand noch. Die Palmen rundum ließen Federn, wurden kräftig gekämmt. Bäume brachen ab, fielen um oder wurden entwurzelt, manche dicker, als daß wir sie zu zweit hätten umarmen können. Jetzt flog das Schild weg. Wir packten alle unsere Sachen in Plastiktüten und nasse Decken, stopften sie unter die Betten. Wir hätten nicht geglaubt, daß es noch stärker stürmen konnte. In diesem Orkan zu den Motorrädern zu gehen, alles sicher in die Packtaschen zu verstauen, wäre Wahnsinn gewesen. Wir hofften nur, daß sie nicht umkippten. Sie standen gut verkeilt, meine lehnte schon eingesunken gegen Claudias, aber die stand sicher auf Fels. Ich schätzte, daß der Sturm jetzt eine Stärke von

150 Stundenkilometern erreicht hatte. Dann drehte der Wind, kam vom Westen her, also vom Meer. Das aufgepeitschte Wasser schickte seine Gischtfontänen bis zu uns herüber. Palmen kippten um, komplette Kronen brachen ab, Blätter zischten durch die Gegend – ein Zeichen, daß es kein gewöhnlicher Wind war, sondern ein Sog. Draußen war niemand mehr zu sehen, nur südlich, wo Fischerleute ein Haus hatten, konnte ich hin und wieder durch den Regen beobachten, wie ein Mann sich seinen Weg rundherum erkämpfte.

Unser Haus bebte jetzt ordentlich. Mit jeder Erschütterung rutschte uns das Herz in die Hose. Plötzlich krachte das Haus nebenan runter. Das Dach flog stückweise weg. Der Sturm wurde noch stärker. Das nächste Haus war schon stark beschädigt. Haus 48 stand noch halbwegs. Die Aussies hatten es, obwohl es angebunden war, verlassen und waren weiter Richtung Restaurant gezogen, bevor es zu schlimm wurde. Aber soweit wir wußten, waren die anderen Häuser alle ziemlich ungeschützt, auch die im Inland. Die Strandpromenade dürfte stark gelitten haben. Wenn da noch Leute waren, herrschte dort jetzt Chaos. Wir hatten keine andere Wahl als hierzubleiben und abzuwarten.

Als ich die Tür mit aller Kraft gegen den Wind aufstemmte, um nach den Mopeds zu sehen, beobachtete ich, wie sich die äußerste Ecke des Daches über der Veranda abhob. Das Fischerhaus war mittlerweile eingestürzt. Soweit wir sehen konnten, bewegte sich alles rund um uns herum, und alle Häuser waren entweder umgekippt oder stark beschädigt. Unseres wäre wohl das nächste. Der Taifun wurde stärker. Er hatte bestimmt 200 Sachen oder mehr drauf. Eine Chance hatten wir noch, wenn wir es bis zur Toilette zwischen 49 und 50 schafften. Sie war aus Beton. Wir nahmen eine Umhängetasche mit Geld und Papieren, einen Sack mit Kleidung und Walkman, Kameratasche im Plastiksack unterm Arm, und versuchten, die Toilette zu erreichen. Der Wind peitschte gewaltige Salzwassermassen gegen uns. Fest umklammert taumelten wir langsam voran. Als wir endlich ankamen, flog gerade das Klodach ab, die Türen rissen auf. Drinnen konnten wir auf beiden Seiten der Tür stehend etwas Schutz finden. Dort hielten wir eine Zeitlang aus. Wir mußten schreien, um den Wind zu übertönen. Wir preßten uns jeder in eine Ecke, die Bündel fest umklammert, um nicht vom Sog erfaßt zu werden, der Papierfetzen aus dem Plumpsklo herumwirbelte. Immer wieder wurden wir gegen die Wand geschleudert. Wir beteten und bibberten.

Dann gelang es mir, hinter die Toilettenhütte zu kommen, wo die Mauer einen guten Windschutz bildete. Claudia schaffte es nicht. Wenn ich meinen Kopf herausstreckte, wurde er vom Sog so kräftig mitgerissen, daß es fürchterlich schmerzte. Endlich gelang es mir doch noch, Claudia nach hinten zu holen. Ein großer Baum war umgekippt und versperrte die Tür. Er hätte uns erschlagen können. Wir hockten uns hin und deckten umherliegende Teile von Palmdächern über uns. Um uns nur noch Getose. Plötzlich flog Nummer 49 an uns vorbei, überschlug sich ein paarmal und zerschellte auf dem Weg. Ich stand auf, ballte die Fäuste, stemmte mich der schneidenden Masse entgegen, schrie ins Unwetter, bis ich nichts mehr hörte und fühlte.

Seit zwei Stunden war der Sturm nicht stärker geworden. Aber das Atmen wurde schwer. Vor Kälte waren wir beide blau angelaufen. Unser Haus stand unerklärlicherweise immer noch, obwohl die schützenden Bäume längst häppchenweise weggeflogen waren. Wir schafften es zurück zum Haus, es schien für uns dazustehen. Hier war es wärmer. Sogar das Blätterdach war noch vorhanden. Wir zogen die nassen Decken um und kauerten uns zitternd in der Ecke zusammen. So fanden uns die Aussies. Sie erzählten von einer Hütte 300 Meter weiter im Inland, die noch einen trockenen Raum hätte. Mittlerweile konnten wir uns draußen vorsichtig fortbewegen. Wieder vergaßen wir unsere Helme zu tragen. Noch flogen mächtige Brocken durch die Luft. Wir stolperten über entwurzelte Bäume, Hauswände, Palmenkronen, Äste und suchten uns kletternd den Weg.

In einem kleinen Raum saßen dort zwanzig Überlebende, die uns erst mal was Trockenes zum Anziehen gaben und dann gekochten Mais anboten. Wir hatten unterwegs eine Kokosnuß aufgehoben, tranken den Saft und teilten das Fleisch. Die Stories gingen rund. Einer hatte im Sturm ein Huhn gerettet und zum Restaurant gebracht, wo viele Leute in einer Ecke eng zusammenstanden, wo das Dach noch intakt war. Mittlerweile soll das Restaurant aber auch weggefegt worden sein. Eine Frau war erwacht, als sich ihr Haus mitsamt Bett überschlagen hatte. Sie war mit einem Nasenbeinbruch davongekommen. Draußen stürmte es immer noch ziemlich stark. Ich zog mir die Badehose an, legte eine nasse Decke um, holte mehr Kokosnüsse und schaffte es gerade noch zurück, bevor ich vor Erschöpfung fast zusammenbrach.

Bald kamen auch unsere Nachbarn von nebenan, drei Deutsche mit ihren Manila-Mädchen. Auf unserem Kocher machten wir Spaghetti mit Soße für alle. Viel Kaffee ging durch. Der Wind war wesentlich schwächer geworden. Ab und zu ging noch ein Regenguß nieder.

Am nächsten Morgen war ich schon zum Sonnenaufgang draußen zum Fotografieren. Es war total ruhig. Überall Trümmer, Häuser hingen kopfüber in den Bäumen. Die Mopeds sahen über Nacht verrostet aus. Während Claudia anfing, alles auszuwaschen, holte ich unser Hab und Gut zurück zur Hütte. Dann stiefelte ich weiter umher. Der Hauptort war komplett zerstört. Das Restaurant war quer über die Straße auf den Strand gewaschen, das Inventar von den Wellen fortgetragen. Ein anderes Haus stützte sich auf ein umgekipptes Boot. Die Straße war nicht mehr auszumachen. Die gesamte Strandpromenade mit allen Souvenirshops, Imbißstuben und Bars war verschwunden. Riesige Wellen sollen hier drüber gegangen sein. Überlebende versuchten das eine oder andere aus dem Chaos zu retten.

... Der Schock sitzt immer noch tief. Wir sind beide gesund. Es soll der schlimmste Taifun seit fünfzig Jahren gewesen sein. Er sei über die ganze Visaya-Inselgruppe hinweggezogen, habe Cebu am stärksten getroffen. Kein Strom, kein Wasser, keine Nachrichten. Das Korallenriff ist zerstört. Unter Wasser soll es wie auf einer Müllkippe aussehen, berichtet Willy, der Taucher. Das Meer riecht tot. Ein süßlicher Geruch hängt überall in der Luft, wird immer unerträglicher.«

Wir graben die Mopeds aus und ölen sie gründlich ein. Eigentlich sollte ich helfen, Tote zu bestatten, aber ich schaffe es nicht. Am Abend dröhnt der Kopf wie nach einer durchsoffenen Nacht. Wir schlafen nicht mehr gut. Abends machen wir ein großes Feuer am Strand, oder besser da, wo mal ein Strand war. Ein Boot kommt von Negros rüber, sie suchen einen vermißten Fischer mit seinem Sohn. Wir können ihnen nicht helfen, haben nur gehört, daß manche überlebt haben, weil sie sich an ihren Booten festgebunden hatten. Unsere Nachbarn haben ihre Betten unter den Palmen aufgestellt. Sie verstehen die Zerstörung als Strafe Gottes. Uns sehen die Einheimischen ehrfürchtig an. Meine Prophezeiung hat sich herumgesprochen. Abends bringen sie gekochte Baumfrucht, obwohl sie selber gar nichts mehr besitzen. Wir geben ihnen von unserem Gemüse ab. Die Nacht ist ruhig.

Am dritten Tag gehe ich umher und sehe die ersten Reparaturarbeiten. Man hofft auf einen Wiederaufbau der Anlage und daß die Korallen wieder nachwachsen. Japanische Touristen kommen aus Cebu City mit dem Taxi. Die Straße ist geräumt. Wir erholen uns langsam.

Es ist immer noch zu unwirklich. Nach ein paar Tagen packen wir ein und fahren zurück in die Provinzhauptstadt. Rechts und links liegen Baumstämme, Telegrafenmasten, Drähtegewirr, aufgehäufte Mauerreste. Ganze Bananenplantagen sind weggeknickt. Die Dächer der großen Steinkirchen sind eingefallen.

Zurück in Manila. Wir bereiten unsere Ausreise vor. Bevor wir nach Japan fahren, möchten wir uns noch Taiwan anschauen. Die Visaangelegenheiten werden vom taiwanesischen Kulturinstitut geregelt. Der zuständige Beamte stellt uns freundlicherweise auch Genehmigungsschreiben für die vorübergehende Einfuhr der Motorräder aus. Wir hatten schon vor vier Monaten den Kapitän eines amerikanischen Frachtschiffs kennengelernt. Er wollte uns gerne mitnehmen. Leider ist er gerade im Urlaub. Seine Vertretung will nur die Motorräder mit nach Kaohsiung nehmen, wir sollen fliegen. Bei der Erledigung der Ausfuhrformalitäten erklärt uns die oberste Chefin des Hafens, daß auf den Philippinen seit einiger Zeit ein genereller Einfuhrstop für Fahrzeuge besteht. Das war also der Grund, warum damals in Bangkok die Verschiffung der Motorräder nicht geklappt hatte. Wir hätten sie niemals ins Land einführen dürfen. Am Flughafen hatte man glücklicherweise noch nie von dieser Bestimmung gehört.

Wir bringen die Motorräder die »Gangway« des Frachters hoch und binden sie an der Reling fest. Wir wollen keine Umstände bereiten, können froh sein, daß der Kapitän sie umsonst mitnimmt. Dann versuchen wir ein Flugticket nach Taipeh zu besorgen. Alle Plätze sind schon ausgebucht. Wir müssen aber im Hafen von Kaohsiung sein, wenn der Frachter dort einläuft. Der Manager der nationalen Airline stuft uns kurzerhand als VIPs ein, wir dürfen mitfliegen. Die Maschine stößt durch die pechschwarze Smogglocke, die über der Großstadt festhängt, in den blauen, klaren Himmel. Unter uns haben sich wieder Hunderttausende Demonstranten auf den Straßen versammelt. Seit ein paar Tagen herrscht im ganzen Land der Ausnahmezustand. Jeden Tag steigen die Preise, die Inflation ist nicht mehr in den Griff zu kriegen. Während das Volk dahinsiecht, betet Imelda Marcos mit ihrem diamantenbesetzten Rosenkranz im Fernsehen. Ohne die Unterstützung seines amerikanischen Freundes Ronald Reagan wäre Ferdinand Marcos längst nicht mehr an der Macht. Jetzt hat er sich hinter Stacheldraht und Panzern im Regierungspalast verschanzt. Das Unrecht schreit zum Himmel – und noch immer lächeln die Menschen.

Oktober 1984. Wir landen auf dem neuen Tschiang Kai-schek Flughafen in Taipeh, ganz im Norden der Insel. Taiwan ist das erste von drei nordostasiatischen Ländern, in denen wir uns insgesamt neunzehn Monate aufhalten. Die meiste Zeit davon verbringen wir in Japan, mit einem dreimonatigen Abstecher nach Südkorea. Alle drei Länder haben sich schnell zu Industrienationen entwickelt, die sich, ohne nennenswerte Rohstoffe zu besitzen, auf den Export von Massenprodukten konzentrieren. Wir fahren mit dem Bus durch den flachen Westen des Landes, vorbei an riesigen Fabrikanlagen und Kernkraftwerken.

In Kaohsiung holen wir unsere Motorräder ab. Im schnellsten Hafen der Welt wird die Container-Verkranung in Sekunden gemessen. Die Zollbeamten haben leider keine Zeit zu warten, bis wir vorgelassen werden. Sie haben schon alle Packtaschen aufgebrochen, die Aluminiumverschlüsse für immer ruiniert.

Ich bekomme den Eindruck, als sei die technische Entwicklung zu rasant über das Volk gekommen, als vermochten die Menschen sich nicht schnell genug anzupassen. Fast alle fahren Moped oder Auto, wissen aber nicht unbedingt, damit umzugehen. Auffallend viele Unfälle blockieren die Straßen. Jeder fährt, wie er will. Ampeln werden überhaupt nicht beachtet. Kreuzungen sind verziert mit Kreidemännchen – Umrisse von Unfallopfern. Notarztwagen werden trotz Blaulicht und Sirene nicht durchgelassen. Jeder kämpft für sich, als säße er im Autoscooter auf der Kirmes. Die Taiwanesen geben zu, daß ihr Fahrverhalten eine nationale Schande ist.

Wir flüchten in die östlichen Regionen des Landes, wo steile, erdgeschichtlich junge Berge die Besiedelung weitgehend verhindert haben. Hier können wir die Natur noch genießen, in dichten Bambushainen zelten, Mönche in ihren abgelegenen Klöstern besuchen, hoch über den Wolken steile Pässe erklimmen, durch enge Schluchten schlüpfen, wo früher Sträflingskolonnen Tunnel und Fahrbahnen aus solidem Marmorgestein herausmeißelten. Das Land ist klein, schnell sind wir durch, auch weil uns selten ein Ort zum Bleiben einlädt. Dies trifft besonders auf die öffentlichen Campingplätze zu, die in den Touristenbroschüren angepriesen werden. In der Regel sind diese Plätze aber mit Geröll zugeschüttet.

Zurück in Taipeh, organisieren wir unsere Verschiffung nach Japan. Wieder treffen wir freundliche Menschen, die uns großzügig dabei helfen. Unser größtes Problem ist die Verständigung, kaum jemand spricht Englisch. Auch unsere Gestensprache scheint hier niemand zu verstehen. Zu vieles ist zu fremd für uns, wir sind auch nicht mehr sicher, ob wir in dieser kurzen Zeit überhaupt etwas über die Kultur lernen können.

Mit Spannung erwarten wir die Ankunft in Tokio, das mal das Endziel unserer Reise sein sollte. Längst haben wir begriffen, daß das Reisen selbst das eigentliche Ziel ist. Wir sind nun schon über drei Jahre unterwegs. Es ist auch klar, daß wir weiter wollen. Aber zunächst müssen wir in Japan arbeiten, um unsere Reisekasse wieder einmal aufzufrischen.

Anfangs stimmt Tokio euphorisch. So geht es den meisten Travellern, die hier einen Zwischenstop einlegen. Der Glanz, das Neonlicht, das viele Neue, Fremdartige, scheinbar Interessante. Doch wer länger bleibt, erkennt bald, daß alles nur Plastik ist, Fassade. Als wir versuchen, hinter die lächelnde Maske zu schauen, stürzen wir in ein tiefes Loch. Der Kontrast zu den Ländern Südostasiens ist einfach zu groß. Viele Nachbarn Japans behaupten, die Japaner hätten kein Herz. Viel menschliche Wärme finden wir auch nicht. Die wenigen Ausnahmen, die wir kennenlernen, scheinen uns wie Hoffnungsschimmer in der konformen Masse.

Seltsamerweise gibt es unter Ausländern kaum Zusammenhalt. Die meisten kommen zum Arbeiten her, weil sie von gut bezahlten Jobs gehört haben. Die sind in Wahrheit aber dünn gesät. Die Erfüllung der Grundbedürfnisse, Unterkunft und Essen, ist in Japan sehr teuer. Wir haben Glück, denn wir können anfangs bei meiner Schwester wohnen. Wohnraum ist in Japan knapp. Im Zentrum Tokios kostet der Quadratfuß Grund und Boden im Jahr 1985 über eine Million Dollar. Später mieten wir uns das billigste Studentenzimmer, das Tokio zu bieten hat. Siebeneinhalb Quadratmeter für 400 Dollar im Monat plus die üblichen Schenkungskosten, eine Art Provision. Der Regen kommt durch die Wände, die aus Papier und Maschendraht sind.

Meine Schwester hat in Tokio viele Jahre Akupunktur studiert und ist heute eine anerkannte Heilerin. Sie kommt in Japan gut zurecht, weil sie vieles heruntergeschluckt und anderes ignoriert. Ich schaffe den

Ausgleich nur über den Sport. Sechs Tage die Woche studiere ich intensiv Aikido. Jeden Morgen stehe ich um sechs Uhr auf der Matte. Das Erlernen einer Selbstverteidigungs-Sportart ist nur eine willkommene Nebensache. In erster Linie geht es mir darum, Energie durch den Körper fließen zu spüren und diese Energie gezielt anwenden zu können. Mich begeistert es so, daß ich schon bald auch abends zum Training gehe. Anschließend stelle ich mich unter die eiskalte Dusche und fühle mich jedesmal wie neu geboren. Das ist wichtig, denn die meisten Nächte bekomme ich nur vier Stunden Schlaf.

Nach anfänglichen Schwierigkeiten habe ich dann doch einige Jobs gefunden, hauptsächlich bei einer deutschen Elektronikfirma, wo ich erst als Elektroniker arbeite und später als Handwerker die verschiedensten Arbeiten verrichte, bis hin zur Fertigung von Einbaumöbeln. Mein deutscher Chef gewährt mir gleitende Arbeitszeit, so kann ich noch anderen Jobs nachgehen. Er war früher selber auf Achse, deshalb hat er Verständnis.

Eine langwierige Arbeit, die uns kein Geld bringt, aber viel kostet, ist die Reparatur unserer Motorräder. Die japanische Herstellerfirma zeigt uns die kalte Schulter. Wir passen nicht zum Image der Marke, sagen sie. Immerhin bekommen wir in einer der Vertragswerkstätten einen Platz, wo wir schrauben dürfen. Die Motorräder sind nach gut 65.000 Kilometern nicht mehr fahrtüchtig, sie müssen gründlich überholt werden. Außerdem weisen sie Konstruktionsmängel auf. Um sie zuverlässiger zu machen und besser nutzen zu können, muß ich an Fahrwerk und Motor einiges verändern. Die Ersatzteile sind im Herstellungsland Japan aber noch teurer als in Deutschland. Also greife ich auf gebrauchte Teile zurück. Japanische Freunde helfen bei der Suche. Das Resultat ist eine Kombination von sieben verschiedenen Motorrädern. Die Motoren sind stärker als zuvor. Licht, Bremsen und Federung funktionieren nun richtig. Die Seitenständer habe ich mit angeschweißten Platten auch endlich wüstentauglich gemacht. Der Umbau hat sechs Monate gedauert. In dieser Zeit stellt die Werkstatt uns immer wieder neue, stets vollgetankte Testmaschinen zur Verfügung.

Nach zehn bis vierzehn Stunden Arbeit am Tag muß ich nachts mit Geschäftsleuten saufen gehen. So werden in Japan Bekanntschaften gemacht und Geschäfte besiegelt. Wenn die Japaner besoffen sind, dürfen sie über alles schimpfen, ihren Frust rausbrüllen. Am nächsten Tag sitzen alle wieder brav am Arbeitsplatz und funktionieren. Der Drill fängt schon bei Kleinkindern in der Schule an. Über vierhundert

Jahre lang wurde den Menschen jeder Individualismus ausgetrieben. Wie selbstverständlich identifizieren sie sich mit ihren »Großfamilien« Toyota, Sony oder Hitachi.

Der deutsche Wirtschaftsminister Lambsdorff kommt zu Besuch, schaut sich bei verschiedenen Firmen um. Anschließend beschwört er das japanische Erfolgsmodell, an dem sich die Deutschen orientieren sollten. Offensichtlich hat er keine Ahnung von den Hintergründen. Das Modell ist auf Individualisten nicht anwendbar. Zum Glück, wer will schon sein Leben als Roboter fristen? Persönliche Freiheit ist mir das Wichtigste. Indem ich meine Freiheit auslebe, darf ich die Freiheit anderer nicht einschränken. Hier wird der natürliche Freiheitsdrang von der Gesellschaft unterdrückt. Um den aufgestauten Frust rauszulassen, hat das Programm Ventile vorgesehen.

In diesem Zusammenhang sind die Bozozuku ein interessantes Phänomen: Jugendliche, die gerade von der Schule oder Universität ins Berufsleben gewechselt sind. Die Firma, in der sie arbeiten, programmiert sie auf eine ganz bestimmte Funktion, die sie dann voraussichtlich bis zu ihrer Pensionierung ausführen werden. Firmenwechsel oder Kündigung sind in Japan nicht üblich. Diese jungen Leute organisieren sich in Motorradgangs, fahren um drei Uhr nachts ohne Schalldämpfer in großen Gruppen durch die Wohnviertel. Im ersten Gang lassen sie die Kupplung schleifen, produzieren ohrenbetäubenden Lärm. Ich schließe mich ihnen für so manche Runde an, möchte gerne mehr über die Beweggründe für ihr aggressives Verhalten erfahren. Aber wenn ich einen einzelnen frage, fängt er an zu zittern: Allein ist er nichts, hat keine Persönlichkeit, kann nur hilflos stottern. Minderwertigkeitskomplexe werden durch das Gruppengefühl überdeckt. Schon in der Schule wird ihnen eingetrichtert, daß sie das einzige Volk der Erde sind, das von Göttern abstammt. Der ganze Rest der Menschheit stammt von Affen ab.

Nach meinen Erfahrungen haben Ausländer in Japan keinen leichten Stand. Von allen Völkern, die ich kennenlernte, ist der Rassismus bei den Japanern am ausgeprägtesten. Täglich spüre ich Haß und Diskriminierung. Je besser ich ihre Sprache verstehe, desto bestürzter verfolge ich ihre Unterhaltungen. Dem japanischen Klischee zufolge stinken alle Ausländer. Da hilft es auch nicht, daß ich zweimal täglich dusche und zusätzlich regelmäßig die öffentlichen Schwitzbäder besuche. In den überfüllten U-Bahnen habe ich immer genügend Bewegungsfreiheit. Japaner sitzen nicht gerne neben Ausländern.

Doch wir haben auch einige japanische Freunde. Die meisten sind Individualisten und deshalb von der Gesellschaft ausgestoßen.

Wie begehrt wir auf einmal als Ausländer sein können, zeigt sich, als unsere Geschichte in einer führenden Illustrierten erscheint. Auf elf Seiten werden fünfzig unserer Fotos abgedruckt. Von unserem Interview ist nicht viel übriggeblieben. Im Text steht eine frei erfundene Liebesgeschichte, ausgeschmückt in den schillerndsten Farben, so wie sich Japaner das unter Europäern eben vorstellen. Gelesen wird sie von Teenies, denen ich nun im ganzen Land Autogramme geben muß. Andere zählen nur erstaunt die Seiten. Dafür werden wir respektiert. Auf einmal haben wir viele »Freunde«, werden überall eingeladen. Ähnlich muß es wohl sein, wenn man im Lotto gewonnen hat.

Von anderen Travellern hatte ich gehört, daß man als junge Frau in Japan immer einen Job als Hosteß bekommen könnte. Ansonsten wären Jobs als Englisch- und Deutschlehrer zu haben. Bald nach unserer Ankunft in Tokio erkannten wir, daß wir Japan und seine Kultur als etwas völlig Fremdes akzeptieren und uns dabei immer vor Augen halten mußten, daß Japaner eine Maske tragen, daß sie nie ihre wahren Gefühle zeigen würden.

Ich bewarb mich als Hosteß in einem Privatclub in der Ginza. Überraschenderweise wurde ich sofort eingestellt. Die Besitzerin des Clubs, die Mama-san, war eine Chinesin, die viel Aufhebens um ihre elitäre Kundschaft machte. Hauptsächlich verkehrten Bosse und Manager von Fernsehanstalten, Fluggesellschaften und Elektronikkonzernen in diesem dreißig Quadratmeter großen Etablissement. Außer mir arbeiteten dort zwei junge Japanerinnen und ein Barkeeper. Bevor abends die ersten Kunden kamen, weihte mich die Mama-san in die Geheimnisse des Geschäfts ein. Das A und O im Leben einer Hosteß – oder einer modernen Geisha – ist das Lächeln. Je knalliger der Lippenstift, der dieses Lächeln betont, desto besser. Kleidung immer sauber und perfekt, die Haltung stets aufrecht. Selbst beim Sitzen durfte ich mich nicht anlehnen, die Knie zusammen, die Hände im Schoß gefaltet und immer schön lächeln. Wenn ich gefragt wurde, war ich angeblich zwanzig Jahre alt, Single und von den japanischen Männern fasziniert. Für mich war diese Arbeit wie ein Theaterspiel, eine Rolle, in die ich fünf Abende die Woche hineinschlüpfte und die ich mit Kleidern, Schmuck und Schminke genauso wieder ablegte. Ich lernte, in der kleinen Toilette in kürzester Zeit eine komplette Verwandlung zu vollziehen, um im Zug nach Hause nicht als Hosteß identifiziert zu werden.

Den meisten meiner Kunden genügte es schon, mit mir an einem Tisch zu sitzen und sich von mir den Whisky einschenken zu lassen. Dann gab es manche, die sich unterhalten und ihr oft nur gebrochenes Englisch praktizieren wollten. Oder ich sollte ein deutsches Lied singen, während sie mir zu Ehren ein Bier tranken. Große Begeisterung zeigten die Japaner, wenn ich mich ans Mikrofon stellte und zum Karaoke-Playback ein englisches oder sogar japanisches Lied sang. Obwohl es bestimmt etwas schief klang, forderten meine Fans regelmäßig Zugabe, doch am allerliebsten standen sie selber vorn, um ihr musikalisches Talent unter Beweis zu stellen. Im großen und ganzen war die Arbeit im Club ein eher harmloses Unterfangen, und ich fühlte mich sicher, da ja auch die Mama-san ständig aufpaßte. Nur einmal passierte es, daß ein Kunde, der zuviel getrunken hatte, handgreiflich wurde, woraufhin ich ihm eine ordentliche Ohrfeige verpaßte. Das hätte ich natürlich nicht tun sollen, aber als Ausländerin wurde mir mein Verhalten verziehen, und ich wurde zu jemand anderem an den Tisch gesetzt. Für den einen Stammkunden war ich eine unantastbare Heilige, für den anderen eine Lehrerin in Sachen Europa. Wieder ein anderer wartete mindestens einmal pro Woche, bis ich Dienstschluß hatte, um mich im Taxi nach Hause zu bringen. Denn die Fahrt mit dem letzten Zug um ein Uhr morgens, auch Nudelexpreß genannt, war stets abenteuerlich. All die Geschäftsleute, die den Abend in ihren Clubs beim Whisky zugebracht hatten, schlürften noch schnell an einer Imbißbude eine Schale Nudeln mit Soße, bevor sie sich auf den Heimweg machten. Abend für Abend dann das gleiche Bild des Erbarmens, Männer, die sich mit ihren guten Anzügen in der eigenen Kotze wälzten. Doch genau wie das Saufen selbst wird auch diese Begleiterscheinung toleriert.

Tagsüber unterrichtete ich, dank Lailas Vermittlung, in verschiedenen Firmen Deutsch. Samstags arbeitete ich als Babysitter bei einer amerikanischen Familie. Zwischendurch besuchte ich Kurse in Shiatsu, der japanischen Akupressur. Es hatte mich schon immer beeindruckt, mit natürlichen Kräften heilen zu können, und so hatte ich das Gefühl, neben der ganzen Arbeit auch etwas Gutes für Körper und Geist zu tun. Klaus stand wegen seiner Aikidostunden morgens immer sehr früh auf, beide kamen wir erst nachts nach Hause. Diese

Art zu leben machte mich auf Dauer total einsam. Klaus und ich sahen uns nur noch sonntags. Die Arbeit als Hosteß ging mir nach vier Monaten ziemlich auf die Nerven, doch nur mit den anderen Jobs hätte ich gerade mal genug für meinen Lebensunterhalt verdient. Klaus wollte noch eine Zeitlang jobben, um die Reisekasse aufzufüllen, und auch, weil er hoffte, sich doch noch einen Reim auf Japan machen zu können. So entschied ich mich zu meinem zweiten Abstecher nach Deutschland. Ich hängte einen Monat Club dran, hatte das nötige Geld fürs Ticket zusammen und war auf und davon.

Diesmal wollte ich drei Monate bleiben, war jedoch nicht mehr so euphorisch wie beim ersten Mal. Zu Hause gab es einige Probleme in der Familie zu bewältigen, der deutsche Alltag hatte mich bald eingeholt. Um die Zeit zu nutzen, suchte ich mir auch in Köln einen Job. Kurz vor meinem fünfundzwanzigsten Geburtstag flog ich zurück nach Tokio. Diesmal empfand ich richtige Wiedersehensfreude. Auch wenn Japan nicht das Land meiner Träume war, freute ich mich, wieder mit Klaus vereint zu sein, vor allen Dingen aber, wieder Pläne mit ihm schmieden zu können.

Bevor Claudia wiederkommt, fahre ich ein paar Wochen durchs Land. Vorher muß ich noch den japanischen Führerschein machen. Der normale Motorradschein gilt nur für Maschinen bis 400 ccm. Die theoretische Prüfung brauche ich zum Glück nicht zu absolvieren, nur die praktische. Da hilft es auch nichts, daß ich den ganzen Weg von Köln bis Tokio mit meiner Fünfhunderter gefahren bin.

Landschaftlich gibt es an Japan nichts auszusetzen. Achtzig Prozent des Landes sind sehr gebirgig und können nicht bebaut werden. Wegen der starken vulkanischen Aktivität gibt es überall heiße Quellen. Da es viel regnet, wähle ich für die Nacht immer Plätze, wo ich mich stundenlang in den Heilquellen aufwärmen kann.

Auf der Nordinsel Hokkaido treffe ich die Ainus, die Ureinwohner Japans. Bei ihnen fühle ich mich auf Anhieb wohl, weil sie so freundlich und herzlich sind. Auch sie sind Ausgestoßene im eigenen Land, haben nicht einmal das Wahlrecht. Genauso ergeht es den Millionen von Koreanern, die schon seit mehreren Generationen in Japan leben. Dabei sollen Ausgrabungen belegen, daß die Japaner von Koreanern abstammen. Aber diese Theorie wird vehement zurückgewiesen.

Als Claudia aus Deutschland zurückkehrt, besuchen wir für drei Monate Südkorea. Leider dürfen wir unsere Motorräder nicht mit auf die koreanische Halbinsel bringen. Mein Argument, es gäbe ja kein Gesetz, das die vorübergehende Einfuhr verbietet, kontert das zuständige Ministerium, es existiere aber auch kein Gesetz, das sie erlaubt. Also stellen wir unsere Motorräder mitsamt Reiseausrüstung solange in Japan unter. Um möglichst unbeschwert reisen zu können, haben wir nur unsere kleinen Tagesrucksäcke dabei.

Das erste, was uns auffällt, als wir im Hafen von Pusan vom Schiff steigen, ist das fröhliche Lachen der Einheimischen mit ihren mongolischen Gesichtszügen. Meinen Eltern schreibe ich: »... wir sind endlich wieder unter Menschen!«

Eine alte Frau bringt uns zum überfüllten Stadtbus. Die lachenden Insassen haben wohl zum Frühstück rohen Knoblauch gegessen. Wir hängen eingezwängt an einer herausgebrochenen Fensterscheibe und schnappen nach frischer Luft. Aus dem Buslautsprecher dröhnt in voller Lautstärke Popmusik, der jugendliche Fahrer trommelt im Rhythmus auf Hupe, Gaspedal und Bremse, rührt dabei mit dem Ganghebel das Getriebe. Neben uns rast ein zweiter Bus durch den Stadtverkehr, fährt mit unserem ein gnadenloses Rennen, beide ignorieren einfach die nächsten Haltestellen.

Zum Glück leiht uns die hiesige Motorradfabrik zwei kleine 125-ccm-Maschinen, mit denen wir das Land im gewohnten Tempo erkunden können. Es dauert einige Zeit, bis wir aus dem Gewühl der Dreimillionenstadt Pusan herausfinden. Die Straßen sind voller Leben, überall kleine mobile Marktstände, Imbißkarren und Garküchen. Ein Radfahrer balanciert vor uns einen ein Meter hohen Stapel Kartons mit rohen Eiern auf dem Gepäckträger durch den dichten Verkehr. Etwas später befinden wir uns auf einer gemütlichen Landstraße, die durch brachliegende Felder und karge Hügel führt. Wir durchfahren kleine Dörfer, die wie Festungen aussehen, entdecken uralte Bruchsteinhäuser, von Mauern umgeben, hinter denen nur die bunten, geschwungenen Dächer herausragen. An der Küste entlang fahren wir nordwärts. Ein Strand reiht sich an den nächsten. Aber ans Wasser kommen wir nicht. Daran hindert uns ein häßlicher Stacheldrahtzaun. Aus lauter Angst vor einem Überfall aus dem kommunistischen Norden haben die Südkoreaner anscheinend ihr ganzes Land eingezäunt.

Es wird immer kälter, in den Bergen des Odaesan-Nationalparks liegen Schnee und Eis. Steif gefroren schaffen wir es noch bis zur nächsten Tankstelle, wärmen uns an einem Kohleofen. Die nächsten hundertachtzig Kilometer rutschen wir von Paß zu Paß und von einem Ofen zum nächsten. Das Thermometer zeigt minus 27 Grad Celsius. Da sind wir froh, für die Nacht ein Yogwan zu finden, eines der traditionellen Gasthäuser. Beim ersten werden wir nach zwei Stunden wieder vor die Tür gesetzt. Leider war es nur ein Stundenhotel. Bei den nächsten stellen wir schon bei der Vorauszahlung klar, daß der Preis für die ganze Nacht gilt. Die Zimmer werden von unten beheizt. Die Hitze von glühenden Kohlen, oder manchmal auch von offenen Holzfeuern, wird durch ein raffiniertes Abluftsystem unterm Fußboden verteilt. Kohlenmonoxid dringt durch kleine Ritzen ins Zimmer, so kommen einige hundert Koreaner jährlich zu Tode.

Am besten gefällt es uns in den buddhistischen Klöstern, die wir überall im Land besuchen und wo wir immer wieder freundlich aufgenommen werden. Im Sonamsa-Kloster bekommen wir das Arbeitszimmer eines Studenten, der für diese Woche als Koch eingeteilt ist. Jeden Morgen werden wir drei Stunden vor Sonnenaufgang geweckt, um der gemeinschaftlichen Meditation beizuwohnen. Ein alter Lehrer benutzt noch Bambusfasern als Pinsel für seine Gemälde im chinesischen Stil. Andere üben sich in der Kunst der Kalligraphie. Unser Freund, der Koch, schlägt einen hölzernen Fisch langsam und unregelmäßig gegen eine große Messingglocke, als Ausdruck seiner Lebensfreude, wie er uns erklärt. Später bringt er Kräutersuppe und wilden Reis, alles aus eigenem Anbau. Vor jedem der traditionellen Häuser stehen riesige Tonbottiche, die mit Rüben und Chinakohl gefüllt sind. Mit Knoblauch und ultrascharfen Gewürzen wird es zu Kimchi fermentiert, der Beilage zu allen Reisspeisen.

In der Hauptstadt Seoul verdrängen zusehends moderne Hochhausblöcke die typischen Einzelhäuser. Wir bleiben ein paar Wochen, weil wir uns neue Lederkombis schneidern lassen. Zwischendurch finde ich einen Job als »Gastprofessor« an der Uni. Es geht um Konversationsübungen in englischer Sprache. Meine Themen sind freies Denken, positive Einstellung zum Lernen, Freude im Leben. Nach ein paar Probestunden im großen Hörsaal wird mir ein viermonatiger Vertrag mit guter Bezahlung angeboten. Ich soll Sprachseminare an verschiedenen koreanischen Universitäten abhalten. Diese Arbeit bereitet mir zwar viel Vergnügen, aber wir haben schon genug Geld im Beutel. Lieber fahren wir mit einem Fischerboot auf die ganz im Süden gelegene Insel Chejudo. Hier ist es auch wieder wärmer. In aller Ruhe bereiten wir unsere Rückkehr nach Japan vor, wo wir uns nicht mehr lange aufhalten werden. Wir möchten so bald wie möglich weiter nach China.

Die Straße zieht durchs Land, wie ein endloses Band, auf einem endlosen Planeten. Sie führt durch wogende Reisfelder, über eine weite Ebene. Der Motor meiner Einzylinder-Enduro pöttet gleichmäßig und wohlvertraut bei einer Tourengeschwindigkeit von achtzig Stundenkilometern. Eine Doppelkurve taucht auf, läßt mich einen Gang runterschalten, gibt mir etwas Schwung im Sattel. Bald verläuft die Straße wieder geradeaus, bis sie irgendwo im Dunst zwischen den Feldern am Horizont verschwindet.

Seit Stunden sitzen wir heute schon auf den Motorrädern. Ich bin müde und muß aufpassen, daß ich mich nicht der Monotonie hingebe. Deshalb beuge ich mich vor und schaue direkt aufs Vorderrad. Jetzt kommt die Straße in rasender Geschwindigkeit auf mich zugeschossen. Teerfetzen jagen vorbei, hypnotisieren mich, lassen mich vergessen, wo wir uns befinden.

Völlig überraschend taucht ein Hindernis auf, mitten auf der Straße. Reflexartig bremse ich ab. Im Näherkommen erkenne ich einen alten Mann mit Strohhut und blauer Arbeitskleidung. Zusammengekauert sitzt er auf seinen Fersen, arrangiert Porzellansplitter zu einem langen Rechteck, klebt sie mit flüssigem Teer auf die Straße. Weiße Mittelstreifen! Verblüfft grüße ich, wusch – bin ich vorbei, er scheint mich nicht bemerkt zu haben, so vertieft ist er in sein Puzzlespiel. Hinter ihm weitere Streifen, die Straßenmarkierungen reichen bis zum Horizont und darüber hinaus – unglaublich. Während ich den Streifen folge, ungezählt, immer weiter, frage ich mich, wie lange dieser Mann wohl schon auf der Straße hockt und Porzellansplitter zusammenfügt. Dann wird es mir wieder bewußt: Wir befinden uns in China – so etwas gibt es nur in China.

Nach alter Gewohnheit schaue ich in den Rückspiegel und suche Claudia. Dann erkenne ich sie, wie sie mit ihrem Motorrad als kleiner Punkt auf der vibrierenden Scheibe auf und ab tanzt. Sie fährt weit hinter mir. Die Straße läuft jetzt am Jangtsekiang entlang, dem größten Fluß Chinas, dem drittgrößten der Welt. Es ist Zeit für eine Pause. Am sandigen Ufer finden wir ein paar geeignete Bäume, in deren Schatten wir uns ausruhen können.

Den ganzen Tag schon begleitet uns ein ungutes Gefühl. Als ob wir in eine Falle führen. Je näher wir unserem Tagesziel kommen, desto beklemmender wird das Gefühl. Das heutige Ziel ist Wuhan, eine große Industriestadt im Herzen Rotchinas. Wir vermuten, daß die Geheimpolizei uns beschattet. Seit Tagen werden wir heimlich fotografiert. Wir erkennen es an den Importkameras, die sich wohl kaum ein Chinese leisten könnte.

Am liebsten würden wir die Großstadt umfahren. Denn in den Städten ist zuviel Verkehr, zuviel Polizei und Bürokratie. Die beste Chance, ungestört voranzukommen, haben wir auf dem Land. Auf kleinen Nebenstraßen, zwischen den Feldern, von Dorf zu Dorf. So wie vor ein paar Tagen, da war die Geheimpolizei bestimmt nervös, denn wir hatten uns verfahren, sie konnten uns nicht finden. Wir waren in einem kleinen Dorf abgestiegen, hatten ein einfaches Zimmer bekommen und mit der Familie gegessen. Die Leute hatten sich riesig über unseren Besuch gefreut, der Dorflehrer sprach englisch und übersetzte. Wir seien die ersten ausländischen Gäste in ihrem Dorf. Sie hatten hundert Fragen gestellt, über unsere Herkunft und unsere Reise. Wir mußten auf sie wie Außerirdische wirken, es gab dort weder Fernsehen, Telefon noch elektrischen Strom. Aber auch sie überraschten uns mit historischen Tatsachen, von denen wir nichts gewußt hatten: Die Deutschen hätten China mal angegriffen! Dafür waren sie uns aber nicht böse. Ganz im Gegenteil, sie bewunderten den Mut eines kleinen Volkes von so weit weg, Krieg gegen die Chinesen zu führen, gegen ein Viertel der Weltbevölkerung. Und außerdem hätten die Deutschen ihnen Bier gebracht, Brauereien gebaut, die heute noch in Betrieb seien. Wir hatten viel Spaß zusammen, besonders als sie uns einen großen Holzbottich mit heißem Wasser füllten, um uns darin zu waschen. Es wird gesagt, es sei nicht leicht, mit Chinesen Freundschaft zu schließen. Aber wenn sie zustande kommt, hält sie fürs Leben.

Letzte Nacht übernachteten wir in einem Hotel in Jiujiang. Durch die Registrierung beim Empfang konnte der Überwachungsstaat mit seinem Spitzelsystem auch leicht wieder unsere Fährte aufnehmen. Am Morgen half uns die Verkehrspolizei, genügend Benzin für die vierhundert Kilometer bis Wuhan zu besorgen. Wir versprachen, uns dort endlich um den chinesischen Führerschein zu kümmern. Internationale Führerscheine werden hier nicht anerkannt.

Jetzt wollen wir unser Versprechen auch halten. Immerhin haben wir uns schon vierzehn Tage durchgemogelt – legal war das natürlich nicht. Individualreisen sind in China im Jahr 1986 noch immer die große Ausnahme. Touristen dürfen sich nur in eng begrenzten Gebieten frei bewegen, alles andere sind für Ausländer verbotene Zonen – erst recht für Motorräder. Aber bisher schien es, daß wir am besten durchkommen, indem wir die Ahnungslosen spielen. Deshalb dürfen wir Wuhan nicht auf Schleichwegen umfahren, auch wenn wir wissen, daß sich die Schlinge zuzieht.

Wir sitzen am Ufer des Flusses, schauen den Booten zu, wie sie zu Dutzenden aneinandergebunden langsam den mächtigen Fluß heruntertreiben. Nur das erste Boot hat einen Motor, um die Kette auf Kurs zu halten. Die Schiffer und ihre Familien hocken unter den gebogenen Bastmattendächern im Schatten, nehmen keine Notiz von uns. Anders die Bauern, die uns auf der Straße begegnen. Sie bleiben stehen, staunen über unsere vollgeladenen Motorräder, schenken uns ein Lächeln. Es sind friedliche Momente.

Kurz vor Wuhan bricht der Sturm los. Ein junger Polizist springt auf die Straße, stoppt uns so plötzlich, daß wir beinahe vom folgenden Lastwagen überfahren werden. Er befiehlt, die Motorräder vor einem Gebäude zu parken und ihm in sein Büro zu folgen. Als er uns ein Papier mit unseren Namen und Kölner Kennzeichen zeigt, wissen wir, daß die Falle zugeschnappt ist. Wir sitzen in einer Zelle und warten auf die Fahnder, die vom Polizeihauptquartier herbeigerufen werden. Aus einem Lautsprecher plärrt die neueste chinesische Rockmusik. Noch ahnen wir nicht, daß wir der Spionage verdächtigt werden, daß sie uns weder die deutsche Botschaft, noch unsere Familien kontaktieren lassen werden, oder gar einen Rechtsanwalt.

Durchs Gitterfenster sehen wir, wie sie ankommen. Zwei Kleinbusse, ein Jeep, ein Pkw. Verschiedene Uniformen, einige in Zivil, begleitet von Fotografen und einem Übersetzer. Gewaltsam zerren sie uns auf den Vorhof, stoßen uns vorwärts, treten gegen die Motorräder, schimpfen. Wie sie hier mit Straftätern und politischen Gefangenen umgehen, haben wir gehört und auch schon gesehen. Sie machen kurzen Prozeß. Erst öffentlich foltern, dann einen Schuß ins Genick. Ausländer werden wohl auch nicht verschont. Jetzt gilt es blitzschnell richtig zu handeln. Bloß keine Unterwürfigkeit zeigen. Ich besinne mich auf meine älteste und am besten bewährte Abwehrstrategie: Den Gegner mit seinen eigenen Waffen schlagen. Ich muß sie einschüchtern. »Hey, sofort aufhören!« brülle ich sie an. »Wir haben mächtige Freunde in Peking. Was ihr hier mit uns anstellt, wird denen nicht gefallen!« Mein bestimmtes Auftreten hat seine Wirkung nicht verfehlt. Als meine Worte übersetzt werden, beruhigt sich die Lage.

Sie bauen Teile unseres Gepäcks ab und verstauen es in ihren Fahrzeugen. Wir sollen ins Hauptquartier gebracht werden. Dann verlangen sie unsere Zündschlüssel, zwei von ihren Typen wollen die Mopeds fahren. Das kann ich nicht zulassen, die haben doch keine Ahnung vom Motorradfahren. Hier gibt es höchstens mal Motorräder mit Seitenwagen. Chinesische Kopien der russischen Kopie der originalen, deutschen BMW anno Vorkrieg. Ganz bestimmt und ganz leise erkläre ich dem Boß der Truppe, daß sie vorausfahren sollen und wir ihnen folgen werden. Er hat ein nervöses Zucken um den Mund, deshalb gebe ich ihm den Spitznamen »Knutschbacke«.

Die Kolonne rast los. Ohne Blaulicht oder Sirene preschen sie in die Stadt, mitten durch den dichten Verkehr. Polizisten lehnen aus den Fenstern des Jeeps, scheuchen andere Fahrer aus dem Weg. Uns ist das viel zu gefährlich, wir bleiben zurück. Die Fotografen schießen Beweisfotos. Schließlich erreichen wir das Hauptquartier. Die nervösen Rüpel sperren unsere Motorräder samt Gepäck in ein steinernes Verlies. Alles konfisziert, bis auf weiteres. Uns wird gerade noch erlaubt, einen kleinen Tagesrucksack mit Zahnbürsten und der nötigsten Wäsche zu packen. Dann bringen sie uns im Motherland Loving Hotel unter. Hübscher Name, aber wir hätten uns das Hotel lieber selbst ausgesucht. Es ist teuer, wir müssen zahlen. Ein Wachtposten kommt vor die Tür, begleitet uns zu den Gemeinschaftswaschräumen und anschließend zu einem Restaurant nebenan. Unsere Pässe hat die Polizei einbehalten.

Am nächsten Morgen erscheinen wir, wie beordert, um acht Uhr im Hauptquartier. Das Verhör wird vorbereitet, Knutschbacke montiert einen Kassettenrekorder mit Mikrofon. Man wirft uns vor, ohne Genehmigung durchs Land zu reisen. Wir wissen, daß ein Chinese, wenn er zum Beispiel mit dem Fahrrad seinen Onkel in der Nachbarstadt besuchen will, vorher eine schriftliche Genehmigung von seinen Arbeitsvorgesetzten einholen muß. Reisegenehmigungen sind nur schwer zu bekommen.

Wir hatten von Japan aus versucht, über die zuständige Behörde China International Sports Travel eine Sondergenehmigung zu erhalten. Sie organisieren seit neuestem Motorrad-Gruppenreisen mit Begleitfahrzeugen und voller Betreuung, sprich Überwachung.

Daran waren wir nicht interessiert, außerdem war für dieses Jahr keine Gruppentour mehr geplant. Wir wollten unser Glück auf eigene Faust versuchen, auch wenn wir wußten, daß wir uns im kommunistischen China kaum würden frei bewegen können. Um so verwunderter sind nun unsere Verhörer. Wie ist es möglich, daß zwei Fremde mit ihren Motorrädern so weit nach China eindringen konnten? Knutschbacke will alles ganz genau wissen, wir erzählen ihm aber nur das Nötigste, tun so, als ob alles seine Richtigkeit hätte.

Dabei hatten wir viel Glück gehabt. Das begann schon vor der Einreise. In der japanischen Hafenstadt Kobe konnten wir eine Schiffspassage nach Shanghai buchen. Unsere Motorräder fanden Platz in einer Nische an Deck. Eine Reiseagentur hatte uns als Gruppenreisende getarnt und die entsprechenden Visa besorgt, die Motorräder wurden nicht erwähnt. Auf der Überfahrt lernten wir Mister Yang Li kennen, einen Geschäftsmann aus Taiwan, der Zugang zu hohen Funktionären in Shanghai hat. Er erkannte die Aussichtslosigkeit unseres Unternehmens und bot seine Hilfe an. Im Morgengrauen erreichten wir die Flußmündung des Jangtse, dessen braunes Wasser das Meer noch dreihundert Kilometer weit färben soll. Viele Ozeandampfer lagen vor Anker, Hunderte von Dschunken tummelten sich an den Kais von Shanghai.

Unser Schiff legte an, eine Wendeltreppe wurde rangerollt, um die Passagiere von Bord zu lassen. Unsere Motorräder thronten acht Meter überm Festland, die Treppe war schmal und hatte zwei enge Windungen. Mitleidig schüttelten chinesische Träger die Köpfe: »Meio«, das erste chinesische Wort, das wir lernten – geht nicht, haben wir nicht, machen wir nicht, nein. Wie können wir die Mopeds abladen, ohne Aufsehen zu erregen? Ein Beamter kommt an Bord und stempelt alle Pässe. Er verteilt Zollformulare, auf denen wir unser Bargeld, Reiseschecks, Kameras und Uhr eintragen. Unter der Rubrik Fahrrad schreiben wir XT 500.

Inzwischen sind die Träger von unseren großen Maschinen so begeistert, daß es ihnen doch gelingt, sie an Land zu hieven. Wir fahren die Rampe runter zur Zollabfertigung im Keller. Zwischen anderem Gepäck stehen wir in der Reihe an, es geht flott, dann sind wir dran. Der Beamte lacht über unseren Witz mit den Fahrrädern, holt Hilfe, sie beraten kurz, stellen Fragen. Ob wir eine Tour organisiert hätten, ob China Sports Travel uns erwartet? Ich weiche aus, sage, wir hätten viele Briefe und Telexe von denen erhalten, wir müßten uns in ihrem Büro melden. In dem Moment kommt ein junger Chinese angelaufen, behauptet, draußen würden Leute von China Sports Travel auf uns warten. Wir tun erfreut, bedanken uns, sind in Wirklichkeit aber erschrocken. Woher wissen die, daß wir doch hergekommen sind?

Draußen löst sich das Rätsel auf, Mister Yang Li wartet mit seinem chinesischen Partner auf uns. Wir verabreden uns für später in seinem Hotel, lassen uns noch den Weg zum preiswerteren Pujiang Hotel erklären. Erleichtert über den überraschend reibungslosen Ablauf, starten wir die Motoren. Wir fahren in China!

Über eine alte Brücke erreichen wir den »Bund«, die Uferpromenade, und den Seemannsclub. Die alten Gebäude sind noch gut erhalten. Vor dem Hotel sammeln sich viele Leute, um unsere Motorräder zu bestaunen. An der Rezeption stehen einige Ausländer, die lautstark die Empfangsdame beschimpfen. Wie können sie sich als Gäste so schlecht benehmen? Aber wir sind ja noch ganz frisch im Land, der Frust soll auch uns noch überkommen. Andere Reisende klären uns auf: Der Monatslohn für Arbeiter beträgt umgerechnet 30 Dollar. Es ist vollkommen egal, ob gearbeitet wird oder nicht. Steht man im Laden und zeigt auf ein Marmeladenglas hinter der Theke, heißt es Meio, haben wir nicht. Will man eine Zugfahrkarte kaufen – Meio, ein Hotelzimmer buchen – Meio. Das nervt auf die Dauer. Uns geben sie keine Chance. Gerüchte über Traveller sind im Umlauf, die versucht haben, mit Fahrrädern durch China zu fahren, sie seien verhaftet worden, hätten hohe Geldstrafen zahlen müssen. Es ist klar, daß wir eine Genehmigung brauchen.

Über meine Schwester hatten wir kurz vor der Abfahrt in Tokio einen ihrer Akupunktur-Kollegen kennengelernt. Lee-San war in China ein bedeutender Arzt gewesen, hatte am Tag bis zu vierhundert Patienten behandelt. Seine außergewöhnlichen Fähigkeiten in der Heilkunst hatte er entdeckt, als er, verfolgt von den Schergen Mao Tse-tungs, kreuz und quer durch China floh und bei Meistern der Akupunktur und Homöopathie Zuflucht fand. Seit zwei Jahren lebte er mit seiner Familie in Japan. Ich hatte ihn gebeten, uns die schönsten und interessantesten Gegenden auf der Chinakarte zu zeigen.

Wenige Tage später hatte er uns mit einer detailliert ausgearbeiteten Reiseroute überrascht, Adressen, Briefen und einer besonderen Wurzel, die wir Freunden im Westen Chinas überbringen sollten. Zusätzlich hatte er ein langes Empfehlungsschreiben an die chinesische

Regierung aufgesetzt, in dem er uns als Friedensbotschafter vorstellte, auf einer Friedenstour um die Welt, die über ihre Erlebnisse schreiben und auch gerne ihre Erfahrungen austauschen. Er bezeichnete uns als Fenster Chinas zur Welt und bat alle, die es anging, uns zu helfen und vor allem, ihre Glückwünsche auf die folgenden Seiten einzutragen. Wir nannten es das Lee-Papier.

Das war eine ausgezeichnete Möglichkeit, um an Unterschriften zu kommen. Wer in China unterschreibt, übernimmt Verantwortung, hält praktisch seinen Kopf hin. Jeder, den wir bitten, unsere Empfehlung zu unterschreiben, beziehungsweise uns eine gute Reise zu wünschen, muß dies schon aus Anstand tun. Er unterschreibt ja keine Genehmigung, obwohl es fast so aussieht. Hauptsache, wir sammeln Unterschriften mit Funktions- und Amtsbezeichnung. Mit jeder Unterschrift wird unsere Sammlung beeindruckender.

Zusammen mit Mister Yang Li und seinen Bekannten besuchen wir das Büro von China Sports Travel. Sie bedauern zwar, daß sie uns keine Genehmigung geben können, wünschen uns aber schriftlich viel Erfolg auf unserer Chinareise. Die erste Unterschrift. Im Regierungsgebäude werden wir von einflußreichen Kadern empfangen, die direkt dem Zentralkomitee unterstehen. Sie behaupten, daß wir keine Genehmigung für unsere Motorradreise durch China benötigen, weil sich das Land dem Westen öffnet und Touristen willkommen sind. Wir werden ermutigt, über die Entwicklung und Modernisierung Chinas zu berichten. Sie sind sehr freundlich und scheinen von unserer nunmehr fünfjährigen Weltreise auch ehrlich beeindruckt zu sein. Die Unterschriften kommen zwar sehr zögerlich, können aber ohne Gesichtsverlust nicht ausbleiben.

Mit diesen Unterschriften in der Tasche bekommen wir von der Verteilungsstelle Benzincoupons ausgehändigt und können damit Benzin kaufen. Leider nur schlechte Qualität von 70 Oktan. Bezahlen müssen wir mit der lokalen Währung, Renminbi, deren Besitz aber für Ausländer verboten ist. Touristen dürfen nur FEC, Foreign Exchange Certificates, besitzen. FEC kann ich auf dem Schwarzmarkt gegen Renminbi für ein Mehrfaches eintauschen.

Wir schauen uns in Shanghai um. Vereinzelt haben Chinesen schon ihre tristen blauen oder grünen Arbeitsuniformen gegen farbenfrohe Kleidung ausgetauscht. Nicht umsonst wird Shanghai auch das chinesische Paris genannt. Hier ist alles ein wenig weltoffener. Am liebsten schlendere ich durch die belebten Gassen der Altstadt, wo ich versteckte kleine Tempel finde. Die Männer sitzen gemütlich auf Bambusstühlen, spielen Domino oder Karten, der Opa führt stolz seinen einzigen Enkel vor, die Mutter strickt. Sie lassen sich nicht von den vielen Radfahrern stören, die sich ihren Weg freibimmeln. Über ihnen hängt die Wäsche zum Trocknen an Bambusrohren.

In Nobelrestaurants kann man ausgezeichnet essen, allerdings kostet ein Menü soviel wie ein örtlicher Monatslohn. Früh morgens betreten wir für drei Fen, ein Bruchteil von einem Pfennig, den Volkspark. Viele Chinesen schöpfen ihre Kraft aus Tai-Chi-Übungen. In großen Gruppen führen sie Tänze auf, wie in Zeitlupe. Ein harmonischer Anblick. Die Menschen hier wirken gesund und ausgeglichen, wenn sie ihr Tagewerk beginnen.

Zuversichtlich, daß uns das Lee-Papier durch China bringen wird, bereiten wir unsere Reise vor. Wir brauchen zwei zusätzliche Reservekanister, um nicht so oft tanken zu müssen, denn das ist immer mit großem bürokratischen Aufwand verbunden. Um Platz für die Kanister zu schaffen, schicken wir unsere Ersatzreifen an einen Tempel in der Nähe von Chengdu – eine Empfehlung von Lee-san –, mit der Bitte, sie bis zu unserer Ankunft in vier bis sechs Wochen aufzubewahren. Für den Postweg müssen wir sie in Sacktuch wickeln und selber vernähen. Die Adresse lassen wir uns vom Postbeamten in chinesischen Schriftzeichen draufschreiben. Wir hoffen, daß er sie nicht mit denen seiner eigenen Anschrift vertauscht.

Wir verständigen uns mit Hilfe eines kleinen Phrasenbuches, in dem die gebräuchlichsten Fragen und Antworten sowohl in Englisch als auch in chinesischer Schreibweise und Lautschrift stehen. So lernen wir die ersten Wörter, obwohl uns die Dreitonsprache erhebliche Schwierigkeiten bereitet, weil ein Wort, in unterschiedlichen Tonlagen ausgesprochen, drei verschiedene Bedeutungen hat. In einer Buchhandlung finden wir eine detaillierte Straßenkarte, zweisprachig, in Englisch und Chinesisch. Jetzt können wir Passanten nach dem Weg fragen, indem wir mit dem Finger auf die Schriftzeichen deuten und gleichzeitig versuchen, den Ortsnamen auszusprechen.

Endlich sind wir fertig zur Abreise. Vor dem Hotel haben sich wieder viele Schaulustige eingefunden. Ein Polizist beobachtet uns aus seinem hohen Turm an der nächsten Kreuzung. Den Weg bis zur Stadtgrenze finden wir noch ganz gut. Dort steht eine riesige Wandtafel, auf der alle chinesischen Verkehrsschilder aufgemalt sind. Ich hätte gern ein Foto davon gemacht, aber wir wollen ja nicht gleich unnötig auffallen. Deshalb suche ich für Raststops auch möglichst unauffällige Ecken, wie zwischen Büschen, in Seitenwegen oder hinter unbewohnten Gebäuden, die uns als Sichtschutz dienen.

Wir fahren nordwestlich Richtung Suzhou, einer für chinesische Verhältnisse kleinen Stadt, die nur hundert Kilometer entfernt zwischen zweitausend Jahre alten Kanälen liegt. Auch der Straße merkt man ihr Alter an, tiefe Fahrspuren haben sich mit der Zeit in das Kopfsteinpflaster gedrückt. An einem Bahnübergang lassen wir eine Dampflokomotive passieren. Wir wundern uns schon, wie unbehelligt wir fahren können, nur einmal hält uns Polizei auf einem Motorradgespann an, um unsere Papiere zu kontrollieren. Sie lachen, grüßen und winken uns weiter.

Doch kurz vor Suzhou ein Kontrollposten. Obwohl mein japanischer internationaler Führerschein auch eine chinesische Übersetzung enthält, wollen sie den nicht anerkennen. Der Polizist zeigt uns seinen eigenen, ein kleines rotes Buch. Ohne den dürfen wir nicht weiterfahren. Sie telefonieren.

Für Ausländer ist eine Sonderabteilung zuständig, die Polizei für öffentliche Sicherheit und ausländische Angelegenheiten. Ausdauernde Chinareisende nennen sie »Gestapo«, wegen ihrer brutalen Vorgehensweise und weil ihre Vorgesetzten in Deutschland, in Wiesbaden, ausgebildet werden, wie wir aus zuverlässiger Quelle erfahren. Dort lernen sie, wie sie am wirkungsvollsten gegen subversive Kräfte vorgehen, wie politische Unruhen unterdrückt werden.

Uns behandeln sie erst mal höflich, eskortieren uns zu einem Hotel unserer Wahl und geben sich mit dem Versprechen zufrieden, den chinesischen Führerschein in der nächsten Großstadt, Nanjing, zu besorgen. Das Lee-Papier hat seine Wirkung nicht verfehlt, fast hätten sie es selber unterschrieben. Aber zufällig finden wir in der Gemeinschaftsdusche einen versteckten Zettel mit einem Hilferuf. Eine junge Frau aus Neuseeland wird seit einer Woche auf ihrem Zimmer gefangen gehalten. Sie darf mit niemandem Kontakt aufnehmen, wird jeden Tag verhört. Mit den Vorwürfen, die gegen sie erhoben werden, habe sie nichts zu tun. Sie bittet den Entdecker der Notiz, die Neuseeländische Botschaft zu benachrichtigen. Nachforschungen ergeben, daß sie tatsächlich in einem anderen Trakt des Hotels isoliert wird. Die Botschaft verspricht, sich um die Angelegenheit zu »kümmern«. Diese Erfahrung lehrt uns, daß wir vorsichtig sein müssen.

Zwei Tage später fahren wir weiter. Es ist heiß und staubig. Reisfelder, Hügel, in die Kalkbrennöfen gebaut sind, schlammige Teiche, in denen Fischer mit Netzen ihr Glück versuchen. Wir fahren der Nase nach, halten die ungefähre Richtung, holpern über Baustellen, sehen das Elend in den Dörfern, ausgemergelte Bauern, gekleidet in Fetzen. Hungrig setzen wir uns in ein Restaurant, deuten auf die Speise am Nachbartisch, die nach appetitlichem Hühnerfrikasse in süß-saurer Paprikasoße aussieht. Der Koch bringt davon zwei Riesenportionen, der strenge Geschmack verrät das Menü: Schlange. Das halbe Dorf hat sich um uns versammelt, sie streiten sich schon darüber, wer unsere Reste bekommt, obwohl wir noch keinen Bissen genommen haben. Wir zahlen und gehen, bevor sie anfangen, sich zu prügeln.

Hungrig fahren wir weiter. Plötzlich reißt uns ein ohrenbetäubender Lärm fast aus den Sätteln. Ein Düsenjäger fliegt nur Zentimeter über unseren Helmen hinweg, setzt direkt neben der Straße zur Landung auf. Die Landebahn ist uns gar nicht aufgefallen, auch nicht das Dutzend geparkter Kampfmaschinen dahinter. Versehentlich sind wir in ein militärisches Sperrgebiet geraten. Vor uns Truppentransporter, Panzer und andere Spezialfahrzeuge. Wenn sie uns jetzt erwischen, sind wir wegen Spionage dran. Zum Glück fahren wir aus dieser brenzligen Situation genauso schnell wieder heraus, wie wir hineingeraten sind.

In Nanjing, einer modernen Universitätsstadt, halten wir an einer Straßenkreuzung vor einem Polizeihäuschen, um uns zum Amt für Führerscheine durchzufragen. Sofort ist die Straße mit neugierigen Radfahrern blockiert. Der Verkehrspolizist greift zum Telefon, brüllt in die Sprechmuschel, scheint total überfordert. Er hat aus Versehen die Außenlautsprecher eingeschaltet. Das halbe Stadtviertel hört zu, die Leute lachen sich schief. Wir verstehen nur immer wieder Guilaoren, der Spitzname für Ausländer, was übersetzt heißen soll: ausländische Teufel. In seiner Verzweiflung hält er das nächste Auto an, steigt ein und fährt voraus zur Zentrale. Die Vorgesetzten können sich nicht einigen, ob wir nun einen Führerschein brauchen oder nicht. Wir warten einen günstigen Moment ab, lassen das Lee-Papier unterschreiben und verschwinden.

Wieder im Straßenverkehr sprechen uns zwei Motorradtypen auf einer Xingfu in gebrochenem Englisch an. Sie stellen sich als Journalisten aus Shanghai vor, wollen uns helfen. Ich versuche ihnen klar zu machen, daß wir ein Hotel suchen. Nach endloser Sucherei bringen sie uns zu einem riesigen Bahnhofsgelände und verabschieden sich strahlend. Kein Hotel zu sehen. Aber ein deutscher Student. Der bringt uns im Studentenwohnheim der Uni unter.

Am Morgen erreicht uns dort eine Nachricht der Polizei. Wir brauchen doch einen Führerschein. Den ganzen Tag verbringen wir in ihren Büros, wo wir möglichst diplomatisch nach einer Lösung des Problems suchen. Angeblich dauert das Ausstellen eines Führerscheins in Wuhan nur zwei bis drei Tage, hier dagegen drei Monate. Wenn sie uns helfen, Benzin zu besorgen, fahren wir auch gerne dorthin.

Die nächsten Tage verbringen wir auf Nebenstraßen in wunderschöner Landschaft. Zur einen Seite das Jangtse-Tal, zur anderen hohe Berge mit bizarren Felsformationen. Hier und da verschlafene Dörfer, die Leute sehr freundlich und hilfsbereit. Für ein paar Tage wollen wir in der Märchenlandschaft bergwandern gehen. Es ist das Gebiet des Huang Shan, ein zerklüftetes Gebirge, das viele Künstler inspirierte.

In einem uralten Kloster treffen wir einen Verfasser von Lehrbüchern des Tao, einer alten chinesischen Philosophie. Die Mönche malen mit Pinsel und Tusche. Wir sind eingeladen, bekommen wertvolle Geschenke, Zeichnungen, Kalligraphien. Die Wanderungen sind anstrengend. Die Wege, eigentlich gigantische Treppen, wurden vor vielen Generationen in mühsamer Arbeit in die Felsen gehauen. Sie verlaufen vom Fuß des Berges in einer geraden Linie bis zur Spitze, egal, welche Hindernisse unterwegs zu bewältigen sind. Manchmal ist der Weg so steil, daß in denselben Fels ein Geländer zum Festhalten gehauen ist. Es hat die Form einer Schlange, komplett mit Schwanz und Kopf. Wir steigen durch Felsspalten und balancieren über schmale Grate, wobei es uns in der Höhe schwindelig wird. Die Aussicht ist überwältigend.

Später, bei der Besteigung des Lu Shan, bekommen wir es wieder mit der Polizei zu tun. Sie stellen uns einen Reporter der lokalen Presse vor, der aber nur an unseren Namen und Kennzeichen der Motorräder interessiert ist. Ich bitte ihn, über unsere Friedenslinie, die wir um die Welt ziehen, zu berichten. Die Polizei hilft uns noch, Benzin zu organisieren. Wir möchten nur 40 Liter, bezahlen aber 40 Kilogramm, was etwa soviel wie 52 Liter sind. Es ist jedes Mal anders. Diesmal kommt das Benzin nicht aus einem Hochdruckschlauch, der Tankwart schöpft es vielmehr mit einem Eimer aus einer Grube. Er steckt dabei seinen Kopf mit durch die Öffnung im

Boden. Die glühende Zigarette nimmt er nicht aus dem Mund. Hätte das Benzin eine bessere Qualität, würde er bestimmt nicht mehr leben. Beim Umfüllen in unsere Tanks werden wir fotografiert. Ich erkenne den Fotografen aus Nanjing wieder, obwohl er schon da versuchte, unerkannt zu bleiben.

Wir bekommen Probleme in den Hotels, müssen nach kurzer Zeit unser Quartier wieder räumen, werden überall abgewiesen, bis wir im teuersten Touristenhotel der Gegend bleiben dürfen. Wir versuchen eine Schiffspassage den Jangtse aufwärts zu buchen, um der Hitze und den aggressiven Menschen hier zu entkommen, aber wir hören nur Meio.

Knutschbacke ist mit unserem Bericht nicht zufrieden. Wir haben den natürlich möglichst positiv gehalten und nichts erzählt, was uns oder Freunde kompromittieren könnte. Nur, wie aufmerksam die Polizei uns überall geholfen hätte, wie begeistert wir von Land und Leuten seien, daß wir nicht verstünden, warum wir hier festgehalten werden.

Nach zwölf Stunden dürfen wir in unsere Hotelzelle zurück. Wir haben den ganzen Tag nichts zu essen bekommen. Am nächsten Tag geht das Verhör weiter. Knutschbacke hat gestern nervös mit dem Pausenknopf am Mikrofon gespielt. Die Aufnahme ist lückenhaft. Also alles noch mal von vorne. Beim Umdrehen legt er die Kassette verkehrt herum in den Schlitz und preßt den Deckel mit Gewalt zu. Das Laufwerk verbiegt sich, der Rekorder ist kaputt. Unsere Reiseberichte, Zeitungsartikel und Fotos werden komplett abfotografiert. Das Lee-Papier wird ignoriert.

Am dritten Tag sollen wir ein Schuldbekenntnis unterschreiben. Jede Änderung wird mit unseren Fingerabdrücken versehen. Das Protokoll ignoriert unsere Aussage vollständig. Es stellt fest, daß wir ohne schriftliche Genehmigung in China gefahren sind. Wir könnten noch nicht einmal ein Schreiben der deutschen Regierung vorlegen, in dem unsere Weltreise genehmigt wird. Sie können nicht verstehen, daß die Reisepässe einer solchen Genehmigung gleichkommen und daß bei uns jeder ein Grundrecht auf Bewegungs- und Reisefreiheit hat.

Am meisten ärgert sie, daß wir unsere Kontakte im Zentralkomitee nicht preisgeben. Die gibt es auch nicht, es ist nur ein Bluff, aber unsere Lebensversicherung. Wenn wir uns nicht bald in Peking melden, so erklären wir, werden unsere Freunde uns suchen. Wir werden uns bemühen, mit ihrer Hilfe eine schriftliche Fahrgenehmigung zu bekommen. Natürlich werden wir die Wuhaner Polizei loben. Mit diesem Versprechen erhalten wir unsere Pässe zurück. Wir dürfen mit dem Zug nach Peking fahren. Bis wir mit einer Genehmigung zurückkehren, bleiben Motorräder und Ausrüstung unter Verschluß. Eine Sache muß vorher jedoch noch geklärt werden, es betrifft unsere Aussage: Nachdem wir unsere Motorräder importierten, hatten wir »freien Sex«? Aus »free of tax« war »free sex« geworden. Mit der ausdrücklichen Ermahnung, daß freier Sex in China mit 5.000 Dollar Strafe geahndet wird, werden wir endlich entlassen. Es dauert volle drei Tage, Fahrkarten für den Zug zu organisieren. Es gibt nur noch die »harte Sitzklasse«, der Waggon ist dreifach ausgebucht.

In Peking beginnt unser »Marsch durch die Institutionen«, den wir nach fünf Wochen abbrechen. Wir besuchen auch die deutsche Botschaft, die – wie zu erwarten – nichts mit uns zu tun haben will. Bei deutschen Botschaften auf der ganzen Welt ist es Glückssache, jemand zu treffen, der sich zuständig fühlt oder helfen möchte. Wir bleiben aber hartnäckig und finden schließlich zwei Beamte, die persönliches Interesse an unserer Geschichte zeigen. Von ihnen bekommen wir die nötigen Empfehlungsschreiben, um bis zu den Ministerien und dem Zentralkomitee vordringen zu können. Aber vorher gelingt es uns, eine kleine Pressekonferenz zu organisieren. Zwei Artikel erscheinen in der Tages- und Abendzeitung, ein Interview in englischer und in deutscher Sprache geht über Radio Peking um den ganzen Erdball. Wir treffen die Verantwortlichen der verschiedensten Organisationen und Institutionen, wichtige Persönlichkeiten aus dem öffentlichen Leben, Politiker verschiedenster Färbung, von hellrosa bis dunkelviolett. Eine schriftliche Genehmigung bekommen wir nicht, dafür lernen wir viel über das politische System. Die interessantesten Gespräche führen wir mit Angehörigen einer inoffiziellen Opposition, die auf eine Gelegenheit wartet, den Alten in der Zentralregierung die Macht zu entreißen und China zum Westen zu öffnen. Dieser Traum findet dann später beim Massaker auf dem Platz des Himmlischen Friedens ein grausames Ende. Obwohl sie teilweise hohe politische Posten innehaben, sprechen sie in ihren Büros nie offen mit uns. Erst als wir uns zu heimlichen Spaziergängen in Parks treffen, stecken sie uns wichtige Informationen zu. Sie ermutigen uns, China weiterhin illegal zu bereisen. Das System hat zu viele Schwachstellen und Lücken, wer sich auskennt, kann es überlisten.

Unser letzter offizieller Versuch, eine schriftliche Fahrgenehmigung zu bekommen, ist ein Brief an den chinesischen Führer Deng Xiaoping. Erst versuche ich ihm den Brief persönlich zu überreichen, komme im Regierungspalast bis auf wenige Meter an sein Vorzimmer heran, werde im letzten Moment von einem Leibwächter abgefangen. Die Frau von der Kontrollabteilung des Auswärtigen Amtes fängt am ganzen Körper an zu zittern, als sie den Namen des Führers auf dem Umschlag liest. Sie weigert sich, den Brief entgegenzunehmen. Schließlich schicken wir ihn mit der Post. Eine Antwort erhalten wir nie.

Wir entschließen uns, die Motorräder vorerst in Wuhan stehen zu lassen und China trotzdem auf eigene Faust zu bereisen. Über 25.000 Kilometer legen wir mit öffentlichen Verkehrsmitteln zurück. Hunderte von Kilometern per Anhalter, etwa zweihundert Kilometer im Osten Tibets zu Fuß. Die meiste Zeit verbringen wir in Gebieten, die für den Tourismus gesperrt sind. Einmal hilft sogar die Polizei, uns durch einen Kontrollposten in Tibet zu schleusen. Die annektierten Gebiete Chinas betragen über fünfzig Prozent des Landes, dort leben aber nur vier Prozent der Bevölkerung. Es sind die Minderheiten, die von der Zentralregierung unterdrückt werden. Die prominenteste Minderheit sind die Tibeter.

Ein Schrei aus vielen Kehlen gleichzeitig erfüllte die Luft. Plötzlich ging alles drunter und drüber. Die Hufe wildgewordener Pferde wirbelten Staub auf, Menschen liefen durcheinander. Klaus war mit seinem Fotoapparat verschwunden. Instinktiv suchte ich Deckung, irgendeine Form von Schutz, als ich von hinten gepackt wurde. Ich spürte, wie mehrere Hände an mir zerrten, mich herumwirbelten. Dann die lachenden Gesichter zweier Kham-Frauen. Sie hatten sich genauso erschrocken wie ich, als das Pferderennen losging, und hinter mir Deckung gesucht. Dieses unbeschwerte Lachen wirkte ansteckend. Eine Fröhlichkeit, die mit nichts zu vergleichen war. Doch schon bald war ich außer Atem, denn auf 4.700 Metern Höhe ist die Luft sehr dünn.

Zwei Tage vorher waren wir hier im Tal von Litang in Osttibet angekommen. Die Höhenluft bekam mir gar nicht gut, ich litt unter starken Kopfschmerzen, Schwindelgefühl und Herzrasen. Wir wußten beide, daß bei akuter Höhenkrankheit nur durch den sofortigen Abstieg in tiefere Regionen das Schlimmste vermieden werden kann.

Doch ich wollte nicht weg von diesem wunderbaren Ort, wo sich fast tausend tibetische Nomaden mit ihren Zelten zu einem Fest versammelt hatten. Außerdem führte der einzige Weg ins Tal über einen Paß in 5.200 Metern Höhe. Trotz Sauerstoffmangels war ich glücklich!

Nach fünf erfolglosen Wochen in Peking hatte für uns festgestanden: Wenn wir schon nicht mit dem Motorrad durch China fahren durften, dann wollten wir wenigstens nach Tibet. Schon Jahre vorher, als wir in Nepal wanderten, hatten wir sehnsüchtig nach Norden geschaut, doch waren die Grenzen damals noch fest verschlossen. Die Mystik dieses sagenumwobenen Landes auf dem Dach der Welt übte auf uns eine magische Anziehungskraft aus. Ganz bestimmt auch deshalb, weil es schon immer schwierig gewesen ist, dort hinzugelangen.

Wir fuhren über Wuhan, um uns zu vergewissern, daß unsere Motorräder sicher untergestellt sind. Jeder packte einen kleinen Rucksack mit dem Nötigsten, und ab ging es mit dem Zug gen Westen nach Chengdu. Die Reifen, die wir aus Shanghai vorausgeschickt hatten, fanden wir hinter der großen Buddhastatue im Tempel, wo die Mönche sie für uns versteckt hatten. Wieder gaben wir sie auf die Post – diesmal nach Wuhan. Auch die geheimnisvolle Wurzel konnten wir überbringen. Wir fragten uns auf dem Markt zu dem Stand durch, wo die Naturheilerin Kräuter verkaufte, von der Lee-san uns berichtet hatte. Von Chengdu konnte man entweder nach Lhasa, der Hauptstadt Tibets, fliegen oder per Zug und Bus mehrere tausend Kilometer über den Nordwesten Chinas reisen. Wir entschieden uns für eine dritte Variante, nämlich die direkte Route nach Lhasa über Land per Anhalter und zu Fuß zu versuchen. Auch wenn diese Strecke offiziell nicht für den Tourismus geöffnet war, besagten Gerüchte, daß es zu schaffen war.

Von Anfang an hatte es überraschend gut geklappt, per Anhalter voranzukommen. Das lag wohl daran, daß es Richtung Westen und Tibet keine öffentlichen Verkehrsmittel gab und alle darauf angewiesen waren, mitgenommen zu werden. Das einzige, was wir lernen mußten, war die geeignete Zeichensprache. Standen wir am ersten Tag noch mit einem ausgestreckten Daumen am Straßenrand und wunderten uns, warum keiner anhielt, so lernten wir bald, daß ein Daumen nicht ausreicht. Die Tibeter hielten zwei Fäuste mit ausgestreckten Daumen übereinander, bewegten diese wild hoch und runter und riefen dabei laut »Kuchi, kuchi, kuchi!«, was soviel wie

»Bitte, bitte, bitte!« bedeutet. So hatten wir jedesmal etwas zu lachen, wenn ein Fahrzeug am Horizont auftauchte.

Bis Litang waren wir fünf Tage unterwegs. Auf abenteuerlichen Straßen, die aus tiefen, bewaldeten Schluchten immer weiter hinauf in die Berge führten, an reißenden Flüssen vorbei, über etliche Pässe hinweg, bis wir die Hochebenen mit dem typischen Grasland erreichten. Dort sahen wir auch die ersten Nomaden mit ihren schweren Zelten und Yak-Herden. Zu viert saßen wir in der engen Fahrerkabine eines alten Lastwagens, unser Fahrer drohte vor Sauerstoffmangel fast einzuschlafen. Alle zwei Minuten steckte er den Kopf zum Fenster hinaus, die kalte Luft schien ihn zu erfrischen. Klaus bat ihn, bei einer Gruppe von Zelten kurz anzuhalten, um ein Foto zu machen. Doch wir hatten nicht damit gerechnet, daß diese Nomaden offenbar noch nie Menschen wie uns zu Gesicht bekommen hatten. Alle sprangen sofort auf, rannten auf uns zu und umringten uns. Ohne jegliche Scheu gingen sie auf Tuchfühlung. Einen Moment lang verschlug es mir schier den Atem, als ich von diesen wilden, nach ranziger Butter riechenden Männern, Frauen und Kindern eingekreist wurde. Klaus lief ein Stück fort, um Abstand für das Foto zu gewinnen, doch ohne Erfolg. Johlend und lachend liefen alle hinter ihm her und hatten ihren Spaß an diesem Spiel. Unser Beifahrer wiederholte ständig dasselbe Wort, begleitet von wildem Gestikulieren. Im Wörterbuch fand ich die Übersetzung: Pferderennen. Als wir die Zelte in der Nähe des Ortes im langgezogenen Tal erblickten, konnten wir unser Glück kaum fassen. Wir waren genau zur richtigen Zeit gekommen! Die Nomaden sagten, es sei hier das erste Mal seit 1959, daß die chinesische Regierung ihnen dieses traditionelle Fest wieder erlaubte, das sie früher alljährlich abgehalten hatten.

Wie schön wäre es gewesen, mit unseren Motorrädern hier anzukommen und unser Zelt bei den anderen aufzubauen, fühlten wir uns doch selber wie Nomaden. In einer Herberge in Litang bekamen wir zwei Strohbetten in einem Schlafsaal. Der Geruch nach ranziger Butter war zwar allgegenwärtig, doch schon nach ein paar Tagen sollten wir ihn nicht mehr wahrnehmen. Die Tibeter tranken nicht nur Unmengen von dem traditionellen Buttertee, sie schmierten sich auch die Haut mit der Yakbutter ein, um sie vor der Sonne zu schützen. Einmal im Jahr im September, wenn der »goldene Stern« am Himmel erscheint, ziehen die Nomaden an die Flüsse, um zu feiern und sich ausnahmsweise zu waschen. Es war gerade Anfang August!

Jeden Tag spazierten wir zu den Zelten, und schon bald waren wir unter den Nomaden bekannt. Überall wurden wir eingeladen, zu Tee und Tsampa. Tsampa ist geröstetes Gerstenmehl, das mit dem salzigen Buttertee zu einer Kugel geformt wird. Es ist das Grundnahrungsmittel der Tibeter. Aber es gab auch luftgetrocknetes Yakfleisch, Joghurt, Käse und Fladenbrot. Als wir einer netten Familie erzählten, daß wir in Deutschland das gleiche essen, wollten sie uns ihre Oma mitschicken, damit sie auch mal die weite Welt kennenlernen kann. Überhaupt waren die Tibeter immer zu Scherzen aufgelegt. Noch nie haben wir in unserem Leben soviel gelacht. Nach drei Tagen konnten wir kaum noch das zähe Fleisch kauen, so sehr schmerzten unsere Wangen.

Zum Fest hatten sich drei verschiedene Stämme der Kham versammelt. Diese lebten schon immer in Osttibet und waren als Kämpfer berühmt geworden, weil sie den Chinesen den größten Widerstand entgegengestellt hatten, als diese in Tibet einfielen. Doch leider wurden sie von der Übermacht der Chinesen überrollt. Die Ruine des ehemals prächtigen Klosters von Litang am Berghang ist stummer Zeuge der Verbrechen. Nur zwei Prozent der tibetischen Tempel und Klöster haben die Zerstörungen der Kulturrevolution überstanden. Auf allen Landkarten gehört Litang heute offiziell zu China. Die Chinesen haben die autonome Region Tibet einfach verkleinert, obwohl hier immer noch hauptsächlich Tibeter leben.

Die täglichen Pferderennen waren die Höhepunkte des Festes, wobei es nicht so sehr um Geschwindigkeit, sondern eher um Geschick ging. Mit viel Akrobatik schossen die Reiter aus vollem Galopp mit Pfeil und Bogen auf kleine Fähnchen, die als Ziel im Boden steckten. Oder sie sammelten weiße Seidentücher vom Boden auf, in die eine Belohnung geknotet war. Zu dritt oder viert preschten sie jeweils durch eine Gasse von Zuschauern. Es war ein herrlicher Anblick. Die Reiter hatten sich festlich herausgeputzt, mit Seidenhemden, Leopardenfellen, Brokat- oder Filzhüten und -stiefeln. Den Pferden hatten sie Schweif und Mähne mit bunten Bändern hochgebunden. Das Zaumzeug war mit Silber beschlagen und mit Glocken verziert, genauso die Holzsättel, unter und über denen bunt gewebte Teppiche lagen.

Besonders auffallend waren die Haartrachten der Khampas. Die Männer hatten ihre langen, schwarzen Haare zu einem Zopf gebunden, in den rote Seidenfäden eingeflochten waren. Das Ganze wurde mit großen Türkisen, Korallen, Silber und anderen Halbedelsteinen verziert, dreimal um den Kopf geschlungen und von einem Filzhut bedeckt. Viele der Frauen hatten ihre langen Haare in genau 108 Zöpfe geflochten, die mit Hunderten von kleinen Korallen und anderem Schmuck an Seidenfäden untereinander verbunden waren. Diese Pracht reichte teilweise bis zum Boden und wurde von zwei Silberschalen gekrönt, die oben auf dem Kopf saßen.

Außer den Pferderennen gab es tibetische Oper und traditionelle Tänze zu sehen. Wo immer wir gerade langspazierten, wir waren ständig von einer Schar neugieriger Menschen umringt, die sich vor Lachen über uns ausschütteten. Selbst wenn wir müde wurden, genug Buttertee getrunken hatten und uns etwas abseits hinsetzten, dauerte es nie lange, und wir bildeten den Mittelpunkt der Aufmerksamkeit. Ein mutiger junger Bursche setzte sich zu uns und streckte die Hand aus, um Klaus' Bart zu fühlen. Dies führte zur allgemeinen Erheiterung bei den bartlosen Tibetern. Angespornt von seinen Kumpanen fühlte er auch die Behaarung an Klaus' Armen. Als er dann noch ein Hosenbein hochschob und ebenfalls Behaarung vorfand, erntete er schallendes Gelächter!

Ein andermal schob sich ein Neuankömmling durch die Menge, um zu sehen, was da los war. Sein wettergegerbtes Gesicht und sein Mantel aus Leopardenfell ließen ihn besonders wild aussehen. Als er sich zur Mitte des Kreises vorgearbeitet hatte, blieb er direkt vor mir stehen, streckte den Finger aus, zeigte auf meine Nase und bekam einen Lachkrampf, der sage und schreibe zwanzig Minuten andauerte. Nach kurzem Zögern tat ich es ihm gleich, zeigte mit dem Finger auf seine Hakennase und lachte mit ihm. Auch alle Umstehenden ließen sich anstecken, so daß es ein wahrhaft erfrischendes Erlebnis war!

Nach acht Tagen war das Fest zu Ende, und wir setzten unseren Weg nach Lhasa fort. Auf halber Strecke gab es plötzlich kein Weiterkommen. Kein Lastwagen hielt mehr für uns, die Menschen gingen uns aus dem Weg: Warnschilder drohten jedem Tibeter, der Ausländer transportierte oder beherbergte, mit hohen Strafen. Seltsamerweise ließ uns auch die chinesische Polizei in Ruhe. Nachdem wir etliche Kilometer zu Fuß gelaufen waren und in 4.000 Metern Höhe eine Nacht bei eisiger Kälte im Freien verbracht hatten, ohne etwas zu essen, gaben wir auf.

Wir verließen die Westroute und drehten ab nach Süden. Entlang der Oberläufe von Mekong und Jangtse trampten wir durch viele steile Schluchten und gelangten schließlich in die Provinz Yunnan, wo es wieder für Touristen zugängliche Orte gab mit Hotels und Restaurants. Nach 23 Tagen in der Wildnis war die heiße Dusche wundervoll.

Um Lhasa doch noch besuchen zu können, nahmen wir den riesigen Umweg in Kauf. Mit Zügen und Bussen bewältigten wir die offizielle Strecke über Golmud im Nordwesten Chinas. Was wir als erstes sahen, als wir nach Lhasa kamen, war der Potala, der ehemalige Winterpalast des Dalai Lama, der sich vor tiefblauem Himmel strahlend weiß über der Stadt erhob. Es gab viele Touristen und Traveller, was uns nicht verwunderte, war es doch das erste Jahr, in dem Peking Individualreisen in Tibet erlaubte. Aber auch die Gegenwart der Chinesen war nicht zu übersehen. Ging man im alten Teil der Stadt noch durch enge Gassen an traditionellen Häusern vorbei, gab es außerhalb ganze Neubauviertel aus häßlichen Betonklötzen mit Dächern aus Wellblech. Die Regierung in Peking trieb die Umsiedlungspolitik voran, um den Chinesen die Mehrheit in der Bevölkerung von Lhasa zu sichern. Dennoch schien der andauernde Pilgerstrom von Gläubigen aus allen Winkeln Tibets nicht zu versiegen.

Täglich machten wir mit den Pilgern wenigstens eine Runde auf dem Barkhor, einem Weg durch die Altstadt um den Jokhang Tempel herum. Der Jokhang ist das größte Heiligtum Tibets. Die Knie der sich immer wieder niederwerfenden Pilger haben schon tiefe Kuhlen in die Platten des Eingangsportals gewetzt. Statt in einem von Chinesen geführten Hotel zu übernachten, bezogen wir ein sehr einfaches Zimmer in einer tibetischen Herberge, einem zweistöckigen Lehmhaus mit Flachdach. Die Polizei vertrieb zwar die Traveller aus der Herberge, doch schon nach zwei Tagen waren wir alle wieder da.

In der Stadt war das Leben viel ernster, nicht mehr so unbeschwert wie auf den Hochebenen. Bedrückend fanden wir das Erlebnis eines Festes, das die chinesische Regierung in den Gärten der ehemaligen Sommerresidenz des Dalai Lama veranstaltete. Bislang galten diese Gärten, die draußen vor der Stadt liegen, als heilig und waren für die Öffentlichkeit nicht zugänglich. Nun füllten sie sich mit neugierigen Tibetern, Chinesen und Ausländern. Bei Gerstenbier und moderner Musik, die aus Lautsprechern tönte, wurde ein Fest gefeiert, das an Fröhlichkeit zu wünschen übrig ließ. Der übermäßige Alkoholkonsum ließ eine aggressive Stimmung entstehen.

Ein älterer Tibeter begleitete uns zurück in die Stadt. Obwohl wir uns nur schwer verständigen konnten, verstanden wir seine Geschichte sehr gut. Gestenreich erzählte er uns von früher, als der Dalai Lama noch im Land war. Wie dann die Chinesen kamen, viele Tibeter töteten, alle Klöster zerstörten. Wie die Männer nicht mehr Mönche sein durften und ins Gefängnis kamen. Wie die Frauen gezwungen wurden, auf den Reisfeldern in den Tiefebenen zu arbeiten, und zwangssterilisiert wurden, und wie niemand mehr öffentlich beten oder ein Bild des Dalai Lama besitzen durfte. Aber er erzählte uns auch von der großen Hoffnung aller Tibeter, daß der Dalai Lama eines Tages zurückkehren wird. Dieses Erlebnis spiegelte die Trauer des ganzen tibetischen Volkes wider. Auch uns ging es sehr nah.

Insgesamt verbrachten wir einen Monat in Lhasa und lernten die Stadt gut kennen. Überall liefen streunende Hunde herum, die uns auch nachts mit ihrem Gebell den Schlaf raubten. Oft gingen wir in den Jokhang, um den Geruch der Butterlampen zu atmen, deren flackernde Lichter sich im Gold der Buddha-Statuen spiegelten. Oder um durch die modrig-schummrigen Nischen und Kammern zu ziehen, die Heiligtümer zu bestaunen und die vielen Gebetsmühlen zu drehen. Wir lauschten dem Sprechgesang der Mönche oder scherzten mit ihnen auf dem Dach des Tempels, wo wir die Aussicht auf die Altstadt und die umliegenden Berggipfel genossen.

Ein paarmal stiegen wir auch zum Potala-Palast hinauf. Obwohl sich ein paar Mönche um das Gebäude und seine Einrichtung und Schätze kümmern dürfen, ist es heute nur noch ein Museum. Es gab eine richtiggehende Verschwörung zwischen den ausländischen Besuchern und den tibetischen Mönchen gegen die chinesischen Aufpasser. Letztere achteten darauf, daß für jedes Foto ein Gegenwert von 10 Dollar gezahlt wurde. Für eine Viertelstunde Englischunterricht waren die Mönche jedoch gerne bereit, Schmiere zu stehen und so den Chinesen eins auszuwischen.

Eine Runde auf dem Barkhor war immer ein Erlebnis. Da war ein Pilger, der sich nach jedem Schritt nicht nur der Länge nach niederwarf, wieder aufstand und sich erneut hinstreckte, um so seine Runden zu drehen – nein, er hatte das buddhistische Pilgerritual so verschärft, daß er nach jedem Aufstehen nur einen Seitwärtsschritt tat, sich also wie im Krebsgang fortbewegte. An Hände und Knie hatte er jeweils ein Stück Holz geschnürt, sein einziges Kleidungsstück war eine alte Hose. Den Kopf kahlgeschoren und an der nackten Schulter eine Anstecknadel mit einem Bild des Gottkönigs, sah er aus wie ein tibetischer Punk. An manchen Ecken saßen Mitglieder der verschiedenen Sekten des tibetischen Buddhismus, die an ihren gelben oder roten Hüten zu erkennen waren. Sie lasen aus den heiligen Schriften, während die Pilger bereitwillig spendeten.

Klaus zog am frühen Morgen los, um auf dem Markt in der Altstadt frischen Joghurt, Zwiebeln und Eier zu kaufen. Er machte es den einheimischen Hausfrauen nach und nutzte die tibetische Röntgenmethode für einen Frischetest der Eier: durch eine Klopapierrolle gegen die Sonne betrachtet, ist in der dünnen Luft hier oben gut zu erkennen, ob sich schon ein kleines Hühnchen entwickelt. Auf dem Rückweg wärmte er sich dann beim Bäcker am Ofen, bis das Brot fertig war. Aufgrund der mittelalterlichen Zustände in der Stadt litt ich, wie so viele andere Reisende, an einer Magen-Darm-Infektion, die mir jede Lust auf das Restaurantessen verdarb. In einem kleinen Laden im chinesischen Teil der Stadt fanden wir eine Reihe von Gemüsekonserven mit deutscher und englischer Aufschrift, die wir über einer Kerze warm machten, weil wir unseren Kocher bei den Mopeds gelassen hatten. Dazu kauften wir uns bei einer alten Tibeterin auf dem Markt Pellkartoffeln, die sie in einem großen Topf unter ihrem Rock warmhielt.

Gerne wären wir den Weg nach Chengdu zurückgetrampt, um den Kreis zu schließen. Doch schon am ersten Tag gerieten wir östlich von Lhasa in dichtes Schneegestöber, der Winter war im Anmarsch. Wir kehrten um, kauften uns ein Flugticket und bestaunten den Himalaya aus der Luft. Wir landeten in Chengdu, nahmen den Zug bis Chungking und von dort einen Jangtse-Dampfer bis Wuhan.

Wenn mich später jemand danach fragte, was denn das Schönste oder Beeindruckendste auf der ganzen Reise für mich gewesen war, antwortete ich immer aus tiefer Überzeugung: Tibet! Und jedesmal wurde es mir dann weh ums Herz, denn solange die Chinesen Tibet besetzt halten, sehe ich keine Möglichkeit, noch einmal dorthin zurückzukehren.

Zurück in Wuhan, besuchen wir zuerst unsere Freunde an der Universität, ein deutsches Lehrerehepaar, die uns einladen, bei ihnen zu wohnen. Die Industriestadt liegt in einer der drei heißesten Klimazonen Chinas. Die Stadt ist eine hoffnungslose Dreckschleuder, die im eigenen Mief zu ersticken droht. Schwarze Rauchwolken quellen aus den Industrieschornsteinen und verteilen sich gleichmäßig über den stinkenden Müll, in dem sich Ratten tummeln. Die dünne Baumwollkleidung klebt uns auf der Haut, die Luft ist stickig und drückend. Die Sicht reicht nicht mal bis zur anderen Seite des Flusses, wo wir hin müssen, um mit der Polizei zu verhandeln.

Sie überrascht uns mit falscher Höflichkeit, freut sich über unseren Entschluß, China zu verlassen, will uns die Motorräder wiedergeben, vorausgesetzt, wir schicken sie per Luftfracht aus dem Land. Der Polizeichef gibt uns sogar eine Fahrgenehmigung für Wuhan, um den Abflug besser vorbereiten zu können. Ein offizielles Schreiben mit Unterschrift und Siegel, das wir später gegen unsere einbehaltenen Reisepässe zurücktauschen sollen.

Verblüfft sitzen wir wenig später auf unseren Motorrädern und fahren kreuz und quer durch die Stadt. Das Büro von Chinas größter Spedition finden wir in einem Keller, wo die drei Angestellten zwischen Kisten und Aktenordnern kaum Platz haben. Sie sind sehr nett, willigen sofort ein, die Luftfracht unserer Motorräder und der Ausrüstung zu sponsern. Ihre einzige Sorge ist die Versicherung, die uns im Schadensfall nur mit Renminbi auszahlen kann.

Noch ein Problem stellt sich bei der Fluggesellschaft heraus. Von Wuhan aus gibt es keine Direktflüge nach Hongkong. Die nächstgelegene Stadt, die sie anfliegen, ist Kanton. Die Polizei ist einverstanden, sie will in Kanton eine Eskorte bereitstellen, die uns zu einer Fähre begleiten soll, mit der wir dann nach Hongkong übersetzen können. Wir müssen nur unterschreiben, nie mehr in China ohne Erlaubnis Motorrad zu fahren und nie mehr nach China zurückzukehren. Ich versichere dem Chef lachend, daß er da keine Angst haben muß, wir kommen erst wieder, wenn China befreit ist und die Menschenrechte anerkannt werden. Der Polizei-Übersetzer behält das lieber für sich, sein Name ist Wang Yi Ming, was soviel heißt wie »Der dem Volk dient«.

Endlich ist der Abflug organisiert, das Benzin vorsichtshalber aus den Motorrädern abgelassen, wir sitzen in Wuhan am Flughafen und warten auf unsere Maschine. Es regnet den ganzen Tag. Wir warten vergebens. Um 18 Uhr kommt eine Angestellte, wischt die mit Kreide geschriebenen Flugdaten von der großen Schiefertafel, alle Fluggäste verlassen das Gebäude. Der Luftfrachtmanager erklärt uns, daß die meisten Piloten noch sehr jung sind und aus Sicherheitsgründen im Regen nicht fliegen dürfen, wir sollen es morgen noch mal versuchen.

Am nächsten Morgen regnet es immer noch, wir lassen uns Zeit, kommen erst gegen Mittag am Flugplatz an. Als erstes sehe ich eine Boeing 737 auf dem Rollfeld stehen. Davor unsere beiden Motorräder. Die Passagiere steigen ein. Unsere Aluminiumkoffer werden gerade verladen. Bevor der Bus hält, bin ich schon rausgesprungen und renne über das nasse Rollfeld.

Große Motorräder durch die kleine Cargotür einer 737 zu hieven, ist nur mit viel gutem Willen möglich. Man muß das Motorrad senkrecht anstellen, Vorderrad und Lenker in den Frachtraum heben, das ganze Motorrad neunzig Grad um die Längsachse drehen, am Hinterrad hochziehen und durch die enge Tür schieben. Da den Chinesen meine chinesischen Kommandos spanisch vorkommen, hängt fast die ganze Last auf meinen Knochen. Als alles verstaut ist, erfahren wir, daß die Maschine ausgebucht ist. Unsere Motorräder können aber unmöglich alleine fliegen, in Kanton wüßte niemand, wie man sie wieder ausladen kann.

Ich bitte den Piloten zu warten, renne ins Hauptgebäude, suche verzweifelt den Airportmanager. Der gibt mir schließlich den Notsitz in der Maschine. Claudia bleibt mit den Helmen und Pässen zurück, ich habe noch nicht mal Zeit, ihr Geld zu geben. Erschöpft lasse ich mich im Gang auf den Klappsitz sinken, der Schweiß schießt mir aus den Poren. Ein älteres amerikanisches Pärchen neben mir will wissen, was los ist. Als sie erfahren, daß Motorräder im Gepäck verstaut sind, umarmen sie sich erschrocken. Sie befürchten, austretende Benzindämpfe könnten sich entzünden.

Eine Stunde und fünfzehn Minuten später setzen wir hart zur Landung in Kanton auf. Ich helfe wieder beim Ausladen, schiebe die Motorräder auf einen Parkplatz, suche unsere Gepäckstücke zusammen. Ein Mopedfahrer schnappt sich unsere Reservekanister und bringt sie wenig später aufgefüllt zurück. Ich warte auf Claudia, die mit der nächsten Maschine um 18 Uhr nachkommen soll. Doch ihr Flug wird auf den elektronischen Tafeln nicht angezeigt. Nervös suche ich den Flughafenchef auf. Der bedeutet mir mit Grabesstimme: Claudias Flug ist in ein Unwetter geraten, der Pilot mußte beidrehen und notlanden. Ob es Überlebende gibt, frage ich mechanisch, merke nur noch, wie mir übel wird, wie sich alles anfängt zu drehen.

Der Chef versucht mich zu beruhigen, meint, China Airlines kümmere sich um Claudia. Auf die Frage, ob er wüßte, in welchem Reisfeld sie niedergegangen sind, weiß er keine Antwort. Ich nehme mir vor, ihm kein Wort mehr zu glauben. Verzweifelt laufe ich raus zum Tower, lasse mich vom Wachpersonal nicht aufhalten, renne die Treppen hoch, nehme jeweils zwei Stufen auf einmal, ziehe mich am Geländer vorwärts, will jetzt wissen, was los ist. Oben reiche ich dem verdutzten Funker einen Zettel mit den Flugdaten und der Tailnumber der vermißten Maschine. Die Erklärung ist dieselbe, schlechtes Wetter, Notlandung, niemand weiß bisher, wo die Maschine abgeblieben ist.

Wieder unten, verstecke ich Claudias abfahrbereites Gefährt in einem Schuppen. Von einer Polizeieskorte keine Spur. Langsam fahre ich los. Kanton hat ein Touristenghetto auf einer Insel. Dort buche ich mir ein Bett im Schlafsaal der Travellerabsteige, bekomme aber die ganze Nacht kein Auge zu.

Alles war so schnell gegangen, ich hatte noch nicht einmal Zeit gehabt, mit Klaus zu reden, geschweige denn, mich von ihm zu verabschieden. Nur sein Flugticket hatte ich ihm noch schnell zustecken können, dann war er wieder davongerannt. Nun stand ich da mit zwei Helmen in der einen Hand und der Kameratasche in der anderen. Bis zum Nachmittag würde ich es schon aushalten, dann sollte das nächste Flugzeug kommen. Plötzlich so ganz allein, als einzige Ausländerin unter den vielen Chinesen in der Wartehalle, fühlte ich mich verlassen. Die Zeit wollte kaum vergehen, es fing auch wieder an zu regnen. Um 18 Uhr kam wieder die Frau, die wir schon tags zuvor beobachtet hatten, und wischte alle Flugdaten von der Tafel. Was sollte ich tun, ohne einen Fen in der Tasche? Ich überlegte mir, am besten zur Universität zurückzufahren, um dort wieder bei unseren Freunden zu übernachten. Denn am Flughafen konnte ich nicht bleiben, der wurde gerade geschlossen. Im letzten Moment konnte ich noch einen Kleinbus mit einer Gruppe chinesischer Geschäftsleute anhalten, die mich bis zur Hauptstraße mitnahmen.

Während ich auf den öffentlichen Bus wartete, wurde mir bewußt, daß ich keine Fahrkarte kaufen konnte. Zum Glück war das Gewühl im Bus sehr groß, und es dauerte eine ganze Weile, bis der Schaffner zu mir kam. Er bestand darauf, daß ich bezahlte, und hielt mir eine Fahrkarte unter die Nase. Ich zeigte ihm mein Flugticket und schimpfte mit vielen Worten und Gesten auf China Airlines. Zu meiner Verblüffung schien er mich zu verstehen, jedenfalls lachte er plötzlich und ließ mich dann in Ruhe. An der Universität wurde ich von unseren Freunden wieder herzlich aufgenommen. Es bereitete mir schon etwas Sorgen, nicht genau zu wissen, wo Klaus jetzt steckte. Aber ich dachte mir, man würde ihn am Flughafen in Kanton schon davon unterrichten, daß der Flug auf den nächsten Tag verschoben war.

Als ich am nächsten Mittag bei strahlendem Sonnenschein in Kanton landete, fand ich seine Freudentränen richtig rührend. Erst als er mir berichtete, welche Sorgen er sich gemacht hatte, wurde mir klar, was er durchgemacht hatte.

Wieder beisammen, schlendern wir ziellos durch die Stadt. Kanton ist viel moderner als Wuhan, es gibt riesige Superhotels, die zu den besten der Welt gehören sollen, viel Verkehr und Touristen. Wir fühlen uns nicht mehr so beobachtet, können in den Menschenmassen untertauchen. Auf dem Zentralmarkt staunen wir über das große Warenangebot, die Vielfalt an Gemüse- und Fleischsorten, die wir auf unserer Reise übers Land vermißten. In ganzen Regionen gab es entweder nur Spinat oder nur Weißkohl, in einem anderen Gebiet nur dünne Suppen mit verlorenem Ei drin und einer matschigen Tomate. Der gebrochene Reis ist von so schlechter Qualität, daß uns der Appetit auf Reisspeisen für immer vergangen ist. Das Essen ist für uns in China das größte Problem. Selbst die Kekse sind ungenießbar, weil sie zu siebzig Prozent aus Schweinefett bestehen.

Neben Tofu, Taubeneiern, Pilzen und Wurzeln liegen gehäutete Katzen, Hunde, Schildkröten und Schlangen. Zwischendrin finden wir auch ein Rehkitz. Allerhand Pulver und Tinkturen, Kräuter und Gewürze füllen die Stände der Naturheiler. Kulis laufen barfuß durch die engen Gassen, schleppen schwere Säcke auf ihrem Rücken. Uns wird es zu eng im Gedränge, wir steuern ein neues Fünf-Sterne-Hotel an, in dem es eine Konditorei mit echten Puddingteilchen geben soll.

Wir stehen vor einer wichtigen Entscheidung, müssen das Für und Wider erörtern und uns klar werden, ob wir dem totalitären Regime trotzen und eine zweite Tour mit den Motorrädern durch China wagen wollen. Eigentlich spricht alles dafür, China so schnell wie möglich zu verlassen, wir könnten unsere Reise in Ruhe und Frieden in den USA fortsetzen. Die chinesische Schiffahrtsgesellschaft hat uns versprochen, die Motorräder umsonst zu verschiffen. Aber ich sehe eine kleine Chance, das chinesische System zu überlisten, wir könnten es schaffen, mit viel Glück. Immerhin sind wir schon gut fünf Monate im Land, haben viel gelernt und uns die meiste Zeit über in verbotenen Regionen aufgehalten. Vor allem aber haben wir die Schwächen des Systems kennengelernt. Wir müßten jeden Tag lange Distanzen zurücklegen, uns in der Nähe der Provinzgrenzen aufhalten, Hotels meiden, gezielt einen Zickzack-Kurs durchs Land fahren, die Polizeistrategen verwirren. Ihre größte Schwäche ist ihr schlechtes Kommunikationssystem. Solange wir ihnen vierundzwanzig Stunden voraus bleiben, haben sie Schwierigkeiten, uns einzukreisen.

Mitten in unsere Überlegungen platzt ein Chinese mit akzentfreiem Deutsch, möchte sich mit uns unterhalten, will wissen, ob wir in Shanghai waren, ob wir dies und jenes dort besichtigt hätten. Er ist spindeldürr, hält einen gewissen Abstand zu uns ein, ist sichtlich bemüht, unauffällig zu wirken, spricht zu uns, ohne uns dabei anzusehen, als ob er Selbstgespräche führte. Ob er ein Spitzel ist? Ob er unser Gespräch mitgehört hat? Was sein Beruf ist, will ich wissen. Straßenkehrer, ein Mensch vierter Klasse. Wo er so gut Deutsch gelernt hat? Im Gefängnis. Er wird von der Polizei gesucht. Ob wir ein Bier mit ihm trinken? Er läuft voraus in eine andere Gegend, wo viele kleine Restaurants sind. Er läuft sehr schnell, das sei nötig, sonst wird man von der Polzei angesprochen. Die sind überall, in Zivil, beobachten jeden.

Er hat keinen Ausweis, ist seit vier Tagen auf der Flucht. Als blinder Passagier auf dem Zug von Shanghai versteckt. Ist achtundzwanzig Jahre alt, kleidet sich wie ein Lehrer. Deshalb trägt er immer eine Zeitung unterm Arm. Die Brille stört, aber Lehrer tragen Brillen, und er muß dem Image entsprechen. Nur seine Schuhe sind nicht gut genug. Zuerst schauen sie einem ins Gesicht, auf das Hemd und dann auf die Schuhe. So erkennt man den Stand.

Er kam mit elf Jahren wegen seiner Eltern in den Knast. Sippenhaft. Seine Eltern waren Professoren, Intellektuelle. Als Mao Tse-tung heimtückisch Offenheit propagierte, unter dem Motto »Laßt hundert Blumen blühen«, wurden seine Eltern wegen ihrer liberalen Einstellung zusammen mit ihm und seinen zwei Geschwistern eingelocht. Vorher waren sie reich. Sie wurden körperlich und seelisch gefoltert. Er mußte oft sechs bis acht Stunden in Unterhosen dastehen und sich von Mücken piesacken lassen. Falls er eine Mücke verjagte oder schlug, gab es jeweils eine Stunde extra Stehen. Später wurde er in die vierte, die unterste Klasse eingestuft und mußte die unterirdischen Verliese kehren. Nur zehn Minuten pro Tag Sonne und frische Luft.

Er spricht sehr flüssig, angeblich unterhält er sich erst zum zweitenmal mit Deutschen. Hätte jeden Tag zweihundert Begriffe aus dem Wörterbuch auswendig gelernt, die Grammatik aus anderen Büchern. Außer den chinesischen Dialekten spricht er fünf Sprachen, Holländisch, Japanisch, Französisch, Englisch und Deutsch. Wir testen seinen Wortschatz in verschiedenen Sprachen und sind überrascht. Aber es gibt Ungereimtheiten, wir sind vorsichtig, er könnte von der »Gestapo« sein oder ein Krimineller. Die letzten Tage hat er viel Sonne abbekommen, sonst gäbe es nicht den weißen Kontrast am Arm, wo er eine Uhr getragen haben muß. Warum verbirgt er die Uhr vor uns? Oder hat er sie verhökert? Ich warte darauf, daß er sich widerspricht. Irgendwann versprechen sie sich, das sichere Zeichen, daß sie uns nur eine Geschichte auftischen wollen. Doch irgendwie scheint er echt zu sein.

Wir bestellen Bier und süß-saures Schweinefleisch mit Gemüse und Reis. Er hat sich so geschickt hinter einen Raumteiler gesetzt, daß er kaum von anderen gesehen wird, er aber den Eingang und alle Gäste gut im Auge behalten kann. Er plant schon seit acht Jahren seine Flucht. Jetzt will er es wagen. Deshalb braucht er Kontakte in Europa, das ist sein Anliegen. Leute, die ihn verstecken, die ihm im Westen helfen. Er will ein Buch schreiben, über sein Leben, die Menschenverachtung in China, das Unrecht. Das Regime muß gestürzt werden. Erst gestern hätten sie wieder zweiundvierzig politische Gefangene erschossen. Sie wurden mit Lastwagen zum Leichenhaus am Stadtrand gekarrt, wo er sich um einen Job beworben hat, um die Flucht zu finanzieren: Leichen waschen, für 30 Yuan im Monat, schwarz, ohne Papiere.

Bilder schießen mir durch den Kopf, Bilder des Horrors, des lähmenden Entsetzens. Die Wut kommt wieder in mir hoch, weil ich zusehen mußte und nichts unternehmen konnte. Das erste Mal waren es fünfzehn Gefangene, aufrecht stehend auf mehreren Lkws, die Hände auf dem Rücken gefesselt, ihre Henker dahinter, mit Gewehr im Anschlag. So fuhr die Kolonne mit Sirenengeheul durch die Stadt, ganz langsam. Alle Bewohner mußten auf die Straße kommen und zusehen. Ich versuchte zu fotografieren, aber ein Uniformierter drückte meine Kamera runter, drohte, sie mir fortzunehmen.

Dabei hat erst kürzlich der Innenminister auf einer internationalen Pressekonferenz behauptet, daß nunmehr öffentliche Folterungen und Hinrichtungen in China nicht mehr vorkommen werden. Alles Lügen. Aber die USA, Japan und Europa sind eben nur an den wirtschaftlichen Beziehungen zu China interessiert. Menschenrechtsverletzungen werden zwar kritisiert, bleiben aber ohne politische Folgen. Die ganze Welt schaut tatenlos zu.

Das zweite Bild, das sich in mein Gedächtnis gebrannt hat, war das schlimmste. In einer kleinen Stadt wurden fünf junge Studenten öffentlich gefoltert. Ihre Schlächter schnürten ihnen die Arme auf dem Rücken zusammen, zogen die Stricke stramm, indem sie sich mit den Knien am Rücken abstießen, schnürten ihren Opfern auf die Weise nicht nur das Blut ab, sondern kugelten auch noch ihre Gelenke aus. Dann legten ihnen Polizisten Schlingen um den Hals, zerrten ihre Arme hoch und banden sie ans Ende der Schlinge, die sich langsam unter dem Druck zuzog.

Die Stadtbewohner wurden gezwungen, diesem Staatsterror zuzuschauen. Wir waren die einzigen Ausländer. Alle fünf Studenten schauten auf mich, ihre Blicke stolz. Dann wurden sie abgeführt, wir hörten die Schüsse, wollten nicht hinterhergehen und zuschauen, zählten nur stumm mit: eins, zwei, drei, vier, fünf.

Wir entschließen uns, dem Flüchtling zu helfen, wollen ihn die nächsten Tage beobachten, uns bis zum Fluchttag mit ihm treffen. Um uns nicht strafbar zu machen, sagen wir ausdrücklich, daß unsere Spende nicht für die Flucht benutzt werden darf, er soll sich von dem Geld neu einkleiden. Erst will er das Geld nicht annehmen, aber wir alle wissen, daß der Zeitpunkt günstig ist. Die englische Königin kommt nach Hongkong, um Verträge zu unterschreiben, daß die Kronkolonie bis 1997 an China zurückgegeben wird. Zur Zeit fliehen bis zu fünfhundert Chinesen täglich. Schüsse an der Grenze würden die Verhandlungen stören. Zum Schluß lernt der Flüchtling unsere Namen auswendig schreiben. Falls er in Hongkong ankommt, bitten wir ihn, uns postlagernd eine Nachricht bei der dortigen Hauptpost zu hinterlassen. Wir hören nie wieder von ihm.

Wir sind beide sauer auf diesen totalitären Verbrecherstaat. Claudia würde lieber so schnell wie möglich ausreisen. Doch wir beschließen, uns nicht dem Willen dieses Regimes zu beugen. Im nachhinein ist mir klar, daß unser Entschluß nichts mit Mut zu tun hatte, sondern die reine Dummheit war. Es war wirklich nicht nötig, uns einem solchen Risiko auszusetzen, zumal wir gar nicht wußten, wie wir das Land dann überhaupt noch verlassen könnten. Aber ich war zu stolz, zu trotzig, wollte mich nicht unterbuttern lassen.

An einem verregneten Morgen ist es soweit. Ich hole unsere Motorräder aus dem Versteck hinter der Hotelküche, lasse sie vorsichtig die paar Stufen zum Vorplatz runterrollen, wo wir sie mit geübten Handgriffen schnell bepacken. Im Nu sind wir von europäischen und amerikanischen Touristen umringt. Sie stellen peinliche Fragen, die wir ihnen nicht ehrlich beantworten können, denn der Feind hört mit. Wir faseln etwas von Sondergenehmigungen aus Peking, Reise beendet, heute verlassen wir China, es geht nach Hongkong. Wir müssen die Polizei in diesem Glauben lassen, um uns den nötigen Vorsprung für unsere Spritztour durch den südlichen Teil Chinas zu verschaffen.

An einer großen Kreuzung biegen wir nach Westen ab. Östlich geht es nach Hongkong. Ab jetzt befinden wir uns auf der Flucht. Bevor wir auf kleine Nebenstraßen ausweichen können, müssen wir noch das Flußdelta des Xi Jiang überqueren. Flüsse bedeuten Brücken. Eine große Brücke ist wie ein Nadelöhr für den Fernverkehr. Hier sind die Späher positioniert. Auf dieser Brücke müssen wir leider anhalten, Wegezoll zahlen. Zwei Verkehrspolizisten haben uns entdeckt, sind überrascht, sie wissen nichts über uns, noch nicht.

Unsere Visa gelten noch zwei Wochen. Bis dahin müssen wir einen Weg raus aus diesem Land gefunden haben, vorausgesetzt, sie haben uns nicht schon vorher aufgespürt. Genau zwei Wochen halten wir den Spießrutenlauf durch. Gut dreitausend Kilometer später, am letzten Geltungstag unserer Visa, überqueren wir den Todesstreifen, der die Flüchtlinge aufhalten soll, auf einer Brücke. Selbst überrascht, daß wir so einfach herauskommen, reiße ich die linke Faust in die Luft und brülle »Freiheit!« Ich sollte mich getäuscht haben.

Allein, was wir in diesen zwei Wochen erleben, treibt mich an den Rand des Wahnsinns. Schon am ersten Tag unserer Spritztour werden wir zweimal angehalten. Die Polizei ist noch nicht vorbereitet auf uns, ich kann sie überraschen, indem ich schnell auf sie zuschieße, im letzten Moment das Visier hochreiße und mich als ausländischer Teufel zu erkennen gebe. Bevor sie wissen, wie ihnen geschieht, haben sie uns weitergewinkt, oder wir haben uns schon längst aus dem Staub gemacht.

Später wird es schwieriger, besonders bei den Polizisten, die von uns gehört haben. Meine wirksamste Abwehr ist die Attacke. Wenn ein Polizist darauf besteht, uns abzuführen, aggressiv oder gar handgreiflich wird, dann schimpfe ich lauthals mit ihm, mache das Freundschaftszeichen, indem ich meine Hände zum Handschlag zusammenlege, und behaupte, daß Deng Xiaoping mein Freund sei und daß er, der Polizist, seinen Kopf riskiert, wenn er uns nicht sofort in Ruhe läßt. Prompt dreht der Polizist sich um und schaut in eine andere Richtung, um zu demonstrieren, daß er uns nicht gesehen hat.

Wir fahren zunächst südlich, die Küste entlang, auf die Halbinsel Leizhou, essen noch spät in Zhigong, umringt von vielen Leuten, und finden kurz vor Dianbai eine Lichtung im Wald, wo wir geschützt hinter Bäumen unser Nachtlager einrichten. Zelten ist in China auch verboten, ist aber unsere beste Chance, unentdeckt zu bleiben. Leute kommen vorbei mit Taschenlampen, sie suchen Schlangen. Sie können nicht viel von uns erkennen, auch die Motorräder haben wir mit einer großen Plane zugedeckt.

Bevor der Morgentau getrocknet ist, sind wir wieder unterwegs. Im Hinterhof eines Restaurants bekommen wir Enteneier auf Reis und Spinat. Die Leute rauchen Wasserpfeife im Hocken, pusten nach jedem Zug den Tabak aus dem Metalltrichter und stopfen die Pfeife neu. Viele alte Männer benutzen heute noch ihre Opiumpfeifen, die aus der Zeit der englischen Besatzung stammen, als die Briten den Opiumhandel vorantrieben und fast das ganze Volk süchtig machten. Von der Straße weht ein Gestank herüber, der uns den letzten Bissen des guten Frühstücks wieder hochwürgt. Zwei Männer schieben einen hölzernen Kübelwagen die Straße entlang, in dem Fäkalien schwappen. Sie stammen aus der einzigen öffentlichen Toilette des Ortes und werden hinaus auf die Felder gebracht, wo sie mit Hilfe der Wasserbüffel unter die Erde gepflügt werden.

Anstatt unseren dampfenden Dünger in die dafür vorgesehenen Sammelbecken zu entlassen, ziehen wir es vor, uns gleich einen stillen Platz in freier Natur zu suchen, wo wir uns, versunken in Meditation, entleeren können. Es ist unser kleiner Luxus, fast schon ein Ritual, auf das wir uns täglich aufs neue freuen. Denn öffentliche Toiletten in China sind wenig empfehlenswert, und private gibt es nur ganz selten. Jedes Stadtviertel hat heutzutage wenigstens eine große Grube. Darüber sind meist zwei Bretter als Donnerbalken gelegt, die dann die Welt bedeuten. Während man versucht, sein Geschäft möglichst schnell zu verrichten, hat man mit daumendicken Maden zu kämpfen, die versuchen, einem in die Schuhe zu kriechen. Dazu die schwindelerregenden Gase, die den Gang über morsche Planken zu einem ebensolchen Balanceakt werden lassen.

Unsere selbstgesuchten stillen Örtchen sind meist auch ausgezeichnete Beobachtungsposten. So sitzen wir zwei Tage später getarnt hinter Büschen, leicht erhöht neben einer Kreuzung, und peilen die Lage. Wir befinden uns in der Nähe des palmengesäumten Strandes von Yulin auf der Insel Hainan, die zum Teil militärisches Sperrgebiet ist, mit Stützpunkten, die zur Zeit des Vietnamkrieges ausgebaut worden sind. Wir würden uns gerne für ein paar Tage am Strand ausruhen, aber viele Kader machen Urlaub in den hiesigen Regierungsbungalows, hohe Funktionäre, die in Luxuslimousinen chauffiert werden. Unversehens befinden wir uns mitten im Rachen des Drachen. Wenn der Feind schon weiß, daß wir uns auf der Insel befinden, dann vermutet er uns bestimmt nicht hier im Bonzenghetto. Aber für die Nacht verziehen wir uns lieber in die Berge.

Um auf die Insel zu kommen, haben wir eine reguläre Fähre benutzt. Es ist klar, daß die Polizei dort mittlerweile einen Spitzel postiert hat, sie wird versuchen, uns abzufangen. Deshalb suche ich ein anderes Boot, mit dem wir die Insel unbemerkt verlassen können. Was ich finde, ist eine alte, verrostete Fähre, die gerade mit Lastern beladen wird. Weil sie keinen eigenen Schiffsmotor hat, wird ein Schleppboot angebunden, das uns über die Straße von Hainan zum Festland ziehen soll. Nach zweieinhalb Stunden sind wir fast drüben, als der Schlepper das Schiffstau verliert. Uns verbindet nur noch der dicke Wasserschlauch, über den der Schlepper unseren lecken Kahn abpumpt. Der Schlauch wird gekappt, die Lastwagenfahrer retten sich auf den Schlepper, helfen der kleinen Besatzung nach dem Tau zu suchen. Mutterseelenallein treiben wir Richtung Vietnam, chinesische Dschunken am glutroten Horizont, dann düstere Nacht. Wegen der fehlenden Pumpen bekommt unser Pott bald Schlagseite. Ich muß die Motorräder abstützen, damit sie nicht umkippen. Dann, Stunden später, ein tuckerndes Geräusch. Ein Schiff auf Kollisionskurs, wir haben keine Positionslichter. Doch es ist unser Schlepper. Er hat ein neues Seil aufgetrieben und uns wiedergefunden. Wie, das bleibt mir rätselhaft. Die Crew begibt sich sofort an die Pumpen, dann schieben sie uns auf einen Strand. Über die Laderampe fahren wir an Land, finden eine Straße und fahren nördlich, wo wir unbemerkt im Dunkeln verschwinden. Es wird Tage dauern, bis sie unsere Spur wieder aufgenommen haben.

Die Nacht bleibt vorerst unser Verbündeter. Ohne Licht, versteckt hinter Lastwagen, schleusen wir uns durch so manche Straßensperre. Andere Sperren umfahren wir auf Feldwegen. Tagsüber harren wir oft stundenlang aus, versteckt in Zuckerrohr-Plantagen. Benzin ist im Süden Chinas fast überall erhältlich. Entweder zum Schwarzmarktpreis an regulären Tankstellen, oder bei den Bauern und Truckern. Die landwirtschaftlichen Maschinen und Lkws laufen hier mit Benzin. Viele Leute sind froh, wenn sie sich durch Abzapfen von staatlichem Sprit ein paar Yuan nebenbei verdienen können. Langsam geht uns das Geld aus. Wir müssen irgendwo einen Touristenort finden, wo wir Reiseschecks tauschen können. Außerdem einen Haken schlagen und die Provinz wechseln, denn die Koordination der Polizei über die Provinzgrenzen hinweg funktioniert fast gar nicht.

In Guangxi finden wir kleine Nebenstraßen, auf denen wir unbehelligt vorankommen. Wir wollen versuchen, in Richtung Guilin vorzustoßen, dem touristischen Zentrum Südchinas. Eine geologische Eigenheit hat die Gegend bekannt gemacht. Im Umkreis von zweihundert Kilometern sprießen Kalksteinhügel wie riesige Zuckerhüte aus der Ebene.

Dazwischen liegen die Felder. Die Gemüsereihen werden noch von Hand bewässert. An eine Schulterstange sind zwei Gießkannen gehängt, die Leute schleppen sie durch die Beete. Mit diesen Schulterwippen wird alles getragen, was transportiert werden muß. Ob Steine oder Mörtel auf Baustellen oder Erde beim Ausheben von Gruben. Im Zuge der Modernisierung wird in manchen Städten Kanalisation gelegt. Die Gräben werden per Hand ausgehoben, teilweise bis zu zehn Meter tief und einige Kilometer lang. Die Körbe werden an einem Seil in die Tiefe gelassen, aufgefüllt, hochgezogen und weggetragen. Hunderte von Arbeitern, Frauen und Männer, buddeln sich wie Ameisen ins Erdreich. Bei einer Fahrpause kommt eine Frau mit ihrer Wippe an unserem Versteck vorbeigelaufen. In den Körbchen sitzen ihre Kinder, Zwillinge. Laut Gesetz darf jede Familie nur ein Kind haben. Sonst werden die Eltern bestraft. Der einzige Sproß ist meist ein Sohn. Das soll daran liegen, daß sich die meisten Chinesen einen männlichen Nachkommen wünschen. Viele Mädchen werden wohl gleich nach der Geburt umgebracht. Und wen heiraten die Prinzen später, wenn es kaum noch Frauen gibt?

Wir haben noch sechs Kwai in der Tasche, ungefähr vier Mark. Bis Yangshuo und der nächsten Bank sind es noch über vierhundert Kilometer. Und wir haben Hunger. In einem Restaurant legen wir dem Koch drei Kwai auf den Tresen, bitten ihn, uns dafür was zu brutzeln. Er bringt uns eine riesige Schüssel mit Wassersuppe, etwas Gemüse drin und ein Ei. Enttäuscht setzen wir ein falsches Lächeln auf, trinken alles leer. Besser als nichts, wer weiß, wann wir das nächste Mal etwas zu essen bekommen. Es dauert keine fünf Minuten. Wir wollen gerade gehen, da kommt der Koch mit zwei riesigen Tabletts aus der Küche, stellt sie uns auf den Tisch, verbeugt sich galant mit breitem Grinsen. Dampfendes Schweine- und Rindfleisch, Peking-Ente, Frühlingsrollen und gedünstete Pilze. Als letzter Gang kommt der Reis, wie üblich zum Schluß, aber dafür ist zum Glück kein Platz mehr. Abgefüllt bis zum Gehtnichtmehr, suchen wir uns ein Zuckerrohrfeld hinter dem Dorf, wo wir das Zelt aufstellen.

Nach einer ruhigen Nacht sitzen wir früh wieder auf, fahren fünfzig Kilometer, bevor wir einen Schuppen finden, wo wir Nudelsuppe für drei Mao frühstücken, etwa zwei Pfennige. Der Teig wird zwischen den Fingern in Streifen gezogen, umgeklappt, wieder gezogen, bis die Streifen sich zu dünnen Nudeln vervielfältigt haben, die dann frisch gemacht in die kochende Suppe fliegen. Wir fahren immer fünfzig bis achtzig Kilometer an einem Stück, machen eine Pause abseits der Straße, fahren dann die nächste Etappe. Auf den geteerten Abschnitten liegt oft die Reisernte aus, damit die Körner von darüberfahrenden Lastwagen aus den Ähren gedroschen werden. So fahren wir manchmal kilometerweit über ein weiches, gelbes Kissen. Die langfaserigen Pflanzen werden am Abend eingesammelt, die Reiskörner zusammengekehrt. Daher stammen also die kleinen Steine im Essen. Ein anderer Straßenabschnitt ist voller Radfahrer. Wieder andere sind Wanderroute für an die tausend Enten, die in großen Scharen die Straße entlang watscheln. Geschickt werden sie von ihrem Entenführer mit Hilfe eines langen Stocks, an dessen Ende eine kleine rote Fahne gebunden ist, auf Kurs gehalten.

Dies sind die typischen Szenen der Nebenstraßen, sie halten uns zwar etwas auf, sorgen aber immer wieder für Abwechslung und so manche Überraschung. Auf den großen Schnellstraßen müssen wir uns viel stärker auf den Verkehr konzentrieren, und es gibt zu viele Kontrollen. Dagegen windet sich unsere Straße von einer kleinen Ortschaft zur nächsten, scheut keinen Umweg über schmale Bewässerungsdämme, führt uns auf Erhebungen, von wo wir einen weiten Blick auf das vor uns liegende Gelände haben. In der Ferne erheben sich steil die ersten Hügel. Wie spitze Kegel ragen sie aus dem ebenen Gelände. Der Himmel hat sich grau zugezogen, die Straße wird zu einem Schotterweg. Bald regnet es, wir halten an und streifen unsere Regenhäute über. Normalerweise würden wir jetzt nicht mehr weiterfahren, aber wir haben kein Geld mehr, nichts zu essen und nur noch wenig Sprit in den Tanks. Wir hoffen, heute noch bis Yangshuo zu kommen, der Regen kann uns helfen, ohne viel Aufsehen schnell am Stadtrand unterzutauchen.

Der Regen wird immer stärker, die Schlaglöcher füllen sich mit Wasser, langsam bedeckt uns eine Schlammschicht, die aber auf willkommene Weise tarnt. Die Landschaft wird zunehmend unheimlicher, die Berge stehen immer dichter, die Straße schlängelt sich um sie herum, mündet schließlich am Fluß. Eine einfache Fähre holt uns ab, setzt über, der Fährmann winkt, es wird dunkel. Langsam tasten wir uns weiter, dann ist Claudias Tank leer. Wir teilen den Sprit aus meinem Tank auf, ungefähr zwei Liter für jeden. Mittlerweile gießt es wie aus Eimern. Noch vierzig Kilometer, das wird knapp! Zum Schluß heben wir die Tanks vorne an, damit noch die letzten Tropfen herauslaufen können. Dann geht Claudias Motor endgültig aus. Rechts ein schwaches Licht. Es ist ein Hotel, noch dazu ein privates. Wir haben gehört, daß die Regierung in Yangshuo mit der Privatisierung experimentiert. Der Eigentümer ist schnell davon zu überzeugen, daß er unsere Motorräder nie gesehen hat und wir uns erst später ins Gästebuch eintragen werden. Die Motorräder finden einen geschützten Platz unter der Treppe, wo wir sie komplett abdecken. Niemand hat unsere Ankunft gesehen. Jetzt sind wir frei, uns wie andere Touristen zu bewegen. Schnell raus aus den nassen Klamotten und unter die Dusche. Das Wasser ist heiß! Ich pfeife ein Loblied auf die Privatisierung.

Auch am Morgen freundliche Bedienung im Restaurant, keine fliegenden Teller, keine Schimpfkanonaden frustrierter Touristen. Dafür Müsli mit Früchten und Yoghurt. Wir tauschen unsere Reisechecks und leihen Fahrräder, um die Gegend zu erkunden. Nur hundert Meter von unserem Hotel entfernt befindet sich eine Straßenbarrikade. Polizisten mit roter Flagge sitzen davor, leiten den Verkehr vorbei, stoppen aber niemanden. Sie warten auf zwei Motorradfahrer, von denen sie vermuten, daß sie hier durchkommen werden. Wir halten ein wachsames Auge auf sie, beobachten sie drei Tage lang, mischen uns unter andere Europäer, die mit geliehenen Fahrrädern an der Sperre vorbeiradeln. Wir müssen ihren Dienstplan studieren, um den günstigsten Zeitpunkt für eine Flucht zu berechnen. Außerdem muß ich möglichst unauffällig Benzin organisieren. Dafür besuche ich die Bauern mit dem Rad, den Reservekanister auf dem Gepäckträger, eingewickelt in ein altes Tuch.

Immer wieder sind wir gezwungen, mit den Einheimischen Kontakt aufzunehmen. Das ist es auch, was ich an unserer Art zu reisen so sehr zu schätzen gelernt habe. Wir sind auf ihre Hilfe angewiesen, müssen die Leute in unser Leben mit einbeziehen. Es entsteht ein gewisser Austausch, eine Verständigung, die mir das Reisen so wertvoll macht. So bekommen wir Zugang in die Haushalte, werden oft zum Essen eingeladen, bekommen einen intimen Einblick in die Kultur, die Freuden und Leiden des einzelnen. Dies ist uns viel wichtiger, als den abgenutzten Pfaden der Reiseführer zu folgen, auf denen man den hautnahen Kontakt zu den Einheimischen nur noch eingepfercht in überfüllten Bussen und Zügen erlebt, die einen von einer Sehenswürdigkeit zur nächsten karren. Abgestiegen wird in dem vom Buch empfohlenen Hotel, wo man die anderen Traveller antrifft, die alle dasselbe Buch haben, ohne das die meisten von ihnen verloren wären. Denn dann wüßten sie auch nicht, wo man essen muß, wo der nächste Bus abfährt, wo der nächste Tempel ist, über den man ja schon alles Nennenswerte gelesen hat, und wo man dann doch wieder feststellen muß, daß sich alles geändert hat, die Busnummer, die Öffnungszeiten, die Preise.

Für uns bedeutet Reisen das Abenteuer schlechthin. Wir wissen nicht, was wir erleben werden, wo wir am Abend schlafen werden. Es ist eine einzige Entdeckungsreise. Möglichst vorurteilslos selbst erleben, Menschen kennenlernen, ihr Verhalten verstehen lernen. Auch wenn im maoistischen System die kommunistische Gleichmacherei vorgeschrieben wird, zeigt sich im Privaten doch ein starker Individualismus. In ihrer Freizeit gehen Chinesen Hobbies nach, wie etwa der Bauer mit seiner Vogelzucht. Die kleinen Käfige bastelt er selber, jeder etwas anders, auf den Charakter des Vogels abgestimmt. Dann wird er ein paar Käfige an sein Rad hängen, ins Zentrum radeln, sich neben der Pagode auf die Mauer setzen und den Leuten im Park zuschauen. Wenn er Glück hat, kann er einen Vogel verkaufen. Mir verkauft er zwei Liter Benzin, die er aus dem Tank eines zweirädrigen Traktors zapft.

Abgefahren: Köln, 13. August ´81

Indien hat alles verändert

Kopfjäger im Chico-Tal auf Luzon

Taifun auf Cebu, Philippinen

Nach dem Sturm

Auf der Wanderroute der Peking-Enten

Fahndung nach »ausländischen Teufeln«

Kalksteinhügel bei Yangshuo

Beim Pferderennen in Litang, Tibet

Floßfahrt auf dem Yukon, Kanada - Alaska

Die Hexagone des Salar de Uyuni, Bolivien

Amphibisches Experiment, Costa Rica

Der nächste Bauer weiß, wo ich fünf Liter des kostbaren Treibstoffs finden kann. Im Schuppen steht noch ein altes Blechfaß. Neben dem Faß sind Spucknäpfe gestapelt. Der alte Mann sieht meinen fragenden Blick und führt mich in den Innenhof. Dort sitzt seine Frau und bemalt die Keramiknäpfe, die die Form von Nachttöpfen haben, komplett mit Deckel. Spucken gehört zur chinesischen Kultur, wie das Furzen oder Rülpsen zu Luther. Egal wo man sich in China befindet, ob in privaten oder öffentlichen Gebäuden, ein Napf ist immer in Spuckweite. Das lustvolle Hochziehen von Nasenschleim ist Teil der Geräuschkulisse, die einen in chinesischer Gesellschaft ständig umgibt und an die wir uns, nach anfänglichem Ekel, bald gewöhnt haben. Immer wieder überrascht mich die Liebe fürs Detail, aber auch der Sinn fürs Praktische. Der Mann befestigt lange Stiele an den Deckeln der Näpfe, damit man sich beim Öffnen nicht bücken muß. Durch die lebenslange Übung verfehlt der Strahl beim Spucken sein Ziel nur selten.

Und wieder muß ich staunen. Der kleine private Schrebergarten ist üppig bepflanzt. Diese Gärten stehen im Kontrast zu den landwirtschaftlichen Volksbetrieben, wo die Bauern Zwangsarbeit leisten. Entsprechend schlecht sind Erträge und Qualität.

Wir bedauern es sehr, daß wir uns in China nicht so frei bewegen können, denn das Land ist wunderschön, die meisten Menschen sind sehr nett zu uns. Überall nennen sie mich Laotouzi, was »alter Bart« bedeutet. Claudia ist dann immer »alte Quasselstrippe«, weil die Frauen von alten Bärten gewöhnlich viel schwatzen.

Aber langsam müssen wir sehen, wie wir aus diesem Land wieder herauskommen. Das Benzin reicht aus, um bis in die Nachbarstadt zu kommen. Die besten Aussichten, Yangshuo unauffällig zu verlassen, haben wir um sechs Uhr früh, wenn die Polizei an der Sperre zur Schichtablösung für eine halbe Stunde im Teehaus verschwindet. Diese Lücke wissen wir zu nutzen.

Schon sehr früh haben wir uns eine Nudelsuppe reingewürgt und die Motorräder beladen. Kaum ist unser Moment gekommen, schieben wir sie auf die Straße und starten die wildeste Flucht unserer gesamten Weltreise. Rob, ein hartgesottener irischer Freak, ist pünktlich gekommen, um die Abfahrt mit unseren Kameras zu dokumentieren. Erst mal hinunter zum Li-Fluß, wo gerade die Sonne hinter den Silhouetten der Hügelspitzen hochkommt. Rob schießt zwanzig Fotos in nur fünf Minuten. Eins davon wird später das Titelblatt einer kanadischen Zeitschrift schmücken, mit der Bildunterschrift »Low Road through China«. Gerne wüßten wir, wie unser Bericht zu Ende geht. Wir wissen nur, daß eine groß angelegte Suchaktion der Polizei im Gange ist. Also halten wir uns vorerst auf schmalen Schotterwegen, nähern uns auf Umwegen der nächsten Stadt.

Zu unserem Schrecken gibt es ausgerechnet hier keine öffentliche Tankstelle. Wir müssen zum Depot. Die schicken uns zur Verteilungsstelle, ein Radfahrer zeigt freundlicherweise den Weg. Wir verlieren kostbare Zeit. Der Zuständige will uns keine Gutscheine verkaufen. Er greift zum Telefon, kommt zum Glück nicht durch. Ich erkläre ihm die Dringlichkeit, gehe ihm gezielt auf die Nerven. Neugierige drängen ins Büro, helfen mir, auf den Typen einzureden. Endlich nimmt er das Bündel Geldscheine entgegen, unterschreibt einen Zettel mit Anweisungen ans Benzindepot. Als wir dort wieder ankommen, heißt es: Meio! Sie haben keine Vorrichtung, um kleine Tanks zu füllen, nur Schläuche, so dick wie bei der Feuerwehr, für die Tankwagen. Die Zeit drängt. Auch Motoröl muß ich noch nachfüllen. Aus Versehen stecke ich den Trichter in den Benzintank. Ich bin so nervös, daß ich die Hälfte des Öls verschütte, als Claudia mich auf meinen Irrtum aufmerksam macht. Während sie die Öltanks auffüllt, laufe ich zum angrenzenden Feld, nehme einer erschrockenen Frau ihre Gießkanne ab, weise den Tankwart an, den Druckschlauch da reinzuhalten. Dann öffne ich für eine Sekunde den Sperrhebel der Füllvorrichtung, zwanzig Liter Benzin schießen in die Kanne, etwas spritzt aus dem Stutzen. Der Stutzen paßt, schnell sind unsere Tanks gefüllt. Für lästige Unterschriften und Quittungen haben wir keine Zeit. Einer will noch wissen, wo wir hinfahren, ich zeige in den Norden, aber am Stadtrand biegen wir in den Süden ab.

Vor uns die entscheidende Weggabelung. Nach Kanton müssen wir links abbiegen. In der Mitte der Gabel hat sich ein halbes Dutzend Polizisten versammelt. Sie sind ins Gespräch vertieft, bemerken uns erst sehr spät. Ich habe schon den linken Blinker eingeschaltet, wir fahren dicht beisammen, schwenken rüber. Die Polizisten springen auf, alle links auf die Straße, winken uns ab. Im letzten Moment biegen wir scharf nach rechts, nehmen die freie Gabelung der Straße. Im Nu sind wir außer Sichtweite. Dann kommt die Baustelle. Ob diese Straße ein Ende hat? Wo wird sie hinführen? Überall Bauarbeiter, Männer und Frauen, mit Spitzhacken, Schubkarren und Eimern, keine einzige Maschine, alles Handarbeit. Die Baustelle zieht sich hin, vierzig Kilometer, eine riesige Arbeitsbrigade, vielleicht eine Tausendschaft – die Stärke der Chinesen, Manpower. Dann endlich die ersehnte Querstraße, wir müssen nach Osten. Die neue Straße führt durch Felder, vorbei an kleinen, verschlafenen Dörfern. Wir fahren ohne anzuhalten, versuchen eine möglichst große Distanz zurückzulegen. Mein Motor fängt an zu stocken, setzt aus. Mein Gefühl sagt mir, daß es sich um einen elektrischen Fehler handeln muß. Tatsächlich, kein Zündfunke mehr da. Elektrische Fehlerquellen findet man ungefähr so einfach wie Stecknadeln im Heuhaufen. Aber ich habe Glück, entdecke eine Scheuerstelle am Kabel zum Zündverteiler. Pech ist nur, daß man an diese Stelle des Motorrads sehr schlecht heran kommt. Nach einer Stunde sind wir wieder unterwegs. Zwischendurch trinken wir irgendwo am Straßenrand in einem Bretterverschlag grünen Tee und schlingen dampfende Reiskuchen herunter. Wir wissen nicht, wo wir sind, nur, daß wir weiter Richtung Osten fahren müssen, denn da ist Hongkong.

Bis zum Abend haben wir die halbe Strecke zurückgelegt. In Wuzhou befindet sich die einzige Brücke über den Gui Jiang. Wir vermuten, daß sie bewacht ist. Um kein unnötiges Risiko einzugehen, verstecken wir uns, bis es dunkel ist. Dann klemmen wir uns hinter einen Lastwagen, das Licht ausgeschaltet. Der Trick klappt immer wieder. Schranke hoch, Laster durch, wir hinterher. Nur wenige Kilometer später finden wir einen Seitenweg, der uns in einen Steinbruch führt. Dort zelten wir für den Rest der Nacht. Am nächsten Tag fahren wir durch bis Kanton, lassen uns von niemandem mehr aufhalten, fahren einfach weiter. Wir passieren eine verschlossene Schranke mit eingezogenem Kopf. Spät erreichen wir das Hotel, das wir vor knapp zwei Wochen verlassen haben. Der Polizeispitzel empfängt uns freudig überrascht. Ich gehe gleich auf ihn zu, sage ihm, daß wir uns morgen früh der Polizei stellen werden, jetzt sind wir müde, es ist schon spät, wir müssen schlafen. Der gute Mann hat Verständnis, auch er ist müde.

Im Hotel bitten wir eine Kanadierin, uns zu helfen. Sie reist morgen nach Hongkong und kann unser gesamtes Fotomaterial über die Grenze schmuggeln und bei der Hauptpost lagern. Wir warten nur noch, bis alle eingeschlafen sind, dann schleichen wir uns raus. Bis zur Grenze ist es nicht mehr weit. Wie wir aus China herauskommen können, ist uns schleierhaft. 1986 ist die Grenze nach Hongkong so gut bewacht wie die zwischen Ost- und West-Berlin. Stacheldraht,

Minengürtel, Mauern, Gräben. Vorher schon müssen wir eine Grenze passieren. Die spezielle Wirtschaftszone Shenzhen. Es ist eine Art Pufferzone vor Hongkong, in die Chinesen aus der Volksrepublik nur mit besonderer Genehmigung hineinkommen. Für Ausländer kein Problem. In Shenzhen haben wir die Adresse eines Freundes. Bei ihm können wir uns verstecken. Dort brüten wir über unserem letzten Fluchtplan.

Auf einer detaillierten Stadtkarte entdecken wir eine Straßenverbindung, die in die Freiheit führt. Früh morgens fahren wir los. Die bezeichnete Gegend ist ein Containerdepot. Wir fahren einfach aufs Gelände, finden die Brücke, die über den Todesstreifen führt, geben Gas.

Noch bevor wir die Brücke erreichen, sind wir entdeckt. Soldaten schrecken auf, reißen ihre Waffen hoch. »Scheiße!« fluche ich, so einfach ist es doch nicht. Wir drehen ab, bremsen und bleiben stehen. »Was ist los?« deute ich mit Armbewegungen an. Sie zeigen auf ein Büro, Zoll, steht sogar auf englisch drauf. Der Zollbeamte ist ratlos. Versucht zu telefonieren. Bekommt keine Verbindung. Ich zeige ihm unsere Pässe, wir waren sechs Monate in China, heute läuft die letzte Visaverlängerung ab, wir müssen raus. Der Beamte ist nicht zu bewegen, die Zeit vergeht, mit meiner Diplomatie bin ich am Ende. Früher oder später wird eine Telefonverbindung zustande kommen, dann sind wir geliefert. Deshalb starte ich meine Nervensägenummer. Irgendwann gibt der Zöllner auf, knallt uns einen Exit-Stempel in die Pässe. Endlich können wir die Grenze passieren. Doch aus der ersehnten Freiheit wird nichts. Auf der anderen Seite empfangen uns Chinesen, Hongkong-Chinesen. Sie verweigern uns die Einreise.

Diese Brücke ist ausschließlich für den Güterverkehr bestimmt, nur für den Austausch von Containern. Spezielle Verträge verbieten die Grenzbenutzung für Fahrzeuge und Personen. Wir erklären unsere besondere Situation, die Flucht vor der Geheimpolizei. Dennoch wollen sie uns zurückschicken. Wir setzen uns auf den Boden, gehen in einen Sitzstreik, wollen eine Ausnahme erzwingen. Hongkong ist immer noch britisch, wir sind Europäer. Sie müssen helfen, können uns nicht zurückschicken.

Nach einer Weile kommt eine Allradlimousine mit dem Chef der Einwanderungsbehörde von Hongkong. Auch er bedauert, daß die Hongkong-Regierung nicht gewillt ist, wegen uns die Handelsverträge mit China zu brechen. Keine Ausnahme. Sie wollen uns hinübertragen, lassen uns mit niemandem Kontakt aufnehmen. Schließlich willige ich ein zu verhandeln. Wir wissen, daß die Volksarmee menschlicher ist als die Geheimpolizei. Es wird ein Treffen mit einem chinesischen General arrangiert. Über eine zweite Brücke geht's zurück nach China. Der General spricht englisch. Er ist freundlich, will uns helfen, bedauert, daß es bisher noch keine offizielle Straßenverbindung nach Hongkong gibt. Wir müßten die Motorräder in Kisten verpacken und mit dem Zug als Frachtgut hinüberschicken.

Langsam, mit viel Geduld, suggeriere ich ihm die für uns einzig annehmbare Lösung des Problems. Mittlerweile ist es dunkel, offiziell sind wir schon aus China ausgereist, das Einfachste wäre, er schleust uns bei der Zugstation über die Grenze. Das schlägt er uns dann auch vor. Wir sollen genau in seiner Spur folgen, denn wir müssen durch vermintes Gebiet. So erreichen wir den offiziellen Grenzübergang in der Nähe. Hier läßt er riesige Metalltore öffnen, schleust uns hinter die Zollabsperrungen, vorbei an den Immigrationsbeamten, dem ganzen Überwachungssystem, schnell und unauffällig. Er begleitet uns noch bis auf die Brücke. Oben schalten wir die Motoren aus, verabschieden uns dankbar. Er bittet uns scherzhaft, nicht zurückzukommen. Auf der anderen Seite rollen wir hinunter, an die Grenzabfertigungstheken. Dort empfangen uns die Hongkong-Chinesen mit Meio. Sie wüßten Bescheid, wir dürften in Hongkong nicht einreisen. Begründung: Dies sei ein Grenzübergang nur für Personen, nicht aber für Fahrzeuge. Kein Problem, versichere ich ihnen, dies sind keine Fahrzeuge, sondern Koffer auf Rädern. Nichts zu machen. Wenn ein Chinese einmal nein sagt, wird er seine Meinung nicht mehr ändern. Es geht auf Mitternacht zu, ich rege mich künstlich auf, veranstalte eine Schau, die immer mehr Reisende auf uns aufmerksam macht. Ich weiß, daß zur Zeit viele Journalisten und Fernsehteams wegen der Übergabeverhandlungen in Hongkong sind. Laut lasse ich alle wissen, daß wir morgens live im TV erwartet werden. Wenn dies unser Empfang in Hongkong sein sollte, dann wird eben dies meine Hongkong-Geschichte sein.

Im nächsten Moment kommen andere Beamte, neue Gesichter, grüßen freundlich, stempeln die Pässe, zahlen sogar unsere Zugfahrscheine, denn die Wechselstube ist längst geschlossen. Die U-Bahn hat einen Gepäckwagen hinten angekoppelt, wir schieben die stark verdreckten Motorräder hinein, halten sie fest während der Fahrt nach Kowloon, dem Zentrum der Stadt. Dort gibt es zum Glück einen Lastenaufzug aus dem U-Bahnschacht hoch in die Freiheit. Die Türen öffnen sich, Neonlicht, Menschen, Autos. Vor unseren Augen pulsiert die Stadt mit dem schnellsten Herzschlag der Welt.

Wo geht's zur Chungking Mansion, keine Ahnung. Claudia warnt mich noch, »Paß auf, Linksverkehr« – im Gegensatz zu China –, und schon werden wir vom schnellen und dichten Verkehr mitgerissen. Der Schock ist komplett. Zwar dieselbe Kultur, dafür aber ein Zeitsprung. Fuhren wir eben noch über verschlafene Feldwege, auf der Hut vor der Polizei, so fürchten wir jetzt, vom Verkehr plattgewalzt zu werden. Die Bordsteine sind zu hoch, um aus der Fahrrinne zu flüchten, die Fahrer hinter uns ungeduldig. Ein Schild kündigt einen Tunnel an. Das nächste warnt, wer kein abgezähltes Kleingeld für die Benutzung hat, muß 1.000 Hongkong-Dollar Strafe zahlen. Links eine Ausfahrt. Ich kreuze schnell die fünf Spuren der Schnellstraße, erwische die rettende Abfahrt. Hinter mir quietschende Bremsen, wildes Gehupe. Ein Blick zurück, Claudia hat es nicht geschafft. Ich muß sie wiederfinden. Am Ende der Abfahrt halte ich mich links. Die Straße ist zugeparkt mit Handkarren, Kisten, Tischen. Ein dichtes Gedränge von Menschen mit Körben und Tabletts über den Köpfen. Ein Nachtmarkt, Lichter, Geschrei. Ich bin zu schnell, zu breit, ecke an, Hühner flattern, Schimpfen, Krachen, Gepolter. Links eine Treppe hoch auf die Schnellstraße. Runterschalten, erster Gang rein, Vorderrad hochreißen, Gas geben. Mit einem Satz lande ich mitten im Verkehr. Kurz vor dem Tunnel noch eine zweite Ausfahrt. Hier steht Claudia und wartet. Der Tunnel führt unterm Meer durch, hinüber zur Insel von Hongkong. Aber da wollen wir nicht hin.

Um in dem Gewimmel der völlig überfüllten Straßen und dem unübersichtlichen Schilderdschungel die Orientierung wiederzufinden, müssen wir zurück ins Zentrum von Kowloon. Eine Ampel wechselt auf Rot. Links neben mir lese ich ein Schild: Chungking Mansion. So ein Zufall. Wir parken auf dem engen Bürgersteig. Menschen quetschen sich vorbei, es herrscht Hochbetrieb. Die Stadt tickt auf höchsten Touren, vierundzwanzig Stunden nonstop. Ein Zimmer ist noch frei auf dem zwölften Stock, einen Stellplatz für die Motorräder gibt es nicht. Wir müssen im voraus zahlen, nur mit Hongkong-Dollar. Um ein Uhr früh eine geöffnete Wechselstube finden und einen sicheren Platz für die Motorräder und das Gepäck, wie ist das möglich?

Während Claudia auf alles aufpaßt, laufe ich los, suche nach einer günstigen Möglichkeit in der Nähe. Vielleicht finde ich einen Schuppen, eine Garage, einen bewachten Parkplatz. Aber Platz gibt es hier keinen, jeder Quadratmeter ist schon genutzt. Die hinteren Gassen sind dunkel und unheimlich. Finstere Chinesen gehen dunklen Geschäften nach. Mafiosi, Drogen, Geld, Waffen. Ich muß so tun, als ob ich dazugehöre, muß festen Schrittes zielstrebig weitergehen, darf nicht zögern, mich nicht umschauen. Die Gasse endet bei einer Haustür. Ein Typ gleitet zur Seite, läßt mich eintreten. Ich öffne den Reißverschluß meiner Lederjacke, spucke geräuschvoll hinter mich, keiner ist mir gefolgt. Der Hausflur ist dunkel, am anderen Ende das blinkende Licht einer Leuchtreklame durch ein Fenster. Ich öffne die Tür und stehe wieder auf der Straße. Links runter finde ich Claudia wieder.

Ein kleiner Ausländer verscheucht eine Meute aufdringlicher Typen, die den Eindruck von Straßenräubern machen. Der Mann gibt sich als Australier zu erkennen, von Interpol. Seine ovale Plakette, die er versteckt in der Hand hält, könnte aus Gold, Bronze oder Plastik sein. Er hat getrunken, seine alkoholische Ausdünstung ist echt. Seine Geschichte ist knapp und dürftig. Er sei einem gigantischen Heroin-Coup auf der Spur. Hier in der Nähe werden zig Tonnen von dem Rauschgift gelagert. Der Drahtzieher ein Australier. Er muß ihn schnappen, in genau einer halben Stunde. Solange kann er auf unsere Sachen aufpassen. Wir sollen inzwischen etwas essen und Geld tauschen. Nur müssen wir spätestens in einer halben Stunde zurück sein. Aus irgendeinem Grund vertrauen wir dem Spinner. Die Rezeption eines Nobelhotels tauscht unsere Reiseschecks. In einer Imbißstube schlingen wir einen Hamburger runter, das erste Essen seit fast zwanzig Stunden. Zurück bei den Motorrädern, hat der Wichtigtuer die Polizei herangewinkt, zeigt den Beamten seine Spielzeugmarke, winkt uns noch zu und verschwindet in der Menschenmenge. Ein britischer Motorradpolizist weiß die Lösung für unser Problem. Er beschlagnahmt kurzerhand unsere Motorräder, schreibt uns aber gleichzeitig eine Freigabe aus. In drei Tagen müssen wir sie spätestens wieder abholen, so lange bleiben sie in Polizeigewahrsam. Das große Polizeipräsidium mit dem gesicherten Parkplatz ist nur wenige hundert Meter die Straße runter. Erleichtert fallen wir auf die Matratzen im zwölften Stock des Hotels.

Wir schlafen fast bis Mittag, bis einer den Fernseher einschaltet. Nachrichten: »Heute nacht gelang es, in Zusammenarbeit mit der internationalen Polizei den größten Heroinschmuggel der Geschichte aufzudecken.« Der besoffene Aussie grinst von der Mattscheibe.

Zum Einkaufen fürs Frühstück gehe ich in den nächstbesten Supermarkt. Wie jeder andere schnappe ich mir einen Einkaufswagen und schiebe ihn durch die Regalreihen. Ich glaube meinen Augen nicht zu trauen. Hier gibt es alles. Fast alles importiert, sogar deutsche Waren, mit deutscher Aufschrift. Ich kann mir nicht helfen, aber ich muß grinsen. Der Wagen füllt sich, ich kann das debile Grinsen nicht mehr abstellen. An der Kasse wundert sich die Verkäuferin, ich zucke mit den Achseln, werde das dämliche Grinsen nicht los. Auf dem Fließband stapeln sich Müsli, Salami, Schinken, verschiedene Käsesorten, Schokolade, Studentenfutter, Mehrkornbrot, Früchte, Eiscreme, vier große Plastiktüten voll. Zurück auf unserem Zimmer schimpft Claudia: »Du wolltest doch nur fürs Frühstück einkaufen!« Dann muß auch sie grinsen. Alles Leckereien, ohne die wir die letzten sechs Monate ganz gut ausgekommen sind. Aber anscheinend haben wir sie doch vermißt.

Wir bleiben zwei Wochen in Hongkong, finden auch unsere Filme bei der Post wieder. Schon am ersten Tag nehmen wir Kontakt zu einem Reisebekannten auf. Er hat ein ganzes Haus für uns in den Klippen am südlichsten Ende der Insel, Shek-o Beach. Das kleine Dorf kommt uns noch chinesischer vor als die typischen Dörfer, die wir in China gesehen haben – vielleicht weil gerade ein traditionelles Fest stattfindet, das nur alle zehn Jahre wiederholt wird. In jedem Falle sind die Menschen hier sehr freundlich, das Wetter, der Strand und das Meer laden zum Urlaub ein. Unser Gastgeber besitzt ein schnelles Segelboot, einen Hobie Cat, mit dem ich kentere. Ich treibe solange auf offenem Meer, bis mich ein Fischer findet und hilft, das Boot wieder aufzurichten.

Zwischendurch organisieren wir mit den Agenten der chinesischen Schiffslinie die Verschiffung der Motorräder nach San Francisco. Sie laden uns öfters zum Essen ein, bringen uns in die nobelsten Restaurants Hongkongs. Keine der Spezialitäten ist uns bekannt. Unter anderem probieren wir gebratene Taube, Rindermagen, Hühnerfüße und Froscheier.

Als das Schiff mit Namen Bin Cheng in den Hafen einläuft, bekommen unsere Motorräder einen windgeschützten Platz hinter der Küche an Deck. Unser Gepäck kommt in die Staatskabine. Wir dürfen leider nicht mitfahren, Schiffsgesellschaften und Gewerkschaften lassen angeblich weltweit keine Passagiere mehr auf Frachtschiffen zu. Zum Anheuern fehlt uns das Seemannsbuch. Wir müssen ein Flugticket besorgen.

Anfang Dezember 1986 landen wir in San Francisco. In Gedanken haben wir Blumen im Haar, im Gepäck einige Dutzend Adressen, die wir unterwegs gesammelt haben. Auch wenn wir die nächsten Jahre kreuz und quer durchs Land fahren, werden wir unmöglich allen Einladungen folgen können. Zuerst wohnen wir im Babylon Club, einer Wohngemeinschaft direkt am Golden Gate Park, wo unsere Freunde immer ein Zimmer frei halten, für Reisende wie uns. In der Nähe ist die Haight-Ashbury-Ecke, wo noch das Feeling der sechziger Jahre lebendig ist, wo runzelig gewordene Hippies rumhängen, mit LSD im Blut und Greatful-Dead-Songs auf den Lippen.

Am anderen Ende des Parks ist der Strand, dahinter die legendäre Golden Gate Bridge, deren fünfzigstes Jubiläum wir später mitfeiern werden. San Francisco soll, nach Köln, meine zweite Heimat werden, die Stadt, in die ich immer wieder zurückkehre, wo ich die meisten Freunde habe. Wie gut uns Städte gefallen, hängt insbesondere von den Begegnungen ab, den Menschen, die wir treffen. Die meisten unserer amerikanischen Freunde stammen aus dem Nordosten des Landes. Amerikaner sind sehr reiselustig. Viele junge Leute bleiben in Kalifornien hängen, weil die Atmosphäre hier lockerer ist und das Klima angenehmer. Aber San Francisco ist auch sehr international, hier trifft sich wirklich alle Welt, auch wir treffen immer wieder Reisebekannte von anderen Kontinenten.

Zu Beginn merken wir den Sprung von China kaum, uns fällt nur auf, daß zwischen den vielen asiatischen Gesichtern doch einige europäische sind. Chinatown in San Francisco. Hier sind wir sogar darauf angewiesen, unseren dürftigen chinesischen Sprachschatz anzuwenden, denn viele ältere Chinesen haben es nicht für nötig gehalten, Englisch zu lernen.

Ein Chinese behauptet, ein Drittel der Amerikaner stamme von Deutschen ab. Wenn sie damals mehr zusammengehalten hätten, wäre vor 150 Jahren bei der Abstimmung über die Nationalsprache vielleicht sogar Deutsch gewählt worden. Tatsächlich sind die europäischen Wurzeln der Amerikaner kaum zu übersehen. Einerseits wirken sie auf mich viel offener und lockerer, dafür im Umgang miteinander auch oft oberflächlicher. Alles, was zählt, sind Leistung und Erfolg. Die besten Chancen haben junge Leute, die flexibel und aggressiv sind. Sie leben in schicken Appartements, haben teure Autos vor der Tür geparkt. Man schöpft aus dem vollen, leistet sich alles. Gezahlt wird mit Kreditkarten, die permanent überzogen sind. Genauso steil wie der Aufstieg ist auch der Fall ins Bodenlose.

Andererseits scheint Diskriminierung im Land der großen Freiheit ein beliebter Zeitvertreib zu sein. Am schlimmsten empfanden wir die Südstaaten und die Ostküste von South Carolina und Georgia. Der Sheriff fährt im Wagen dicht hinter uns her, bis wir die Bezirksgrenze erreichen. Dort wartet schon der nächste auf uns. Als wir meine Zwillingsschwester in einem kleinen Dorf in Illinois besuchen, vertreibt uns die Dorfpolizistin. Fremde – jedenfalls solche mit Motorrädern und langen Haaren – dürfen sich hier nicht blicken lassen.

Die erste Begegnung mit der Polizei hatten wir schon, als wir unsere Motorräder im Hafen von San Francisco abholten: Wir rollen langsam am Ampelstau vorbei, vorne steht ein Streifenwagen. Bei Grün schaltet der Cop Blaulicht und Sirene an, hängt mit vorgehaltener Pistole halb aus dem Seitenfenster, drängt uns auf den Bürgersteig und gegen eine Hauswand. Claudia zittert am ganzen Körper, kann den Anweisungen des vor Wut schnaubenden Bullen nicht mehr folgen. Er will wissen, wo wir herkommen. »Aus China.« Er fühlt sich verarscht, glaubt uns erst, als er die Stempel in unseren Pässen sieht, wünscht uns dann ganz ruhig einen angenehmen Tag.

Wir wollen uns auch keinen Streß mehr machen, bleiben erst mal vier Monate in Kalifornien, um den Sommer dann in Alaska zu verbringen. Der Westen der USA ist phantastisch, die Küste hoch treffen wir viele sympathische Menschen. Wir besitzen auch ein gutes finanzielles Polster, brauchen uns also vorerst keine Gedanken um Jobs zu machen. Wir haben gelernt, mit sehr wenig Geld auszukommen. Das bißchen, das wir noch für Benzin und Essen benötigen, läßt sich unterwegs einfach und schnell verdienen. Für alle größeren Ausgaben, wie Ersatzteile und Flugtickets, versuchen wir Sponsoren zu finden. Auch hierbei haben wir selten Schwierigkeiten. Wir brauchen keine Verträge abzuschließen, meist will man uns einfach nur helfen.

Mittlerweile verkaufen wir unsere Reiseberichte auf allen Kontinenten. Die Nachfrage wird uns langsam zu groß, wir können nicht mehr jeden Auftrag übernehmen. Lieber erlernen wir immer neue handwerkliche Fähigkeiten, arbeiten in den armen Ländern auch gerne mit Straßenkindern. Sie sind oft neugierig und sehen mir zu, wenn ich meine Kameras mit grobem Motorradwerkzeug und Schweizer Messer zerlege. Die Fotoapparate müssen regelmäßig entpilzt und von Staub und Dreck befreit werden. Im Laufe der Jahre habe ich viele Geräte repariert, Fernseher oder Computer. Meist sind es nur Kleinigkeiten, die zu beheben sind, wie zum Beispiel der gerissene Antriebsgummi in einem Kassettenrekorder. Die Leute schleppen immer mehr Geräte an, ich bekomme so immer mehr Übung, genau wie Claudia, die mir dabei hilft. Wir kümmern uns auch um unsere eigene Ausrüstung, die wir ständig in Schuß halten müssen. So haben wir beispielsweise während der gesamten Reise nur zwei Zelte abgenutzt, beim letzten die Reißverschlüsse, das Überdach und den Boden neu eingenäht. Wo es uns möglich ist, versuchen wir zu recyceln, nur soviel Material wie nötig zu verbrauchen und möglichst keinen Müll zu produzieren.

Immer wieder schütten uns die Menschen, die wir treffen, ihr Herz aus. Oft erzählen sie uns ihre tiefsten Probleme, vielleicht weil sie wissen, daß wir ihre Geheimnisse mitnehmen, wenn wir am nächsten Tag weiterfahren. Es gibt uns ein wunderbares Gefühl, wenn wir spüren, daß wir helfen können. Genauso gerne lassen wir uns helfen, wir sind sogar sehr auf die Hilfe anderer angewiesen.

Die meisten Freunde, die wir unterwegs besuchen, möchten, daß wir länger bleiben. Sie finden unsere Berichte spannend, wollen gerne mehr erfahren. Uns wird das Erzählen auch nicht langweilig, wir haben zu viele Geschichten erlebt, als daß wir sie zu oft wiederholen müßten. Oft werden uns bei solchen Gelegenheiten Jobs angeboten, Reparaturen, Renovierungsarbeiten und alles, was so an Arbeiten in Haus und Garten häufig liegenbleibt. Bestimmt neunzig Prozent unserer Arbeit leisten wir umsonst oder im Austausch für Wohnen und Essen. Sechs Wochen bezahlter Arbeit pro Jahr würden theoretisch ausreichen. Das ist soviel, wie meine früheren Kollegen in Deutschland an Urlaub erhalten. Besonders in armen Ländern haben wir gelernt, mit dem Nötigsten auszukommen. Die glücklichsten Menschen treffen wir in den einfachsten Verhältnissen, wo es keinen Strom oder Fernseher gibt, wo die Menschen in Einklang mit der Natur leben. Letztendlich kommt es nur auf die Grundbedürfnisse an: Gesundheit, Essen, sauberes Wasser und ein Dach über dem Kopf. Immer wieder erinnere ich mich an die strahlenden Augen eines Inders, der eines Tages vor mir stand, um die Hüften ein Tuch geschlungen, unterm Arm eine Bastmatte. »Ich besitze nichts, deshalb habe ich alles«, schien er zu sagen.

Nirgends auf der Welt können wir beobachten, daß Geld wirklich glücklich macht. Ganz im Gegenteil, Geld verführt, es macht blind, gierig, besessen, es gibt einem Macht über andere. Für das Geld, das wir zum Leben brauchen, wollen wir auch arbeiten. Als uns später ein reicher Geschäftsmann großzügig sponsern will, freuen wir uns, daß er von unserer Lebensphilosophie angetan ist. Aber er muß verstehen, daß uns unsere Freiheit wichtiger ist. Erst wenn wir so ein verlockendes Angebot ohne mit der Wimper zu zucken ablehnen können, sind wir wirklich frei. Plötzlich Geld zu besitzen, würde unser Leben komplett verändern. Auf einmal könnten wir allen unangenehmen Situationen ausweichen, könnten uns in sichere Hotels flüchten, uns loskaufen, müßten nicht mehr fürs Überleben kämpfen. Dabei ist uns gerade dieser tägliche Kampf so wichtig, so lebenswert. Er zwingt uns, mit jeder Lebenssituation fertigzuwerden. Die Erfahrung ist unsere Sicherheit, und die ist im Kopf und nicht auf der Bank. Uns interessiert alles, was wir nicht können. Je mehr wir lernen, desto unabhängiger werden wir. Wir sind überzeugt, daß wir immer so weiterfahren könnten, solange wir Lust dazu haben. Ein noch größeres Glück können wir uns nicht vorstellen. Viele Menschen behaupten, daß wir auch ihren Traum leben. Und traumhaft ist es. Aber Urlaub ist es nicht.

Seit wir Asien verlassen haben, sind wir viel ruhiger geworden. Wir sehen uns als moderne Nomaden, vor uns ein riesiger Kontinent, auf dem wir uns tummeln können. Wir brauchen keine Uhr, unser Zeitgefühl wird von Sonne und Mond bestimmt. Die Zeit können wir sowieso nicht anhalten, können nur versuchen, jeden Moment bewußt zu leben. Wenn wir am Morgen aufwachen, kochen wir uns eine Tasse Kaffee. Dann erst entscheiden wir, ob wir überhaupt weiterfahren oder lieber noch bleiben, wandern gehen, schwimmen, Freunde besuchen, oder ob wir uns aufs Motorrad schwingen, um den Horizont zu erkunden. Der Horizont lockt mich, immer will ich wissen, wie es dahinter aussieht, und dahinter, und so weiter. Gerne sattle ich auch um, reise zu Pferd oder zu Fuß, mehrfach haben wir wochenlange Trekkingtouren unternommen. Auch entdecken wir die Liebe zum Reisen auf kleinen Booten, das Paddeln im Einbaum, auf Flüssen und Seen. Oder das Fliegen – meine letzte Faszination. Ich lasse keine Gelegenheit aus, in Kleinflugzeugen mitzufliegen. So manche Flugmeile habe ich selbst gesteuert. Ich saß in vielen Flugobjekten, angefangen vom Luftschiff, über Gleiter, Propellermaschinen bis hin zum Hubschrauber. Am liebsten würde ich natürlich selbst fliegen können, wie Ikarus – oder besser, wie Daedalus.

Am praktischsten sind auf unserer Reise aber die Motorräder. Sie fressen nicht viel Benzin und lassen sich leicht reparieren. Wir betrachten unsere Motorräder wie gute Kumpels, kennen ihre Schwächen und ihre Stärken. Wir haben sie für unsere Bedürfnisse umgebaut, können sie nach und nach immer mehr verbessern. Wir haben uns vorgenommen, dieselben Motorräder immer wieder zu überholen und zu reparieren, solange wir reisen. Das ist zwar bei japanischen Maschinen eine Sisyphusarbeit, aber irgendwie gehören sie zu uns, wir haben zusammen schon zuviel durchgestanden, als daß wir sie einfach gegen neuere Exemplare austauschen könnten.

Wir fahren gerne Motorrad. Ich liebe den engen Kontakt mit meiner Umgebung, die frische Luft, die Sonne, den Regen, die Gerüche und die Aussicht rundherum. Ich genieße die Kontrolle, die ich über mein Motorrad habe, und wie der Motor locker zwischen meinen Beinen schnurrt. Mit der Hand am Gasgriff lehne ich mich tief in die Kurve und lenke mein Gefährt in die Richtung, die mir gerade gefällt. Wir rollen über unseren Planeten Erde, erklimmen die höchsten Pässe, wo Schnee und Eis uns erwarten, oder tauchen in Schluchten ab, in Senken, noch tiefer als der Meeresspiegel. Wir fahren auf den verschiedensten Straßen, ob Teer, Schotter, Sand oder Matsch. Manchmal ist es auch nur die blanke Erdkruste, über die wir rollen, unberührtes Land, für das ich Ehrfurcht empfinde.

Ich liebe die Herausforderung einer unbefestigten Straße, wo wir auf Unerwartetes stoßen, das Ungewöhnliche finden, wo wir diejenigen treffen, die am Ende der Welt leben. Die Motorräder tragen uns und die wenigen Dinge, die wir besitzen. Wenn die Straße endet, können wir alles auf ein Boot oder Flugzeug laden und mitnehmen zum nächsten Ziel, wo neue Straßen beginnen, die uns neue Richtungen weisen.

Wenn wir morgens losfahren, wissen wir eigentlich nie, wo es uns hintreibt, wem wir unterwegs begegnen, wo wir uns zur Ruhe betten. Wir zelten an kleinen Seen, auf Waldlichtungen, neben reißenden Bächen, am Wasserfall, Strand oder auf Klippen. Falls es vor Ort kein Trinkwasser gibt, füllen wir unseren Kanister vorher auf, decken uns auf Märkten mit frischem Gemüse ein, um möglichst viele Tage allein in der Wildnis bleiben zu können. Selbst den Regen lieben wir, denn dann ist es um so gemütlicher in unserem Zelt. Draußen lodert ein Feuer, an dem wir uns trocknen und wärmen können, wir lauschen der Brandung der Wellen oder beobachten die Wolken, wie sie am Mond vorbeiziehen. Wenn wir weiterreisen möchten, schütteln wir das Zelt einfach aus, rollen es zusammen und packen wieder ein. Alles hat seinen angestammten Platz. Aufpacken ist Routine, jeder Handgriff Tausende Male wiederholt. Weiter geht's, neugierig auf den nächsten Moment. Menschen am Straßenrand winken uns zu, ihre erste Reaktion meist ein Lächeln.

Nordamerika erscheint uns ziemlich durchorganisiert, Supermärkte gibt es in jedem Ort, Campingplätze bei jeder Touristenattraktion. Der Nordwesten ist aber noch recht wild und ursprünglich, ein Dorado, das nach Abenteuer riecht, nach dem Abenteuer, das wir suchen. Bis wir Alaska erreichen, ist dort der kurze Sommer leider schon vorbei, der erste Schnee treibt uns bald darauf in den Osten. Doch bevor wir quer durch Kanada bis nach Labrador und Neufundland weiterreisen, möchten wir noch die Eskimos besuchen. Den richtigen Tip gaben uns zwei Motorradfahrer, die wir schon vorher in der kanadischen Provinz Yukon, nahe der Grenze zu Alaska, getroffen hatten. Für die fünftausend Kilometer von ihrem amerikanischen Heimatort aus hätten sie trotz ihrer Motorrad-Anhänger nur vier Tage gebraucht, wie sie uns stolz berichten. Wo wir herkommen, wollen sie wissen. Aus Prince Rupert, antworte ich, dem Zielhafen der Fähre, die wir von Vancouver Island genommen hatten. Auf die Frage, wie lange wir unterwegs sind, antwortet Claudia ausweichend: »Das kommt ganz darauf an, wie man es sieht.« Denn für uns stellt sich nicht die Frage, wie schnell wir eine Strecke bewältigen, sondern eher, wieviel Zeit wir uns dafür lassen. Seit Köln sind wir nämlich schon sechs Jahre unterwegs, haben aber erst gut hunderttausend Kilometer zurückgelegt. Nur ganz selten nehmen wir uns eine größere Strecke vor, der Tagesschnitt – inklusive aller Stops – liegt bei fünfzig Kilometern.

Claudias Packtasche ziert ein Aufkleber mit dem Aufdruck: »Wer durch die Hölle will, muß verteufelt gut fahren!« Einer der beiden bittet um eine Übersetzung. Das bringt ihn dann auf seine Geschichte: »Wenn ihr durch die Hölle wollt, dann müßt ihr den Dempster hoch nach Inuvik nehmen. Das sind achthundert Kilometer tiefer Schotter bis zum Arktischen Ozean! Wir haben nur noch zwischen 15 und 40 Kilometer pro Stunde geschafft – die reinste Höllenstraße!« Er erzählt von tiefen Spurrillen und fügt hinzu: »Wenn ihr da wirklich hoch wollt, nehmt Ersatzreifen und Schläuche mit. Und rechnet damit, daß eure Motorräder auf der Strecke bleiben!«

Jenseits der Grenze, in Alaska, führt ebenfalls eine Straße bis an den nördlichsten Rand des Kontinents, aber sie läuft ewig an der Pipeline entlang, eine öde Strecke, wo wir kaum Einheimischen begegnen würden. Der Dempster Highway erscheint uns vielversprechender. Die letzten Einkaufsmöglichkeiten finden sich in Dawson City, heute ein Tausend-Seelen-Ort, gelegen an der Stelle, wo der Fluß Klondike in den Yukon fließt. Noch können wir nicht ahnen, daß wir ein Jahr später wieder hierherkommen, daß wir uns dann mitten im größten Abenteuer unserer bisherigen Reise befinden werden. Aber jetzt genießen wir erst mal die Eindrücke der legendären Goldgräberstadt. Hunderttausend Goldschürfer zog es zum Klondike, als hier 1896 Gold entdeckt wurde. Davon erreichten nur vierzigtausend Dawson City und verwandelten den Ort von einem Holzhütten- und Zeltdorf in die größte Stadt westlich von Winnipeg und nördlich von San Francisco. Der Goldrausch hielt nur bis 1903 an. Der größte Teil der Glücksritter verließ die Stadt ärmer, als er gekommen war.

Auch wir lassen viele Dollar im Tante-Emma-Laden, bevor wir uns mit einigen Extrakilo Proviant auf den Weg machen. Anfangs tasten wir uns noch langsam vorwärts, immer auf der Hut vor weichen Abschnitten auf der Schotterstraße, vor denen man uns gewarnt hat. Aber der Highway ist festgefahren, bald beschleunigen wir bis auf hundert Stundenkilometer, genießen den herrlichen Ausblick auf die Ogilvie-Berge. Hinter einem langen Paß öffnet sich der Fichtenwald, ein hohes, baumloses Plateau entfaltet sich vor uns. Von schweren, schwarzen Wolken getrieben, kommen wir gut voran. Wir legen nur kurze Pausen ein, denn haben die Mücken uns einmal gerochen, scheint sich unsere Anwesenheit schnell unter ihnen herumzusprechen. Von einem kalten, windigen Paß aus können wir die Straße mit den Augen verfolgen, bis sie fünfzehn Kilometer weiter hinter dem nächsten Paß verschwindet. Sie windet sich wie eine Narbe in sonst unberührter Wildnis. Am Straßenrand leuchten grüne Farne zwischen violettem Feuerkraut.

Der Ort Eagle Plains besteht nur aus Tankstelle und teurem Motel. Wir bauen unser Zelt am späten Abend in einer geschützten Sandgrube auf, denn hier im Norden herrscht permanent Bodenfrost. Im Licht der Mitternachtssonne braten wir ein kräftiges Abendessen, rote Bohnen mit Speck nach Cowboy-Art. Erst nachdem ich mir einen Schal um die Augen gewickelt habe, stellt sich mein Körper auf nachtschlafende Stunde ein. Am nächsten Tag überqueren wir den Polarkreis. Gen Osten rollen weiße Wolken wie Wolle das Richardson-Gebirge herunter. Bald sind wir in dichten Nebel gehüllt, die Temperatur fällt schnell. Wir fahren langsam weiter, um nicht plötzlich von der erhöhten Trasse zu rutschen. Der nächste Paß markiert die Wasserscheide und die Grenze zu den Northwest Territories. Von hier fließen Flüsse in den Osten und Norden zum Arktischen Ozean und in den Westen über den Yukon zum Pazifik. Weiter unten lichtet sich der Nebel, ein flaches Tal mit verkrüppeltem Tannenwald kommt zum Vorschein, durch das sich der Peel River gemächlich seinen Weg zur Beaufortsee bahnt.

Eine Fähre bringt uns rüber zu Fort McPherson, einer Indianersiedlung des Loucheux-Stammes. Der einfache Bretterhüttenort wurde 1858 als Zentrum der Anglikanischen Kirche in der westlichen Arktik gegründet. Kinder spielen in den vermatschten Straßen. Eine alte Frau, die ihr Flickenkleid und ihre Schuhe auf einem erhöhten Gehsteg trocken hält, schimpft verschmitzt: »Daß ihr fremden Menschen immer hierher kommt!«

Nur fünfzig Kilometer weiter erreichen wir die Mündung des Arctic Red River, der in den Mackenzie River fließt. Wieder bringt uns eine Fähre über den Fluß, diesmal zu einem Indianerdorf der Dene. Obwohl dieses Gebiet schon immer für seinen Fischreichtum bekannt war, hatten sich die Dene-Indianer hier nur zögerlich niedergelassen. Sie leben immer noch vom Jagen, Fallenstellen und Fischfang. Als wir unser Zelt auf einer vorspringenden Klippe zwischen zwei Kirchen aufbauen, nähert sich ein Eskimo. Er hat schmale Augen und ausgeprägte Gesichtszüge, seine lange Nase ist von Narben übersät. Während er seinen Kopf hin und her schwenkt, zerdrückt er routiniert kleine blutsaugende Fliegen in seinem Gesicht. Er klärt uns auf, daß die Bezeichnung Eskimo für sein Volk als unhöflich gilt, sie selbst nennen sich Inuit. Mit den Angehörigen anderer Indianerstämme versteht er sich nicht, und sein Sommerjob als Hausmeister für Behausungen, die den Inuit von der Regierung gestellt werden, gefällt ihm auch nicht mehr. Lieber will er zurück aufs Eis, aber seine Familie hat das traditionelle Leben seiner Vorfahren längst aufgegeben.

Die Nacht schlafen wir gut, obwohl der Regen uns eingeholt hat. Auch das laute Gebell der vielen angepflockten Schlittenhunde stört uns nicht. Am späten Vormittag weckt uns eine alte Nonne, um uns auf ein Frühstück in der Mission einzuladen. Ursprünglich kommt sie aus Quebec, was ihren französischen Akzent erklärt. Seit vierunddreißig Jahren dient sie nun schon ihrem Orden hier in der Region, davon die letzten zehn Jahre in dieser Mission.

Während wir uns in der Küche aufwärmen, hat unsere Gastgeberin viele Geschichten zu erzählen: »Der Priester, der auch geholfen hat, die iglufömige Kirche in Inuvik zu bauen, kommt seit Jahren regelmäßig jeden Sonntag hierher. Wenn es im Winter bis zu minus fünfzig Grad kalt wird, fährt er seinen Lastwagen über den gefrorenen Mackenzie River. Wenn das Eis gegen Ende März aufbricht, nimmt er die Fähre. Die meisten Leute sind katholisch, aber sie kommen vor allem in die Kirche, um vom Meßwein zu kosten. Ja, die meisten trinken zuviel.«

Sie erzählt uns vom harten Leben der Einheimischen entlang des Mackenzie. »Habt ihr das Zelt auf der anderen Seite des Flusses gesehen? Ich kann mich noch gut daran erinnern, als die Familie noch vollständig war. Zuerst ertrank der Vater, als sein Kanu auf Treibeis stieß, während er fischte. Letztes Jahr passierte dann das gleiche den Söhnen, beide ertranken im eisigen Wasser. Jetzt sind nur noch die Mutter und ihr kleinstes Kind übrig. Sie kommen immer noch her zum Sommercamp, um Fisch zu räuchern.«

Als der Regen am Nachmittag nachläßt, packen wir zusammen und rollen den Hügel hinunter zur Fähre. Während wir warten, kommt Henry, ein junger Indianer, im Kanu rübergepaddelt. Er hat gerade seine Netze nachgesehen, die er immer im Wasser läßt. Zweimal täglich holt er etwa siebzig Fische aus dem Fluß, die er dann trocknet und räuchert. Das meiste wird an die Schlittenhunde verfüttert. Im Winter bricht er zum Fischen Löcher ins Eis. Er lädt uns ein, seine Räucherhütte auf dem Rückweg zu besuchen. Der Führer der Fähre kommt mit zwei dampfenden Tassen Kaffee und stellt sich als »Captain Crunch« vor.

Spät in der Nacht erreichen wir Inuvik und die Iglu-Kirche. Zuerst müssen die total eingematschten Motorräder abgespritzt werden, dann gehen wir selber duschen. Die Mitternachtssonne kommt hinter den Wolken hervor, wir bauen unser Zelt auf. Niemanden stört es, daß der Postbote um zwei Uhr früh die Briefe austrägt. Im Sommer, wenn die Sonne jeden Tag 24 Stunden lang am Himmel kreist, teilt sich jeder seine Arbeitszeit nach Belieben ein. Unser Campingplatz heißt Happy Valley, weil hier schon 1957, während Inuvik aufgebaut wurde, nächtliche Schnaps- und Bowle-Gelage abgehalten wurden. Ursprünglich hatte der schnell wachsende Ort keinen Namen, wurde einfach als Punkt-Ost-3 bezeichnet. Erst viel später wurde er Inuvik getauft, was in der Inuit-Sprache soviel wie »Platz, wo Menschen leben« bedeutet. Bald wurde die Schulpflicht eingeführt. Viele Kinder wachsen deshalb in Inuvik getrennt von ihren Familien auf, die verstreut in den Sommercamps leben. Hier werden sie zu Stadtmenschen erzogen, ohne irgendeine Chance auf Arbeitsplätze. Auch andere Perspektiven fehlen. Von ihrem traditionellen Leben entfremdet, verfallen immer mehr der Droge Alkohol. Die Schnapsläden sind an Wochenenden nicht geöffnet. Auch in der Apothekenabteilung des Supermarktes ist samstags ein bestimmtes Regal leergeräumt. Wo sonst die Medikamente stehen, die auch Alkohol enthalten, steht dann ein Schild: »Bar heute geschlossen!«

Höhepunkt unserer nordischen Reise wird ein Flug in einer einmotorigen Cessna über das Mackenzie-Delta nach Tuktoyaktuk, einer kleinen Siedlung, wo vor einem Jahrhundert im Sommer noch die Flotte der Walfänger gelegen hat. Sie sind längst verschwunden, aber die Belugas, die weißen Wale, kommen noch regelmäßig zu Hunderten im Juli und August, um im flachen Wasser des Deltas zu kalben.

Nach einer Woche ziehen endlich die dunklen Wolken ab und hinterlassen einen strahlend blauen Himmel. Wir verabschieden uns von den vielen neuen Freunden. Obwohl wir sonst nicht gerne dieselbe Straße zweimal nehmen, freuen wir uns diesmal auf alle achthundert Kilometer des Dempster, der, wie eine Nabelschnur, Inuvik mit dem Rest der Welt verbindet. Wir freuen uns auch darauf, all die Freunde unterwegs wieder zu besuchen, die wir auf der Herfahrt getroffen haben.

Dann fahren wir zügig in den Osten, queren ganz Kanada, immer dem Herbst folgend, dem Farbenspiel der Laubwälder. Ein kleiner Versorgungsfrachter bringt uns den St.-Lorenz-Strom runter bis Labrador. Über Neufundland erreichen wir Neuengland, wo auch noch die Ahornbäume in feurigem Herbstrot glühen. Im Staat New York holt uns schließlich der Winter ein, wir rutschen über Schnee bis in die gleichnamige Riesenstadt. Die Kälte werden wir erst los, als wir die vereisten Appalachen hinter uns lassen. Mit jedem Kilometer weiter südlich wird es wärmer. Wir feiern die jährliche Bike Week mit zigtausend Harley-Davidson-Fahrern in Daytona, fahren die Inselkette

Floridas runter bis Key West, wo wir umkehren und über das Sumpfgebiet der Everglades New Orleans und die Mündung des Mississippi erreichen. Diesem mächtigen Fluß folgen wir bis zu seiner Quelle. In Manitoba kreuzen wir unsere Spuren des Vorjahres, als wir die südlichste Route durch Kanada wählten. Um wieder in den Norden zu gelangen, nehmen wir diesmal die nördlichste Strecke, die auch Wood and Water Road genannt wird.

Es war tiefer Winter, als wir uns der Weltmetropole New York näherten. Wir waren froh, daß wir uns bei dem grauen Schneeregenwetter nicht mit den Motorrädern in das Verkehrsgewühl stürzen mußten. Ein Student, der in einem Vorort wohnte, hatte uns eingeladen. Bei ihm konnten wir unsere Siebensachen stehenlassen, um am folgenden Tag mit dem Zug nach Manhattan zu fahren. Es war ein strahlender Wintertag. Wir wollten uns bei einer Bank Geld holen, doch irgend etwas schien mit unserer Plastikkarte nicht zu stimmen. Die Automaten, die bisher immer ohne Zögern Geld ausgespuckt hatten, versagten uns einer nach dem anderen ihren Dienst. Auch die Bankangestellten konnten uns nicht weiterhelfen, da wir unser Konto bei einer Bank in Kalifornien hatten. Wir hatten noch drei Dollar in der Tasche, nicht genug für den Zug. So zogen wir von Bank zu Bank, liefen uns die Hacken wund und überlegten, wo wir Geld bekommen könnten. Auf dem Weg holten wir unsere Briefe bei der Hauptpost ab und beschlossen, von unserem letzten Geld bei McDonalds einen Kaffee zu trinken und uns aufzuwärmen. Dort würde man uns schon nicht rauswerfen. Wir schauten gerade nach, wer uns alles geschrieben hatte, als Klaus mich anstarrte und meinte: »Die Papiere sind weg!« Er hatte unsere Pässe, Führerscheine, Motorradzulassungen und Bankkarte in der Jackentasche gehabt. Sofort sprang er auf und entdeckte alles auf dem Boden. Dann bemerkte er einen Typ, der mit dem Rücken zu uns saß und jetzt gehen wollte. Klaus klopfte ihm fast freundschaftlich auf die Schulter: »Wie gut für uns alle, daß wir sowieso pleite sind!« Der Typ machte sich schleunigst davon. Ich öffnete dann einen Brief von meiner Mutter und wollte meinen Augen nicht trauen, als mich eine 20-Dollar-Note anlachte. Sie hatte einfach meine Warnung ignoriert, Geld mit in den Umschlag zu stecken.

Florida erschien uns als idealer Platz zum Überwintern, doch waren wir enttäuscht, wie überlaufen alles war. Wild zelten durften wir nicht, und die Campingplätze waren ausgebucht. Die Polizei wachte überall mit Argusaugen, und die Überzahl der Rentner machte den Straßenverkehr recht unsicher. So kam es uns nicht ungelegen, als uns der Bruder eines Freundes aus Kalifornien einen Job anbot. Seit Australien, wo wir, praktisch pleite, einen Job finden mußten, wußten wir, daß es besser war, nicht unter Zugzwang zu stehen. Die besten Arbeitsangebote bekamen wir, wenn wir gar keine Arbeit suchten oder Muße hatten, uns in Ruhe umzusehen.

Nun erzählte Scott von einem Auftrag, den er allein nicht schaffen könnte. 7.000 Quadratmeter akustische Zwischendecke im Rohbau eines Kaufhauses ziehen, was sieben Tage Arbeit bedeutete und 7.000 Dollar bringen sollte. So schnelles Geld gab es selten, auch wenn wir vielleicht hart arbeiten müßten. Doch alles kam ganz anders. Die Baustelle lag in Jacksonville, und wir mußten in einem Motel übernachten. Um Kosten zu sparen, teilten wir uns ein Zimmer zu dritt. Arbeiten konnten wir nur nachts, da tagsüber die anderen Arbeiter und Handwerker die Baustelle bevölkerten, so daß wir die hydraulischen Bühnen nicht fahren konnten. Nachts war es eiskalt, und wir stellten schnell fest, daß die sieben Tage eine Illusion gewesen waren, zumal das Material noch nicht komplett angeliefert war. Die ganze Baustelle war ein einziges Chaos, der Subunternehmer schien alle, die nach ihrem Lohn fragten, ständig auf die nächste Woche zu vertrösten. Der Job zog sich immer mehr in die Länge, aus zwei Wochen wurden drei, und wir hatten noch keinen Cent gesehen. Als der Subunternehmer plötzlich verschwunden war, hörten wir von den anderen Arbeitern, jemand hätte ihn mit der Pistole bedroht, um an sein Geld zu kommen, doch auch das hätte nichts genützt. Nach vier Wochen Knochenarbeit hatten wir eine bildschöne Decke gehängt, jedoch keinen einzigen Dollar verdient. Wenigstens erstattete die Bauleitung die Spesen, um die Lohnforderungen sollte sich Scott kümmern. Als Besucher mit Touristenstatus hätten wir eigentlich gar nicht arbeiten dürfen. Der einzige Gewinn für uns war die Erfahrung, übers Ohr gehauen zu werden. Und wir waren nun Profis im Zwischendeckenziehen.

Von Süden kommend, näherten wir uns Dawson Creek in der kanadischen Provinz Yukon, wo der Highway beginnt. Wir hatten beschlossen, im nächsten Ort etwas Gemüse zu kaufen, um dann irgendwo in der Wildnis unser Zelt aufzubauen. Als wir vor dem ein-

zigen Laden hielten, waren dort schon zwei Pferde und zwei Maultiere geparkt. Sättel, Zaumzeug und Packtaschen sahen derb aus, als ob sie schon viel durchgemacht hätten. Eine kleine Gestalt lehnte an einem Baum und flüsterte einem großen Hirtenhund etwas ins Ohr, als die Ladentür aufging und ein stattlicher Mann mit ebensolchem Schnauzbart erschien. Ein beeindruckender Anblick, nur zögernd sprachen wir die beiden an. Emile und Marie aus Frankreich waren vier Jahre zuvor mit ihren Tieren in Argentinien aufgebrochen. Nun waren sie kurz vor ihrem Ziel, Fairbanks in Alaska, noch zweitausend Kilometer von hier. Wir beschlossen, zusammen mit ihnen zu zelten und zu kochen. Auf Anhieb verstanden wir uns sehr gut, es gab viele Dinge, die wir gemeinsam hatten, wenn auch unsere Transportmittel nicht unterschiedlicher hätten sein können. Allein schon die Tatsache, daß wir es nicht eilig hatten weiterzukommen, gefiel den beiden. Wir wiederum hatten den Eindruck, von ihnen einiges erfahren zu können, besonders über Lateinamerika. Wir verbrachten einige Tage gemeinsam, das heißt, Emile und Marie standen wie gewohnt gegen fünf Uhr auf, versorgten die Tiere, packten zusammen, um dann die ersten zwanzig Kilometer der Tagesetappe zu Fuß zu laufen, erst die zweite Hälfte würden sie reiten. Wir dagegen schliefen lange, frühstückten gemütlich, bevor wir uns auf den Weg machten. Irgendwann holten wir sie dann ein und konnten an unseren Tachos abschätzen, wie weit sie es noch schaffen würden. Nach Emiles Anweisungen suchten wir dann Plätze, die nicht nur für unsere Zelte, sondern vor allem für die Tiere zum Grasen geeignet waren. Wir hatten viel Spaß zusammen, und es entstand eine echte Freundschaft.

So verbrachten wir eine Nacht in der Nähe von heißen Quellen, die wir schon aus dem Vorjahr kannten. Im Mondschein tummelten wir uns zu viert im warmen Wasser, als überraschend noch andere Badegäste kamen. Damit hatten wir nicht gerechnet und alle unsere Kleider abgelegt. Ich bat Emile, der aufgesprungen war, mir doch etwas zum Anziehen mitzubringen. Ich lachte mich kaputt, als er mit meinen Motorradstiefeln wiederkam und unschuldig fragte, ob die reichen würden.

In Dawson Creek machten wir sie mit unserem Freund Jim bekannt, den wir im Jahr zuvor kennengelernt hatten. Mit Vollgas waren wir damals durch den Ort gerauscht, den Winter im Nacken. Sechzig Kilometer weiter hatte Klaus' Motor einen Knall gemacht.

Die Steuerkette war gerissen und hatte ein Loch in den Zylinderkopfdeckel geschlagen. Ich mußte Klaus abschleppen. Während wir, wieder in Dawson Creek, auf die Ersatzteile warteten, schauten wir beim Touristenbüro vorbei. Die nette Dame dort erzählte uns von Jim. Im Coffeeshop trafen wir ihn, und er bot uns spontan an, ihn am nächsten Tag auf einer Tour in den Monkman Park, ein Naturschutzgebiet in den Rocky Mountains, zu begleiten. Dort wollte er sein Sommercamp abbrechen, seine Leute und Ausrüstung zurück in die Stadt holen. Jim war ein ruhiger Mann und Pferdeliebhaber, ein Cowboy, wie er im Buche steht. Mit seiner Familie lebte er etwas außerhalb von Dawson Creek. Er organisierte Pferdetouren für Familien, auch mit behinderten Kindern, in den Rockies. Damals begleiteten wir ihn, campierten zusammen im Busch und lernten seine Familie kennen.

Nun war es selbstverständlich, daß wir ihn wieder besuchen würden. Leider lag seine Farm zu weit abseits für Emile und Marie, doch durch Jims Vermittlung fanden sie einen guten Platz für sich und ihre Tiere zum Ausruhen und Proviant-Aufstocken. Als Emile die Tiere neu beschlug, nagelte er Klaus ein abgetretenes Hufeisen an die Motorrad-Packtasche – damit es das Glück einfangen konnte.

Jim stellte gerade eine Tour zusammen und bot uns an, mitzureiten. Gerne ließen wir unsere stählernen Rösser stehen, um einmal auf echte Pferde zu wechseln, zumal wir durch Emile und Marie auf den Geschmack gekommen waren. Wir verbrachten acht Tage und Nächte im Busch, zusammen mit Daryl, der als erfahrener Pferdemensch die Führung übernahm, und zwei Touristen. Auf fünf Reitpferde kamen drei Packpferde, die außer Zelten und Proviant auch ihr eigenes Futter trugen. Während wir durch die Berge und den dichten Wald ritten, vorbei an Seen und Wasserfällen, kamen wir uns vor wie echte Buschcowboys, den Geruch des feuchten Waldbodens in der Nase, vermischt mit dem Schweiß der Pferde.

Am Nachmittag des zweiten Tages überquerten wir einen Fluß, dessen Strömung nicht ungefährlich aussah. Ohne Vorwarnung ritt Daryl mitten hinein und alle anderen hinterher. Doch dann scherte das Packpferd vor mir einfach aus und flüchtete sich auf eine bewaldete Insel mitten im Fluß. Fast ohne mein Dazutun nahm mein Untersatz die Verfolgung auf, ich mußte mich nur am Sattelknauf festhalten. Mit ein paar schnellen Schritten drängte mein Pferd den Ausreißer in eine Nische zwischen den Büschen, so daß ich das Lasso ohne Schwierigkeiten um seinen Hals legen konnte. Stolz wie Oskar erreichte ich das andere Flußufer, wo mir Daryl anerkennend zuzwinkerte. Nachdem die Tiere abgesattelt und versorgt waren, bauten wir gemeinsam unser Camp auf. Dazu gehörte auch eine Feuerstelle, um Buschbrände zu vermeiden. Daryl grillte die Steaks, während wir uns um die Kartoffeln kümmerten. In einem Topf brodelte der Kaffee, und zu fortgeschrittener Stunde wurde auch der Brandy ausgepackt. Mit Spannung lauschten wir den Geschichten, die Daryl zu erzählen wußte. Besonders seine Abenteuer mit Bären beeindruckten uns, befanden wir uns doch mitten im Bärenland. An Bäumen hatten wir die Markierungen der Grizzlies gesehen, die sie mit ihren mächtigen Krallen hinterlassen, und frischer Bärenkot auf dem Weg flößte uns Respekt ein. An einer besonders schönen Stelle am See zelteten wir zwei Tage. Nachts dauerte es lange, bis wir Schlaf fanden, denn allzu angestrengt lauschten wir auf jedes Geräusch jenseits der dünnen Nylonwand. In der Ferne heulten die Wölfe. Im Morgengrauen konnten wir einen ausgewachsenen Elch beim Schwimmen beobachten. Ein großer Biber hatte sich im See einen Staudamm gebaut.

Die Tour führte uns auf eine Hochebene oberhalb der Baumgrenze, wo der Schnee vom letzten Winter noch nicht geschmolzen war. Überall war die Erde umgewühlt, ein Zeichen, daß hier Bären nach Wurzeln und Erdhörnchen gegraben hatten. Die Pferde waren nervös. Als wir nach einem Picknick den Rückweg antraten, ging es dann auch wesentlich flotter voran als beim Anstieg. Zum Glück konnten wir uns auf den sicheren Tritt der bergerprobten Tiere verlassen – eine ganz neue Erfahrung. Auf den Motorrädern bestimmten schließlich wir, wo's langging.

In Dawson Creek beginnt der Alaska Highway. Hinter Whitehorse soll er unpassierbar sein, schwere Regenfälle haben die Straße weggeschwemmt. Kein Problem, dann nehmen wir eben den Yukon. Er ist einer der größten Flüsse Amerikas. Seit einiger Zeit geistert mir wieder mein alter Wunschtraum von einer Floßfahrt durch den Kopf, etwas, das wir damals auf dem Mekong wegen der Grenzkonflikte zwischen Thailand und Laos nicht realisieren konnten. Diesmal will ich mir die Chance nicht entgehen lassen. Claudia ist skeptisch, so ganz sicher bin ich mir auch nicht. Am besten, ich fange einfach an, einzelne Konstruktionsideen werden mir schon während des Bauens kommen. Kurz vor Whitehorse passieren wir die erste Brücke über den Yukon. Erstaunt registrieren wir die starke Strömung und den hohen Wasserstand, bedingt durch den heftigen Regen der letzten Tage. Dabei ist der Yukon hier noch ganz jung. Er entspringt aus den nahegelegenen Bergseen, die nur 24 Kilometer von Skagway am Pazifik entfernt sind. Bei Whitehorse wird er von einem Staudamm gebremst, dann fließt er ungehindert über dreitausend Kilometer bis zur Beringstraße, die Rußland von Alaska trennt.

Von der Brücke aus beobachten wir, wie ein Baumstamm den Fluß heruntergeschossen kommt, stellen uns vor, es wäre unser Floß. Bevor er die nächste Flußbiegung erreicht, kracht er in einen Haufen Treibholz. Nein, so überleben wir das nicht! Unser Floß muß in jedem Fall manövrierfähig sein. Also brauchen wir einen Motor. Da wir auch unsere Motorräder mitnehmen würden, sollte ich versuchen, deren Motorkraft zu nutzen. Früher wurden auf diesem Fluß Schaufelraddampfer eingesetzt. Fasziniert von der frühen Radtechnik, möchte ich versuchen, ein kleines Schaufelrad von unseren Motorrädern antreiben zu lassen. Ich weiß auch schon, wie ich das hinbekommen kann, nämlich mit Hilfe zusätzlicher Zahnräder und Ketten. Um die Wasserverdrängung gering zu halten, würde ich die Wohnplattform auf zwei Schwimmkufen montieren, ähnlich wie bei einem Katamaran. Schnell nimmt das Floß vor meinem geistigen Auge Gestalt an, die Ideen sprudeln nur so, jetzt bin ich nicht mehr zu bremsen. Claudia schimpft über meine verrückten Ideen, will da unter keinen Umständen mitmachen. »Dann sieh zu, wie du nach Alaska kommst, dein Motorrad habe ich nämlich bei meiner Konstruktion schon längst mit eingeplant!« Ich denke, daß ich beide Motorräder an ein und dasselbe Schaufelrad anschließen müßte, damit die Motoren nicht überhitzen. Während eins läuft, kann das andere abkühlen.

Erst mal brauche ich einen geeigneten Platz zum Arbeiten. Kurz hinter dem Staudamm treffe ich den Indianer Buck, der die Idee einer Floßfahrt für gut befindet. Allerdings hat er Bedenken wegen der vielen Bären, die um diese Zeit im Fluß nach Lachsen suchen. Da wir ja auf dem Floß unsere Essensvorräte lagern und womöglich auch darauf kochen müßten, würden die Bären vom Geruch angelockt. Außerdem befinde sich nur wenige Stunden flußabwärts ein großer See. »Wie wollt ihr da rüberkommen?« Der Lake Laberge ist zwar nicht tief, aber fünfzig Kilometer lang. »Wenn da Wind aufkommt, bilden sich Wellen, manche bis zu drei Meter hoch! Und noch etwas, bau dein Floß so leicht wie nur irgend möglich. Denn der Fluß hat viele versteckte Sandbänke. Wenn du aufläufst, mußt du das Floß da wieder runterziehen können.« Dann zeigt Buck aufs andere Ufer: »Siehst du das Haus da hinten? Da wohnt Don MacKnight, der hat eine Werkstatt direkt am Fluß.«

Auch Don ist erst skeptisch. Schnell kratze ich mit einem Stock eine Zeichnung auf den Boden. »Als Schwimmkörper möchte ich alte 200-Liter-Ölfässer benutzen, zwei Reihen à acht Fässern. Die binde ich an Baumstämme, darüber ein Lattengerüst und Holzdeck. Hinten befestigen wir unsere Motorräder, vorn steht das Zelt, in der Mitte ein Tisch.« Dann erkläre ich den geplanten Antrieb. Amüsiert will Don wissen, ob ich so etwas schon einmal gebaut habe. Claudia überrascht mich mit ihrer Antwort: »Nein, Klaus hat so verrückte Ideen. Aber wenn du ihn deine Werkstatt benutzen läßt, dann wird er auch alles austüfteln.« Wir fangen noch am selben Tag an, eine Liste mit Dingen aufzustellen, die wir besorgen müssen. Fast alle Bewohner von Whitehorse, denen wir unser Projekt vorstellen, sind begeistert. Sie helfen, wo sie können, das meiste bekommen wir umsonst. Der Bürgermeister macht uns auf die Sperrmülldeponie aufmerksam, wo wir fast alle Baumaterialien finden. Der Regionalchef einer kanadischen Ölgesellschaft schenkt uns die Fässer und zusätzlich 200 Liter Benzin für die Fahrt.

Auf unseren Besorgungsfahrten treffen wir zwei Kölner, die gerade ihren Urlaub in Kanada verbringen. Uli und Micha bitten uns, ihnen unsere Motorräder zu leihen, um damit den Führerschein zu machen. Hier kostet der nur neun Dollar. Sie wollen auch beim Floßbau helfen, verlängern sogar ihren Urlaub, damit sie wenigstens eine Woche mitfahren können.

Die Arbeit geht rasch voran. Damit das Floß bei starkem Wellengang nicht umkippt, konstruiere ich einen flexiblen Lattenrost, worauf stabiles Sperrholz geschraubt wird. Alle anderen Verbindungen müssen mit Seilen gebunden werden. So können wir die Wellen abreiten. Die größte Mühe gebe ich mir bei der Konstruktion des Paddelrades. Für den Antrieb sorgen die hochgebockten Hinterräder der parallel stehenden Motorräder. Hier muß ich auf Millimeter genau arbeiten, damit die zusätzlichen Ketten nicht abspringen und das Schaufelrad auch richtig rund läuft.

Nach zwei Wochen harter Arbeit ist der Moment für eine Probefahrt gekommen. Wir rammen einen starken Ankerpflock ins Ufer, an den wir die fast fertige Floßkonstruktion mit einem langen Seil binden, schieben sie ins Wasser, mit der Spitze zur Flußmitte. Ich werde rausfahren, bis das Seil straff ist, dann können die anderen mich wieder zurück ans Ufer ziehen. Vor lauter Aufregung schlägt mein Herz bis unter die Kinnlade. Ob das Schaufelrad auch funktioniert? Motor an, Gang rein, los! Wahnsinn, das Rad dreht sich. Und wie das Ding abgeht! Schnell entferne ich mich vom Ufer, werde von der Strömung gepackt. Erfreut mache ich Luftsprünge, winke den anderen zu. Die antworten mit wilden Gesten, werden immer kleiner, je weiter ich fahre. So lang ist das Seil doch gar nicht! Natürlich, es hat sich gespannt und der Belastung nicht standgehalten. Und ich habe weder Steuerung noch Paddel an Bord. Schnell reiße ich ein Brett vom Deckaufbau, paddle damit, bis sich das Floß zum Ufer dreht. Mit Motorkraft fahre ich in eine ruhige Bucht, wo der Rest der Crew mich schon erwartet. Gemeinsam ziehen wir das schwere Floß gegen die Strömung zurück zum Bauplatz und konstruieren ein großes Doppelruder.

Die ganze Zeit tue ich ganz bewußt so, als ob ich Claudia bei dem bevorstehenden Abenteuer nicht mit einplane. Sie hat sich von Anfang an vehement dagegen ausgesprochen. Wenn sie mitmachen will, muß sie das ganz frei entscheiden. Ich habe ihr auch noch nichts von Bucks Befürchtungen erzählt, von hohen Wellen, Bären und ähnlichen Gefahren. Was mir im Magen liegt, ist die Warnung seiner Frau. Als sie von meinen Plänen erfährt, reißt sie die Augen auf und ruft: »Vergiß das, der Yukon hat Stromschnellen!« An den Fünf-Finger-Stromschnellen seien früher schon die großen Schiffe gekentert, viele Menschen ertrunken. Trotzdem möchte ich Claudia das Abenteuer irgendwie schmackhaft machen. Ich habe von einem Film der National Geographic Society über eine Floßfahrt auf dem Yukon gehört. In einem Kulturheim schauen wir ihn uns gemeinsam an. Die Landschaftsaufnahmen sind phantastisch, die ganze Atmosphäre, die Fallensteller, die Tierwelt. Doch dann nähert sich das klobige Floß den Stromschnellen. Vom Hubschrauber gefilmt, sehen wir aus der Vogelperspektive, wie es gegen die Felsen knallt und zerschellt. Aus der Traum von der Floßfahrt! Zu meiner Überraschung will Claudia jetzt unbedingt doch mitfahren. Ich soll nicht alleine untergehen, ist ihre komische Logik. Jetzt fehlt nur noch ein Name für unser Floß. Spontan tauft Claudia es auf den Namen Yabadu – ein Ausdruck aus dem Tibetischen: großartig, toll!

Am 8. August 1988 um acht Uhr abends lassen wir den Sektkorken knallen. »Yabadu, es geht los!« Uli und Micha sind mit an Bord. Immer bergab, den Fluß runter, den die Indianer Yukon getauft haben, was soviel wie »Großes Wasser« bedeutet. Das Wasser wird uns auf seiner gewaltigen Reise mit sich tragen, während es sich seinen Weg durch den wilden Norden gräbt. Nichts wird es davon abhalten, sein Ziel, das Beringmeer, an der Westküste von Alaska, zu erreichen. Ob wir da jemals ankommen? Aber die Fünf Finger sind noch weit. Vorläufig sind wir damit beschäftigt, uns in der Mitte des Stromes zu halten. Wenn wir es mit Ruderkraft nicht schaffen, nehmen wir die Motoren zu Hilfe. Wir treiben bis spät in die Nacht. Dann finden wir eine ruhige Bucht, in der wir festmachen. Am Morgen fälle ich eine junge Pappel, die als Mast dienen soll. Vor uns liegt der Laberge-See, und da wollen wir segeln. Unsere große Nylonplane funktionieren wir zu einem Wikingersegel um. Ironischerweise weht heute kein Wind, nicht mal eine leichte Brise. Also treiben wir faul auf dem See, machen es uns auf dem knapp dreißig Quadratmeter großen Deck gemütlich, genießen die Ruhe. Außer kistenweise Proviant haben wir fast eine Tonne Brennholz für den Bordgrill geladen. Gemeinsam sitzen wir ums Feuer und schnibbeln Gemüse.

Weil die Flaute anhält, legen wir die Hälfte der Strecke über den See mit Motorkraft zurück. Dann teilen wir die Nachtwache ein. Um vier Uhr früh wecken uns Uli und Micha, die Nacht ist bisher ruhig verlaufen. Während sie sich vorne im Zelt schlafen legen, beobachten wir die Nordlichter, die wie grünliche Vorhänge über den Nachthimmel tanzen. Plötzlich kommt Wind auf, verfängt sich im Segel, strafft die Leinen. Ich nehme die Ruderpinne in die Hand, die eher einem Knüppel gleicht, bringe das Floß auf Kurs. Claudia legt Feuerholz nach, im auffrischenden Wind ist es kalt geworden. Bald kommt richtig Fahrt auf, ich stemme mich mit voller Kraft ins Steuerruder, um nicht in die Mitte des Sees getrieben zu werden. Der Mast biegt sich gefährlich, die Halteseile sind bis zum äußersten gespannt. Wau, macht das Spaß! Auch die gefürchteten Wellen lassen jetzt nicht mehr auf sich warten. Gischt spritzt aufs Deck, wir schießen regelrecht übers Wasser. Im Nu haben wir die andere Seite des Sees erreicht. Der Druck aufs Doppelruder ist groß, aber ich schaffe es, unser Floß ans Ufer zu bringen, bevor die Wellen zu hoch werden. Wir wecken die anderen, braten Rührei mit Speck, beobachten gemeinsam den Sonnenaufgang, mit dem wieder ein herrlicher Spätsommertag beginnt. Dann schieben wir das Floß zurück in tieferes Wasser, setzen erneut Segel und schippern am Ufer entlang, um den Auslauf des Sees zu finden.

Ganz unverhofft taucht der vor uns auf. Mit einem Ruck reißt uns die Strömung mit, das Wasser wild und das Flußbett schmal. »Paßt auf, die Steilwand! Alle an die Stangen!« ruft Claudia. Doch es ist schon zu spät. Der Sog in der engen Kurve zieht uns direkt in die Wand, aus der spitze Felsen herausragen. Ein lauter Knall, das Floß wird erschüttert, die Wucht des Aufpralls reißt uns von den Beinen. Ölfässer rumpeln über versteckte Felsen. Yabadu taumelt in den starken Wellen, ist in höchster Gefahr. Schnell starte ich ein Motorrad, schmeiße den zweiten Gang rein. Platsch, platsch, platsch, ertönt das Geräusch des Paddelrades. Mit der Hand am Griff des stabilen hinteren Doppelruders bringe ich uns zurück in die Hauptströmung, dann schalte ich den Motor wieder aus.

Ab jetzt heißt es aufpassen, wir müssen lernen, den Fluß zu lesen, um unter der Wasseroberfläche verborgene Hindernisse voraussehen zu können. Lassen wir uns einfach treiben, dreht sich das Floß wie eine schwimmende Insel gemächlich im Kreis. In Notfällen müssen wir das Floß ganz schnell, mit Hilfe des vorderen und der seitlichen Ruder, in eine günstige Position drehen, aus der wir dann mit Schaufelkraft herausfahren können. Das ist zwar harte Arbeit, bereitet aber ungeheures Vergnügen. Mit Hilfe einer detaillierten Flußkarte errechne ich unsere Geschwindigkeit von zwölf Stundenkilometern. Das schwere Floß reagiert dabei wie ein Rammbolzen, es drängt immer weiter, egal, was im Weg ist. Ein ungebändigter Fluß wie der Yukon birgt ungeahnte Risiken, die plötzlich, wie aus dem Nichts, auftauchen. Versteckte Felsen, Sandbänke, Treibholz, Strudel, Untiefen. Am gefährlichsten sind die Sweeper. Das sind Bäume, die halb entwurzelt, von der Strömung unterspült, horizontal über dem Wasser hängen. Wenn wir da hineingeraten, können die alles von Bord fegen.

Sweeper gibt es jede Menge. In Kurven werden wir schnell aus der Flußmitte an den Rand gedrückt. Zu spät sehen wir den Sweeper, das Floß läßt sich nicht mehr rechtzeitig vom Ufer wegdrehen. Wir sind zu schnell, schießen auf das bedrohliche Hindernis zu. Ich brülle ein paar Anweisungen, meine Muskeln spannen sich an, wir stemmen uns alle mit voller Kraft in die langen Handruder, paddeln wie die Verrückten vom Ufer weg. Doch das Floß steuert unaufhaltsam in Richtung Sweeper. In letzter Sekunde hechten Uli und Micha dem Fichtenstamm entgegen, drücken ihn hoch, retten somit das Zelt. Wir alle ducken uns, der Stamm rasiert den Mast ab, verfängt sich in den Motorrädern, biegt sich, spannt und bricht mit einem ohrenbetäubenden Krachen ab. Schnell fische ich noch ein paar Sachen, die über Bord gegangen sind, aus dem Wasser und starte den Motor. Kurz darauf bricht auch noch ein Verbindungsbolzen im Doppelruder. Zum Glück läuft Yabadu auf eine Sandbank, wo wir den Schaden in Ruhe begutachten können, alles reparieren und klar Schiff machen.

Erst als wir weiter fahren wollen, merken wir, wie fest wir aufsitzen. Bald stehen alle im Wasser. Mit langen Stangen versuchen wir, das Floß Zentimeter für Zentimeter gegen die Strömung von der Sandbank zu hebeln. Die Mücken nutzen die Gelegenheit, sich an unserem Blut zu laben, denn wir können die Stangen nicht loslassen, sonst treibt der Fluß uns wieder zurück. Mit einem Mal wird das Floß so kräftig von der Strömung mitgerissen, daß wir beinahe die Abfahrt verpassen. Als wir wieder frei im tiefen Wasser schwimmen, sind zweieinhalb Stunden vergangen. Völlig erschöpft, können wir für heute keine zweite Sandbank mehr gebrauchen. Deshalb müssen wir ganz konzentriert die Flußoberfläche entziffern. Über versteckten Bänken ist sie gekräuselt, oder das Wasser malt Schlieren. Wir liegen zwar nur dreißig Zentimeter tief im Wasser, wiegen aber über drei Tonnen. Es ist besser, wir erkennen die Gefahren früh genug, um die Motoren noch einsetzen zu können. Das Schaufelrad funktioniert hervorragend, das Doppelruder gibt uns einen recht engen Wendekreis. Die Schaufelkraft reicht aus, uns gegen die Strömung zu halten, in Ufernähe kommen wir sogar langsam flußaufwärts. Es ist immer wieder aufregend, eine geeignete Liegebucht entlang des wildbewachsenen Ufers zu suchen und dann ganz gezielt den Fluß zu kreuzen. Im letzten Moment reiße ich das hintere Ruder rum, halte den Bug gegen die Strömung, lasse das Rad schneller schaufeln, einer springt an Land und bindet das Halteseil um einen Baum.

Auf unserer Flußkarte sind all die Sehenswürdigkeiten aus der Zeit des Goldrausches vermerkt. Verfallene Hütten, Maschinen, an Land gezogene Schaufelraddampfer. In Big Salmon, einem Geisterort, wo früher Trapper und Jäger lebten, machen wir Pause, um das Floß mit stabilen Rammböcken zu verstärken und das Schaufelrad etwas höher zu setzen, denn langsam sinken wir immer tiefer ins Wasser. Vielleicht sind ein paar Tonnen leck geschlagen.

Mit all der Erfahrung, die wir in der ersten Woche gesammelt haben, glauben wir, gut auf die Stromschnellen vorbereitet zu sein.

Während wir uns nähern, steigt die Spannung mit jedem Meter, die Fließgeschwindigkeit des Yukon nimmt stetig zu. Die Strömung reißt uns mit, den riesigen Felsen entgegen, die den Fluß in fünf Kanäle zerteilen. Die Fünf Finger. Alles, was wir besitzen, haben wir bei uns. Das Wertvollste, wie Filme, Tagebücher und Pässe, verstauen wir in einer wasserdichten Kiste, der wir unseren dicksten Rettungsring umbinden. Jeder an Bord ist sich seiner Aufgabe bewußt, wir haben alle möglichen Situationen in Trockenübungen durchgespielt, sind auf Überraschungen gefaßt. Ich stehe hinten am Doppelruder, habe von da die beste Übersicht, brülle die Kommandos, um das laute Rauschen des Wassers zu übertönen. Alle sind auf Position, halten das Floß mit Hilfe der Seiten- und Bugruder parallel zur Strömung. Dann starte ich den Motor, fahre näher ans Ufer heran, um genau mittig in den rechten Kanal zu gelangen. Unter uns gurgelndes Wasser, Untiefen und Felsen. Wie von einem riesigen Quirl gerührt, quetschen sich unvorstellbare Wassermassen durch dieses Nadelöhr, auf das wir zugleiten, wo Turbulenzen und Riesenstrudel uns erwarten. »Yabadu!« brüllen wir unseren Schlachtruf, »wir kommen!« Stolz und souverän gleitet das Floß in den rechten Finger, wird im nächsten Moment von gigantischen Kräften durchgeschüttelt. Wir halten den Atem an, es dauert nur Sekunden, dann schreien wir erleichtert: »Wir sind durch!« Plötzlich wird unser Gefährt von einem Strudel gepackt und um die eigene Achse geschleudert. Das Wasser zischt und brodelt, unglaubliche Querströmungen drohen die Konstruktion auseinanderzureißen, Wellen schlagen über Deck. Uli und Micha stemmen sich zu zweit ins Bugruder, ich gebe verzweifelt Gas, obwohl ich weiß, daß ein schnell drehendes Rad nichts bringt. Direkt hinter uns kommen zwei Kanufahrer durch die Stromschnellen. Sie schaffen es nicht. Zu unserem Entsetzen beobachten wir, wie die Wellen ins Kanu schwappen, das sich mit Wasser füllt und mitsamt Gepäck in den Tiefen verschwindet. Die zwei Typen tragen Schwimmwesten, können wenigstens ihre nackte Haut ans Ufer retten. Noch eine Stromschnelle, und wir haben es geschafft. Erleichtert lege ich Holz nach, wir haben Grund zu feiern. Auf dem Grill schmort ein Königslachs, in den Kaffeetassen perlt Schaumwein.

Es folgt ein breiter, ruhiger Abschnitt des Flusses. Yabadu zieht wieder gemächlich seine Kreise auf spiegelglattem Wasser. Wir nutzen die Hitze der sonnigen Nachmittage, springen ins kühle Naß, setzen uns in prall aufgepumpte Autoschläuche und lassen uns um die Wette treiben. In Minto, wo es einen Straßenanschluß gibt, verabschieden wir Uli und Micha. Ab jetzt bin ich mit Claudia alleine, noch gut zwei Drittel der Strecke stehen uns bevor. Wir nähern uns dem »Höllentor«, wo sich der Fluß in verschiedene Kanäle verzweigt, durchsetzt von vielen Inseln. Der Wasserspiegel sinkt stetig, wir müssen aufpassen, daß wir nicht auflaufen. Kurz vor Sonnenuntergang ist es passiert, wir sitzen fest. Zum Glück ist Fort Selkirk in Sicht, neugierige Indianer eilen zu Hilfe. Claudia schafft es nicht mehr, schnell genug an Bord zu klettern, ich treibe mit Yabadu ab, kann Motor und Bugruder unmöglich gleichzeitig bedienen, krache rückwärts in die nächste Insel, das Doppelruder bricht ab. Claudia holt mich schwimmend ein. Trotz des erheblichen Schadens gelingt es uns gemeinsam, am Steilhang unterhalb des Forts festzumachen. Obwohl die Motoren abgeschaltet sind, dreht sich das Schaufelrad in der starken Strömung weiter, singt uns platschend in den Schlaf. Am nächsten Tag reparieren wir die Ruderblätter, können sie in der Werkstatt des Forts sogar verstärken.

Wir treffen auch auf viele Camps, wo die Indianer Fischräder betreiben. Das sind große, stationäre Schaufelräder, die von der Strömung angetrieben werden. Die Fische verfangen sich in einem Gitter und rutschen in einen Behälter. Zur Zeit kommen jeden Tag Zigtausende von Lachsen den Fluß hinauf zum Laichen. Das zieht die Fischadler an, die majestätisch über uns kreisen, aber auch die Bären, die ja bekanntlich kurz vor ihrem Winterschlaf noch soviel fressen, wie sie bekommen können. Dabei kommt ihnen ein ausgewachsener Mensch unter Umständen nicht ungelegen. Mit ihren kräftigen Pranken haben sie schon so manches Auto aufgerissen und die Insassen verspeist. Unterwegs besuchen wir Indianer und Trapper, lauschen gespannt ihren Bärengeschichten, vorm Lagerfeuer oder Holzofen.

Auch ich habe so manche Begegnung mit Bären. Der erste Impuls ist dann wegzulaufen, was allerdings tödlich enden kann. Denn die Bewegung weckt beim Bären den Jagdinstinkt. Auf kurze Distanzen sind sie viel schneller als Menschen. Wenn sich plötzlich so ein Koloß vor mir aufstellt und mit erhobener Nase nach mir schnuppert, kostet es mich viel Beherrschung, bewegungslos stehenzubleiben. Denn zum Glück können Bären nur sehr schlecht sehen. Sobald der Bär wieder abgelenkt ist, versuche ich langsam, aus der Windrichtung zu gehen, damit er meinen Geruch nicht mehr aufnehmen kann.

Letztes Jahr in Alaska hatten auch wir uns fast in die Hosen gemacht. Wir lagen gemütlich im Zelt, als sich schweren Schrittes ein Grizzly näherte. Wir lauschten dem schabenden Geräusch, wie er mit seinen Krallen den Boden umpflügte, um nach Erdhörnchen zu suchen, direkt um unser Zelt herum. Mucksmäuschenstill verkrochen wir uns beide im Schlafsack, darauf hoffend, daß der Bär endlich weiterzieht. Doch das schabende Geräusch blieb, drohend, hautnah. Wir fühlten uns in der Falle. Jeden Moment würde der Bär sich über uns hermachen. Nachdem wir zwanzig Minuten wie gelähmt verharrt hatten, erschreckte mich Claudias Stimme, obwohl sie die Frage nur leise hauchte: »Hörst du ihn noch?« Da erst merkten wir, daß wir beide vor Aufregung mit unseren Wimpern am Schlafsack schabten, was das kratzende Geräusch verursachte. Der Bär war längst fort.

Egal, wo wir mit dem Floß für die Nacht anlegen, meist entdecken wir entlang des Ufers Bärenspuren. Indianer geben uns den Tip, vor dem Schlafengehen Ammoniak oder Bleiche über unser Deck zu spritzen. Der strenge Geruch hält die Bären auf Distanz, was wir morgens an den frischen Spuren ablesen können. Wir sehen auch Wapiti-Hirsche, Karibus und Elche. Solange wir geräuschlos an ihnen vorbeitreiben, lassen sie sich auch nicht stören.

Gespeist von vielen Seitenflüssen, wird der Yukon immer breiter. Die Temperaturen fallen drastisch, bald sitzen wir, eingepackt in Daunenjacken, vor dem lodernden Bordfeuer. In Dawson City können wir wieder Proviant einkaufen, aber die wichtigste Anschaffung ist dicke Wärmeisolierung für die Unterseite des Zelts. Wir müssen damit rechnen, daß der Fluß plötzlich zufriert. Sollte das eintreten, muß ich Stützkufen an die Motorräder montieren, damit wir übers Eis weiterfahren können, bis zur nächsten Straßenanbindung.

Am Abend legen wir in Cassiar Creek an, wo der Trapper Cor ein Fischcamp betreibt. Er lebt schon seit zwölf Jahren einsam in dieser Wildnis, lebt vom Fischen und Fallenstellen. Er freut sich über jeden Besucher, den der Fluß ihm bringt, lädt uns gleich in seine niedrige Blockhütte ein, wo ein Teekessel auf dem Ofen vor sich hinpfeift. Weil die Lachse kommen, hat er viel zu tun. An einem guten Tag bringt er zwei Tonnen Fisch im Motorboot nach Forty Mile, wo Kühl-Lkws warten. Hinter seiner gemütlichen Hütte hat er einen Gemüsegarten und dahinter eine Meute junger Huskies. Er zieht ein neues Schlittenhund-Team auf, mit dem er beim Yukon Quest teilnehmen will, dem bekanntesten Rennen seiner Art. Cors Haut ist wie Leder, von Wind und Wetter gegerbt. Aber er liebt dieses Leben, die Wildnis, die Einsamkeit. Der Duft seiner Räucherhütte umgibt ihn wie der Geruch von Freiheit und Abenteuer. Er ist glücklich und zufrieden, nie würde er seine Hütte gegen ein Schloß eintauschen, lieber steckt er seine Geldscheine in den Sparstrumpf und läßt sie verschimmeln.

Nach sechzehn Tagen auf dem Yukon kreuzen wir die Grenze nach Alaska, die durch eine Schneise im Wald gekennzeichnet ist. Der nächste Ort ist Eagle, wo uns der Postmeister die Pässe stempelt. Wir beschließen weiterzufahren. Wenn wir den nächsten Ort Circle verpassen, dann müssen wir durch die Yukon Flats, die Gegend, wo der Fluß sich von Ufer zu Ufer bis zu zwanzig Kilometer ausbreitet. Dazwischen liegen tausend Inseln, Kanäle und tote Flußarme. Ein Labyrinth, in dem das Wasser meist nur sehr niedrig ist, wo man sich auskennen muß. Danach, an der Stelle, wo die Alaska-Pipeline den Fluß kreuzt, kommt dann die letzte Straße.

Bei den historischen Biedermann's Cabins treffen wir Woody und Cathy, die uns einen detaillierten Plan zeichnen, wie wir fahren müssen, um genau den richtigen Abzweig nach Circle zu finden. Zwei Tage später wird uns diese Zeichnung zum Verhängnis. Seit dem letzten Hochwasser hat sich der Flußlauf völlig verändert. Wir geraten in eine seichte Rinne, müssen versuchen zurückzufahren. Ich ziehe das Floß am Seil vorwärts, versinke teils bis zur Hüfte im treibenden Sand. Die Strömung ist zu stark, ich habe keine Zeit, den Antrieb zu wechseln, mein Motor überhitzt, verbrennt die Ventilkopfdichtung. Öl tritt in den Verbrennungsraum, der Motor fängt an zu qualmen. Enttäuscht gebe ich auf. Wir lassen uns auf der falschen Seite um die Insel treiben, laufen irgendwo unterhalb von Circle auf. Erschöpft fallen wir auf unsere Matten im Zelt. Am nächsten Tag finden uns Trapper Albert und Häuptling Eddy auf ihrem Weg zu den Fischrädern. Mit zwei Motorbooten schleppen sie uns langsam die drei Kilometer zurück nach Circle. Albert lebt zurückgezogen in einer Blockhütte auf einer Insel weit draußen in den Flats. Er wünscht sich unser Floß als Landungssteg für sein Fischlager. Als Tausch bietet er uns ein Bärenfell an, der Bär muß allerdings noch erlegt werden. Wir fahren in seinem Motorboot mit, um uns den Platz anzuschauen. Die Flats sind wunderschön, überall Inseln und Wasser. Alberts Navigationskünste bei voller Fahrt sind auch beeindruckend. Sogar bei Nacht und nicht mehr ganz nüchtern, setzt er nicht ein einziges Mal im flachen Wasser auf. Sein Lager erweist sich als idealer Platz, um Yabadu zur Ruhe zu setzen.

Zurück in Circle bauen wir die Motorräder ab, schieben sie an Land und schnallen unsere Ausrüstung drauf. In zweieinhalb Stunden sind wir abfahrbereit. Der Bau des Floßes hat zweieinhalb Wochen gedauert. Yabadu war drei Wochen lang unser Zuhause, wir haben 1.120 Kilometer zusammen zurückgelegt, die wir in jedem Muskel und allen Knochen spüren. Es fällt uns schwer, Abschied zu nehmen. Wir gehen ein letztes Mal an Bord und grillen einen Lachs, wie wir es so oft getan haben. Die Motorräder stehen schon startbereit auf der Uferböschung neben einem Schild: »Dies ist das Ende der Straße«. Es ist der 1. September, lautlos fällt der erste Schnee. Noch ein letzter Blick zurück, Albert winkt, dann sitzen wir wieder im Sattel, und die Welt dreht sich unter unseren Rädern. Das versprochene Fell sehen wir übrigens nie. Der Grizzly hat wohl überlebt.

Ein Jahr später, Ende '89, halten wir uns im Norden Mexikos, in Chihuahua, tief unten in der Kupferschlucht auf. Oben liegt Schnee, unten herrscht subtropisches Klima. Eigentlich befinden wir uns hier schon auf einer Schnitzeljagd quer durch Mittelamerika, mit unseren beiden Freunden, die wir vor einigen Wochen auf Baja California getroffen hatten.

Die zwei heißen Thomas und Beat, zwei waschechte Schweizer, mit Löchern in den Käsestrümpfen und einem Gassenslang auf der Stimmgabel, daß man aus dem Lachen nicht herauskommt. Wir begegnen ihnen in Loreto, wo der asphaltierte Highway die Strecke der Baja 1.000 kreuzt, des wohl härtesten Off-Road-Rennens der Welt.

Claudia war genau wie ich beeindruckt von dieser Landzunge unterhalb der USA, die zu Mexiko gehört. In dem wüstenähnlichen, mit Felsen übersäten Terrain ragten überall riesige Kakteen wie Orgelpfeifen aus dem Sand. Wir beschlossen, lieber die frisch markierte Off-Road-Strecke zu testen, auch wenn so manche Rennfahrer dasselbe machten – nur viel schneller natürlich –, als auf gerader Teerstraße an allen Naturschönheiten vorbeizurasen, die diese rauhe, aber höchst eindrucksvolle Landschaft zu bieten hat. Die Strecke folgte den Naturstraßen, die über Jahrzehnte von Eselskarren geebnet wurden, sich um jeden Findling und Baum winden und uns den blanken Rücken dieser Halbinsel spüren lassen. Die Enduros sind wie geschaffen für solche Strapazen.

Thomas und Beat besitzen ähnliche Maschinen, die sie von Kloten/Zürich nach Boston haben einfliegen lassen. Sie haben Nordamerika von Ost nach West durchquert und sind im Begriff, nach Brasilien weiterzufahren, wo Thomas ein Stück Land besitzt. Ganz spontan schließen sie sich uns an, auch wenn sie unser Reisestil ganz schön abbremsen könnte. Tatsächlich entwickelt sich aus unserer Begegnung eine Reisefreundschaft, die über zwei Jahre andauern soll, bis sich unsere Wege in Südamerika endgültig wieder trennen.

Doch zunächst einmal müssen wir uns kennenlernen. Bevor wir uns für längere Zeit zusammentun, müssen wir uns vergewissern, ob wir in der Lage sind, gemeinsam durch dick und dünn zu gehen und nicht nur die Schokoladenseiten des Lebens miteinander zu teilen. Schon öfter hatten sich andere Reisende uns anschließen wollen. Aber wir sind nicht gerne über längere Zeit in einer Gruppe unterwegs. Zu viele Kompromisse müssen geschlossen werden, die Umsetzung spontaner Ideen wird gebremst, außerdem findet eine Gruppe viel schwieriger Kontakt zu Einheimischen. Zwischendurch ist das Reisen in einer kleinen Gang jedoch eine willkommene Abwechslung. Etwas anderes sind Zweckgemeinschaften, die man eingeht, wenn gegenseitige Hilfe erforderlich wird. Bei Thomas und Beat haben wir Glück. Wir sind einander auf Anhieb sympathisch. Außerdem sind sie, wie wir, ein eingespieltes Team, vollständig ausgerüstet und nicht wie ein drittes Rad am Moped.

Die Strecke, die vor uns liegt, ist hart. Sie erfordert viel Geschick und Erfahrung. Das Gepäck erschwert die Fahrt, wir kommen nur langsam voran, leichte Stürze bleiben nicht aus. Die Wege führen durch ausgetrocknete Flußbetten, wir titschen über Steine, schlingern im losen Sand, wirbeln viel Staub auf. So manchen steilen Aufstieg müssen wir erst zu Fuß erkunden, um die Spurrille zu finden, in der wir am ehesten heil oben ankommen. Wir beobachten uns dabei gegenseitig, lachen uns schief, denn bei den extremen Bedingungen verfehlt man natürlich schnell mal die Spur. Der Macho in uns drei Männern will auch noch verbieten, daß wir die Füße zu Hilfe nehmen. Die machen sich in wackeligen Situationen aber selbständig, Reflexe sind nur schwer zu unterdrücken. Wer stehen bleibt, kann zwar versuchen, dem Gesetz der Schwerkraft zu trotzen. Letztendlich rutscht er die steile Auffahrt dann doch wieder herunter.

Eine ungewöhnliche Hitze macht uns zusätzlich zu schaffen. Häufig müssen wir die Motoren abkühlen lassen. In diesen Zwangspausen bewundern wir die unbeschreibliche Schönheit der Pflanzenwelt, die durch die ständige Wasserknappheit auf Baja California äußerst verletzlich ist. Es fällt ins Auge, wieviel üppiger und leuchtender die Vegetation in den engen, kleinen Schluchten ist. Hier wachsen die verschiedensten Kakteenarten, eine botanische Vielfalt, die man nur noch selten sieht. An den schönsten Plätzen bauen wir unsere Zelte auf, kochen zusammen, erzählen uns gegenseitig die besten Reiseanekdoten. Thomas zaubert bei solchen Gelegenheiten immer einen Flachmann Tequila hervor, bittet Claudia um Salz und Limonen. Die Nächte werden dann lang und lustig unterm funkelnden Sternenhimmel.

Am Ende des Tracks erreichen wir La Paz gerade noch rechtzeitig, bevor die ersten Rennfahrer der Baja 1.000 ins Ziel rasen. Der Gewinner brauchte für die 1.600 Kilometer übelster Strecke nur 17 Stunden, 53 Minuten und 16,3 Sekunden. Vollkommen verkrampft steht er im Ziel, scheint mit seinem Motorrad verwachsen zu sein.

Wir sind froh, uns für die Strecke zwei Wochen Zeit gelassen zu haben. Dafür haben wir die entlegensten »fly-in«-Strände gefunden, mit Namen wie San Francisquito und Bahia San Luis Gonzaga, wo Amerikaner ihre Cessna vorm Wochenendhäuschen parkten. Am Golf von Kalifornien beobachteten wir, wie Delphine riesige Fischschwärme in die Bucht trieben und Hunderte von Vögeln sich darauf stürzten. Der Naturpfad, dem wir folgten, verband uralte Missionsgebäude mit steinernen Kirchtürmen, die verwittert in kleinen Oasen standen, wo die Dattelernte auf Esel geladen wurde. Der Weg führte auch zu den einsamen Ranchos, wo es Trinkwasser gab. Hier lernten wir die ersten spanischen Worte. Antonio hatte uns mit seinem Pferd eingeholt, uns zu seiner Frau eingeladen, an deren Stelle wir ein Haus voller Töchter fanden, an die wir Thomas und Beat fast verloren hätten.

Die beiden wollen wie wir nach Südamerika, müssen also auch irgendwie die Darien-Hürde überwinden, ein fast undurchdringliches Sumpfgebiet am Ende der mittelamerikanischen Landenge zwischen Panama und Kolumbien. Schon viele haben versucht, ihre Fahrzeuge da durchzubringen, nur eine Handvoll Abenteurer hat es geschafft. Für manche wurde es zur Obsession, diese Lücke von hundertsechzig Kilometern im panamerikanischen Highwaysystem für sich zu schließen, auch wenn sie Jahre dazu brauchten.

Ich zeige unseren beiden Freunden Fotos von Yabadu auf dem Yukon und unterbreite ihnen meinen Plan, das Darien auf ähnliche Weise zu meistern und unsere Motorräder zu Wasserfahrzeugen umzufunktionieren. Dazu würde ich jedem Motorrad eigene Schwimmkörper bauen und einen geeigneten Antrieb konstruieren, der mit dem Motor gekoppelt wäre. Thomas und Beat sind begeistert. Am besten geeignet für ein solch aufwendiges Unternehmen ist der März, wenn es in dieser extrem feuchten Region relativ trocken ist. Allerdings müßten wir uns ziemlich abhetzen, um es im folgenden Frühjahr zu schaffen. Deshalb sind wir uns auch einig, das Projekt auf das übernächste Jahr zu verschieben.

Allerdings wollen wir uns nicht anderthalb Jahre auf der Pelle hokken. Aus Erfahrung wissen wir, daß man sich nach zwei Wochen gemeinsamen Reisens trennen sollte, um sich später an vereinbarter Stelle wiederzutreffen. In diesem Rhythmus kann eine Freundschaft wachsen, ohne allzu große Abhängigkeiten entstehen zu lassen.

Es war schon ein seltsames Gefühl, als wir das Land der Megas hinter uns ließen und über die Grenze nach Mexiko fuhren. Auf einmal befanden wir uns in Lateinamerika, und wir sprachen kein Spanisch. Es gab keine Supermärkte mehr, nur noch nach Kalk schmeckende Tortillas, fettige Chorizos und Instantkaffee. Es dauerte ein paar Tage, bis wir die mexikanische Küche und den Charme der Wüstenhalbinsel Baja California entdeckten. Hier gelang mir das Tiefsandfahren mit dem beladenen Motorrad zum erstenmal so gut, daß es mir tatsächlich Spaß machte. Seit meiner ganz frühen extremen Erfahrung in der Wüste von Pakistan hatte ich Sand einfach gehaßt. Danach waren wir zwar noch viele sandige Kilometer gefahren, die ich alle mehr oder weniger gut gemeistert hatte, doch es war immer ein Kampf für mich. Wenn wir am nächsten Tag ein schwieriges Stück vor uns hatten, konnte ich oft nicht schlafen. Erst in Südamerika wurde ich diese Angst endgültig los. Irgendwann konnte ich sagen, daß ich schon alles gesehen hatte, den tiefsten Sand, den glitschigsten Matsch, den gemeinsten Schotter, die steinigste Piste und das rutschigste Eis. Und durchgekommen waren wir immer. Es gab einen kleinen Trick für mein Selbstbewußtsein. Wenn ich auf schwierigen Stücken vorfuhr, konnte ich das Tempo bestimmen. Dann fühlte ich mich gleich viel sicherer. Außerdem war Klaus da, sollte ich einmal in Bedrängnis geraten. Auf asphaltierten Straßen und guten Pisten war es mir egal, wenn er die Gelegenheit nutzte und Gas gab, so daß er manchmal nicht mehr zu sehen war.

Im Laufe der Jahre hatten wir beide unsere unterschiedlichen Fahrstile akzeptiert. Ich wußte, was wir beide schon alles zusammen erlebt hatten, viele Abenteuer wären alleine gar nicht durchführbar gewesen. Sicher waren die meisten Ideen auf Klaus' Mist gewachsen, doch hatte ich immer das Gefühl, gleichberechtigt beteiligt zu sein. Klaus empfand mich manchmal vielleicht wie einen Klotz am Bein, wenn ich wieder einmal meine Bedenken äußerte, anstatt seinen Enthusiasmus zu stärken. Aber so bin ich nun mal, eine Realistin, wogegen Klaus der Abenteurer mit den verrückten Ideen ist. Dadurch ergänzen wir uns wunderbar. Wir waren ja nicht nur Partner in einem abenteuerlichen Unternehmen, sondern ein Paar, das alle Höhen und Tiefen zusammen erlebte. Gerne erzähle ich zur Illustration, wie Klaus und ich zusammen einen Berg besteigen. Klaus ist immer derjenige, der nicht aufgibt, bevor er den Gipfel erreicht hat, wogegen ich auch mit halber Höhe zufrieden bin und die Aussicht genießen kann. So kam es auch vor, daß ich Klaus die verschiedensten Exkursionen alleine unternehmen ließ. Entweder war mir sein Vorhaben zu anstrengend, die Strecke zu schwierig, oder ich brauchte einfach mal etwas Zeit für mich. Dabei tat es ihm genauso gut, auf eigene Faust, wie er gerade lustig war, ein neues Gebiet zu erkunden, Bekanntschaften zu schließen oder einfach stundenlang mit der Kamera auf das richtige Licht fürs Foto zu warten. Mit der Zeit waren Klaus und ich so gut aufeinander eingespielt, daß wir in vielen Situationen gar keine Worte brauchten. Zum Beispiel bei der Suche nach einem geeigneten Zeltplatz reichten oft ein fragender Blick und ein Kopfnicken, um von der Piste abzubiegen und einen geschützten Platz im Dickicht der Büsche zu finden. Auch beim Pakken der Motorräder gab es keine Diskussionen, was sicherlich an der täglichen Routine lag. Mit der Zeit hatten wir uns ein eigenes Kauderwelsch angewöhnt, das andere kaum verstehen konnten. Da wir so viele Länder mit unterschiedlichen Sprachen bereisten, lernten wir von jeder ein bißchen, um uns durchzuschlagen. Die schönsten Wörter blieben jeweils bei uns hängen, so daß in einem Satz fünf verschiedene Sprachen vorkommen konnten. Englisch konnten wir beide von der Schule her, dazu kam dann später etwas Malayisch, Japanisch, Spanisch, Portugiesisch, Französisch und Wörter und Redewendungen in vielen anderen Sprachen. Da wir uns nicht ausschließlich auf Deutsch unterhielten, passierte es schon mal, daß ich erst nachfragen mußte, welcher Sprache sich Klaus gerade bediente.

Eines Morgens, es war kurz nach Sonnenaufgang, wir zelteten an einem Strand in einer kleinen Bucht auf Baja, weckte uns ein Amerikaner, den wir am Tag zuvor kennengelernt hatten. Er besaß ein Haus hier und kam wie viele andere jedes Wochenende mit seinem Kleinflugzeug her. Er schüttelte unser Zelt und verkündete aufgeregt: »The wall came down!« Was sollte das bedeuten? Hatten wir wirklich so fest geschlafen, daß wir nicht gehört hatten, wie eine Mauer einkrachte? Und überhaupt, welche Mauer? »Na, die in Berlin!« klärte er uns auf. Er hatte es in den Nachrichten gehört.

Ein Jahr später verpaßten wir die Jahresfeier des Mauerfalls bei der deutschen Botschaft in Costa Rica um einen Tag. Andere Traveller schwärmten hinterher von deutschem Bier, Kartoffelsalat und Würstchen. Wieder einmal wurde uns bewußt, wie wenig wir doch vom allgemeinen Weltgeschehen mitbekamen, weil uns das Leben in unserer unmittelbaren Umgebung so sehr vereinnahmte. Oft wurden wir gefragt, warum wir keinen Weltempfänger dabei hätten, um auf dem laufenden zu bleiben. Doch wir wollten uns nicht zum Sklaven der Zeit machen. Hätten wir erst einmal so ein Gerät, würden wir auch bestimmte Sendungen nicht verpassen wollen, also müßten wir auf die Uhr schauen und unsere Aktivitäten im voraus planen. Gerade in der Zeitlosigkeit bestand aber doch unsere Freiheit, sie gab uns die Möglichkeit, spontan zu sein. Für uns spielte es keine große Rolle, ob wir die Neuigkeiten gestern oder übermorgen erfuhren. Viel wichtiger war es zu wissen, was in dem Land, in dem wir uns gerade befanden oder in das wir als nächstes fahren wollten, politisch los war. Manchmal mußten wir die Route kurzerhand ändern, unseren Aufenthalt verkürzen oder abwarten, bis eine Krise vorbei war. In diesem Sinne waren wir auf unserer Reise alles andere als unpolitisch, da wir von den Geschehnissen vor Ort immer direkt betroffen waren. Wir konnten nicht einfach die Augen schließen, vor allem in der sogenannten Dritten Welt, wo Mißstände oft nur allzu offensichtlich waren. Auch das Klima konnte uns einen Strich durch die Rechnung machen, und natürlich die verschiedenen Visabestimmungen der einzelnen Länder. Dabei beantragten wir immer die höchstmögliche Zeit. So hatten wir genügend Spielraum, um auch einmal längere Zeit an einem Ort bleiben zu können. Jeder wollte von uns wissen, wie lange wir noch unterwegs sein würden. Obwohl wir es selber nicht wußten, sagten wir immer: vielleicht noch drei Jahre.

Oft waren wir abends von den Strapazen des Motorradfahrens total erschöpft. Häufig hatte ich auch das Gefühl, richtig kämpfen zu müssen beim Fahren, wogegen Klaus seine Maschine mit scheinbarer Leichtigkeit überall hindurch manövrierte. Trotzdem bedeutete das Motorradfahren Herausforderung und zugleich Befriedigung für mich, wenn ich mal wieder ein besonders schwieriges Stück geschafft hatte. Das Schönste aber war die Freiheit, das Gefühl, mittendrin im Geschehen zu sein. Wir waren den Elementen ausgesetzt, egal ob die Sonne schien, es regnete oder schneite, der Wind blies uns um die Nase. Keine Scheibe trennte uns von den Menschen, wenn wir in einem Ort eintrafen. Wir waren da und ansprechbar, was die Einheimischen oft zu ermutigen schien, ihrer spontanen Neugier nachzugeben. In unangenehmen Situationen bedeutete es aber auch, daß wir uns nicht verbarrikadieren konnten, daß wir uns mit jedem, der da kam, auseinandersetzen mußten. Gerade wegen dieser Offenheit und Verletzbarkeit schienen uns die Menschen besonders zu respektieren. Wenn wir mal wieder unsere Motorräder mit dem gesamten Hab und Gut auf einem belebten Platz parkten, um uns eine Sehenswürdigkeit anzuschauen, einkaufen zu gehen oder eine Cola zu trinken, wußten wir oft, daß uns niemand beklauen würde, gerade weil alles so offen dastand. Es gab sogar Situationen, wo irgendein Passant den Schutz übernahm und den Schaulustigen erklärte, wieviel Mut doch dazu gehörte, so zu reisen. Weil wir fast immer im Zelt schliefen, egal bei welchen Temperaturen, waren wir mit der Zeit so abgehärtet, daß wir kaum noch krank wurden. Mit dem Motorrad gelangten wir an Orte, die man mit dem Auto nie erreicht. Fahrräder kamen für uns als Transportmittel nicht in Frage, denn mit dem Motorrad fährt man viel eher mal fünfzig Kilometer auf einem Abzweig, nur um zu schauen, was einen am Ende erwartet. Für uns bargen gerade diese Exkursionen die schönsten Überraschungen.

Mit der Zeit, den Jahren und Kilometern, wuchsen wir mit unseren Maschinen richtig zusammen, sprachen ihnen in schwierigen Situationen gut zu. Die Motoren kannten wir in- und auswendig, jede Schraube, jede Dichtung, jedes Lager hatten wir schon vielmals in der Hand gehabt. Der Klang der Motoren war uns vertraut. Sobald irgendwo ein Rasseln oder Klingeln zu hören war, wußten wir, welche Teile wir austauschen mußten. Mit ölverschmierten Händen in den Innereien des Getriebes herumzuschrauben, war mir viel lieber, als zum Beispiel Geschirr zu spülen. Wahrscheinlich spielte dabei auch das Gefühl der Verantwortung eine Rolle, denn unsere Zukunft hing davon ab, ob die Maschinen liefen oder nicht. So erledigten wir alle Arbeiten gemeinsam, waren bald so gut eingespielt, daß wir den Motor in dreißig Minuten ausbauen und auseinandernehmen konnten.

Das Allerschönste beim Motorradfahren war für mich das Ankommen. Total verstaubt, hungrig und durstig bauten wir mit ein paar Handgriffen unsere Behausung auf, um uns gleich anschließend ans Kochen zu begeben. Nur in den Tropen waren wir froh, abends aus unseren Lederhosen und den Stiefeln zu kommen und Luft an die *verschwitzte Haut zu lassen.* Ansonsten fanden wir diese robuste Kleidung sehr praktisch, denn mit den Lederhosen konnten wir uns überall hinsetzen. Und genau das war es, was ich am meisten liebte, abends vor dem Zelt, neben uns die Mopeds, am Lagerfeuer zu sitzen, in den Himmel zu schauen und über gerade Erlebtes oder Vergangenes zu reden – oder auch nicht. Müde zu sein von den Anstrengungen des Tages, in den Schlafsack zu kriechen, vielleicht noch ein paar Seiten zu lesen und dann tief und fest zu schlafen und zu träumen. Uns dabei so wohl zu fühlen, daß wir die vertrauten Wände unseres Zeltes mit keinem Hotelzimmer dieser Welt vertauscht hätten.

Das Abfahren fiel mir hingegen häufig nicht so leicht. Immer, wenn wir einige Zeit an einem besonders schönen Platz verbracht hatten oder bei besonders netten Menschen zu Besuch gewesen waren, zögerte ich unsere Abfahrt hinaus. Manchmal hatten wir schon am Vorabend gepackt, um früh loszukommen, nur um dann wieder alles auszupacken, weil ich gerne noch einen Tag länger bleiben wollte. Es passierte aber auch, daß unsere neugewonnenen Freunde uns nicht fahren lassen wollten. Wenn sich solche herzzerreißenden Szenen abspielten, versuchten wir – nach dem Motto »kurz und schmerzlos« – schnell wegzukommen, obwohl auch unter meinem Helm eine Abschiedsträne kullerte. Ich konnte mich damit trösten, daß wir wieder Neues erleben, neue Freundschaften schließen würden. Mit der Zeit gewöhnte ich mir an, lieber vorauszuschauen statt noch lange zurückzublicken.

Thomas und Beat werden wir später wiedersehen. Jetzt haben Claudia und ich alleine mit einem Schiff über den Golf von Kalifornien übergesetzt, unser nächstes Ziel: die Kupferschlucht. Die Barrancas bestehen aus sieben verschiedenen Schluchten, die insgesamt so groß sind, daß der Grand Canyon gleich viermal hineinpassen würde. Sie sind nur sehr schwer zugänglich. Deshalb haben sich die Tarahumara-Indianer auch hierhin zurückgezogen. Einer Legende nach kamen sie schon vor fünfhundert Jahren aus dem Norden Amerikas hierher, um Schutz vor den weißen Eroberern zu finden. Ihre weisen Alten hätten nicht nur die Ankunft von Kolumbus vorausgesagt, sondern auch die darauffolgende Zerstörung ihrer Jagdgründe.

Von der Küste her kommend gibt es die Möglichkeit, über eine abenteuerliche Zugstrecke in die Nähe der Schluchten zu gelangen, will man nicht einen riesigen Umweg über ein schlechtes Straßennetz in Kauf nehmen. In Los Mochis erfahren wir am Bahnhof, daß wir auch die Motorräder mitnehmen können. Allerdings sei ein Güterzug auf der Strecke entgleist und umgekippt, wir müßten warten, bis die Unglücksstelle geräumt sei. Niemand kann uns mit Bestimmtheit sagen, wann es losgeht. Wir bauen das Zelt am Bahnhofsvorplatz auf, warten drei Tage, werden immer wieder auf morgen vertröstet. Mañana – morgen, das beliebteste Wort in Mexiko. Es bedeutet auch soviel wie »ein anderes Mal«, wird nahezu liebevoll ausgesprochen, fast gesungen – mañana! Was für die Mexikaner eine Art Lebensphilosophie ist, bedeutet für uns eine Zerreißprobe. Nachts kommen wir kaum zur Ruhe, da betrunkene Jugendliche am Bahnhof randalieren.

Endlich rumpelt der Zug über die alten Gleise, unsere Motorräder im angehängten Güterwaggon. Müde schauen wir aus dem Fenster, betrachten die Riesenkakteen in der Ebene, aus der wir langsam aufsteigen in die steilen Berge, die sich vor uns türmen. In Lumpen gehüllte Campesinos versuchen, der staubigen Erde etwas Mais zu entringen. Hier und da eine zerfallene Hacienda, keine Maschinen, kein Strom, statt Traktoren noch Ochsen und Pflug. Die vor die Waggons gespannten Lokomotiven ziehen uns immer höher durch das stark zerklüftete Gebirge, es folgt Tunnel auf Tunnel. Zwischendurch wird immer wieder der Blick frei, wenn wir über Stahlbogenbrücken rattern, die in schwindelerregender Höhe zwischen die Felsen geklemmt sind.

Nach den hochmodernen Megafarmen in den USA, die uns noch lebhaft in Erinnerung sind, kommt es uns vor, als sitzen wir in einer Maschine, die sich langsam zurückbohrt in eine Zeit, als die Menschen noch in Höhlen lebten. Davon haben wir gehört, und von den Schluchten, die nur schwer zugänglich sind. Wir wollen sie mit unseren Motorrädern bezwingen, wo immer Wege hinabführen.

Nach einigen Dutzend Tunneldurchfahrten hält der Zug in einem kleinen Bergdorf. Bretterhütten entlang der Schienenstränge, kläffende Hunde, ein paar Typen mit Cowboyhüten und Revolvergurten, als wären wir in ein John-Wayne-Movie geraten. Wir sehen auch einen ausrangierten Jeep, also muß es hier Straßen geben, also steigen wir aus. Über eine Bohle bugsieren wir die Motorräder aus dem Waggon.

Der Hausmeister der Dorfschule schließt uns für die Nacht ein Klassenzimmer auf, denn er meint, zum Zelten sei es viel zu kalt. Am Morgen beeilen wir uns mit dem Frühstück, um fortzukommen, bevor die Schulkinder eintreffen. Unsere Sitzbänke sind von einer dicken Eisschicht überzogen, die zweitausend Höhenmeter seit der Hitze in Los Mochis lassen uns den Winter spüren. Aber kaum schaut die Sonne hinter den Bergen hervor, können wir die Fahrt auf geebneten Waldwegen genießen, begleitet von frischem Kiefernduft. Dann öffnet sich der Wald, und wir gleiten in eine saftig grüne Hochebene, vorbei an einfachen Hütten, aus denen der süßliche Rauch von Holzfeuern dringt, davor winken die Bergleute.

Plötzlich endet die gute Straße an einem Felsvorsprung, dahinter gähnende Leere: die Urique-Schlucht. Direkt unter uns können wir den gleichnamigen Ort ausmachen, 1.300 Meter tiefer, winzig klein, an einem Fluß gelegen. Einziger Zugang: eine rauhe Schotterpiste. Die Straße hängt regelrecht am Abhang, windet sich in extrem steilen Kurven nach unten. Wahnsinn, da wollen wir runter! Claudia voran. Schon in der ersten engen Kurve höre ich ihren entsetzten Schrei. Nur mit Mühe gelingt es ihr, die Maschine zum Stehen zu bringen, denn die Straße ist so steil, daß die Bremsen das Motorrad kaum noch halten können. Dazu der lose Schotter, der uns zusätzlich ins Rutschen bringt. In Claudias Augen sehe ich pure Angst. Mit gutem Zureden und dem Versprechen, ihr zu helfen, starten wir einen zweiten Versuch. Auch mir ist jetzt klar, daß diese Abfahrt nur mit viel Geschick und äußerster Konzentration zu schaffen ist. Im ersten Gang mit Motorbremse, dazu Hand- und Fußbremse leicht angezogen, aber doch schnell genug, um auf dem Schotter das Gleichgewicht nicht zu verlieren. Jetzt bloß nicht zu schnell werden, bloß nicht zu stark bremsen und ins Rutschen kommen. Urique ist zwar nur einen Steinwurf entfernt, aber so rasch wollen wir da nicht ankommen.

Dann passiert es. Claudia schafft die nächste Kurve nicht, läßt zum Glück noch rechtzeitig ihr Motorrad fallen, kommt am Rande des Abgrunds zum Stillstand. Ihre Knie schlottern, sie ist mit den Nerven am Ende. Bodenwellen, Schlaglöcher, tennisballgroße Steine, unbefestigter Straßenrand, eine Gratfahrt zwischen Leben und Tod, das ist zuviel. Die nächsten Kilometer helfe ich ihr über die härtesten Stücke, kraxele immer wieder zurück, um mein eigenes Motorrad nachzuholen.

Als wir endlich am Ortseingang den Fluß erreichen, halten wir erst mal an, um uns eine kalte Limonade zu kaufen. Die Abfahrt hat uns viel Schweiß gekostet, und obwohl die Sonne die Schlucht schon wieder verlassen hat, ist es hier unten recht heiß. Erleichtert schauen wir uns um. Unglücklicherweise starren uns die umstehenden Mexikaner feindselig an, keiner erwidert unseren Gruß. Sie halten uns für Amerikaner, Gringos, abgeleitet von »green go home«, noch aus der Zeit, als amerikanische Soldaten nach Mexiko eingedrungen waren.

Als wir später am Fluß zelten und die Nacht die Schlucht in tiefes Schwarz getaucht hat, hagelt es plötzlich Steine. Mit einem Schrei wachen wir auf. Ich laufe geduckt umher, will mir die Schützen greifen, aber die Brocken kommen aus allen Richtungen, sie werden offensichtlich aus großer Entfernung katapultiert. Erst als sie kapieren, daß wir keine Americanos, sondern Alemánes sind, kehrt endlich wieder Ruhe ein.

Von nun an stellen wir überall in Lateinamerika diesen feinen Unterschied als erstes klar. Denn jenseits ihrer Staatsgrenzen haben die US-Amerikaner kaum Freunde. Das war uns schon in Ozeanien und überall in Asien aufgefallen. Wenn wir beobachten, wie US-amerikanische Außenpolitiker ihren Hinterhof behandeln, kann man die Feindseligkeit der unterdrückten Völker auch leicht nachvollziehen.

Am nächsten Morgen hat es sich herumgesprochen, daß wir keine Gringos sind, wir können uns ungehindert im Ort umschauen. Der Dorfplatz ist sehenswert, begrenzt von uralten Steinhäusern und einer Kirche. Lässig kommt der Friedenshüter vorbeigeschlendert, gekleidet in Cowboyhut und Stiefel, einen polierten Stern auf der Lederweste, verchromte Handschellen am Gürtel und die Hände stets griffbereit in der Nähe der umgeschnallten Pistolen. Andere sonnen sich faul auf einem Mauervorsprung, ihre zerfurchten Gesichter unter Sombreros versteckt. Daneben ihre Pferde an Pfosten gebunden, sich auf drei Hufen ausruhend. Ein Metzger hat eine zerstückelte Kuh auf ihrer eigenen Haut ausgebreitet, verscheucht die Fliegen im Takt, in dem sein Nachbar den Hammer schwingt, ein Schuhmacher, der sein Handwerk verrichtet. Die Dorfbewohner verstehen sich noch aufs alte Lederhandwerk, unter anderem fertigen sie Sättel, Stiefel und Taschen. Nur Indianer haben wir noch keine gefunden, und deren Spur möchte ich aufnehmen.

Da die Straße hier endet, bleibt uns nichts anderes übrig, als auf demselben Weg wieder hochzufahren. In den nächsten Tagen versuchen wir, nach Creel durchzukommen. Trotz topographischer Karte sind wir auf die Wegweisungen ortskundiger Einheimischer angewiesen. Wir verstehen nur camino grande, eine große Straße, die es entweder mal gegeben hat oder die vielleicht mal gebaut werden soll. Auf jeden Fall verschwindet diese Straße erst mal in einem Fluß, auf der anderen Seite ist sie kaum noch zu erkennen. Wir müssen über Brükken aus unbehauenen Baumstämmen balancieren, die über tief eingeschnittene Bäche führen, müssen über nackte Felsen springen und große Steine umfahren. Spätestens alle fünfhundert Meter müssen wir uns gegenseitig über Hindernisse hinweghelfen. Erst 32 Kilometer später erreichen wir eine befahrene Straße, wo zwei gigantische Holzkreuze in den Boden gerammt sind.

Hier treffen wir auch den ersten Indianer. In einem weißen Gewand, darunter ein traditioneller Lendenschurz, kommt er daher auf Sandalen, die aus alten Autoreifen gefertigt sind. Er schwebt vorbei, mit schüchternem Blick, sein Gruß – Quira-ba! – kaum hörbar, da ist er auch schon wieder verschwunden, auf einem Pfad, der in die Tiefe der Schlucht führt.

Als wir Creel erreichen, das wichtigste Handelszentrum dieser Gegend, nisten wir uns gleich gemütlich vor dem Kaminofen einer Pension ein. Von den extremen Temperaturunterschieden hat Claudia eine Grippe bekommen. Der Ort bereitet sich gerade auf eine Tesquinada zu Ehren der himmlischen Mutter Guadalupe vor, ein Fest, bei dem viel Tesquino, hausgebrautes Maisbier, getrunken wird. In den Gassen wird zu Gitarre und Geige getanzt, in geselligen Gruppen gelacht und gespielt. So ein Fest kann mehrere Tage andauern, es ist erst vorbei, wenn das Bier zur Neige gegangen ist.

In den Morgenstunden zeigt das Thermometer minus 13 Grad Celsius an. Doch der wolkenlose Himmel verspricht einen schönen Tag. Ich frühstücke rote Bohnen mit Rührei auf Tortillas, für Claudia gibt es heiße Zitrone und einen Sack Mandarinen. Sie will das Bett hüten, abwarten, bis das Fieber zurückgeht. In mir fiebert etwas anderes, eine Unruhe, die ich mir nicht erklären kann. Ich beobachtete mich selbst, wie ich die Packtaschen abbaue, mein Motorrad aus dem Innenhof vor die Pension schiebe, in die grelle Sonne, die der morgendlichen Kälte ihren eisigen Biß nimmt. Dann nehme ich meine beste Kamera, ein Weitwinkelobjektiv und eine Porträtlinse, denn ich spüre, daß heute eine Begegnung stattfinden wird, auf die ich schon lange gewartet habe. Vorsichtshalber tanke ich voll, denn ich weiß nicht, wie weit mein Benzin reichen muß. Befreit von dem Gepäck ist es eine irrsinnige Gaudi, so leicht wie eine Gazelle über die Schotterstraßen und Waldwege zu springen. Ich fahre weiter und immer weiter, durch ein langgezogenes Tal, berauscht von der reinen Natur und der fröhlichen Stimmung, die mir von kleinen Siedlungen entgegenweht, wo Indianer tanzen und lachen. In voller Fahrt nähere ich mich Weggabelungen, biege ohne zu zögern ab, mal rechts, mal links, durchquere Flüsse in den Spuren der Eselskarren, stelle mich in die Fußrasten, um die harten Schläge des rauhen Terrains besser abfedern zu können.

Vor einem grob gezimmerten Laden sitzen Indianer auf staubigem Boden und trinken Cola. Ich geselle mich zu ihnen, bestelle eine Limo, für die die Omi hinter dem Tresen nur 500 Pesos haben will, gerade mal die Hälfte dessen, was ich sonst zahle. Ein alter Mexikaner spricht in mir unverständlichem Baßton, das R genüßlich rollend, mal tief im Rachen, mal locker auf der Zunge. Ich bin viel zu beseelt von einem eigenartigen Glücksgefühl, als daß ich mich konzentrieren könnte. Am liebsten würde ich Luftsprünge machen, könnte allen um den Hals fallen und mich mit der ganzen Welt verbrüdern. Nur die letzten Worte des Alten präge ich mir ein, weil er in die Richtung zeigt, in die es mich zieht: »El sendero es libre, por ti.« Nachdem er gegangen ist, schaue ich im Wörterbuch nach: »Der Pfad ist frei, deinetwegen.«

Wie vom Blitz getroffen springe ich auf, schwinge mich aufs Motorrad und rase weiter, eine lange Staubwolke hinter mir herziehend. Zu meiner Rechten öffnet sich ein Seitental, meine Wahrnehmung verändert sich, ich gleite in eine Märchenwelt, in der die Farben intensiver leuchten. Ich spüre, daß sich hier besonders starke Energiefelder konzentrieren. Am Ziel angekommen, bremse ich ab, folge langsam einem Bachlauf, finde einen Trampelpfad, fahre, bis es nicht mehr weitergeht. Ich befinde mich in einem Kessel, umgeben von hochragenden Felswänden. Auf alles gefaßt, versuche ich die Energie auf mich wirken zu lassen. Sie scheint von einem Hügel zu kommen. Langsam laufe ich um den Hügel im Uhrzeigersinn, meine Kreise enger ziehend, bis ich sie sehe, die Quelle der Kraft, die mich so stark angezogen hat. Hier sitzen Indianer in zwei Halbkreisen, auf der einen Seite Männer, auf der anderen Frauen und Kinder. Ein hochgewachsener Schamane im weißen, wehenden Umhang taucht eine Kalabasse in einen Eimer voller Maisbier, schüttet je einen Schluck davon in alle Himmelsrichtungen und reicht die Schale einem alten Mann, der sie fast austrinkt, den letzten Rest auf den Boden kippt, bevor er sie neu für den nächsten füllt.

Ich bin in respektvollem Abstand stehengeblieben, werde jetzt herangewunken, soll mich in die Öffnung der Halbkreise setzen. Ich

stammele etwas von: »Ich Alemania, no Americano, Foto permiso?«
Wortlos und mit erhobener Hand gebietet mir der große Mann zu schweigen, dreht sich zu den alten Männern, die sofort ihre Zustimmung bekunden, was mein Gegenüber zu wundern scheint. Doch ich lege meine Kamera zur Seite, ärgere mich, daß ich riskiert habe, abgelehnt zu werden. Als ich mich wieder beruhigt habe und die Energie wieder gleichmäßig durch meinen Körper fließt, setzt sich der Mann im Schneidersitz vor mich und schaut mir eine ganze Weile tief in die Augen. Er wirkt jung, hat kräftiges, langes Haar, so pechschwarz wie seine Augen. Ein merkwürdiger Glanz geht von ihm aus, als ob er innerlich leuchtete. Zu meiner Verblüffung spricht er deutsch, war längere Zeit in Europa.

»Die Alten erwarten dich.« Er erzählt, daß sein Stamm seit über vierhundert Jahren keinen Kontakt mehr mit der Außenwelt hatte. Das sei zu der Zeit gewesen, als die Jesuiten kamen. Sie hätten sie gezwungen, ihre Toten zu begraben. Sie wollten Macht über die Indianer gewinnen. »Aber was wollen die Alten von mir?« – »Ich weiß es nicht, du wirst es herausfinden. Ich bin nur Arzt. Meine Aufgabe ist es, Menschen zu helfen, sie zu heilen. Du hast auch eine Aufgabe. Die Alten kennen sie.« Er sagt mir Dinge über mich, die nur ich wissen kann: über meinen Weg, mein Ziel. »Du willst dein ganzes knowledge auf eigenen Erfahrungen aufbauen.« Er benutzt das englische Wort knowledge für Wissen, wie ich.

Der Medizinmann reicht auch mir die Schale, worauf ich meine, daß ich nicht viel trinken kann, da ich noch Motorrad fahren muß. Lieber würde ich ganz ablehnen, aber das wäre zu unhöflich. Das Bier schmeckt gar nicht so schlecht, wenn auch etwas mehlig und körnig, kleine Maissplitter bleiben im Mund zurück. Die gefüllte Kürbisschale macht immer öfter ihre Runde, das Bier schmeckt mit jedem Schluck besser. Ich merke gar nicht, wie der Tag vergeht, aber Zeit spielt hier keine Rolle.

Der Schamane führt mich zu einer Höhle, in der die Alten sitzen. Als ich mich an die Dunkelheit gewöhnt habe, schrecke ich unwillkürlich zurück und trampele dabei gegen Tonschalen und Krüge, mache schrecklichen Lärm, der die ruhige Atmosphäre zerreißt. Ich schäme mich meines Ungeschicks. Es scheint mir, als seien die Alten von einem Energiefeld umgeben, das sie in sanftes Licht taucht, von dem eine wohlige Wärme ausgeht. Sie strahlen unendlich viel Güte und Würde aus.

Ich empfinde dieselbe Zuneigung und Hochachtung wie den anderen Erleuchteten gegenüber, die ich getroffen habe. Sie scheinen alle miteinander in Verbindung zu stehen, denn ich glaube, neben einigen anderen auch die Gegenwart eines tibetischen Meisters zu spüren, glaube in diesem Moment, sein Schmunzeln zu sehen, wie er in seiner Kammer sitzt, oben auf dem Dach des Jokhang-Tempels, der heiligsten Stätte Tibets. Dort war ich zu jeder Zeit willkommen gewesen, in aller Abgeschiedenheit mit ihm zu meditieren. Seine Augen hatten den Reichtum seines Herzens widergespiegelt, wie die Augen des fünfjährigen Jungen, der auf demselben Dach aufgewachsen war, von dem uns die Mönche berichtet hatten, er sei die Reinkarnation eines Buddha. Und wie damals in Tibet befinde ich mich auch hier im Norden Mexikos im heiligen Zentrum eines kleinen Volkes, das in Frieden leben möchte und sich deshalb verstecken muß. Hier bewahren sie die Knochen ihrer Ahnen auf und deren Waffen.

Der Medizinmann betont mehrmals, daß ich nicht zu ihnen aufschauen muß: »Als Menschen stehen wir alle auf einer Ebene!« Wir seien alle ein Wunder, genauso wie das Universum. Das Herz sei wichtig, denn darin sei alles enthalten. Alles, was es im Universum gibt, könnten wir auch in uns selbst finden. Manchmal dauerte es sehr lange, dieses knowledge im eigenen Herzen zu finden. Ich sage ihm, ich sei davon überzeugt, daß es mindestens zwei Realitäten gibt. Die eine, die uns anerzogen wird, die wir sehen, riechen und anfassen können, und die andere, die wir spüren, aber nicht erklären können. Er meint, ich solle mich nicht mehr bemühen, anderen meine Empfindungen zu erklären, es sei müßig, über eine Realität zu reden, in der es keine Worte gibt und die sich deshalb auch mit Worten nicht erklären läßt.

Dann malt er die Essenz eines Traums, den ich im ersten Jahr unserer Reise hatte, in den Boden. Das Bild hat mich die ganzen Jahre über beschäftigt, weil ich mich in diesem Traum in einer anderen Realität glaubte. »Sieh dieses Kreuz hier: Der Mensch steht im Mittelpunkt des Universums, es steht uns frei, in alle Richtungen zu gehen. Du wolltest dich nicht einschränken lassen, wie der menschliche Rumpf ohne Arme und Beine, den du gesehen hattest. Es ist gut, daß du die Angst überwunden hast, daß du den Tod nicht fürchtest. Die Menschen wären gerne unsterblich, dabei wissen sie nicht, daß wir gar nicht sterben können. Die Energie wird immer fortbestehen, auch wenn sie sich in ihrer Erscheinungsform verändert. Sobald man erkennt, daß man ein Bestandteil des Universums ist, und dadurch die Angst vor dem Tod verliert, verändert man sich. Viele Menschen glauben, ein Reiter, der nie fällt, sei ein guter Reiter. Ich finde, daß einer, der schon einmal gestürzt ist, der bessere ist, denn er ist um diese Erfahrung reicher. Um die Angst zu überwinden, muß man ein Krieger sein.«

Ich habe gelesen, daß spanische Eroberer die Indianer versklavten, um sie zur Arbeit in den Kupfer- und Silberminen zu zwingen. Die Tarahumara seien mit etwa fünfzigtausend Menschen, nach den Navajo, die zweitgrößte Indianergruppe Amerikas. Hier erfahre ich, daß es kleine Gruppen gibt, die sich ganz zurückgezogen haben, deren Existenz gar nicht bekannt ist. Sie versuchen, genau wie ihre Vorväter zu leben, verbunden mit ihnen im Geiste des Ganzen.

»Wir glauben an denselben großen Gott wie die Jesuiten, aber ihren Katholizismus lehnen wir ab. Der große Geist ist in allem vertreten. Wir sehen die Zusammenhänge, wie jede Einzelheit Teil des Ganzen ist. So sahen es schon unsere Vorväter. Sie waren gute Krieger. Aber die anderen hatten die besseren Waffen.«

Am späten Nachmittag ist auch der letzte Eimer Tesquino getrunken, die Gruppe löst sich auf. Ich bedanke mich, matetera ba, und verabschiede mich, arioshiba, auf ihre Art, wobei sie die rechte Hand ausstrecken und die Finger ganz sachte an den Innenflächen der Hand des anderen vorbei streichen. Einen Händedruck interpretieren sie als Versuch, den anderen dominieren zu wollen. Sogar die Kleinkinder strecken schon ihre Fingerchen vom Rücken ihrer Mutter aus hinter der Tragedecke hervor, um sich auch zu verabschieden, wobei sie mir Bärtigem furchtlos in die Augen schauen.

Der Medizinmann begleitet mich zu meinem Motorrad. Ich möchte noch wissen, ob die Kakteenart Peyote in ihrem Leben eine Rolle spielt, denn ich habe von ihrer halluzinogenen Wirkung gehört und daß Schamanen sie für Rituale benutzen. »Nein, ich würde auch jedem davon abraten. Ganz selten wird Peyote medizinisch verwendet. Mit Peyote spielt man nicht.« Dann drückt er mir kräftig die Hand, was bei uns ja soviel wie einen festen Charakter signalisiert. »Du bist hier jederzeit willkommen. Unser Land ist auch dein Land.«

Ich fühle mich glücklich und zutiefst geehrt, wie schon so oft auf dieser Reise. Ich kann nur hoffen, daß ich eines Tages verstehen werde. Meine neuen Freunde sagten mir nur das, was ich schon irgendwie geahnt hatte. Ich bin auf meinem Weg, das ist die Hauptsache. Über meine Zukunft habe ich nichts erfahren, außer: »Wir werden uns wiedersehen, ganz bestimmt!«

Zwischendurch habe ich ab und zu schnell ein paar Fotos geschossen, den Film gewechselt und dann die Kamera weggelegt, bis sich später wieder eine günstige Gelegenheit bot. Die Indianer schienen die Kamera gar nicht zu bemerken, zumindest hatte ich nicht den Eindruck, daß sie es störte. Die Diafilme mußte ich in einem Fachlabor in San Francisco entwickeln lassen. Sie gingen einen langen Weg, den ich später in mühsamer Detektivarbeit zu rekonstruieren versuchte. Schlußendlich verlor sich ihre Spur in New Orleans, genauso mysteriös, wie die Bilder entstanden waren. Seither fehlen rund vierhundert Dias in unserer Sammlung.

Nach ein paar Tagen geht es Claudia wieder besser. Wir entschließen uns, in die Batopilas-Schlucht zu fahren, wo wir Thomas und Beat wiedertreffen wollen. Diese Straße ist besser zu befahren, lange nicht so steil wie die in der Urique-Schlucht, obwohl sie noch tiefer führt, von 2.300 Metern Höhe auf nur 600 Meter. Schon auf halbem Weg ziehen wir unsere Pullover aus. Unten ist es dann richtig warm, die Blumen blühen, Mandarinen und Bananen werden geerntet, Eselskarawanen transportieren die Früchte ab. Im Hotel Batopilas mieten wir ein kleines Zimmer. Die Federkernmatratze ist so durchgelegen, daß sie in der Mitte eine Kuhle bildet, in der wir untrennbar liegen bleiben. Aufstehen wollen wir vorerst sowieso nicht mehr. Über Nacht hat ein Dauerregen eingesetzt, der 48 Stunden anhält. Es regnet Bindfäden, der Fluß schwillt gewaltig an, die Kellerräume werden überflutet. Dann packe ich mir einen kleinen Rucksack und gehe auf Wanderschaft. Ich möchte gerne noch mehr über das Leben der Indianer erfahren, über ihre außergewöhnlichen Fähigkeiten.

Seit Tagen laufe ich nun schon durch die Schluchten, fühle mich kräftig und bin bester Laune. Heute begleite ich eine Indianerin mit ihrem etwa fünfjährigen Sohn, versuche, ihr dicht auf den Fersen zu bleiben, denn für mich läßt sich der Weg durch das zerklüftete Gelände kaum erkennen. Sie huscht mühelos von einem Stein zum anderen, sicher und stetig, ohne zu zögern, ihr Junge immer dicht hinter ihr. Mir pocht das Herz vor Anstrengung, wo immer es mir möglich ist, renne ich, um aufzuholen, und doch muß die Frau alle paar Minuten auf mich warten. Ich komme mir vor wie beim Wettlauf von

Hase und Igel. Wenn ich angehechtet komme, sitzt sie schon mit ihrem Sohn auf einem Felsen und lacht verschmitzt.

Die Tarahumara-Indianer nennen sich selbst Raramura, das Volk der leichten Füße. Es wird gesagt, sie kennten sich im Umgang mit übersinnlichen Kräften aus. Sie seien fähig, Energie bewußt aufzunehmen und gezielt anzuwenden. So könnten sie sich mit einem starken Kraftfeld umgeben, um sich zu schützen. Es sei dann unmöglich, sich ihnen zu nähern, was man ohne ausdrückliche Einladung auf keinen Fall versuchen sollte. Es reiche völlig aus, daß ich den Wunsch, sie zu treffen, mit mir herumtrage. Wenn es den Tarahumara recht ist, wird ein Familienmitglied kommen und mich zu ihrer Behausung führen.

Eine Familie besitzt bis zu fünf Unterkünfte, eine in der Nähe von gutem Weideland, eine andere beim Maisfeld oder am Fluß, am Rand des Canyons oder in einem anderen Tal. Es sind einfache Hütten, aus Lehm oder grob behauenen Bohlen, oft auch Höhlen, von denen es im Schluchtensystem sehr viele gibt.

Der soziale Zusammenhalt beeindruckt mich sehr. Wenn eine junge Familie einer großen Aufgabe nicht gewachsen ist, wie zum Beispiel ein Haus zu bauen oder ein Feld anzulegen und zu umzäunen, fangen sie eine Woche vorher an, Maisbier zu brauen. Dann kommen alle Familien aus der Umgebung zusammen und helfen. Während die Männer die Schwerarbeit leisten, bereiten die Frauen ein Festessen vor, nähen neue Kleider oder flicken alte. Die Kleider tragen sie dann alle übereinander, auch, wenn es vier oder fünf Lagen sind.

Tarahumara haben eine enorme Ausdauer als Langstreckenläufer, die ihnen schon Weltruhm eingebracht hat. Sie laufen gleich mehrere Tage und Nächte durch, kicken dabei zum Zeitvertreib gerne auch noch einen kleinen Holzball vor sich her. Auf der Jagd können sie ein Reh mühelos zu Tode hetzen. Schon 1892 berichtete Karl Lumholtz, daß ein Tarahumara einen Brief von Guazapares bis nach Chihuahua City durch die Berge trug und innerhalb von nur fünf Tagen zurückkehrte. Er hatte eine Distanz von fast tausend Kilometern zurückgelegt.

Wenn ich ihnen beim Laufen zuschaue, glaube ich, des Rätsels Lösung näherzukommen. Es scheint mir, als ob sie durch die Gegend gleiten, wobei sie ihre Füße kaum anheben. Eher lassen sie ihre Füße leicht kreisen, eine Technik, die auch Chinesen beim Tai-Chi anwenden, um Energie von der Erde aufzunehmen. Beim Versuch, sie nachzuahmen, stolpere ich über meine eigenen Füße. Ich bin eben ein Chabochi, wie sie uns Weiße nennen, ein Bärtiger.

Wir müssen über einen reißenden Fluß, das eiskalte Wasser geht uns bis über die Hüften. Die Mutter trägt meinen leichten Rucksack und ihren Beutel, ich schultere ihren Sohn. Das andere Ufer wird durch eine steile Felswand begrenzt. Behende hangelt sich die Indianerin hoch über dem Fluß um den Felsen herum. Jetzt erst ertaste ich die kleinen Nischen, die für Füße und Hände in den Fels gehauen sind. Zum Glück hat sie ihren Sohn übernommen, ich bin jetzt fürs Gepäck verantwortlich. Schweißgebadet stehe ich endlich wieder auf festem Grund.

Bald erreichen wir eine Höhle. Nur eine Feuerstelle, Blechtöpfe, Tonkrüge und ein paar Decken weisen darauf hin, daß hier jemand wohnt. Während wir auf unseren Fersen hocken und Tee trinken, kramt sie unter ihrer Bettdecke starke Gräser hervor, die sie geschickt zu Körben flechtet. Die will sie oben am Canyonrand in El Divisadero verkaufen. Dort hält jeden Tag für zwanzig Minuten ein Zug, damit Touristen die imposanten Schluchten bewundern können. Ich möchte lieber zurück nach Batopilas, dem kleinen Minenort, wo Claudia auf mich wartet. Falls ich Anschluß bei anderen Läufern finde, kann ich binnen zwei Tagen zurück sein. Vielleicht sind inzwischen auch unsere beiden Reisepartner dort eingetroffen.

Zufrieden komme ich von meiner kleinen Expedition zurück. Claudia sitzt im blühenden Garten des Hotels, unterhält sich gerade mit einem jungen amerikanischen Pärchen, Christine und Omar, die mit Fahrrädern hier herunter gekommen sind. Sie schmieden Pläne für ein gemeinsames Weihnachtsfest. Auf dem Wunschzettel stehen die typischen Freßgelüste von ausgehungerten Dauerreisenden. Wir wollen sehen, was wir alles auftreiben können.

Heiligabend '89 haben wir es uns im steinigen Flußbett gemütlich gemacht, ein Feuer angezündet, um Holzkohle für unseren improvisierten Grill zu gewinnen. Es gibt frischen Fisch und Krabben, die ein geschäftstüchtiger Dorfbewohner in seinem Jeep von der Küste mitgebracht hat, selbstgeschlachtetes Hähnchen, Claudias weltberühmten Kartoffelsalat und zum Nachtisch einen Fruchtsalat mit acht verschiedenen Sorten Obst, alles frisch gepflückt in diesem Tal. Im Hintergrund auf dem Dorfplatz spielt eine mexikanische Band, die Leute tanzen dicht an dicht. Am besten sind die umherziehenden Trovadores, die Straßenmusikanten. Sie spielen zwar immer dasselbe

Lied, von Liebe, Freundschaft, Strand und Acapulco, aber sie spielen so leidenschaftlich, daß ich ihnen gebannt hinterherlaufe.

Wir erfahren auch, daß Beat und Thomas längst hier waren und schon wieder abgereist sind. In ihrer Herberge fragen wir nach, ob sie für uns eine Nachricht hinterlassen haben. Die alte Besitzerin erinnert sich, hebt eine Schale auf einem Schrank an, holt eine Tüte hervor, wickelt eine Geldbörse aus, in der ein Zettel für uns steckt. Die beiden wollen Weihnachten und Neujahr am Strand verbringen, wir können sie in Bahia Ensenada oder Zipolite finden. Wenn alle Stricke reißen, hinterlassen sie uns eine Nachricht postlagernd in Guadalajara. Schade, das rauschende Fest hier hätte ihnen bestimmt auch gut gefallen.

Die Musik klingt uns noch in den Ohren, als wir zwei Tage später das Schluchtenlabyrinth verlassen. Wir fahren durch Schnee und Matsch, vorbei an mehreren Wohnblocks, wo Indianer im Rahmen eines Regierungsprojekts untergebracht werden, um sie in das landesübliche Arbeitssystem einzugliedern. Was daraus wird, kennen wir schon aus der Geschichte Australiens und Nordamerikas. Mir wird plötzlich klar, daß hier für uns der Übergang zurück in unsere Zeit stattfindet. Als wir dann auch wieder auf Asphalt fahren, weiß ich, daß ich zurück bin im Heute, in Mexiko heißt das mañana.

Es war in Batopilas in der Kupferschlucht, als Klaus eine seiner Exkursionen unternahm. Der lateinamerikanische Machismo frustrierte mich plötzlich so sehr, daß ich keine Lust mehr hatte, alleine auf die Straße zu gehen. Denn sobald ich mich in der Öffentlichkeit zeigte, pfiffen mir alle Männer hinterher, und einige riefen sogar lauthals über den Dorfplatz. Was ich da noch nicht begriff – vielleicht begriffen hätte, wenn ich nur richtig hingehört hätte –, war das Spielerische an diesem Getue. Eine mexikanische Frau würde den Kopf in den Nacken werfen und erst recht mit ihren Hüften wackeln, lachend weitergehen. Ich jedoch ärgerte mich jedesmal über diese vermeintlichen Anzüglichkeiten. Wenn ich meine Lederkombi und Stiefel anhatte und neben meinem Motorrad stand, ist mir Derartiges nie passiert. In dieser Kluft fühlte ich mich wohl, mit ihr konnte ich mich identifizieren. Doch gerade in Lateinamerika sind die Frauen stolz auf ihre Weiblichkeit. So mancher Mann konnte meinen Aufzug nicht begreifen, bekam sogar einen Schreck, wenn ich meinen Helm auszog, weil er nie mit einer Frau gerechnet hätte. Oft zeigten sie mir aber auch überschwenglich ihre Bewunderung. Ich selber fühlte mich dann wie zwischen Baum und Borke, hatte ich doch auf der Reise gelernt, daß dies immer noch eine Männerwelt ist, daß in den meisten Kulturen die Männer das Sagen haben. Nur ganz selten sind uns unterwegs Frauen auf ihrem eigenen Motorrad begegnet. Auch in den vielen Werkstätten, in denen wir unsere Motorräder reparierten, traf ich nur ein einziges Mal eine Frau mit ölverschmierten Händen. Am liebsten war es mir, wenn man mich einfach so akzeptierte, wie ich war, wenn ich mir keine Gedanken über meine Geschlechtszugehörigkeit machen mußte. Das bedeutete nicht, daß ich mich als Frau nicht wohlfühlte – ganz im Gegenteil, ich hatte nie das Gefühl, mich emanzipieren zu müssen. Keinem mußte ich etwas beweisen, außer vielleicht mir selbst.

Noch ist es dunkel. Wir sitzen hoch oben auf einer Ruine, die steil den umgebenden Dschungel überragt. Vor wenigen hundert Jahren haben hier noch Könige der Maya residiert, einer Kultur, die kurz nach ihrer Blütezeit ganz plötzlich unterging. Sie hinterließen der Nachwelt viele Rätsel, deren Lösung noch heute zahlreiche Archäologen beschäftigt, die in den Tempelkomplexen herumstöbern. Diese aus Steinquadern erbauten Anlagen haben die Form riesiger, pyramidenähnlicher Türme. Verstreut zwischen Mexiko und Honduras, stellten sie die Machtzentren der Maya-Hochkultur dar. In sich zusammengefallen, blieben nur Ruinen, die wir schon im südlichen Mexiko bestaunt haben, bis wir über das kleine Land Belize nun nach Tikal in Guatemala gekommen sind. Hier gefällt es uns besonders gut, die vielen verschiedenen Tempel sind untereinander mit herrlichen Wanderwegen verbunden, mitten im dichten Urwald.

Heute morgen sind wir schon sehr früh aus dem Zelt gekrochen und im Lichtstrahl der Taschenlampen spazieren gegangen, immer auf der Hut vor Angriffen der handtellergroßen Taranteln, die zu Hunderten den Boden bevölkern, sich in kleinen Erdlöchern oder unter Steinen verstecken. Dann sind wir die steilen Stufen der Pyramide hinaufgeklettert, bis zur Spitze, wo wir jetzt sitzen und den Übergang von der Nacht zum Tag erwarten.

Gedämpft erschallt hier und da noch der Ruf der Nachtvögel, bevor es ganz still wird, wenn sich die ersten Lichtschimmer im Osten am Firmament zeigen. Schemenhaft lassen sie die Konturen der Baumkronen unter uns erkennen, die schon bald wieder vom Nebel verwischt werden, der aufsteigt, die Stufen herauf, feucht, kalt und modrig. Dann, ganz leise, dringt das Fauchen eines Brüllaffen an unsere Ohren, steigert sich, schwillt ab, unterbrochen vom »Huh, huh, huh« der Kameraden, die ihren Boß anfeuern, bis sich ganz in der Nähe, auf der anderen Seite des Tempels, der Anführer einer anderen Gruppe laut fauchend zu Wort meldet. Seine Autorität läßt uns erschauern. Gespannt lauschen wir der Unterhaltung im Stereoeffekt.

Erste Sonnenstrahlen helfen die Nebelschwaden aufzulösen, tauchen den Wald in goldenes, warmes Licht, malen die Natur in ihren frischesten Farben, zeichnen Blätter und Farne, lassen den Wassertropfen an einer hellblauen Orchidee aufblitzen, die sich zwischen das Moos in den Mauerritzen verirrt hat. Ein Schwarm schimpfender Papageien fliegt dicht über die Baumwipfel unter uns. Ein krächzender Ara ist allein unterwegs, wie auch ein Tukan, der schnell wie ein Pfeil seinen großen, bunten Schnabel spazieren fliegt. Auch die Webervögel räuspern sich, kommen aus ihren apfelsinengroßen Nestern, die sie geschickt in Netze geknotet haben, die wie Pendel im Wind an hohen Ästen baumeln. Ein neuer Tag ist erwacht, ein neuer Tag auf unserer Reise, die uns immer neue Wunder erleben läßt, immer neue Regionen eröffnet.

Langsam nähern wir uns auch den Krisenzonen Zentralamerikas. Auf der staubigen Straße nach Poptun passieren wir im April 1990 ein Tor, auf dem Buchstaben aus Draht geformt sind, die uns die Situation in Guatemala vergegenwärtigen. »Willkommen in der Hölle!« steht da. Dahinter eine Militärkontrolle, ihre Maschinengewehre auf Ständern, ausgerichtet auf Scheibenhöhe der Busse. In der Nähe ist die Finca Ixobel, von der wir gehört haben. Sie ist etwa zweihundert Hektar groß und seit achtzehn Jahren im Besitz des amerikanischen Pärchens Mike und Carol. Sie betreiben biologischen Anbau, ein Restaurant und einen Campingplatz. Das ausgezeichnete Essen zieht Reisende aus aller Welt an, heute sind einundsiebzig Gäste da. Ich frage Mike, was die vielen Soldaten wollen, die sich an Gartentischen niedergelassen haben. Er meint nur bitter, es seien lästige Parasiten, die immer wieder kommen, um ihm Geld abzupressen. Lieber gibt er ihnen freies Essen. Sie seien gefährlich, unberechenbar. Wenige Tage später erreicht uns an anderem Ort die grausame Nachricht: Mike wurde von Soldaten auf offener Straße mit einer Machete geköpft.

Im Ixil-Dreieck, bei Quiche, treffen wir auf bewaffnete Guerilleros. Es gelingt mir, ein paar Freiheitskämpfer zu befragen. Sie täuschen Raubzüge durch die Dörfer vor, erbeuten Eßbares und Benzin. Später wird einer von ihnen umhergehen und die Bauern bezahlen. Die Guerilleros sind auf die Hilfe der Bauern angewiesen, sie müssen sich gegenseitig schützen. Ihre Berichte sind schockierend, unglaublich. Seit über dreißig Jahren soll Guatemala Tummelplatz für den amerikanischen Geheimdienst CIA sein, der hier mit Methoden zur Unterdrückung von Völkern experimentiert. Seither sollen in Guatemala Zehntausende von Menschen ermordet worden sein. Bei jedem Massaker sei ein amerikanischer Militärberater dabei gewesen.

Glauben kann ich das alles erst, als ich das Buch »Bananenkrieg« lese, das der ehemalige Chefredakteur eines amerikanischen Nachrichtenmagazins geschrieben hat. Als die Politik der »verbrannten Erde« in der Öffentlichkeit bekannt wurde, hatte es weltweite Empörung gegeben. Indiodörfer waren von den Unterdrückern systematisch vernichtet worden, Felder und Häuser verbrannt. Die flüchtenden Indios wurden eingefangen und in Modelldörfer gesteckt, den modernen Konzentrationslagern vietnamesischer Machart vergleichbar. Noch heute werden sie hier hinter Stacheldraht unter Waffengewalt zur Sklavenarbeit gezwungen. Der korrupte Polizei- und Militärapparat wird von der deutschen Regierung mit der Überlassung von Waffen und Fahrzeugen tatkräftig unterstützt.

Nach einer Fahrt kreuz und quer durchs Land brauchen wir dringend etwas Ruhe. Die hoffen wir im historischen Ort Antigua zu finden, wo halb zerfallene Ruinen noch an das letzte große Erdbeben erinnern. Uralte Steinhäuser, Kopfsteinpflaster, Kathedralen und bunte Plazas am Fuße eines rauchenden Vulkans. Einige Deutsche und Schweizer haben sich hier niedergelassen, unter ihnen auch Claudius, ein Münchner, der hier hängengeblieben ist und eine Kneipe mit Livemusik eröffnet hat. Er muß geschäftlich in die USA, für zwei Monate übernehmen wir Villa und Geschäft.

Zu unserer Verblüffung spricht sich das schnell herum. Fernreisende aus aller Welt treffen ein, in einer Nacht sind es achtzehn Motorradfahrer, darunter auch Thomas und Beat. Wer drinnen keinen Platz mehr findet, baut sein Zelt im Garten auf. Gefeiert wird nonstop, tagsüber im Haus, nachts in der Kneipe.

Diese wilde Zeit hat uns noch mehr geschlaucht, jetzt könnten wir wirklich ein wenig Urlaub gebrauchen. Statt dessen schließen wir uns wieder in einer kleinen Gruppe zusammen. Beat besitzt eine Videokamera. Wir wollen gemeinsam einen Film drehen. Mit von der Partie ist auch noch Ralf, ein Motorradfahrer aus Deutschland. Er ist eigentlich mehr ein Einzelgänger, aber diesen Spaß will er sich nicht entgehen lassen. Beat hat die verrückte Idee, die Kamera rückwärts auf seinen Helm zu schrauben und vor sein Visier einen etwa scheckkartengroßen digitalen Monitor zu kleben. So kann er während der Fahrt seine Kopfhaltung mit einem Auge kontrollieren und mit dem anderen auf die Straße achten. Wir folgen alle und versuchen dabei, im gefilmten Ausschnitt zu bleiben. Nach tagelanger, wilder Fahrt durchs Land haben wir zwar viel Drehmaterial gesammelt, aber immer noch kein Drehbuch oder Konzept entwickelt.

Inzwischen rückt unser amphibisches Projekt zur Überwindung der Darien-Hürde näher. Ich hatte mit Thomas und Beat vereinbart, verschiedene Konstruktionsideen schon vorher in Costa Rica in die Praxis umzusetzen. Wir hoffen, die Experimente werden uns helfen, eine taugliche Konstruktion zu entwickeln, die uns durchs Darien bringen kann. Als Übungsgelände haben wir uns den Nationalpark Tortuguero ausgesucht. Die Flüsse, die ins Meer münden, sind parallel zur Küstenlinie mit natürlichen Kanälen untereinander verbunden.

Cahuita, Costa Rica, den 28.10.1990
Liebe Moni-Schwester!

Nachdem Klaus mir gerade den Kaffeetopf ins Zelt gereicht hat und ich mit diesem schon oft in Gedanken geschriebenen Brief angefangen habe, fängt es draußen doch glatt schon wieder an zu pinkeln. Es hat ja auch nicht gereicht, daß es ganze einunddreißig Stunden durchgegossen hat (letzte Nacht besonders heftig) und sich die Tropen in eine trübe Sache verwandelt haben. Doch es ist Wochenende, und das Wetter schreckt die einheimischen Touristen nicht ab. Busweise werden sie hier angekarrt und nehmen den ganzen Strand in Beschlag mit Ghettoblastern, Fußbällen, Picknickkörben. Gerade wollten sie sich einfach bei unserem mühsam zusammengesuchten Feuerholz bedienen.

Vor zehn Tagen sind wir hier im Cahuita-Nationalpark angekommen, an der Karibikküste von Costa Rica. Ein Traum (wenn die Sonne scheint), wie er im Bilderbuch steht: einsamer, langer, breiter, fast weißer Sandstrand (nur nicht an Wochenenden), blaues, klares, ruhiges Wasser, riesige Palmen mit Urwaldbäumen gemischt, bis zum Strand, wo es viele Buchten gibt mit Holztischen zum Zelten. In den Baumwipfeln Horden von Brüllaffen und anderen Primaten mit weißen Gesichtern, die uns liebend gerne mit den gelben, pflaumenartigen Früchten beschmeißen! Getroffen haben sie uns aber noch nicht, nur das Zelt ist schon ziemlich bekleckert. Und ein Gebrüll können diese zierlichen Tiere veranstalten! Am liebsten sitzen sie direkt über unserem Zelt, wenn sie pünktlich um 4 Uhr 44 morgens mit dem Gebrüll anfangen. Dann wohnen noch Schwärme von Geiern am Strand, die sich jedoch glücklicherweise von uns fernhalten.

Zwei Reiher fischen, nein sie fischen ja gar nicht, sie fangen Krebse, von denen es Tausende gibt in allen verschiedenen Größen und Farben. Die Schwalben flogen heute morgen besonders tief, was den Regen erklärt. Es gibt zwar nicht viele Mücken, dafür aber massenweise Ameisen, die ganz gemein beißen und sich jetzt sogar bei uns im Zelt breitgemacht haben, da es ihnen draußen zu naß ist. Die fressen sich einfach Löcher in unseren Zeltboden. Wenn Du mich fragst, ich finde das unverschämt! Und die Fliegen wissen auch immer ganz genau, wann wir uns an den Tisch setzen. Aber ich möchte mich nicht beklagen, ist ja schließlich Natur pur. Doch würde ich mir so einige Tiere doch lieber aus der Ferne anschauen. Das Opossum ist ja noch harmlos, das da nachts um unser Zelt streift, aber hast Du schon mal ein Stinktier kennengelernt? Das verschlägt Dir echt den Atem! Und es zu verscheuchen, traue ich mich auch nicht, denn es könnte sauer werden und mich anspritzen, und dann läßt mich der Klaus bestimmt nicht mehr ins Zelt. Der Stock, der da so harmlos vor drei Tagen auf dem Weg in der Sonne lag, hätte von mir aus ruhig ein Stock bleiben dürfen, anstatt sich, als ich nur zwei Schritte entfernt war, als zwei Meter Schlange davonzuschlängeln. Beruhigend zu wissen: je kleiner die Schlange, desto giftiger ist sie. Die Wahrscheinlichkeit, von zwei Metern Schlange getötet zu werden, ist also nicht so groß.

Da fällt mir die Amerikanerin ein, die in einem anderen Park spazieren gegangen ist, in der Nähe einer Lagune, und von einem Alligator angefallen wurde. Man brachte sie noch ins Krankenhaus, aber zwei Tage später war sie tot. Die Parkranger schütteln über so etwas nur den Kopf: »Die dummen Ausländer sollen doch vorher fragen!« Ich finde, man könnte auch Tafeln aufstellen, die einen über die Gefahren aufklären.

Auf alle Fälle habe ich keinen Bock, von einem »Gator« gefressen zu werden, und mache bei Klaus' nächstem Abenteuer wohl nicht mit. Obwohl Thomas ja so schön meinte: »Besser von einem Krokodil gefressen, als von Honduranern erschossen!« Aber die Geschichte erzähl ich vielleicht später. Also, schon vor einem Jahr, als wir Thomas und Beat auf Baja California kennenlernten, hatte Klaus die fixe Idee, mit dem Motorrad durchs Darien Gap, zwischen Panama und Kolumbien, zu »fahren«. Es gibt keine Straßen dort, dafür aber viele Flüsse und vielleicht ein paar Pfade. Klaus will zu diesem Zweck sein Motorrad amphibisch umbauen, das heißt ans Hinterrad

Paddel montieren und Ausleger an den Seiten, wie bei einem Katamaran. Jetzt wollen die drei ihre verschiedenen Konstruktionen hier in Costa Rica ausprobieren. An der nördlichen Ostküste gibt es einen Kanal durch Sumpf und Urwald, der ungefähr hundertzwanzig Kilometer lang ist und sich mit dem Grenzfluß von Nicaragua verbindet. Auch dort gibt es Krokodile, jemand hat mal was von acht Metern erzählt ...

Inzwischen habe ich noch einen Kaffee gekocht, und bei der Gelegenheit tat sich die Frage auf, was wir heute essen. Es war noch ein halber Liter Milch von gestern da und ein Kürbis. Und während ich so die Kürbissuppe mit viel, viel Knoblauch und Zwiebeln kochte (wir machen nämlich eine Knoblauchkur, denn stinken kann man soviel man will in der Natur), landete doch glatt ein wunderschöner Falke am Strand und kam bis auf zehn Meter heran. Zwanzig Minuten konnten wir ihn uns anschauen, bis die blöden Geier wiederkamen. Mittlerweile sitzt Klaus im Zelt und schreibt seinen Bericht über die Indianer in der Kupferschlucht in Mexiko, und ich sitze am nassen Holztisch und schreibe den Brief auf einer Plastiktüte weiter. Es gibt soviel zu erzählen, vielleicht fang ich mal einfach an, und zwar, als Mutti und Dieter uns in Honduras besuchten. Sie hatten sage und schreibe vierzehn Tage Zeit für uns. Eigentlich war es eine sehr schöne und besonders faule Zeit, doch hab ich im nachhinein ein schlechtes Gewissen, weil die Insel Utila doch so ohne jeglichen Komfort und Luxus war. Aber den beiden scheint es gefallen zu haben, und das ist die Hauptsache.

Auf der Insel trafen dann auch erst Ralf und später Thomas und Beat ein. Von Ralf hatten wir uns schon in Guatemala getrennt und von den beiden Schweizern in El Salvador, weil wir auch mal wieder allein sein wollten. Als Mutti und Dieter abflogen, waren wir auf einmal eine kleine Gruppe von fünf Reisenden, die sich dann zusammen auf einer Finca mit Zelten und Hängematten niederließen, bei einer supernetten einheimischen Familie. Aber dies ist ja nur die Vorgeschichte einer längeren Erzählung. Nach einer Woche flog Beat auf Heimaturlaub in die Schweiz. Ralf erzählte immer von den Vorzügen, alleine zu reisen, wollte aber insgeheim die vier Wochen, bis Beat wiederkam, mit Thomas verbringen. Wir wollten sie gerne erst in der Hauptstadt wiedertreffen. Doch sie blieben, bis wir zusammenpackten, und da man ja sowieso in etwa dieselbe Route vorhatte, fuhr man halt zusammen los.

Also, an dem besagten Tag, dem 18. August 1990, wollten wir gar nicht weit fahren, da wir ja viel Zeit hatten für dieses kleine Land Honduras. Wir bogen bald von der Hauptstraße ab, und im letzten größeren Ort gingen wir einkaufen. Eine relativ gute Schotterstraße führte in die Berge, an schönen Fincas vorbei, die gut zum Zelten gewesen wären. Da Ralf aber Durst hatte und unbedingt eine Cola trinken wollte, fuhren wir immer weiter. Normalerweise gibt es alle paar Kilometer eine Colabude. Aber Fehlanzeige. Die Straße wurde schmaler und steiler, ein kleiner Bach und dann ein breiter Fluß. Klaus, der vorgefahren war, stand schon mit der Kamera am anderen Ufer und winkte. Ich denke mir also, kein Problem, und fahre ins Wasser, direkt gefolgt von Thomas. Das Moped fängt an zu schlingern, die glatten Steine rutschen zur Seite und lassen das Moped einsinken, also etwas mehr Gas, Fuß kurz raus zum Balancieren, und durch sind wir. Dann kommt Ralf, der Flüsse nicht leiden kann, was er uns vorher aber nie erzählt hat, und legt sich mitten im Fluß hin. Thomas und Klaus zu seiner Hilfe, dann kommt auch er fluchend am Ufer an, stellt seine superneue Maschine nicht richtig hin, so daß sie umkippt und ein Spiegel kaputtgeht. Resultat: noch mehr Gefluche und schlechte Laune. Geben ihm aus unserer Wasserflasche zu trinken (dabei hat er selber eine, die nur immer leer ist) und fahren weiter. Doch wir schaffen nur vier Kilometer, bis sich ein echter Fluß vor uns auftut. Wir beobachten einen Bauern, der auf seinem Esel durchreitet, gefolgt von zwei Frauen zu Fuß. Sie versinken bis zu den Hüften im Wasser und haben offensichtlich Mühe, sich in der starken Strömung auf den Beinen zu halten. Es ist klar, daß sich die Sache länger hinziehen wird, wir müssen vor der Überquerung erst das ganze Gepäck abbauen. So oder so werden wir hier zelten müssen, auf der einen oder anderen Seite. Hier gibt es eine kleine Finca, und es ist schon Nachmittag, warum die Sache nicht auf morgen verschieben, wenn wir frisch sind? (Dasselbe werde ich mit dieser Geschichte machen, da ich mich tatsächlich schon wieder etwas ermattet fühle und sich der Tag dem Ende zuneigt. Um halb sechs ist es hier stockfinster. Da unsere Batterien alle sind und der zunehmende Mond nicht durch die Wolken dringt, legen wir uns lieber früh schlafen.)

Heute ist ein schöner Tag. Ich bin mit dem ersten Schimmer um halb sechs aufgestanden. Nachdem wir erst mal alle Sachen gelüftet, das Zelt auf den Kopf gestellt, die Ameisen verscheucht, die Löcher mit Isolierband zugeklebt und Wäsche gewaschen haben, sind wir dann eine Runde schwimmen und Sonne tanken gegangen. (Ach, wie wirst Du mich jetzt beneiden!)

Aber nun zurück zu unserer Geschichte. Erst mal kundschafteten wir die Lage aus. Es war nicht der schönste Platz zum Zelten, doch nach kurzer Zeit einigten wir uns und schlugen zwei Zelte etwas abseits vom Fluß zwischen Bäumen und Büschen auf. Danach gingen wir im Fluß baden. Dann ging's ans Wasserpumpen mit dem Filter von Thomas, denn das Flußwasser war eine braune Brühe. Nach dem Abendessen mit Kartoffeln, Bratwurst, angebratenen Paprika und Zwiebeln wurde man müde, stellte noch mit leichtem Schrecken fest, daß der Sandboden nachts Tausenden von Feuerameisen gehört, und war sich einig, am nächsten Morgen früh, sehr früh, aufzustehen...

Wir sind gerade so leicht angesäuselt, noch nicht ganz eingenickt, da hören wir Getrampel und Stimmen vom Fluß her. Dann haben plötzlich jede Menge männlicher Wesen mit Taschenlampen unser Zelt umstellt, und wir hören die Ladegeräusche von Schußwaffen und viel Stimmengewirr auf spanisch. Klaus: »Überfall!« Die Stimmen: »Raus aus dem Zelt! Bei drei schießen wir! Eins, zwei, drei...« Meine erste Reaktion, nackt wie ich war: im Schlafsack verkriechen. Draußen laute, fordernde Stimmen. Klamotten suchen im Dunkeln, rein in die Shorts, T-Shirt über, in die Stiefel rein – falls wir eine Chance zum Rennen haben, Klaus noch schnell unsere 2.000 Dollar Bargeld, die wir tagsüber am Körper tragen, in die Stiefel gestopft, dann Thomas' Stimme: »Ihr müßt auch rauskommen!« Echte Panik, raus aus dem Zelt, und als erstes sehe ich Ralf und Thomas, nur in Unterhosen, Hände überm Kopf. Wir sind umzingelt von Soldaten in Tarnanzügen mit Gewehren, Granaten und allem Drum und Dran. Die hellen Taschenlampen blenden mich, erst seh ich nur acht Männer, entsicherte Maschinengewehre auf uns gerichtet, finstere Minen, bei näherem Hinsehen Angst in den Augen der vielleicht Sechzehn- bis Zwanzigjährigen.

Zwei Soldaten reißen unser Zelt am hinteren Eingang auf und steigen ein. Klaus sieht, wie einer sich unsere Uhr einsteckt und weiterwühlt. Ein Uniformierter gibt sich als Oberst und Anführer des Militärkommandos zu erkennen, wir werden in Schach gehalten. Klaus sofort: »Wir sind Touristen. Mein Vater ist der deutsche Botschafter in Tegucigalpa, er erwartet uns und weiß, daß wir hier sind.« Der Oberst ist sichtlich verwirrt, mit internationalen Verwicklungen *hatte er wohl nicht gerechnet. Er will erst mal die Packtaschen der Motorräder durchsuchen und fängt bei Thomas an, während sich der diebische Soldat in die Büsche schlägt (mit unserer Uhr) und sein Funkgerät bedient. Dann will einer meine Packtaschen durchsuchen, doch ich muß erst die Schlüssel aus dem Zelt holen. Mir fällt auf, daß auch das Portemonnaie weg ist. Und ausgerechnet heute waren 200 Dollar drin und etwa fünfzig Dollar in der einheimischen Währung Lempira. Da kommt es über mich, und ich fange an zu zetern, halb auf spanisch, halb auf deutsch, und versuche dem Soldaten mit der Knarre neben mir klarzumachen, daß das die größte Sauerei ist! Der Oberst wird aufmerksam, und Klaus fragt ihn, ob es hier normal sei, daß Soldaten Diebe seien? Der streitet das sofort ab und will wissen, was fehlt. Er schüttelt bedauernd den Kopf und gibt Klaus die großzügige Erlaubnis, seine Soldaten (mittlerweile insgesamt vierzehn) zu durchsuchen. Der Funker, der wieder aufgetaucht ist (nachdem er seine Diebesbeute in einen Busch geschmissen hat), bietet sich freiwillig als erster an. Er zieht ein Bündel Geldscheine aus seiner Tasche, das unserem verdächtig ähnlich sieht, etwa zweihundert Lempira und ein paar einzelne Dollarnoten. Doch Klaus freut sich zu früh – der Kumpel des Funkers beteuert, das Geld stamme aus dem Geschäft seines Vaters. Klaus muß einsehen, daß es zwecklos ist, mit der Durchsuchung fortzufahren. Thomas macht dem Oberst klar, daß das Geld und die Uhr zurückgegeben werden müssen, sonst würde er über die Botschaft unheimliche Schwierigkeiten bekommen. Daraufhin fangen die Soldaten wie wild an zu suchen, und innerhalb einer Minute sind unsere Uhr, das leere Portemonnaie und Klaus' Zündschlüssel aufgetaucht! Nur kein Geld.*

Plötzlich, aus heiterem Himmel, wird vom Fluß her geschossen, alle Taschenlampen aus, und alle Soldaten um uns herum, neben uns, mitten zwischen uns, schießen wie wild durcheinander. Wir werfen uns neben die Mopeds in den Sand, der vor Ameisen nur so wimmelt. Ich denke nur: Hoffentlich treffen die nicht den Tank! Der Oberst hat Mühe, seine Bande unter Kontrolle zu bringen, dann ist es wieder ruhig. Es war nur ein Einschüchterungsversuch, der größere Teil der Truppe hielt sich versteckt im Hintergrund. Wir verlangen auch gleich wieder unser Geld zurück. Jetzt läßt der Oberst jeden Soldaten bis auf die Unterhose ausziehen. Doch alles ohne Erfolg. Die Soldaten werden selber schon ungeduldig. Sie müssen sich im Kreis aufstellen, und der Oberst zählt bis zwanzig. Der Dieb erhält die letzte Chance, das

Geld auf den Boden zu werfen. Beim dritten Versuch »findet« man plötzlich 193 US-Dollar, die uns der Oberst dreimal vorzählt, bevor er sie zurückgibt. Bis Mitternacht wird noch nach den 200 Lempira gesucht, ohne Erfolg. Dann macht sich die Gruppe auf den Rückweg zur Kaserne, wie uns der Oberst erklärt. Namen und Standort könne er uns leider nicht verraten, da sie einen geheimen US-Stützpunkt bewachen. (Es handelt sich um San Lorenzo, etwa vier Kilometer flußabwärts.) Kaum waren alle aufgebrochen, kamen drei Soldaten wieder zurück, um unsere Namen und die Telefonnummer der Botschaft aufzuschreiben – Pässe bekamen sie aber keine zu sehen! Du kannst Dir vorstellen, daß von einer ungestörten Nachtruhe keine Rede mehr sein konnte, und so hielten die drei Männer abwechselnd bis zum Morgengrauen Wache. Angeblich habe ich gemütlich in meinem Zelt geschnarcht, aber das kann nur ein Irrtum sein.

Hier ist mir doch tatsächlich gestern die Luft ausgegangen, oder besser gesagt, hat mich mein Hunger überwältigt, und da wir nicht so guten Spiritus haben zur Zeit, hat das Tee-, Spaghetti- und Soße-Kochen bestimmt anderthalb Stunden in Anspruch genommen. Dann war gerade noch Zeit, in den letzten Sonnenstrahlen baden zu gehen, zu duschen und Feuerholz zu sammeln. Haben es auch wieder geschafft, bis kurz nach acht am Feuer zu sitzen und dann »erst« schlafen zu gehen. Mehr als zehn Stunden kann ich wirklich nicht im Schlafsack liegen. Irgendwann in der Nacht kam eine junge Kokosnuß geflogen, direkt auf mein Moped, das heißt, sie ist auf dem Tankrucksack in zwei Hälften zerbrochen und hat alles mit Kokosmilch vollgekleckert. Das klebt so schön.

Meine treulose, treue Schwester! Gerade waren wir im Ort Cahuita und haben von dort bei der Botschaft angerufen, und da liegt doch wirklich ein Päckchen für mich, aus Köln von der Moni! Wenn ich es nur hier hätte und aufmachen könnte. Ach, ich freu mich ja schon so! Vielleicht feiere ich dann noch mal Geburtstag. Wußtest Du eigentlich, daß ich mittlerweile dreißig bin? Endlich eine reife Frau, meinte Klaus.

Aber ich sollte vielleicht doch die Geschichte noch zu Ende erzählen. Bei dem Punkt »wir werfen uns neben die Mopeds in den Sand« dachte ich wirklich, ich befinde mich im Film – nur daß es ein Rambo-Verschnitt war, gefiel mir überhaupt nicht. Ich schreibe überhaupt zum erstenmal darüber, und wenn ich es so nachlese, habe ich es offenbar doch ganz gut verarbeitet – nur der Humor wirkt noch etwas trocken. Als die Sonne dann wieder aufging, haben wir erst mal zwanzig Töpfe Kaffee gekocht und zu dritt getrunken. Ralf schlief nämlich, als ob nix passiert wäre. Wie sich später herausstellte, hat ihn der Vorfall überhaupt nicht berührt. Zum Glück hat er sich in der Nacht geschlossen gehalten, das heißt bis auf einen Versuch, Klaus anzumachen: »Erzähl doch nicht so eine Scheiß-Story von wegen Sohn vom Botschafter. Du bringst uns noch alle in Schwierigkeiten!« Vielleicht hatte er dann ja doch noch gemerkt, daß wir schon dick drinsteckten, und zwar alle vier, und daß uns Klaus' Finte nur half, da wieder rauszukommen. Die hätten uns einfach umlegen können, um sich unsere Mopeds anzueignen. Sie hatten keinerlei Bataillonsabzeichen oder Truppenzugehörigkeitskürzel an den einheitlichen Uniformen. Für Klaus und Thomas war sofort klar, daß es sich hier um eine Eliteeinheit der gefürchteten honduranischen Todesschwadron handelte.

Nach dem Frühstück mit Eiern und Speck, das keinem so richtig schmecken wollte, hieß es, alles in mittlerweile schon wieder brütender Hitze zusammenzupacken, nur um hundert Meter zum Fluß zu fahren und alles Gepäck wieder abzubauen. Ein paar Einheimische halfen, die Boxen rüberzutragen, um sich anschließend das Spektakel mit den Mopeds anzuschauen. Klaus brachte als erstes unsere beiden XTs rüber, beide mit laufendem Motor bis zum trockenen Ufer! Treue, alte Mopeds. Dann kam Thomas mit seiner Sechshunderter, fuhr viel zu schnell ins Wasser, daß er erst auf seiner Bugwelle zu schwimmen schien und dann einfach umkippte, mitten im Fluß, wo Klaus und Ralf parat standen und zu dritt das Monster ans Ufer brachten. Bei Ralfs Maschine war es klar, daß sie versoff, weil sie viel zu tief liegt und vorne zu schwer ist. Ich machte währenddessen mit vier Kameras Fotos. Es dauerte zwei Stunden, bis alles wieder verstaut und die Vergaser und Luftfilter trocken waren.

Danach war die Straße keine Straße mehr, sondern eine Motocross-Strecke. Auf den nächsten 3,8 Kilometern durchquerten wir elf Flüsse, das heißt, ich schaffte anderthalb auf meinem Moped, dann hatte ich einen – ich glaube, man kann es so nennen – Nervenkollaps und stiefelte in voller Montur durch die restlichen neuneinhalb. Der arme Klaus mußte dann immer zurück durch den Fluß laufen und mein Moped holen. Nach insgesamt nur sechzehn Kilometern kamen wir am Nachmittag in einem Bergdorf an und quartierten uns dort in einem gemütlichen, einfachen Hospedaje ein. Telefon gab es in dem

Ort nicht, trotzdem blieben wir zwei Nächte, um uns etwas zu erholen. Erst am darauffolgenden Tag konnten wir vom nächstgrößeren Ort die Deutsche und die Schweizer Botschaft anrufen. Glücklicherweise waren der deutsche Botschafter wie auch der deutsche Kanzler sehr nett und hilfsbereit. Doch um offiziell Beschwerde bei der honduranischen Regierung einlegen zu können, brauchten sie ein Polizeiprotokoll. Klaus und Thomas gingen dann auch zur »Bullerei«, gaben zwei Tage lang ihre Aussagen zu Protokoll, und das war's. Polizei und Militär stecken unter einem Hut. Sie wollten das Protokoll angeblich selbst an die Botschaften schicken. Dort wartet man heute noch.

Irgendwie war uns allen der Spaß an Honduras etwas vergangen, aber wir mußten ja noch auf Beat warten und bis Mitte September ausharren. Wir fühlten uns auch auf der ganzen Weiterreise beobachtet, denn normal ist es nicht, daß einem das Militär in kleinen Orten ins Hotel folgt und Namen und Kennzeichen notiert. In Tegucigalpa waren wir dann sechs Tage. Wir fuhren fast jeden Tag zur Botschaft, um uns mit dem Kanzler zu unterhalten. Der hatte soviel Interesse an uns, daß er nicht nur einmal bis nach Dienstschluß mit uns da saß, um die Nachrichtenlage in Zentral- und Südamerika zu diskutieren. Er war auch so nett und schrieb uns eine Empfehlung mit Bundesadler im Briefkopf an die Botschaft von Nicaragua, damit wir unsere Visa schneller bekamen.

So, jetzt habe ich einen Schlußstrich unter diese alte Geschichte gezogen, die ich aber doch mal erzählen mußte. Gerade hatten wir Besuch von einem Engländer, den wir auch aus Honduras kennen. Jetzt ist mein Schreibfluß etwas unterbrochen. Es scheint fast so, als ob ich diesmal Deinen Mammutbriefen Konkurrenz machen könnte! Muß jetzt nur noch schauen, daß ich einen Umschlag finde, wo alles reinpaßt, da ich ja auch noch Fotos schicken will.

Ach Moni, ich würde ja nur zu gerne mal bei Dir vorbeischauen, um zu sehen, wie es Dir geht, was Du so machst und um mit Dir endlich mal Domino zu spielen! Und Kaffee zu trinken und Federball zu spielen und über die Zukunft zu reden. Die ist bei mir, wie immer, ein unbeschriebenes Blatt. Wer weiß auch schon, was morgen ist?

Ich küsse und umarme Dich
Claudia.

Als wir unseren Treffpunkt im kleinen Hafen von Limon an der Atlantikküste, nur ein Katzensprung von Cahuita entfernt, erreichen, sind unsere Freunde schon dabei, die Schwimmer aufzupumpen: Autoschläuche, die in zu Hüllen vernähte Kaffeesäcke gestopft sind. Jeweils zwei dieser Schwimmer sollen mit Balken verbunden werden, auf die dann ein Motorrad montiert wird. Beat und Thomas haben noch einen Reisebekannten mitgebracht, Mike aus Kanada, der mir erklärt, daß er genau dieselbe Idee hatte wie wir. Leider steht er unter Zeitdruck. Außerdem ist sein Motorradtyp wasserscheu. Keine guten Voraussetzungen für so ein Projekt. Trotzdem bin ich mit seiner Teilnahme einverstanden, schließlich hat er seine Schwimmer und Antriebspaddel schon zusammen mit Beat und Thomas vorbereitet.

Aufblasbare Schwimmer für vier Motorräder bilden eine Menge Volumen und Gewicht, das transportiert werden muß. Deshalb möchte ich für die Schwimmkörper lieber natürliche Materialien verwenden, die wir vor Ort finden und zurücklassen können. Hier gibt es viel Balsaholz. Auf einer Finca bekomme ich zwei Stämme von je vier Metern Länge und vierzig Zentimetern Durchmesser. Die Bäume sind erst vier bis fünf Jahre alt und mit einem Buschmesser schnell gefällt. Der Besitzer will die Bäume loswerden, weil sie von einem kleinen Fluß unterspült werden. Er hat Bedenken, daß sie beim nächsten Hochwasser umstürzen und den Fluß aufstauen. Er möchte auch nicht, daß ich ihm neue pflanze, die Einheimischen betrachten Balsa als Unkraut.

In wenigen Tagen sind die Stämme getrocknet. Inzwischen sind wir mit den Vorbereitungen fertig, die Hinterräder mit Paddeln bestückt, unsere Freunde fahren die ersten Tests. Es funktioniert. Wir sind alle begeistert. Erst bei weiteren Versuchen fällt uns auf, daß die Fahrgeschwindigkeit im Wasser doch sehr zu wünschen übrig läßt. Im vierten Gang, bei Vollgas, kommt gerade mal ein zügiges Schrittempo auf. Aber die Materialbelastung ist dabei enorm, es wird zu viel Sprit verbraucht, und außerdem spritzt hinten ein Wasserstrahl in hohem Bogen raus, wie aus einem Hochdruckschlauch der Feuerwehr.

Mikes Maschine hat die meisten PS, gleich bei seiner ersten Probefahrt reißt eine Verbindung an der Paddelkonstruktion, auch sie fliegt in hohem Bogen ins Wasser. Aber er läßt sich nicht entmutigen. Aus halben Kokosnußschalen und Hartholz schnitzt er neue Paddel, die er diesmal alle einzeln auf der Hinterradfelge befestigt. Ich habe acht

Paddelblätter und Abstandswinkel aus stabilem Aluminium miteinander verschraubt. Sie wiegen zusammen nur ein Kilo, nehmen für den Transport auseinandergenommen nur den Platz eines Schuhkartons ein.

Jeden Tag werden wir von Touristen mißtrauisch beäugt. Sie kommen eigentlich, um den Nationalpark per Schnellboot zu besichtigen. Als Claudia einen der Balsastämme schultert und lässig zum Arbeitsplatz herüberträgt, klicken und surren die Kameras. Sie glauben wohl, Supergirl vor sich zu haben, können ja nicht wissen, daß es federleichtes Balsaholz ist. Anfangs tragen die Stämme mein Motorrad noch gut. Über Nacht saugen sie aber soviel Wasser auf, daß ich schnell alle verfügbaren Motorradschläuche aufpumpe und um die Stämme binde, damit aus meiner Konstruktion kein U-Boot wird.

Alles in allem haben wir schon viel gelernt. Die wichtigste Erkenntnis ist, daß wir nach anderen Antriebsmöglichkeiten suchen sollten. Eine Reisegeschwindigkeit von fünf Stundenkilometern reicht nicht aus, um gegen starke Strömung anzukommen. Trotzdem wollen wir versuchen, mit unseren vier Motorrädern Tortuguero zu erreichen. Für die siebzig Kilometer brauchen die Schnellboote nur zwei Stunden. Wir werden uns eine Woche Zeit lassen.

Claudia begleitet uns an Land. Erst am Ende des schmalen Schotterweges stellt sie ihr Motorrad unter und steigt bei mir zu. Der Park ist wunderschön. Wir erleben ihn eher in Zeitlupe als in Zeitraffer wie viele andere. Wir beobachten bunte Vögel, Schildkröten und Affen. Von einem niedrigen Ast hängt verträumt ein Faultier, wundert sich über die spritzenden Wasserschläger, die da unter ihm ein Wettrennen veranstalten. Nachts schlafen wir in unseren Zelten am Ufer. Mit Taschenlampen leuchten wir die Wasseroberfläche ab. Zwei rote Punkte sind die reflektierenden Augen des Kaiman, der größten Alligatorenart. Sie sind überall, am Ufer ihre Jungen. Jetzt gehen wir nicht mehr freiwillig baden. Am Ende erreichen drei amphibische Motorräder ihr Ziel. Mike ist unterwegs ausgestiegen, sein Motorrad hat zuviel Wasser geschluckt. Wir verladen alles auf ein kleines Frachtschiff und schippern zum Ausgangspunkt zurück, dem Hafen von Limon.

Weihnachten treffen wir uns alle wieder an einem steinigen Strand an der Pazifikküste, auf der anderen Seite des Landes. Aus einem großen Stück Treibholz, einer weiß gewaschenen Wurzel, basteln wir uns einen Weihnachtsbaum. Die Wurzel wird umgedreht in den Boden gerammt, die vielen Verzweigungen wirken wie Äste, an die wir Strandgut binden, Muscheln, Seesterne, Stranddollar – getrocknete Seesterne –, oder Federn. Dazwischen brennen Kerzen, davor ein großes Lagerfeuer. Zum Fest sind einige Reisebekannte eingetroffen, darunter der Berliner Lutz, der mit seinem Allradfahrzeug auch nach Kolumbien weiterreisen möchte. Sein Auto wird er verschiffen müssen. Da wir uns alle in Südamerika wiedertreffen wollen, bietet Lutz an, einen Teil unseres Gepäcks mitzunehmen, somit brauchen wir nicht soviel durch den Dschungel zu schleppen.

Heiligabend wird lang, feucht und fröhlich. Am Ende ist das gemeinsam vorbereitete Buffet verspeist, das letzte Stück Fleisch vom Grill verzehrt, der letzte Knochen an die streunenden Hunde verfüttert. Der Holzvorrat geht zur Neige, sogar der schöne Weihnachtsbaum ist abgebrannt.

Da kommt Oswaldo, der Besitzer des Grundstücks, auf dem wir alle zelten, bittet uns um eine Aspirin. Sein Finger ist in ein blutdurchtränktes Tuch gewickelt. In mir erwacht der Sanitäter, ich überrede den Mann, mir seine Wunde zu zeigen. Die Haut klafft auf, ein etwa sechs Zentimeter langer Schnitt legt den Fingerknochen und zwei Gelenke frei. Beim Tauchen sei eine große Muschel zugeschnappt, habe dabei seinen Finger erwischt. Ärztliche Betreuung kann er sich nicht leisten, das nächste Krankenhaus ist hundertzwanzig Kilometer entfernt. Schnell richtet Lutz einen OP-Tisch ein, ein Feldbett vor den aufgeblendeten Scheinwerfern seines Autos. Die anderen lenken den Patienten ab, flößen ihm Schnaps zur Beruhigung ein. Ich nähe die Wunde mit Hilfe einer desinfizierten Spitzzange, einer Pinzette, Nadel und Faden. Dann wird der Finger geschient und verbunden. Nach kurzer Zeit ist die Wunde verheilt, die Narbe kaum noch zu sehen. Oswaldo kann wieder arbeiten gehen, das Wohl seiner Familie hängt von seinen Tauchkünsten ab.

Der nächste Unfall, bei dem ich sofort zur Stelle bin, ereignet sich im Darien. Diesmal reicht meine Sanitätserfahrung nicht aus, wir benötigen dringend einen Rettungshubschrauber. Wir befinden uns in Yaviza, einem kleinen Dschungeldorf am Ende der Straße, wo wir damit beschäftigt sind, unsere neuen amphibischen Konstruktionen zu montieren. Mein neues Versuchskaninchen heißt Dani, ein Schweizer, der mit seiner Freundin zu Fuß durchs Darien nach Kolumbien will. Gerade haben wir noch alle gemeinsam am Tisch im einzigen Restaurant des Ortes gesessen, plattgeschlagene Beefsteaks mit roten Bohnen und Kochbananen gegessen, beim Bier gelacht. Plötzlich ein Stromausfall, der Dorfgenerator hat ausgesetzt. Stockfinstere Nacht. Keiner von uns hat eine Taschenlampe. Wir wollen zurückgehen zu unseren Zimmern. Auf dem kurzen Weg müssen wir eine schmale Betonbrücke passieren. Sie hat kein Geländer.

Claudia hat in der Dunkelheit einen ausgezeichneten Spürsinn. Den hatte ich ganz zu Anfang unserer Reise schon erfahren. An dem Tag, als wir meine kleine Schwester in Südindien suchten, war ich in pechschwarzer Nacht direkt neben ihr gegangen, während sie sicheren Fußes einem Trampelpfad folgte, der sich meinen Augen verborgen hatte. Beim nächsten Schritt trat ich ins Leere. Ich fand mich in einer tiefen Grube wieder. Bei Tageslicht fanden wir heraus, was hier alle wußten: Neben jedem Lehmhaus war eine Grube, aus der die Arbeiter den Lehm holten, der zum Hausbau gebraucht wurde. Claudia war genau dem schmalen Pfad zwischen Haus und Grube gefolgt.

Deshalb geht sie in Yaviza auch mutig voraus: »Alle hinter mir her!« Thomas, der direkt hinter ihr geht, witzelt noch: »Wenn es gleich plumps macht, dann liegt einer unten.« In dem Moment macht es tatsächlich plumps, ein dumpfer Aufprall mit hellem Krachen, wie splitterndes Holz. Das waren die Knochen. Dani, mit dem ich hinter den beiden herlief, wußte wohl nichts von der Brücke, hatte Claudias Warnung nicht verstanden. Er wollte rechts neben Thomas aufschließen. Ich bemerkte seinen Fehler, rang mit seinem Namen, der mir nicht auf die Zunge kam, sprang gleichzeitig vor, um ihn zurückzuhalten, verfehlte ihn nur um Zentimeter.

Stille. Betroffen schauen sich alle um. »Den Dani hat's erwischt, schnell!« Etwa vier Meter tiefer ziehen wir ihn aus dem schlammigen Abwasser des Ortes. Bis zur Hüfte steckt er in der Jauche, schreit wie am Spieß. Im flackernden Licht von Feuerzeugen sehe ich zwei Knochen aus der Haut seines rechten Beines ragen. Die Wunde muß gesäubert, das Bein gestreckt und die Knochen müssen gerichtet werden.

Ich mache mich an die Arbeit. Zum Glück habe ich Morphium dabei. Ich hatte es von dem Arzt in Panama City bekommen, als er versucht hat, bei mir einen winzigen Hautmaulwurf zu fangen, der sich bei unserem letzten amphibischen Projekt in Costa Rica unter die Haut gebohrt hatte. Ich mußte dem Arzt von unserem Vorhaben im Darien erzählen, sonst hätte er das Morphium nicht rausgerückt.

Dani muß geröntgt werden. Wir binden ihn auf eine Holzbank, bringen ihn im Einbaum über den Fluß und in die Buschklinik. Doch dort kann ihm niemand helfen. Dani und seine Freundin stehen unter Schock, wir befürchten, daß es zu einer Blutvergiftung kommt. Besser, wir versuchen einen Helikopter zu rufen.

Der Dorfpolizist hat ein Funkgerät. Wir finden ihn unter einer der wenigen Straßenlaternen, die mittlerweile auch wieder brennen. Mein Versprechen auf ein kaltes Bier lockt ihn endlich von der leichten Dame weg, mit der er angeregt flirtet. Sein Sender kann die dreihundert Kilometer entfernte Stadt nicht erreichen. Wir bitten den Amateurfunker, der unseren Notruf empfängt, die Nachricht telefonisch an unsere Kölner Freunde Udo und Karin in Panama City weiterzuleiten. Auf die beiden können wir uns hundertprozentig verlassen, sie werden uns einen Hubschrauber schicken.

Später erreicht uns ein amerikanischer Arzt via Relaisstation. Über den Äther erstellt er eine Ferndiagnose. Erst heißt es, wir sollen mit unseren Motorrädern zu gegebener Zeit mit Licht um den Sportplatz kreisen, um dem Rettungshubschrauber einen sicheren Landeplatz anzuzeigen. Schließlich entscheidet sich der Arzt aber gegen den Nachtflug. Er will das Leben des fünfköpfigen Flugpersonals nicht aufs Spiel setzen.

Im Morgengrauen schwebt ein riesiger Militärhubschrauber, mit rotem Kreuz über der Tarnfarbe, in Yaviza ein. In wenigen Minuten haben wir Dani und seine Freundin verladen. Mit ohrenbetäubendem Lärm hebt der vibrierende Koloß ab, die Palmen biegen sich unter dem Luftdruck der Rotoren, dann wird er vom Dunst verschluckt. Für einen Moment herrscht Stille. Grillen, Vögel und Frösche erholen sich von ihrem Schrecken, das unterbrochene Urwaldkonzert wird fortgesetzt.

Wir sammeln uns im Grand Hotel, einer Bretterbude, in der grobe Holzrahmen als Betten dienen. Dort sitzen wir auf ungehobelten Brettern, die noch Spuren der Kettensäge zeigen, trinken Kaffee, halten Lagebesprechung. Außer Claudia, Thomas und Beat ist noch Claudius dabei. Er ist aus Guatemala angereist, um unser Unternehmen als Kameramann zu begleiten. Er wird mir heute helfen, Bambus zu schlagen. Wir brauchen sechzehn Rohre à vier Meter Länge, als Stabilisatoren für unsere neuen Schwimmer, die wir vorher bei einer Reifenfirma in der Hauptstadt aus strapazierfähigem Kunststoff zusammengeschweißt haben. Vorsichtshalber wickeln wir uns breites

Klebeband um alle Stiefel-, Hosen- und Hemdöffnungen, um den Zecken den Zugang zu unseren Körpern zu erschweren. Lieber sind wir von Kopf bis Fuß eingepackt und nehmen die schwüle Hitze in Kauf, als uns abends stundenlang gegenseitig diese elenden Blutsauger abzuflämmen. Das drückende Klima macht uns zu schaffen, hundert Prozent Luftfeuchtigkeit erschweren das Atmen, schon beim Morgenkaffee sind wir schweißgebadet.

Thomas und Beat werden ihre neuen Kupplungsscheiben einbauen. Auf der Fahrt von der Stadt hier runter hatte es kurz vor Yaviza angefangen zu regnen. Der erste Regen – kein gutes Omen für unser Projekt. Die jährliche Regenpause beträgt nur drei bis fünf Wochen. Jetzt sollten wir schon bei den Hügeln im Grenzgebiet zu Kolumbien sein. Denn im Regen wird der Lehmboden zu glitschig, um darauf noch die Motorräder bewegen zu können. Das haben wir schon auf der Hinfahrt festgestellt. Schon nach zwei Minuten im Regen waren unsere Hinterräder vom klebrigen Lehm völlig zugesetzt. Unsere beiden Motoren überhitzten und versagten ihren Dienst. Thomas und Beat hatten mehr PS zur Verfügung, dafür verbrannten bei ihren Maschinen die Kupplungen. In wenigen Minuten waren alle vier Motorräder außer Gefecht gesetzt. Beat hatte mit viel Glück einen Buschpiloten ausfindig gemacht, der ihn nach Panama City flog. Dort bekam Beat die beiden einzigen Sätze neuer Kupplungsscheiben, die beim Händler im Regal lagen.

Wenn wir den ersten größeren Fluß auf der anderen Seite der Wasserscheide noch vor dem großen Regen erreichen wollen, müssen wir uns mächtig beeilen. Wir haben uns zu lange mit den Vorbereitungen unseres ehrgeizigen Projekts aufgehalten. Statt der ineffizienten Paddel, die wir vorher in Costa Rica ausprobiert hatten, haben wir uns diesmal für die viel kompliziertere Antriebsmöglichkeit mit Hilfe einer Schiffsschraube entschieden. Für die Verbindung der Propeller mit den Motorrädern hatten wir eine hochtechnisierte Maschinenbauwerkstatt aufgesucht. Der Besitzer, ein ausgewanderter Deutscher, hatte uns über mehrere Wochen ertragen müssen. Aber er war selbst ein Bastler und hatte Verständnis für vier Abenteurer, die sich die verrückte Idee in den Kopf gesetzt hatten, mit amphibischen Motorrädern den härtesten Dschungel der Welt zu bezwingen.

Mein Motorrad diente als Prototyp, den wir gleich im Swimming Pool von Udo und Karin ausprobierten. Im kurzen Becken konnten wir zwar keinen Geschwindigkeitsrekord aufstellen, aber wir waren zufrieden mit dem Resultat unserer Mühe. Als nach zwei Monaten angestrengter Arbeit endlich alle vier Motorräder umgerüstet waren, machten wir einen letzten Test im Panamakanal, der zum größten Teil aus wunderschönen Seen besteht, die mit Kanälen und Schleusen untereinander verbunden sind. Leider hatten wir nur Propeller von Außenbordmotoren auftreiben können. Sie benötigen eine hohe Umdrehungszahl, was auch einen immensen Spritverbrauch bedeutete. Deshalb hatten wir noch einen Kleinbus gechartert, mit dem Claudius über 300 Liter Benzin sowie die Ausrüstung und Verpflegung von fünf Personen für vier Wochen nach Yaviza brachte.

Und jetzt läuft uns die Zeit davon. Während Claudia mit unserer kleinen Fußpumpe Luft in die Schwimmkörper preßt, paddelt Claudius mit mir im Einbaum auf dem Tuirafluß, auf der Suche nach einem Bambushain. Die Flüsse in diesem küstennahen Sumpfgebiet sind dem starken Gezeitenwechsel ausgesetzt. Wenn die Meerestide um sechs Meter ansteigt, strömt das Wasser landeinwärts. Fällt die Tide, fließt das Wasser zum Meer hin ab. Entsprechend schlammig sind die Ufer. Es gibt keinen festen Boden unter den Füßen. Der Bambus ist hart. Wir bringen kaum mehr die Kraft auf, unsere Macheten in die dicken Stämme zu treiben. Bald haben wir Blutblasen an den schweißnassen Händen. Plötzlich ein Schrei. Ich sehe Claudius rückwärts taumeln. Er fuchtelt mit den Händen, als ob er einen imaginären Angreifer abwehren will. Er stolpert, sackt bis zum Hintern in ein Loch, hält seine Arme schützend vors Gesicht. Vor ihm schwebt eine Wolke – Killerbienen! Zu spät, jetzt haben sie mich entdeckt. Ich versuche wegzulaufen, bleibe im Unterholz hängen, Dornen bohren sich in meine Waden. Wie in Formation fliegt der Schwarm auf mich zu, stellt sich knapp vor meinem Gesicht in der Luft auf, macht zirpende Geräusche. Wenn die zustechen, werden wir das wohl kaum überleben. Warum sonst heißen diese Biester Killerbienen. Ich versuche das zirpende Geräusch zu imitieren. Mit einem Ruck hebt sich die Wolke, das Jagdgeschwader dreht ab und verschwindet.

Gut, daß wir uns vorgenommen haben, auf den Flüssen zu fahren. Das Dickicht dieses Urwaldes ist gnadenlos verwachsen. Über Tausende von Jahren sind hier Bäume übereinandergefallen, dazwischen tiefe Löcher, Schlingpflanzen, Fußangeln, Dornen. Außer Zecken und Bienen wimmelt es von Schlangen, Skorpionen und giftigen Spinnen. Nicht umsonst heißt dieses Gebiet El Tapon del Darien, der Stopper von Darien. Weil es fast undurchdringlich ist, hat es bisher erfolgreich die Verbreitung von Krankheiten verhindert. Trotzdem haben sich Fremde, wie Drogenkuriere und Goldsucher, in diesem Niemandsland eingenistet. Hier herrscht das Gesetz des Dschungels: »Steck deine Nase nicht in anderer Leute Angelegenheiten, dann wird dir auch nichts passieren.« Die Gerüchteküche will wissen, daß viele, die sich in dieses Gebiet hineintrauten, nie wieder herausgekommen sind.

Die einzigen, die hierhergehören, sind die Indianer. Sie sind kleinwüchsig und fast am ganzen Körper tätowiert. Als wir endlich abfahrbereit sind, steht einer am Ufer und schaut sich interessiert unsere Konstruktionen an. Sogar sein Gesicht ist tätowiert, es sieht aus, als ob er eine Maske trägt. Hose und Hemd sind auf seinen nackten Körper gemalt. Gerne würde ich sein Dorf weiter oben am Tuira besuchen. Aber dazu soll es nicht mehr kommen.

Der starke Regen setzt ein. Jeden Tag regnet es mehr. Bald schüttet es sintflutartig, die Wassermassen sind zu nichts anderem nütze, als unter freiem Himmel zu duschen. Zu allem Übel entzündet sich auch noch Claudias Weisheitszahn. Eines Morgens werfe ich das Handtuch, wir beide brechen das Projekt ab. Die drei Wochen im Darien haben uns geschafft. Wir sind am Ende unserer Kraft. Beat und Thomas wollen es mit Claudius weiter versuchen. Der Abschied fällt schwer. Wir wünschen ihnen gutes Gelingen, auch wenn wir alle wissen, daß ein Durchkommen mit schweren Motorrädern jetzt schier unmöglich ist.

Südöstlich vom Darien, in der Nähe von Caracas, Venezuela, sehen wir uns Ende März 1991 alle wieder. Nach uns trifft Lutz ein, der seinen Geländewagen inzwischen nach Südamerika verschiffen konnte. Die nächsten sind Thomas und Beat. Wir sind gespannt auf ihren Bericht. Sie hatten sich noch ein paar Tage länger im Darien aufgehalten, waren noch etwas weiter den Tuira hochgefahren, sind dann aber umgekehrt. Wie wir sind sie mit dem Flugzeug hierher geflogen, die Motorräder als Gepäck. Als letzte stoßen Dani und seine Freundin dazu. Er hat sich im Krankenhaus für 10.000 Dollar einen Nagel durchs Schienbein treiben lassen. Jetzt sitzen wir gemeinsam am Lagerfeuer vor einer Finca am Hang, oberhalb eines großen Waldes, und schmieden neue Pläne. Beat möchte sich in Venezuela niederlassen und eine eigene Schreinerei aufbauen. Thomas will weiter zu seiner Finca in Brasilien, Pfeffer und Kaffee anbauen. Wir versprechen, ihn später dort zu besuchen. Alle anderen wollen weiterreisen, nur Lutz muß vorher noch Arbeit finden, denn sein Geländewagen frißt ihm riesige Löcher in den Geldbeutel. So geht jeder seiner Wege.

Auch Claudia und ich müssen entscheiden, wie wir Südamerika für uns entdecken wollen. Ein Blick auf die Karte zeigt, was uns erwartet: Der längste Gebirgszug, die trockenste Wüste, der größte Regenwald, Sumpfgebiete, Steppen, Salzseen und rundherum Küste. Am reizvollsten erscheinen uns fürs erste die Anden, da wir schon lange nicht mehr in den Bergen waren. Aber bevor wir uns auf den Weg nach Kolumbien machen, fahren wir in die entgegengesetzte Richtung, zur Gran Sabana.

Dieses Gebiet, ein Hochplateau, ist so schwer zugänglich, daß es bis heute kaum erforscht ist. Nur wenige verwegene Abenteurer hat es angelockt, Glücksritter, die nach Diamanten graben oder Gold schürfen. Hierhin hat es den legendären Papillon verschlagen, hierher wurde der berüchtigte Knast verlegt, wo zur Zeit etwa fünfhundert Gefangene einsitzen. Von denen, die entlassen werden, bleiben die meisten im angrenzenden Kaff hängen, dem Umschlagplatz der Goldgräber, das tatsächlich El Dorado heißt. In unserem einfachen Hotelzimmer sind die Schürfergebnisse an die Wand gekritzelt, Kalkulationen und Hochrechnungen, daneben die große Liebe in ein Herz gerahmt, die der Träumer mit dem vielen Gold wohl zu erkaufen hofft. Wenn ich die Handschrift richtig entziffere, heißt er Augusto, seine Mine El Pelno. In den winzigen Schuppen, wo die Goldaufkäufer vor ihren geeichten Waagschalen sitzen, ist dieser Augusto bekannt. Hier erhalte ich die genaue Wegbeschreibung zu seiner Mine im Goldgräbernest Payapal, am Ende einer schlammigen Urwaldpiste.

Jede Gräberkolonne – meist Familienbetriebe, die sich zu einer Kooperative zusammengeschlossen haben – hat vier Pfosten in den Boden gerammt, dazwischen eine Plastikplane und einige Hängematten gespannt. Wohl bewacht ein Loch in der Mitte, der Zugang zum Schacht und dem erhofften Glück. Auch hier kennt jeder Augusto, aber keiner weiß, wo er abgeblieben ist. So geht es vielen, heißt es, sie verschwinden genauso plötzlich, wie sie vorher auftauchen. Aber Pablo, ein anderer Minenbesitzer, lädt mich zu einer Besichtigung ein. Der Zugang zu seiner Mine ist kreisrund, hat einen Durchmesser von einem Meter, führt senkrecht in die Tiefe. Pablo und seine Truppe haben sich solange durch den gelben Lehmboden gegraben, bis die Gesteinsader getroffen war, in der der Goldstaub steckt. Mit einer großen Seilwinde kurbeln zwei kräftige Männer eimerweise Lehm und Geröll hoch. Alles wird sortiert und aufgeschüttet. Die Eimer hängen an einem Stock, an dessen Ende ein etwa daumendickes Nylonseil geknotet ist. Auf diesen Stock soll ich mich setzen. Im nächsten Moment geht es abwärts. Ich will noch wissen, wie tief der enge Schacht ist – vierzig Meter –, dann wird es dunkel. Von unten dringen Geräusche herauf, das Rattern eines Preßlufthammers, der von einem Generator gespeist wird. Die wenigen, die es sich leisten können, pumpen Frischluft durch einen langen Schlauch in den Schacht. Pablo gehört nicht dazu. Entsprechend stickig ist die Luft. Im Licht der Glühbirne erkenne ich die dunkle Quarzader, die in einem Seitenschacht verläuft. An dessen Ende buddeln sich zwei Männer immer tiefer ins Erdreich, ohne jegliche Abstützung. Auf einhundert Eimer Lehm, die sie herausschaffen, kommt ungefähr ein Eimer Gestein, in dem wiederum ein bis zwei Gramm Goldstaub enthalten sind. Oben, an der frischen Luft, werden die Steine dann gemahlen und der Staub auf einer Rutsche mit Quecksilber gebunden. Diese Masse wird über einer Gasflamme auf sechzig Grad Celsius erhitzt, zurück bleibt das pure Gold. Pablos Truppe hat heute zwölf Gramm erschürft, ein Drittel geht an die Kooperative, ein Drittel an Pablo, der Rest wird unter den zwölf Arbeitern geteilt. Überall spüre ich den Rausch, von dem die Goldgräber offensichtlich befallen sind, aber bei so geringem Lohn für diese Plackerei besteht keine Gefahr, daß ich mich anstecken lasse.

Dafür lassen wir uns von der einzigartigen Landschaft der Gran Sabana berauschen. Am Abend zelten wir im Innern der Hochebene, am Rand einer Klippe auf einem trockenen, flachen Felsen mitten in einem Wasserfall. Von der einen Seite schießen uns die Wassermassen schäumend durch die Stromschnellen entgegen, auf der anderen Seite stürzen sie über die Klippe hundertfünfzig Meter in die Tiefe. Wir sind umgeben von riesigen Tafelbergen, den Tepuis, die alle ihr ureigenes Biotop beherbergen, weil sie isoliert hoch über der Ebene thronen. Dort oben, so sagen die Indianer, hausen Dämonen. Deshalb darf auch niemand dort hinaufklettern, was an den senkrechten Felswänden ohnehin ein Kunststück wäre. Nur beim Tepui Roraima macht der Chef der Indianer hin und wieder eine Ausnahme, er gibt uns zur Besteigung seine Erlaubnis. Der Tafelberg markiert das Dreiländereck zwischen Venezuela, Brasilien und Guayana. Ihn zu erklimmen ist sehr beschwerlich, der Trip dauert mehrere Tage. Doch das Erlebnis ist alle Mühe wert. Wir sehen Pflanzen und Kleintiere, die es garantiert nur auf Roraima gibt. Der massive Fels wird von vielen Rissen und Klüften durchzogen, ein unüberschaubares Labyrinth, Schluchten, Höhlen und unterirdische Gänge, in denen man sich leicht verlaufen kann. Überall leuchten Bergkristalle, ragen bizarre Felsen hervor. Sie könnten Tierkreiszeichen darstellen, Fabelfiguren oder Riesenpilze. Es ist, als seien wir auf einem anderen Planeten gelandet, in einer völlig fremden Welt. Ich stolpere und entdecke neben meinem Fuß einen etwa daumennagelgroßen Frosch mit rosa Bauch und schwarzem Mantel. Er kann zwar nicht springen, dafür aber klettern. Wenn es hinab geht, schlägt er einfach Purzelbäume wie ein kleines Kind. Über den Rand des Tafelberges bestaunen wir den Cuquenan-Wasserfall, der über neunhundert Meter vom Nachbartepui in die Tiefe stürzt. Nicht weit von hier sind die Angel Falls, mit einem Kilometer freiem Fall die höchsten Wasserfälle der Welt.

Fast ganzjährig sind die Tepuis in dichte Wolken gehüllt. Der Wetterwechsel ist extrem und vollzieht sich oft in nur zwei Minuten. Dabei können die Temperaturunterschiede schon mal dreißig Grad Celsius betragen. Innerhalb einer Stunde erleben wir Sturm, Hagel, strahlend blauen Himmel und dann ein Gewitter, das uns bis in die Knochen erschüttert. Von überall her schlagen Blitze auf den Fels, rollen ab und jagen als Kugelblitze weiter. Der Donner überschlägt sich, hallt aus den Felsrissen zurück, wie dumpfes Gelächter. In der Nacht regnet es, erst ist es noch warm, dann plötzlich eiskalt. Als die Wolkendecke aufreißt, reflektieren die Kristalle das Mondlicht, vor uns liegt ein Tal voller funkelnder Diamanten. Die echten Diamanten könnten wir unten in den Bächen finden, da wo das Hochplateau zum Amazonasbecken hin abbricht.

Wir fahren mit unseren Motorrädern tagelang kreuz und quer durchs Gelände, treffen die verwegensten Typen, manche werden steckbrieflich gesucht. Sie hausen in Wellblechhütten, sieben Kieselsteine aus ehemals verschütteten Flußbetten, wo sie die Diamanten vermuten. Dazu benutzen sie drei Siebe übereinander, von grob- über mittel- bis feinmaschig, die sie, über einem Bach gebückt, in Kreisbewegungen rütteln. Da die Diamanten schwerer als Kieselsteine sind, rutschen sie in die Mitte. So geht es von Sieb zu Sieb. Am Ende hofft der Schürfer, daß wenigstens ein ganz kleiner Diamant noch in der Schüssel darunter zu finden ist. Die besten sind die weißblauen oder milchigen, weiß der über siebzig Jahre alte Luigi. Er ist gebürtiger Italiener, lebt seit dreiundvierzig Jahren hier an seinem Bachlauf, wo er jeden Tag gräbt und rüttelt. Heute hat er wieder einmal Hoffnung, denn er findet viele Kristalle, die auf den Bestand von Diamanten hinweisen. Auch die Färbung der Kiesel stimmt. Er meint, es würde noch zwei Tage dauern, bis er sich zum Grundgestein durchgesiebt hat. Aber er will sich nicht beschweren, auch wenn die Arbeit hart ist und ihm den Rücken gekrümmt hat. Er ist davon überzeugt, daß dies der beste Platz der Welt sei, ausgezeichnetes Klima, es gebe hier keine Diebe, und Schlüssel brauchte er auch keine, weil er keine Türen habe. Seine Bude ist an zwei Seiten völlig offen. Hier ist er glücklich, hier will er sterben. Er ist sein eigener Boß, hat die Natur und die Vögel, mit denen er sein selbstgebackenes Brot teilt. Ich sehe mindestens ein Dutzend Vögel, die mir unbekannt sind. Luigi meint, sie kämen ihn aus dem Amazonasbecken besuchen, den meisten habe er Namen gegeben. Weil sonst selten Menschen zu ihm finden, redet er eben mit den Vögeln. Am Abend kocht er Erbsensuppe mit Soja auf offenem Feuer. Dazu gibt es Nudeln, das einzige, was ihn an seine alte Heimat erinnert. Sonst hat er alles vergessen, sogar seine Muttersprache.

Auch Tulio, den wir in Mérida treffen, am Fuße der Anden, kennt dieses Gebiet wie seine Westentasche. Er besitzt ein großes Stück Land, wo er biologischen Anbau und Tierhaltung betreibt. Viele Jahre hat er mit Amazonasindianern verbracht, was ihn Weißen gegenüber eher scheu gemacht hat. Doch wir verstehen uns auf Anhieb so gut, als ob wir uns schon seit Jahren kennen. Tulio möchte ganz genau wissen, wie es heute in der Gran Sabana aussieht, welchen Einfluß die neue Teerstraße hat, die jetzt quer hindurchführt, um Boa Vista und später Manaus in Brasilien mit Caracas zu verbinden. Er befürchtet, daß die Straße Touristen anlockt, Hotels und Campingplätze entstehen, die Natur kommerzialisiert und dadurch letztlich zerstört wird. Noch schlimmer wären die Folgen, wenn schwere Maschinen auf Sattelschleppern kämen, um die Bodenschätze zu heben. Bisher konnten nur kleinere Maschinen mit Lastenhelikoptern eingeflogen werden. Außerdem werden die Regenwälder entlang der Straßen in der Regel abgeholzt. Hierzu leisten die Indianer auf dem Plateau derzeit die Vorarbeit, sie brennen jeden Tag mehr Wald nieder. Ich habe sie nach ihren Beweggründen gefragt. Sie glauben, mit den Rauchwolken die Götter umzustimmen, damit sie wieder den Regen schicken, der seit Jahren fast ganz ausbleibt.

Wir bleiben viel länger auf Tulios Farm als ursprünglich vorgesehen. Es macht Freude, mit den Tieren zu arbeiten, in seinem Stück Urwald wild wachsende Früchte und Gemüse zu ernten und die hauseigene kleine Wasserturbine zu warten, über die Strom und Luftdruck produziert wird. Der treibt die vielen pneumatischen Werkzeuge in der großen Hobbywerkstatt an. Die Farm entspricht unserem eigenen Traum, den wir insgeheim hegen, für die Zeit in ferner Zukunft, wenn wir uns mal niederlassen möchten. Eines Tages hat Tulio bei einem Streifzug durch seinen Landstrich eine Überraschung für uns. Auf einem Bergrücken setzen wir uns in einen Kreis wild wachsender Blumen. Der Urwald erstreckt sich bis ins Tal hinunter, hinter uns zieht er sich die sanften Hänge der Anden hinauf, an denen Raubvögel kreisen. Links unter uns liegt die Farm, das Haus raffiniert an einen Felsen gelehnt, davor Ställe und Traktoren, auf einer Weide Kühe und Pferde. Von hier oben wirkt alles klein wie Spielzeug. Tulio fragt, wie uns dieser Platz gefällt. Für mich ist es der schönste Fleck, den ich seit langer Zeit gesehen habe. »Gut«, sagt Tulio, »dann habt ihr ja euren Platz gefunden. Dann fangen wir gleich morgen gemeinsam an, hier euer Haus zu bauen.« Wau, das Angebot ist verlockend.

Festgefahren im bolivianischen Tiefland

Warten auf Wind: Straßenkreuzer in Patagonien

13. August '92: Tal des Mondes, Chile

Mit dem Schaufelraddampfer »Juma da Amazonia« durch den Regenwald

Auf den Sterndünen der Namibwüste

In den Armen der Sieben Schwestern, Botswana

Rückkehr auf europäischen Wasserwegen

Aber ist es wirklich schon soweit? Sind wir die ganzen Jahre gereist, um hier anzuhalten, ein neues Leben anzufangen? Wenn wir ganz ehrlich sind, ist dieser Wunsch immer wieder aus einem tiefen Versteck hervorgekommen. Immer dann, wenn wir uns rund herum wohlfühlten, wenn die Umgebung einfach in unser Gemüt paßte. Anfangs schon in Nepal, dann im Outback von Australien, auf einer Insel in den Philippinen oder im Nordwesten Kanadas. Aber unsere Reiselust hat immer gesiegt. Schließlich konnten wir ja jederzeit an diese Orte zurückkehren. Ideal wäre, ein eigenes Grundstück zu besitzen, auf dem wir ein kleines Holzhaus bauen könnten, um von dort aus gezielt Reisen zu unternehmen. Aber noch wollen wir uns von unserer Tour nicht verabschieden. Tulio ist ein wenig enttäuscht. Die vielen Jahre haben uns nicht reisemüde gemacht. Ganz im Gegenteil. Wir spüren die Herausforderung, diesen phantastischen Erdteil auf unsere Weise kennenzulernen.

Im Tayrona-Nationalpark, in der Nähe von Santa Marta in Kolumbien, nehmen wir Abschied von der Karibik, den letzten schönen Sandstränden und dem türkisfarbenen Wasser. Vor uns steigen die Anden direkt aus dem Meer, steil in die Höhe bis auf rund 5.800 Meter. An ihren Hängen kondensiert die Feuchtigkeit zu immerwährendem Nebel. Dieser Gebirgskette wollen wir bis ganz in den Süden des Subkontinents folgen, über 6.000 Kilometer bis Feuerland, dabei möglichst oft die Pässe kreuzen und uns schon mal zur einen oder anderen Seite in die Täler schlagen.

Das nächste Ziel ist Medellín, eine große Industriestadt, wo wir vielleicht unsere Motoren überholen können. Wir haben sie seit Los Angeles nicht mehr geöffnet. Medellín, Sitz der Drogenkartelle, sollte man nach Empfehlung der Deutschen Botschaft wegen der hohen Kriminalität meiden. Wer die Stadt trotzdem besuchen muß, sollte vorsichtshalber vom internationalen Flughafen aus den Hubschrauberzubringer zum Hotel nutzen. Bis vor kurzem hat sich die Mafia noch einen Kleinkrieg gegen die korrupte Polizei und Armee geliefert, bei dem es mehrere tausend Opfer gab. Korruption ist in Lateinamerika eine tägliche Realität, der man nur schwer entgehen kann. Insbesondere Ausländer werden gern und deftig zur Kasse gebeten.

Auf dem Weg nach Medellín steht am Ende einer langen Steigung ein Polizist einsam auf der Straße, hält uns an. Mit solch typischen Szenen haben wir ausreichend Erfahrung. Je nach Situation reagieren wir auf die Forderungen, wobei wir den Erpressern in ähnlichem Ton begegnen, wie sie ihn vorgeben. Diesmal ist der Polizist sehr freundlich, scheint sich aber zu wundern, daß ich sein Grinsen erwidere, als er mich um eine »Colaboración« bittet. Ich stelle die Gegenfrage: »Caballero, stehst du etwa schon den ganzen Tag hier?« – »Ja«, er wischt sich mit dem Ärmel über die schwitzende Stirn, stöhnt, als ob sein Job furchtbar schwer wäre. »Und du hältst jedes Fahrzeug an?« – »Ja.« – »Und jeder zahlt?« – »Ja.« – »Mensch, was für ein Glück, daß wir dich getroffen haben«, freue ich mich, »dann müssen deine Taschen ja voll mit Geld sein.« – »Ja«, antwortet er verwirrt, wieso ich denn das alles wissen will? »Ganz einfach, mein Freund. Wir reisen schon seit zehn Jahren um die Welt, überall wollte die Polizei unser Geld. Wir sind pleite, die Tanks fast leer und wir haben nichts mehr zu essen. Jetzt bist du dran. Du mußt uns helfen, denn wir haben noch einen langen Weg vor uns.« Ich lasse nicht locker, der arme Polizist kommt jetzt erst richtig ins Schwitzen. Ich appelliere an sein Herz, an seine Menschlichkeit, sein Gewissen. Aber er muß das Geld auf der Wache mit seinen Kollegen teilen. Er kann da nicht mit leeren Händen ankommen. Ich gebe mich resigniert, zeige Verständnis für seine schwierige Lage, er bedankt sich, wünscht uns viel Glück. Den Wegezoll hat er ganz vergessen.

Im Zentrum der Stadt können wir uns gerade noch rechtzeitig mit den Motorrädern unter das Vordach eines Hotels retten, als ein Wolkenbruch niedergeht. Im Nu verwandeln sich die Straßen in reißende Sturzbäche, der Verkehr kommt zum Stillstand. Neugierige Passanten versammeln sich, stellen die üblichen Fragen. Ein kleiner älterer Mann möchte wissen, wie lange wir in Medellín bleiben wollen. Voraussichtlich wird die Reparatur der Motoren zwei Wochen dauern, denn wir müssen erst eine Werkstatt ausfindig machen und die Ersatzteile besorgen. Das freut die Leute, angeblich lassen sich Ausländer in letzter Zeit nicht mehr in der Stadt blicken. Es sei ein bißchen gefährlich, wir sollen jeden Tag einen anderen Weg zurück zum Hotel wählen, nie an einer roten Ampel halten, sonst könnte jemand mit vorgehaltener Pistole die Motorräder konfiszieren.

Doch die nächsten zwei Wochen verbringen wir in Hochstimmung. Wildfremde Menschen laden uns zum Essen ein, es ist die festliche Vorweihnachtszeit, viele umarmen uns auf offener Straße und wirbeln uns in einem spontanen Tänzchen herum. Wir fühlen uns so sicher, daß ich sogar nachts mit der Kamera herumlaufe, die bunt geschmückten Straßen fotografiere, die Weihnachtsmärkte, Maronen- und Zuckerwatteverkäufer. Ständig geben uns Fremde Geleitschutz – nur einmal werde ich von einem Verrückten angefallen, sofort gehen Passanten dazwischen.

Es gibt zur Zeit wohl einige zwanzig Familien, die die Drogenkartelle bilden. Ich spreche mit einem Cousin von Pablo Escovar, dem obersten Drogenbaron. Er erklärt mir, wie es damals zur Massenproduktion von Kokain kam. Die Amerikaner hätten sich in Zentralamerika das lukrative Geschäft mit den Bananen unter den Nagel gerissen, während in Kolumbien die Plantagen in Landesbesitz blieben. Die Gringos hätten behauptet, kolumbianische Bananen und Kaffee wären von schlechter Qualität, und den Preis immer weiter gedrückt, bis sich der Anbau nicht mehr lohnte. Dann hätten sich schlaue Kolumbianer aufs Kokain verlegt. Aber anstatt sich die Preise drücken zu lassen, hätten sie sie immer wieder verdoppelt. Heute hätten sie riesige Depots, in denen sich die Dollarnoten stapeln. Allein die Ratten würden täglich bestimmt eine Million Dollar wegfressen. Sagt der Cousin von Escovar. Tatsächlich existiert eine Dollarschwemme im Land, die Banken kaufen unsere Dollar nur für zwanzig Prozent unter Wert an.

Pablo Escovar hätte ein gutes Herz, behaupten viele Kolumbianer. Er hätte den Armen im Land Häuser gebaut, Schulen und Krankenhäuser. Vom Volk wird er angeblich verehrt. Tagesgespräch ist die Entführung von zwei Kolumbianern durch die Drug Enforcement Agency (DEA) in die USA, die eine starke Protestwelle in Kolumbien auslöste.

Wir haben unsere Motorräder überholt, packen wieder auf, gehen noch ein letztes Mal in unser Stammcafé, wo uns die aufmerksame Bedienung wie immer zwei Tassen frischen kolumbianischen Kaffee hinstellt, für Claudia schwarz, für mich mit Milch. Heute sitzt an unserem Tisch ein kleiner Mann. »Na«, sagt er, »die zwei Wochen sind um. Ich sehe, ihr seid fertig zur Abfahrt. Inzwischen habe ich für euch ein kleines Geschenk gemacht.« Aus einem Tuch wickelt er die Fassade eines typischen kolumbianischen Adobehauses in Miniatur. Jeden winzigen Lehmziegel hat er geformt und im Ofen gebrannt. Jetzt erst erinnern wir uns. Wir hatten bei unserer Ankunft zusammen Schutz vor dem heftigen Regen gesucht. Er drückt uns die Hand zum Abschied, wünscht uns viel Glück. Auf kleinen Straßen verlassen wir die Stadt und fahren durch die Provinz Antioquia, staunen über die gemütlich wirkenden Adobehäuser mit Blumentöpfen auf den Fensterbrettern, inmitten von Kaffeeplantagen.

Westlich von Pasto erreichen wir ein Gebiet, in dem sich Guerilleros versteckt halten sollen. Sie würden Ausländer als Geiseln nehmen und Lösegeld erpressen. Die Gegend ist reizvoll, von weitem sehen die vielen aneinanderliegenden Felder aus wie ein Flickenteppich, der sanft über die Hügel gebreitet wurde. In der Mitte ragt ein kleiner Ort heraus. Die Kathedrale ist vollständig mit Silberfarbe überzogen und leuchtet in der Nachmittagssonne. Im Restaurant spendiert uns eine zahnlose Oma kalte Cola, bittet uns, eine Weile in ihrem Ort zu verbringen. In ihrem ganzen Leben hätte sich erst ein einziges Mal ein amerikanischer Rucksackreisender hierher verirrt. Sie hätte so gerne etwas blonde Mischung in ihrer Familie. Über soviel Freimut können wir nur schmunzeln.

Fast wehmütig verlassen wir dieses Land, in dem wir uns so wohl gefühlt haben. Dagegen empfinden wir die Stimmung in Ecuador als bedrohlich, meist sind die Menschen, die uns begegnen, aggressiv. In Otavalo, der Hochburg der Indios, sind in den Cafés und Restaurants die Wände mit Notizen von anderen Reisenden gepflastert, alles Warnungen und Horrorberichte. Ich habe Gelegenheit, das Land zu überfliegen. Das Ausmaß der Abholzung ist streckenweise erschütternd. Im Amazonasbecken hat die Ölförderung zu katastrophalen Umweltzerstörungen geführt, das Grundwasser ist zum Teil von einer dicken Ölschicht überlagert. Mancherorts ist die Tierwelt bereits ausgerottet. Einige Exemplare sind im Büro eines Exkursionsveranstalters, in Alkohol präpariert, zu besichtigen. Die Einheimischen sind froh, die Moskitos los zu sein – auch das eine Folge der Ölpest. Wir haben einige Ecuadorianer getroffen, die gegen diese fatale Entwicklung ankämpfen, um noch etwas von der ursprünglichen Schönheit des Landes zu retten.

Peru hat andere Probleme. Im Frühjahr 1992 grassiert immer noch die Choleraepidemie. Die Rebellengruppe Sendero Luminoso, der Leuchtende Pfad, verbreitet Angst und Schrecken. Schon an der Grenze wird uns eingeschärft, uns auf der Straße bloß nicht anhalten zu lassen. Banditen, meist Polizei in Zivil, würden Reisende bis auf die Unterwäsche ausrauben. Wir haben einen Grenzübergang im Landesinneren gewählt, weil wir die Küstenstraße, die Carretera Panamericana, möglichst meiden wollen. Sie führt von Alaska bis Feuerland, wird fälschlicherweise als Traumstraße der Welt bezeichnet. In Wahrheit geht sie meist langweilig geradeaus, verbindet die großen Industriestädte miteinander, voller stinkender Lkws, rücksichtsloser Autofahrer, korrupter Polizei und aufdringlicher Militärs. Kaum mündet unser gemütlicher Waldweg auf diese hektische Teerstraße, erhalte ich von Claudia warnende Lichtzeichen. Sie fährt hinter mir, neben ihr ein Pkw, der Beifahrer hängt halb aus dem Seitenfenster, versucht Claudia mit wild rudernden Armbewegungen zum Anhalten zu bringen. Ich verringere mein Tempo, winke den Fahrer neben mich, gebe ihm zu verstehen, daß wir später anhalten, er soll hinterherfahren. Noch ist es mir zu einsam, in dieser öden, wüstenähnlichen Gegend. Als einzige Abwechslung ab und an ein paar Hütten, die nur aus Strohwänden bestehen, ohne jegliche Dächer. An einer großen Tankstelle sind wir sicher. Der Autofahrer kommt lachend auf uns zu, stellt sich in fließendem Deutsch als Raffael vor, lädt uns ein, bei seiner Familie zu übernachten. Er ist Peruaner, hat in Dresden seinen Ingenieur als Wasserbauer gemacht, wo er seine Frau kennenlernte, eine Kubanerin, die in Karl-Marx-Stadt Maschinenbau studierte. Sie haben drei Kinder, leben jetzt hier in Piura in einem Einfamilienhaus. Er arbeitet als Geschäftsführer einer Hühner- und Eierfabrik.

Auf dem Weg zur peruanischen Hauptstadt Lima machen wir einen Abstecher in die schneebedeckten Anden, die Cordillera Blanca. Am Fuße des höchsten Berges Huasquarán beginnt ein Wanderweg, an dem mehr als ein Dutzend über sechstausend Meter hohe Gipfel liegen, darunter der eindrucksvolle Alpamayo, der von erfahrenen Bergsteigern zum schönsten Berg der Welt erklärt wurde. Bekannt wurde diese Gegend allerdings durch ein verheerendes Erdbeben, das 1970 eine Million Menschen obdachlos machte und rund siebzigtausend Tote forderte. Durch das Beben, das fast die Stärke acht auf der Richterskala erreichte, löste sich eine Schnee- und Matschlawine und begrub als acht Stockwerke hohe Welle den Ort Yungay mit seinen achtzehntausend Einwohnern unter einer dicken Schlammschicht, aus der auch heute nur noch die vier Palmenkronen der Dorfplaza herausragen. Ein Überlebender berichtet uns, daß er sich mit nur zweihundertvierzig anderen auf den gegenüberliegenden Hügel retten konnte, wo sich der Friedhof und die riesige Jesus-Statue aus Beton befand, die nach wie vor die Arme segnend über diesen Ort breitet.

Während wir unsere Wanderung im Nachbarort Huaraz vorbereiten, geht plötzlich das Licht aus, Stromausfall, Schüsse, die Menschen verlassen die Straßen, flüchten sich in dunkle Hauseingänge. Über ein batteriebetriebenes Radio erfahren wir, daß der demokratisch gewählte

Präsident Fujimori soeben das Parlament geschlossen und alle Abgeordneten und Minister entlassen hat, weil sie zu korrupt seien. Die Menschen sprechen von »Autogolpe«, was soviel bedeutet, daß Fujimori sich selbst zum Diktator über Peru ernannt hat. Da japanisches Blut durch seine Adern fließt, wird er von Japan finanziell und moralisch unterstützt. Im Gegenzug gibt er den Japanern die Konzessionen zur Abholzung der Wälder und zum Abfischen der Küstenbereiche, die noch zu den fischreichsten Gewässern der Welt zählen. Armut und Unsicherheit treiben die Landbevölkerung in die Städte, vor allem nach Lima, wo die Einwohnerzahl explosionsartig ansteigt. Schlepperbanden verdienen sich mit dem Elend eine goldene Nase, indem sie in Nacht- und Nebelaktionen mit Bussen und Lkws Tausende von Flüchtlingen ins Stadtgebiet einschleusen, wo diese neue Vororte gründen, die Pueblos Jovenes.

Über Nacht sind wieder fünftausend Menschen eingetroffen, halten am Stadtrand eine zugeschüttete Mülldeponie besetzt, direkt neben der Panamericana. Am Morgen fahre ich hin, möchte herausfinden, was sie sich von der Aktion versprechen, denn auf dem Land, das sie verlassen haben, konnten sie wenigstens ihr eigenes Gemüse anpflanzen.

Schon von weitem fallen mir die vielen Bastmatten auf, die im Rundbogen je einer Familie als Dach dienen. Davor weht eine rotweiß-rote Fahne. Juan, der gewählte Sprecher der Besetzer, erklärt mir, daß nach altem peruanischen Gesetz brachliegendes Land in den Besitz dessen übergeht, der die Nationalflagge darauf hißt und das Land mindestens vierundzwanzig Stunden lang verteidigt. Um alles möglichst legal zu machen, haben sie die einzelnen Grundstücke bereits in Karrees aufgeteilt, den gesetzlich vorgeschriebenen Zwischenraum für Straßen und öffentliche Einrichtungen freigelassen. Jetzt befürchten die Neuankömmlinge eine bewaffnete Aktion der Sicherheitskräfte. Die Erinnerung an ein Massaker, bei dem eine Sondereinheit, getarnt als Guerilleros, Besetzer zusammengeschossen hat, ist noch frisch. Gemeinsam wollen die Entwurzelten diesen Vorort aufbauen, mit sanitären Einrichtungen, Schulen und einem Krankenhaus. Sie möchten sich in einer großen Kooperative zusammenschließen und für den Export Handarbeiten herstellen. Bisher existiert nur ein einziger Wasserhahn für fünftausend Personen, auf der anderen Seite der Schnellstraße. Nach ein paar Tagen besucht eine Delegation der Besetzer den Bürgermeister von Lima. Geschickt nennen sie den neuen Vorort »Susanna Fujimori«, nach der Frau des Präsidenten. Die Besetzer dürfen bleiben.

Im westlichen Ausland erfährt man von diesen Problemen wenig. Dort ist Peru mehr wegen der erstaunlichen Überreste der alten Inkakultur bekannt. Die Hauptkonzentration der Ruinen befindet sich bei Cuzco in den Anden. Um dorthin zu gelangen, müssen wir Gebiete durchfahren, die vom Sendero Luminoso kontrolliert werden. Die Zahl seiner festen Anhänger wird auf achttausend geschätzt, die Sympathisanten sollen ein Vielfaches ausmachen. Das Ziel dieser Terroristen ist es, die bestehende Gesellschaft und ihre Ordnung zu zerstören, um ein maoistisches System zu errichten. Dabei geht der Sendero Luminoso äußerst brutal gegen alle vor, die ihm nicht folgen.

Wie diese Terrorgruppe einzuschätzen ist, erfahren wir von einem Schweizer, der in den umkämpften Andengebieten schon seit über zwanzig Jahren Entwicklungshilfe leistet. In dieser Zeit hat er rund zweihundert Schulen und viele Bewässerungsanlagen gebaut, Kanäle gezogen, Dämme errichtet und Wasserreservoirs angelegt, über die auch Turbinen betrieben werden zur Elektrizitätsgewinnung für die Kleinindustrie. Heute ist er hauptsächlich damit beschäftigt, die Infrastruktur zu verbessern, Wälder aufzuforsten und Berghänge zu befestigen. Zwischendurch kommt er in die Schweiz und nach Deutschland, wo er Diavorträge hält, um Spenden für seine Projekte zu sammeln.

Beruhigend zu erfahren, daß die Terroristen keine direkte Gefahr für uns darstellen. Nur Ausländer, die in Peru arbeiten, stehen auf der Abschußliste. In aller Regel werden sie dreimal gewarnt. Wenn sie die Warnungen mißachten, werden Todeskommandos auf sie angesetzt. Aus anderer Quelle erfahren wir, daß die meisten Morde an Touristen auf das Konto von Banditen, korrupter Polizei oder Soldaten gehen.

Auf der Strecke von Nazca nach Cuzco soll die Polizei ihr Unwesen treiben. Daß wir ausgerechnet dort entlang fahren müssen, hat zwei Gründe: Einmal führt die Straße durch die Golka-Schlucht, wo viele Kondore nisten, die zu beobachten ein alter Jugendtraum von mir ist. Der zweite Grund sind die Linien von Nazca, die von einer unbekannten alten Kultur in den Wüstensand gegraben wurden, in bestimmten Winkeln zueinander, kilometerlang. Dazu kommen riesige Zeichnungen im Sand, die als Ganzes nur aus der Luft zu betrachten sind.

Ich sitze in einer Cessna neben dem Piloten, der einige Runden über den geheimnisvollen Linien dreht, damit ich sie aus jedem

Winkel im Abendlicht fotografieren kann. Schnell wird es dunkel. Ich habe keine Ahnung, daß der Pilot nachtblind ist. Über Funk bittet er das Militär, mit zwei Fahrzeugen den Anfang der Piste zu beleuchten. Doch er setzt viel zu hoch zur Landung an, ich will ihm gerade sagen, daß noch fünf Meter fehlen, da läßt er die Maschine schon herunterfallen. Mir gefriert das Blut in den Adern, ich spüre den Aufprall im Kreuz. Die Federbeine katapultieren uns zurück in die Luft, der zweite Aufprall zerschmettert das Heck, beim dritten landen wir seitlich auf einer Tragfläche, schliddern über den Schotter, bis das Kleinflugzeug zerknittert liegenbleibt. Alle sechs Insassen sind unverletzt, der Flieger ist Schrott. Ein Mann in weißer Uniform bittet mich, in seinen offenen weißen Jeep zu steigen, er will mich in die Stadt fahren. Unterwegs erfahre ich, daß er einer Antiterroreinheit angehört, die Fujimori zur Ergreifung des Guerillaführers Guzman gebildet hat. An der nächsten Kreuzung springe ich aus dem Wagen und renne in die Dunkelheit. Ich möchte nicht als Kollaborateur von Polizei oder Militär angesehen werden.

Wenige Tage später setzen sich in einem Restaurant hoch in den Bergen zwei gepflegte junge Männer an unseren Tisch, fangen ein Gespräch an, wollen meine politische Überzeugung erfahren. Sie könnten harmlose Studenten sein, aber mir ist klar, daß sie Terroristen sind, gekommen, um uns auszuchecken. Deshalb sage ich ihnen, sie brauchten uns nichts vorzumachen, wir befänden uns in einem von ihnen kontrolliertem Gebiet, wir seien vorbereitet. Im folgenden Gespräch versuchen sie, uns von Maos Ideologie zu überzeugen. Als wir ihnen offen und ehrlich von unseren Erfahrungen in China erzählen, den Folgen von Maos Politik, der Unterdrückung der Massen, der brutalen Unterwerfung der Minderheiten, wissen sie keine Antwort und verlassen bald darauf das Restaurant. Ich kann sie nicht mehr fragen, wo sie die hundertsechzig Kinder hingebracht haben, die aus den umliegenden Schulen entführt wurden. Es wird vermutet, daß sie in Verstecken im Amazonasbecken zu Terroristen umerzogen werden.

Wenn wir nicht so recht wissen, welche Richtung wir einschlagen sollen, dann schauen wir erst einmal auf eine geographische Karte, die uns die Höhenunterschiede und Naturbeschaffenheit zeigt, wie Wälder, Wüsten und Flußläufe. In den relativ dicht besiedelten USA war uns damals eine Satellitenaufnahme von Nutzen, die Nordamerika bei Nacht zeigte. Anhand der Lichter konnten wir die Ballungsgebiete ausmachen und die schwarzen Flecken dazwischen auf unsere Straßenkarte übertragen. Da wir zum Beispiel die Megametropole New York kennenlernen wollten, konnten wir uns gleich anschließend in den Appalachen erholen, wo Fuchs und Hase sich gute Nacht sagen.

Für Bolivien haben wir eine große Karte aufgetrieben, die im Hintergrund eine Satelliten-Tagesaufnahme des Landes zeigt, worauf alle Straßen, ob befahrbar oder unbefahrbar, eingetragen sind. Im Westen das Altiplano, eine Hochebene um die viertausend Meter über dem Meeresspiegel, die in der Mitte aufbricht, in der Risse entstanden sind, tiefe Furchen, die das Land abfallen lassen bis ganz runter ins Amazonasbecken im Osten. Dort zieht es uns hin, in die Tiefe, in die Wärme, wo uns saftiges Grün erwartet, wo wir vor allem mal wieder »dicke Luft« atmen können. Denn in den extremen Höhenlagen, in denen wir uns nun schon seit Wochen aufhalten – seit wir Nazca am Pazifischen Ozean verlassen haben – ist die Luft sehr dünn. Außerdem ist es schon Juni in der südlichen Hemisphäre, also tiefster Winter. Bei der eisigen Kälte vermag uns auch die Schönheit des tiefblauen Titicacasees, mit seinen magischen Inseln und der strahlend weißen Königskordillere im Hintergrund, nicht lange zu fesseln.

Östlich der Großstadt La Paz fahren wir über den verschneiten, 4.650 Meter hohen Cumbre-Paß, und nur zwanzig Kilometer weiter sind wir schon eintausendfünfhundert Meter tiefer, in den Yunga-Schluchten. An den steil abfallenden Bergen verdichtet sich die hohe Luftfeuchtigkeit des Amazonasgebiets. Nur hier und da reißt der Nebel auf, gibt den Blick frei auf die sich schnell verändernde Landschaft: vom ewigen Schnee zum kahlen Hochplateau und dem Busch- und Nebelwald mit seiner Vielfalt an tropischen Gewächsen. Bis auf zweitausend Meter Höhe gedeihen Bananen, Orangen und Kaffee, tiefer dann Cocasträucher, deren feine Blätter von den Andenvölkern gerne gekaut werden, Ananas und Zuckerrohr. Ganz unten im Beni-Tal werden die großen, ungenießbaren Cocablätter zur Herstellung von Kokain genutzt.

Die einspurigen Straßen in den Yungas sind gefürchtet. Immer wieder finden sie ihren Weg in die Weltpresse, nämlich dann, wenn mal wieder ein Bus in die tödlichen Tiefen gestürzt ist. Abschnitte dieser Straßen wurden früher von uruguayischen Kriegsgefangenen mit Spitzhacke und Schaufel gebaut, primitive Werkzeuge, die auch heute noch fast jeder Fahrer in den Yungas mit sich führt. Denn immer wieder entstehen neue Erdrutsche, immer wieder wird repariert. Teilweise ist die Straße in mehrere hundert Meter hohe Steilwände gemeißelt. Wasserfälle stürzen in hohem Bogen auf die Piste, weichen den Boden auf und schwemmen ihn fort. Die vielen Kreuze am Wegesrand zeugen von der Gefährlichkeit der Strecke. Ein ungeschriebenes Gesetz lernen wir erst nach wiederholten Schrecksekunden kennen: Abschnittsweise gilt Linksverkehr! Schwerbeladene Lkws, die aus dem Amazonasgebiet heraufkommen, fahren lieber auf der Bergseite. Die entgegenkommenden Lastwagen sind meist leer. Ihre Fahrer können beim Zurücksetzen zu Ausweichstellen aus dem linken Fenster heraus besser den unbefestigten Straßenrand entlang des steilen Abgrunds erkennen. Wir müssen höllisch aufpassen. Der schmale Weg knickt zackig um die Felsen, schlängelt sich um Ausbuchtungen, zieht Schleifen durch jede Einbuchtung.

Die Fahrt regt trotz aller Anspannung zum Träumen an – Schönheit verführt. Plötzlich rutscht das Vorderrad weg. Nasser, glitschiger Lehmboden – ein Alptraum für Zweiradfahrer. Wir schliddern die Straße entlang wie auf Glatteis, leicht bergab, immer näher am Abgrund. Mir stockt der Atem, ich kann die Maschine nicht mehr kontrollieren. Wir sind zu schwer, sitzen zu zweit auf einem Motorrad, denn für den Abstecher in die Yungas haben wir das andere oben in La Paz untergestellt. Man sagt, daß einem in einer solchen Situation noch mal das Leben wie ein Film vor den Augen abläuft. Mein Film ist anders. Ich sehe die tödliche Gefahr, den Horror, fühle mich ohnmächtig, auch schuldig wegen Claudia, bereite mich auf den nächsten Moment vor, den Flug ins Bodenlose, hoffe nur noch, daß Claudia rechtzeitig den Absprung schafft, sich ihr Körper nicht wie meiner verkrampft. Der Straßenrand unbefestigt, das Vorderrad rutscht drüber... Ich schließe die Augen, schwebe, erwarte den Aufprall. Nichts. Ruhe. Wo bin ich? Erst jetzt erkenne ich eine dunkle Felsspalte, mehr als zehn Meter tief, dahinter der Abgrund. Die Spalte ist tief genug, um uns beiden beim Aufprall das Genick zu brechen. Ich erschrecke über meine Gleichgültigkeit, wundere mich, warum der Film hier stehengeblieben ist, ich in der Luft schwebe, vorn über den Lenker gebeugt. Motor und Rahmen sind beim Aufsetzen am Straßenrand an einem überstehenden Felsen hängengeblieben. Claudia sitzt noch hinten drauf, hält, zusammen mit dem Gepäck, das Motorrad in der Waage. Ich atme tief durch, der Geruch von frischer Walderde steigt mir in die Nase.

Heftige Regenfälle lassen uns nicht mehr weit kommen. Je weiter wir ins Amazonasbecken vordringen, desto tiefer versinken wir im Schlamm. Nachdem wir das Motorrad zum x-ten Mal ausgegraben, jedes Mal das Gepäck abgebaut und ein paar hundert Meter vorausgetragen haben, setzen wir uns erschöpft auf einen quer liegenden Baumstamm. Wir könnten uns fragen, ob dies alles der Mühe wert ist. Für uns ja. Niemand treibt uns, wir haben Zeit, können unsere Kräfte einteilen, uns an kleinen Dingen erfreuen, die in Wirklichkeit das Größte sind. Wenn wir zum Beispiel wild wachsende Zitrusfrüchte aussaugen, voller Kerne und zähem Fleisch, wissen wir genau um unser Privileg: der Saft schmeckt köstlicher, als kultivierte Früchte ihn jemals produzieren könnten. Dann schauen wir uns die Schmetterlinge an, einer schöner als der andere, zu Hunderten und Tausenden haben sie sich in der matschigen Schneise durch den Urwald versammelt, bilden einen bunten Teppich mit leuchtenden Mustern. Gut, wir hatten uns vorgenommen, noch viel tiefer in den Dschungel einzudringen, aber das Wetter hat uns einen Strich durch die Rechnung gemacht.

Wir müssen auf Transportboote umsteigen, lange Einbäume mit Außenbordmotoren. Unseres hat Bier geladen, dazu Platz für einige Passagiere, die unterwegs aussteigen, um im Fluß nach Gold zu waschen. Die Fahrt wird zum Wildwasserritt. Normalerweise würde ich so etwas genießen, doch ich befürchte bei jeder größeren Stromschnelle, Motorrad und Ausrüstung zu verlieren. Im nächsten kleinen Dschungeldorf steigen wir aus. Einheimische schmeißen Sprengstoff ins Wasser, die Druckwelle zerreißt alle Fische im weiteren Umkreis, flußabwärts stehen Leute im Wasser und sammeln die Kadaver ein. Natürlich ist diese Art zu fischen verboten, aber wer soll das schon kontrollieren? Von hier aus brauchen wir drei Tage für die fünfzehn Kilometer zum nächsten Fluß, über den wir mit einem anderen Versorgungsboot eine Stichstraße erreichen, die an die Yunga-Straße wieder anschließt. Auch die Hauptroute ist mittlerweile weggeschwemmt. Lange Lkw-Kolonnen stecken fest, warten auf besseres Wetter. Es dauert Tage, bis wir nach La Paz zurückgekehrt sind.

Die Lichter der Dreietagenstadt fließen nachts wie ein glitzernder Wasserfall bis in den unteren Bereich, wo der wohlhabendere Teil der Bevölkerung lebt, eingeschlossen von einer erodierten Schlucht, die an den Grand Canyon erinnert. Hier wohnen wir bei einer deutschstämmigen Familie, ganz in der Nähe der modernen deutschen Schule. Die meisten Mitglieder der recht großen deutschen Kolonie leben schon seit mehreren Generationen in Bolivien, lange vor der Hitlerzeit.

Die mittlere Etage von La Paz, das eigentliche Stadtzentrum, teilen sich moderne Hochhäuser mit dem alten Handwerkerviertel. Heute noch sitzen hier die Brujas, Hexen, die die Zutaten für geheimnisvolle Opfertische verkaufen, wie zum Beispiel Medaillons, Kräuter und getrocknete Lama-Föten. Diese Dinge werden oben auf dem El Alto, wo die Indios leben, in Zeremonien von Kallawayas verbrannt. Diesen Magiern wird nachgesagt, daß sie hellseherische Fähigkeiten besitzen, Krankheiten heilen oder davor schützen, aber auch mit bloßen Gedanken töten können. Sie lesen ihre Weisheiten aus Cocablättern, sagen die Zukunft voraus, sollen gar unersetzlich sein, um Diebe zu identifizieren.

Als wir La Paz übers El Alto verlassen, können wir noch lange den schneebedeckten Illimani sehen, den Berg, der alles überragt. Wir sehen ihn im Rückspiegel immer kleiner werden, nachdem die Stadt schon hinter dem Rand des Hochlandes Altiplano abgetaucht ist. Dann verlassen wir auf einer kaum befahrenen Straße die Hochebene, die sich in Verwerfungen zum Tiefland hin absenkt, und folgen den Konturen einer Landschaft, deren rauhe Schönheit nicht dramatischer sein könnte. Wir bezwingen einen Bergrücken nach dem anderen, mit Ausblicken über ein phantastisches Labyrinth von Schluchten, Kratern und Spalten in der Erdkruste, wobei wir uns klein vorkommen, wie ein Sandkorn in einer riesigen Geröllwüste. Immer wieder müssen wir ganz nach unten fahren, um ein trockenes Flußbett zu kreuzen, bevor wir die nächste Steigung in Angriff nehmen. Jeder Berg scheint andere Mineralien zu enthalten, die ihn färben, wie auch den Schotterweg, auf dem wir fahren. Wir wechseln von gelb auf rot, schwarz, grün oder weiß.

Da sich die Strecke für den Lkw-Verkehr nicht eignet, kommen uns jeden Tag Lamakarawanen entgegen. Auch wenn jedes Tier höchstens vierzig Kilo Mineralien transportieren kann, sind Lamas und Alpakas wegen der hohen Andenpässe doch unersetzlich. Die Männer führen zwanzig bis dreißig Lasttiere und tragen jeder einen langen, dünnen Baumstamm auf der Schulter, den sie unterwegs im kahlen Hochland verkaufen, wo das Holz zum Häuserbau benötigt wird.

Indianische Frauen hüten große Herden dieser anmutigen Tiere im zotteligen Fell, weitab von jeglichem Haus oder Dorf. Hier scheint sich seit der Entdeckung Amerikas, vor fünfhundert Jahren, kaum etwas geändert zu haben. Auch die sonnige Hauptstadt Sucre, mit ihrem gemütlichen Treiben und den gepflegten Parks, scheint einer anderen Welt anzugehören. Nur die nationale Tracht der Frauen, Schirmrock und Melonenhut, verbindet das Bild dann doch wieder mit Bolivien.

Im krassen Gegensatz zu Sucre steht die alte Minenstadt Potosí mit ihren engen Gassen und bröckelnden Gemäuern. Sie liegt am Fuße des legendären Cerro Rico, der 4.829 Meter hoch und vulkanischen Ursprungs ist. Dieser besonders mineralhaltige Berg wird seit dem Jahre 1545 ausgebeutet und ist heute, mit den unzähligen Stollen, die immer noch entlang der Zinn- und Silberadern gegraben werden, durchlöchert wie ein Schweizer Käse. Ausgerüstet mit Schutzhelm und Karbidlampe steige ich auf einer meiner Extratouren in die engen Schächte, wo ich zwischen den Erwachsenen auch zwölfjährige Kinder antreffe, die hier schuften. In niedrigen Stollen kommen mir die Mineros mit Schubkarren geduckt entgegen. Dort, wo die Seitengänge zu eng und steil sind, tragen sie das Gestein in Säcken. Ich krieche teils auf allen vieren durch die Gänge, die die vier verschiedenen Ebenen untereinander verbinden. An Seilen lasse ich mich in scheinbar bodenlose, dunkle Löcher herab, klettere an langen, geflickten Strickleitern wieder rauf. Ich wühle mich durch grauen Schlamm, der durch das reingepumpte Wasser entsteht, das den gefährlichen Asbeststaub binden soll.

Unterwegs begegne ich dem Tio, einer kleinen Tonfigur, die den Teufel symbolisiert. Da er im Innern der Erde lebt, wie die Mineros mir erklären, gehören die Mineralien ihm. Um diese ungestraft entwenden zu können, versuchen sie Tio mit Geschenken wie Alkohol, Tabak oder Cocablättern zu besänftigen. Ganz unten, im tiefsten Loch, treffe ich Enrique, der seit einem Jahr seiner eigenen Silberader nachgeht. Er sieht alt aus, obwohl er erst 39 Jahre auf dem Buckel hat. Seit nunmehr 27 Jahren arbeitet er in diesem Berg, will bleiben, bis er stirbt. Lange hat er nicht mehr, die durchschnittliche Lebenserwartung der Mineros beträgt nur vierzig Jahre. Wie alle anderen hat auch er einen großen Ball aus Cocablättern im Mund. Die Cocapflanze hilft, den Hunger zu betäuben, gegen Symptome der Höhenkrankheit und liefert wichtige Vitamine. Enrique freut sich schon auf den

Tag, an dem er seinen Silberschatz hebt, den er seit Wochen freilegt. Er hofft, daß er 300 Pesos einbringt, ungefähr hundertfünfzig Mark. Ich gebe ihm eine Stange Dynamit, die ich in Potosí als Mitbringsel für die Kumpel auf dem Markt gekauft habe, und klettere, von der vulkanischen Hitze aufgewärmt, wieder raus in die eisige Kälte.

Nicht weit von hier liegt ein Salzsee, der Salar de Uyuni, ein Naturwunder, dessen einzigartige Schönheit sich kaum in Worte fassen läßt. Der Salar ist noch größer als der Titicacasee, seine Salzschicht zwischen dreißig und hundertfünfzig Meter dick. Man rät uns ab, den See ohne Führer zu befahren, denn die Salzkruste hat Atmungslöcher und ist entlang des Ufers sehr dünn. Doch wir besitzen eine topographische Detailkarte, können uns an den höchsten Vulkanspitzen orientieren, die den Rand des Salars säumen. Über eine Rampe gelangen wir auf festen Grund, der sich glänzend weiß, wie Neuschnee, vor uns ausbreitet. Die Oberfläche besteht aus Sechsecken von etwa ein Meter fünfzig Durchmesser, die sich aneinandergefügt über eine Fläche von einhundertvierzig Kilometern Länge ausdehnen. Erst fahren wir auf einer der vielen Spuren, die sich in alle Himmelsrichtungen verteilen und die im Sommer verwischt werden, wenn über dem Salz ein halber Meter Wasser steht. Doch bald sind wir dermaßen fasziniert, daß wir aufs Geratewohl ausschwenken, mit den Reifen unsere eigenen Zopfmuster in die unberührte Fläche zeichnen. Wir lassen uns von den Hexagonen berauschen, die uns scheinbar entgegenfliegen. Unsere Motorräder fangen an zu tanzen, wie zwei bunte Punkte, die sich jagen, voneinander entfernen, dann wieder aufeinander zurasen, wie zu imaginärer Musik bei der Kür auf einer Schlittschuhbahn. Hinter uns schrumpfen die Bergspitzen, heben sich als kleine Punkte vom Horizont ab, verschwinden mit einem Plop. Vor uns tauchen neue auf, wachsen beim Näherkommen zu Vulkankegeln an.

Dann – Plop – entsteht eine Insel, die wir ansteuern, auf der wir übernachten möchten. Wir bauen unser Zelt zwischen Riesenkakteen auf, deren Stacheln dreißig Zentimeter lang sind. Auf unserem Spirituskocher braten wir Alpakasteaks, beobachten die glutrote Sonne, wie sie langsam hinter der weißen Scheibe des Sees versinkt, gefolgt von einem unglaublichen Farbenspiel, das anderthalb Stunden andauert. Das Erlebnis ist so intensiv, wir bleiben noch eine zweite Nacht, genießen die absolute Stille.

Dann visieren wir mit dem Kompaß das Dreiländereck mit Argentinien und Chile an, das wir in ein paar Tagen zu erreichen hoffen.

Unsere Pässe werden von der offiziellen Ausreise aus Bolivien bis zur Einreise in Chile eine Lücke von elf Tagen aufweisen. Dazwischen liegt Niemandsland, in einer Höhe von 3.600 bis 5.200 Metern. Wir wissen, es gibt keine richtigen Straßen mehr, nur Dutzende von Spuren, die zu kleinen Minen führen, wo Geologen Gesteinsproben entnehmen. Obwohl wir gut vorgesorgt haben, mit zusätzlichen Kanistern Benzin und Wasser, dürfen wir mit den Motorrädern in dieser unbewohnten Region nicht liegenbleiben.

Wir fahren über ausgetrocknete Seen, wühlen uns durch kleine Sandwüsten, über Stein- und Geröllhügel und vulkanische Pampa. Rosa Flamingos suchen in kleinen Seen ihre Nahrung, vor der atemberaubenden Kulisse der Vulkanlandschaft. An der Laguna Colorada soll es eine Herberge und Benzin geben. Es ist nur ein gemauertes Loch im Boden, mit niedriger Decke, bietet aber etwas Schutz vor der nächtlichen Kälte. Der Verwalter bedauert, daß seine Benzinvorräte ausverkauft seien, deshalb wundere ich mich, als er mir am nächsten Morgen doch noch fünf Liter anbietet. Eine Notration kann nicht schaden, auch wenn der Preis viermal so hoch wie an Tankstellen ist. Wegen der dünnen Luft im Hochland haben wir vorsichtshalber fünfzig Prozent Mehrverbrauch kalkuliert.

Die tückische Pampa ist sehr schwierig zu befahren, unter der weichen Oberfläche sind scharfkantige Basaltbrocken verborgen, die uns immer wieder aus der Spur werfen. Der Wind pfeift uns eisig kalt um die Ohren, teilweise so stark, daß er uns fast umwirft. Haben wir den Wind im Rücken, überholt uns der aufgewirbelte Staub, legt sich in Mund, Augen und Nase. Ich versuche auf gefrorenem Schnee zu fahren, was solange gut geht, bis ich einsinke. Das heißgelaufene Motorrad kühlt sofort ab und friert fest. Wir versuchen, es loszurütteln, nichts bewegt sich, wir sitzen fest. Wir bringen nicht mehr die nötige Kraft auf, der Sauerstoffmangel bringt das Herz zum Rasen, die Lunge saugt schnell und gierig die Luft ein, die Kälte sticht wie tausend Nadeln in der Brust. Beim letzten Versuch legen wir uns rücklings nebeneinander aufs Eis, stemmen die Füße unter Lenker und Gepäckträger und schaffen es schließlich, das Motorrad zur Seite zu hebeln.

Kurz vor Sonnenuntergang erreichen wir ein langes Gefälle, an dessen Ende ein Salzsee liegt, wo auch wieder eine festgefahrene Spur zu erkennen ist. Claudia wirkt beinahe lethargisch, Symptome der Höhenkrankheit. Sie läßt ihr Motorrad stehen, geht zu Fuß voraus, ein paar hundert Meter tiefer wird es ihr wieder besser gehen. Um ihr Motorrad nachzuholen, folge ich meiner eigenen Spur, den scheinbar endlosen Hang wieder nach oben, setze systematisch einen Fuß vor den anderen, weiß, daß ich nicht stehenbleiben darf, weil ich dann den Willen zum Weitergehen nicht mehr aufbringen werde. Zwischen meiner Daunen- und Windjacke bildet sich eine Eisschicht.

Oben angekommen, setzte ich mich erleichtert auf die vertraute Maschine und warte, bis ich wieder zu Kräften komme. Vor dem Salzsee entdecken wir eine Steinruine, die uns einen wirksamen Windschutz bietet. Zwischen den Mauern spannen wir unser Zelt und verkriechen uns vollkommen entkräftet in die Schlafsäcke, heizen den Innenraum mit dem Spirituskocher auf. Bei der Suche nach Frischwasser finde ich am frühen Morgen eine warme Quelle. Ein natürliches Becken ist tief genug, um darin zu baden. Wir bleiben zwei Tage und ruhen uns aus. Die minus 45 Grad können wir ertragen, weil die Luftfeuchtigkeit hier oben außerordentlich gering ist. Beim Spülen friert mir das Besteck an den Fingern fest. Unsere Hände sind an einigen Stellen aufgeplatzt, doch die tiefen Risse bluten nicht. Wir schmieren Fett drauf, damit das Fleisch nicht abstirbt.

Vor uns liegt ein Gebirge. Auf unserer Detailkarte finden wir einen Durchbruch, dahinter eine geschobene Piste, die zu einem Militärposten führt. Der Kommandant lädt uns zu einem freundlichen Gespräch ein, bei einer dampfenden Tasse Kaffee. Nachdem wir uns aufgewärmt haben, folgen wir einer angedeuteten Spur, die uns direkt zum letzten Paß bringen soll, der weit in der Ferne zu sehen ist. Dort wird die Grenze zu Chile mit einem roten Pfosten markiert. Unterwegs schalte ich auf Reserve, freue mich, bei Claudia noch fünf Liter getankt zu haben. Doch zu meiner Überraschung ist auch ihr Tank leer. Jemand hat am Benzinschlauch herumgefummelt – daher also die plötzliche Extraration Benzin, die ich teuer wieder zurückgekauft hatte.

Wir müssen ein Motorrad zurücklassen, können nur hoffen, mit den letzten anderthalb Tassen Benzin zu zweit auf der anderen Maschine San Pedro zu erreichen, den ersten Ort in Chile. Etwas weiter stoßen wir auf eine Schotterstraße, die schnurgerade vom Hochland die Flanke des höchsten Vulkans, des Lincancabur, herunterführt in die zweitausend Meter tiefer gelegene Atacama-Wüste, die trockenste der Welt. Diese letzten vierzig Kilometer bis San Pedro können wir uns rollen lassen. In aller Frühe holen wir am nächsten

Tag Claudias Motorrad am Grenzpfosten ab und machen uns auf in das Tal des Mondes, eine karge Dünenlandschaft, so bizarr, wie ihr Name vermuten läßt. Zwischen rötlich schimmernden Sandbergen, im rosa Abendlicht, steigt blaß der Vollmond auf, wandert langsam in einen dunklen Nachthimmel, in dem immer mehr Sterne aufblitzen, bis das Himmelszelt geflutet ist von strahlendem Licht. Es ist der 13. August 1992, wir feiern unser Elfjähriges.

Hier unten ist die Luft wieder gemütlich warm und mit Sauerstoff gesättigt, wir können wieder tief und fest schlafen. Trotzdem entschließen wir uns nach ein paar Tagen, noch ein letztes Mal den Lincancabur hinaufzufahren, um am Dreiländereck den Paso de Jama, den nördlichsten Andenpaß nach Argentinien, zu nehmen. Bis wir den südlichsten Paß, den Paso Rodolfo Roballo, erreichen, kreuzen wir das Bergmassiv zwischen Chile und Argentinien einige Male. Dazwischen liegen traumhafte Landschaften, Herden wilder Pferde, Nationalparks, Seengebiete, Amerikas höchster Berg, der Aconcagua, und viele Vulkane. In Santiago de Chile wohnen wir für zwei Monate bei einer älteren Witwe zur Untermiete, arbeiten mit unseren Fotos, schreiben Berichte für Zeitschriften und reparieren die Motorräder. Erst als wir von der Insel Chiloé nach Chaiten übersetzen, verlassen wir wieder die Zivilisation und tauchen in die Einsamkeit Patagoniens ein. Hier beginnt die Carretera Austral, eine Schotterstraße, die der ehemalige Diktator Pinochet bauen ließ, um die Rohstoffe im tiefsten Süden des Landes zu erschließen, was auch hier in erster Linie das Abholzen der Urwälder zur Folge hat. Fast überall in Chile begleitet uns das schreckliche Geräusch der Kettensägen, auch in den sogenannten Naturschutzgebieten und Nationalparks. Als Folge des gierigen Raubbaus sind ganze Landstriche von Erosion betroffen, verkommen zu nutzlosem Ödland. Nur dort, wohin die Holzfäller mit ihren Bulldozern noch nicht vorgedrungen sind, können wir den Urwald in seiner ganzen Fülle bewundern. Dazwischen Gletscher, die von nackten Felsen tropfen. Auch sie schwinden von Jahr zu Jahr, die globale Klimaerwärmung läßt sich hier deutlich ablesen.

Auf der argentinischen Seite hingegen ist die Natur noch weitgehend erhalten, die Parks sind sauber, wir stoßen auf viel mehr ökologisches Verständnis. Dafür trifft uns ein anderes Phänomen, der Wind, der im Sommer gnadenlos und unaufhörlich bläst. Er trifft uns meist von der Seite, schiebt uns seitwärts über den Schotter. Böen von 120 Stundenkilometern reißen uns buchstäblich aus dem Sattel. Der

Kampf mit dem Wind fordert volle Konzentration. Wir müssen versuchen, beim Fahren mit unseren Körpern den Druck des Windes auszugleichen, die Böen abzufangen und gleichzeitig die tiefe Spur im Schotter zu halten. Da hilft der ärgste Fluch nichts – wenn wir Patagonien erleben wollen, müssen wir da durch. Die Distanzen von einem Ort zum anderen sind groß, oft ist nur eine Polizeistation oder Tankstelle geblieben, oder Ruinen von Geisterhäusern. Davor ein einzelner Baum, geformt vom ständigen Südwestwind, alle Äste wie eine Fahne in eine Richtung geblasen. Das Land ist rauh, es hat Urzeitcharakter, etwas Gigantisches, Gewaltiges, wie wir es noch nicht erlebt haben. Zu den überwältigenden Anblicken gehört der Gletscher Perrito Moreno, der sich im Schneckentempo aus den Anden herunterwälzt zu einem See, den er gelegentlich blockiert und aufstaut, bis der Wasserdruck zu groß wird und das Gletschereis sprengt. Hochhausgroße Brocken brechen alle paar Minuten vom Gletscher ab und klatschen ins Wasser, schwimmen als Eisberge fort. In der Nähe ragen die majestätischen Felsnadeln des Fitz Roy in schwarze Gewitterwolken, die das Massiv fast ganzjährig umtosen. Bei unserer Anfahrt werden wir so stark vom Sturm geschüttelt, daß wir uns hinter einen großen Felsen flüchten. Bei aller Liebe zu diesem Land habe ich die Schnauze voll. Frustriert überlege ich, wie dieser Nerventerror in Spaß umgewandelt werden kann. Da kommt mir die rettende Idee.

Auf den neunzig Kilometern der Stichstraße zum Nationalpark Fitz Roy hatte uns der Wind voll auf die Seite getroffen. Dabei war ich das Gefühl nicht losgeworden, daß es einfach zwecklos war, geradeaus fahren zu wollen. Immer wieder war ich über den losen Schotter in den Graben gedriftet, meine Arme zitterten vor Anstrengung. Irgendwie hatten wir es dann doch bis zum windgeschützten Campingplatz am Fuße der Berge geschafft. Obwohl die Nacht sehr ruhig war, hatte ich nicht aufhören können, von diesem Wind zu träumen, und im Traum sogar meinen Kampf mit ihm fortgesetzt. Überraschenderweise war Klaus schon wach, als ich am nächsten Morgen meine Augen öffnete. Oft liebte er es, sich morgens, wenn wir wußten, daß wir nicht weiterfuhren, in seinen Schlafsack zu verkriechen und noch ein paar Stunden Schlaf dranzuhängen. Nun schaute er mich mit leuchtenden Augen an und begrüßte mich mit der Frage, ob ich mir wohl denken könnte, was er als nächstes konstruieren würde. Lange mußte ich nicht raten, dafür kannte ich ihn zu gut: Der stetige

Wind hier in Patagonien bot sich geradezu an, mit einem Segel eingefangen zu werden!

Während wir in den folgenden Tagen Wanderungen zu den Torres unternahmen, reifte die Idee zu einem realisierbaren Projekt heran. Unsere Motorräder müßten zusammengeschraubt, die Lenkungen miteinander verbunden werden. Mit vier Rädern auf der Straße würde uns der Wind nicht mehr umblasen. Dazu käme ein Mast, der so montiert werden müßte, daß er die Schubkraft des Windes auch aushält. Jetzt brauchten wir nur noch Material und eine Werkstatt. Also packten wir auf und fuhren weiter in den Süden auf der Routa Cuarenta, einer der einsamsten Pisten in ganz Argentinien, nach El Calafate. Dort trafen wir den Schlosser Adrian, der nichts dagegen hatte, daß wir in seiner kleinen Werkstatt bastelten. Aus Eisenschrott schnitt, sägte, bog und bohrte Klaus die nötigen Teile, die, gleichmäßig am Rahmen montiert, unsere Mopeds miteinander verbinden sollten. Mit verschraubten Gelenken wurden die beiden Lenkungen synchronisiert. In der Zwischenzeit arbeitete ich unsere Abdeckplane mit Hilfe von Nadel und Faden zu einem Segel um. PVC-Wasserrohre, die ineinandersteckbar waren, wurden als Mast auserkoren, den wir mit Seilen über unsere Packtaschen abspannen konnten.

Adrian beobachtete schmunzelnd, wie wir unser neues Gefährt zusammenbastelten. Wir hatten ihn gebeten, Stillschweigen zu bewahren, da wir befürchteten, daß uns die Ordnungshüter sonst einen Strich durch die Rechnung machen könnten. Als wir dann zwei Tage später den Ort ganz unauffällig als Gespann, noch ohne Mast und Segel, verlassen wollten, stockte uns der Atem. Die gesamte Polizeibesatzung stand am Straßenrand, um uns salutierend zu verabschieden. Adrians bester Freund war Polizist. Lachend winkten sie uns nach und wünschten noch viel Glück. Sobald wir aus dem Ort raus und auf gerader Strecke waren, stellten wir die Motoren ab, um den Mast und das Segel zu montieren. Der Wind blies mal wieder mit voller Kraft aus Südwest, wir hatten Mühe, das Segel zu hissen. Schließlich reduzierten wir auf Halbmast. Kaum war das Segel oben, ging es auch schon los. Auf glatter Teerstraße glitten wir wie schwerelos dahin, berauscht von dem Gefühl der totalen Windstille, begeistert, daß unser Segler funktionierte. Wir kamen gut voran, bei leichtem Gefälle erreichten wir sogar bis zu sechzig Stundenkilometer.

Am frühen Nachmittag kamen wir an eine Baustelle mit einer dreißig Kilometer langen Umleitung durch hügeliges Gelände mit vielen Kurven. Also nahmen wir das Segel runter und starteten die Motoren. Doch mit den gleich darauf folgenden Komplikationen hatten wir nicht gerechnet: »Gib Gas!« – »Nein, fahr du langsamer!« – »Nein, du schneller!« – »Scheiße!« Zwei Kapitäne, zwei Motoren und vier Bremsen waren nur schwer unter einen Hut zu bekommen. Wir hielten an, um das Dilemma zu diskutieren. Die Lösung war im Prinzip ganz einfach: Um die Kurve zu kriegen, mußte entweder der äußere Pilot mehr Gas geben oder der innere etwas abbremsen, beim Herausfahren aus der Kurve das Ganze dann genau entgegengesetzt. Beim zweiten Versuch klappte es schon etwas besser, verursachte aber immer noch jede Menge Adrenalinstöße.

Als am Nachmittag der Wind abflaute und wir die Estancia Librun, eine der großen Schafsfarmen, erblickten, entschlossen wir uns, dort haltzumachen. Der Vorarbeiter erlaubte uns, in der Hütte der Schafscherer, die außerhalb der Saison leersteht, zu übernachten. Schon früh lagen wir in den Schlafsäcken, um diesmal davon zu träumen, wie wir den Wind überlistet hatten. An diesem Abend tauften wir unseren Segler »Vientogonia«, von viento, was im Spanischen Wind bedeutet.

Am nächsten Morgen blies der Wind wie gewöhnlich, doch diesmal direkt aus Süden. Da die Teerstraße breit genug war, wollten wir versuchen, das Segel schräg zu spannen, um sozusagen vor dem Wind zu kreuzen. Doch nur mit äußerster Anstrengung bekamen wir das Segel hoch. Während wir Mühe hatten, die Motorräder auf dem Teer zu halten, bog sich der Mast, die Kräfte waren einfach zu extrem. Kurz darauf gab es einen lauten Knall, das PVC splitterte uns um die Ohren. Zum Glück hatten wir unsere Helme auf, denn das hätte leicht ins Auge gehen können. Aber so ein Mastbruch war noch lange kein Beinbruch, wir brauchten einfach nur einen stärkeren Mast. Bis zur nächsten Tankstelle fuhren wir mit nur einem Motor und ließen das zweite Motorrad wie einen Seitenwagen mitrollen. Dort nahmen wir unseren Katamaran wieder auseinander, da unsere Route zunächst noch weiter südlich gegen den Wind nach Feuerland führte.

Die Grenzkontrollen hier unten waren kurz und unkompliziert, so daß wir noch mal nach Chile hinüberfuhren, um uns den Nationalpark Torres del Paine anzuschauen. Außer den malerischen Bergen, Flüssen und Seen gab es auch viele Tiere zu bestaunen. Oft kreuzten Guanakos und Nandus vor uns die Straße, als wir durch den Park fuhren. Über unseren Köpfen segelten die Kondore im Auf-

wind der turmartigen Berge. Dann besuchten wir eine riesige Pinguinkolonie am Strand, wobei wir uns über die Verbeugungen dieser drolligen Tiere halb schieflachten. In Punta Arenas, der südlichsten Stadt Chiles, holten wir unsere Post ab und ersetzten das PVC-Rohr durch zusammengesteckte Auspuffrohre. Die ganze Seglerkonstruktion wog nur etwa zehn Kilo und ließ sich problemlos im Gepäck verstauen.

Es war schon Ende Februar, als wir endlich in Feuerland ankamen und den Nationalpark La Pataia erreichten, ganz im Süden der langen Straße, deren anderes Ende wir in Circle, Alaska, gesehen hatten. Hier war es um diese Jahreszeit menschenleer. Wir bauten unser Zelt am Beaglekanal auf und genossen es zwei Wochen lang, diesen abgeschiedenen Ort nur mit den Wildenten zu teilen. Tagsüber unternahmen wir ausgedehnte Spaziergänge durch den Wald oder am Strand entlang, oder wir schrieben Briefe an Freunde und Verwandte. Klaus ließ sich noch etwas Besonderes einfallen, indem er alle Briefe ins Feuer hielt, so daß sie an den Ecken angekokelt waren. Schließlich war es Post aus Feuerland! Am allabendlichen Lagerfeuer brutzelten wir uns saftige Rindersteaks, so zart, daß sie auf der Zunge zergingen. Dazu gab es argentinischen Landwein, der dafür sorgte, daß es uns trotz Bodenfrost immer gemütlich war. Das Wasser in dem kleinen Bach war zum Baden zu kalt, also machten wir ein paar Töpfe Wasser über dem Feuer warm und duschten uns im Windschatten der niedrigen Büsche mit Hilfe unseres großen Kanisters.

Dieselbe Piste, die wir gekommen waren, brachte uns zurück durch Feuerland. Ab jetzt ging es nur noch gen Norden, und das bedeutete Rückenwind! Wir konnten es kaum abwarten, Vientogonia wieder segeltüchtig zu machen. Wieder in Patagonien, kurz hinter der Stadt Rio Gallegos, hielten wir bei der Estancia Coy Aike. Die einsamen Gauchos freuten sich über unseren Besuch. Wir bekamen ein kleines Zimmer und wurden königlich bewirtet. Abends saßen wir lange mit den Gauchos beim Mate-Tee. Welch eine Überraschung, als sie von Emile und Marie berichteten, die neun Jahre zuvor in dieser Gegend ihre Pferde und Maultiere ausgesucht hatten, um nach Alaska zu reiten. Wir zeigten ihnen das alte Hufeisen auf der Packtasche, das uns in den letzten fünf Jahren Glück gebracht hatte. Unter den argentinischen Gauchos, die selber viel umherziehen, waren Emile und Marie immer noch ein beliebtes Gesprächsthema. Gauchos sind eine besondere Sorte Mensch. Als Saisonarbeiter ziehen sie jedes Jahr mit bis zu acht Pferden im Schlepptau durch die Pampa, von einer Estancia zur nächsten. Unterwegs hatten wir mal einen getroffen, der mit seinen abgewetzten Lederhosen, grobem Wollponcho, großem Hut und derben Stiefeln besonders urig aussah. Während wir ein paar Worte wechselten und seine schönen Tiere bestaunten, holte er ein kleines Ledersäckchen hervor und drehte sich eine Zigarette, die er dann genüßlich rauchte. Alle Pferde hatten handgearbeitetes Zaumzeug, auch der blanke Ledersattel zeugte von handwerklichem Geschick und großer Sorgfalt. Der Anblick dieses Gauchos, seine zufriedene Gelassenheit, erweckte in uns aufs neue eine Sehnsucht, die uns all die Jahre begleitet hat.

Als wir am nächsten Tag unsere Mopeds wieder in einen Katamaran verwandelten, schauten alle interessiert zu. Die Ruta Tres von Feuerland bis Buenos Aires, über dreitausend Kilometer Teerstraße, schien uns ideal zum Segeln. Doch wo war nur der Wind geblieben? Jeder erzählte uns, daß der Wind in dieser Jahreszeit normalerweise ununterbrochen über die Pampa weht. So eine Windstille war vollkommen ungewöhnlich. Aber wir hatten ja Zeit! So kam es, daß wir in den folgenden vier Wochen des öfteren am Straßenrand hockten, Bücher von Böll, García Márquez oder Wallraff lasen und geduldig auf den Wind warteten.

Besonders willkommen waren uns immer wieder die verschiedenen Estancias, die mit Entfernungsangaben an der Hauptstraße ausgeschildert waren und normalerweise windgeschützt in einer Senke lagen. Rauhe Farmstraßen führten zu diesen Oasen, die alle ihren eigenen Charme hatten, egal ob es sich um eine große Farm oder einen Einmannbetrieb handelte. Als wir am späten Nachmittag eines guten Segeltages, wir hatten achtzig Kilometer zurückgelegt, über eine Schotterpiste zu einer kleinen Estancia gelangten, hießen uns die drei Gauchos dort gleich willkommen. Sie zeigten uns einen windgeschützten Platz im Schuppen, wo wir unser Zelt aufbauen durften. Während wir noch damit beschäftigt waren, sorgten sie fürs Abendessen. Direkt neben unserem Zeltplatz wurde ein Schaf rücklings auf einen Holzbock gelegt und ihm die Kehle durchgeschnitten, so daß das Blut langsam herauslaufen konnte. Kurz darauf wurde der Körper aufgeschlitzt, die Eingeweide, auf die schon die Hunde warteten, herausgenommen und das Fell abgezogen. Zwei Stunden später verströmte der fertige Braten einen Duft, der uns das Wasser im Mund zusammenlaufen ließ. An einem einfachen Holztisch saßen wir dann zusammen mit den Gauchos, die sich sichtlich über unseren gesunden Appetit freuten.

Meist schon zum Frühstück gab es Schafsfleisch, das zusammen mit hausgebackenem Brot serviert wurde, so daß wir mit der Zeit richtig rund wurden. Diese extra Fettschicht konnten wir gut gebrauchen, denn obwohl jeden Tag die Sonne vom strahlend blauen Himmel schien, war es furchtbar kalt. Wenn der Wind dann mal wieder blies, waren wir froh zu segeln, denn dann bewegten wir uns mit fast derselben Geschwindigkeit und spürten ihn kaum noch. Es kam vor, daß der Wind so plötzlich aufkam, daß wir beinahe die Abfahrt verpaßten. Blies er dann noch von schräg hinten, wurde es ganz schön hektisch. Wenn wir uns in die Lenkung stemmen mußten, um das Gefährt auf dem Asphalt zu halten, war es manchmal nicht ungefährlich. Da wir oft seitlich auf unseren Mopeds saßen, konnten wir die Lenkung auch mit den Füßen bedienen. Dies war besonders angenehm, wenn wir langsam dahinglitten und die Pampa gemächlich an unseren Augen vorbeizog. Manchmal spielte der Wind auch mit uns. Erst blähte er das Segel auf, nur um wieder abzuflauen, sobald wir auf den Mopeds saßen. Oder er blies gerade so stark, daß er zwei Mopeds und eine Person schob, der andere also hinterherlaufen mußte. Aber so blieben wir wenigstens fit. An total windstillen Tagen veranstalteten wir mitten auf der Routa Tres einen eigens einstudierten Windtanz, wobei wir mit einem Stiefel kräftig aufstampften und uns dazu im Kreis drehten. Zum Glück konnte uns niemand beobachten.

Der Verkehr war nur sehr spärlich, am Tag fuhren fünf bis zehn Fahrzeuge an uns vorbei. Oft sahen wir den vor Verwunderung oder Schreck aufgerissenen Mund der Lkw-Fahrer schon von weitem, und einige Autofahrer hielten mit quietschenden Reifen, um sich unser Gefährt anzusehen. Es war uns ganz recht, daß der Wind jetzt nicht mehr so stark blies und wir höchstens vierzig Kilometer die Stunde draufkriegten, so blieb das Risiko, von der Straße abzukommen, minimal. Immer wenn es eine Kontrolle zu passieren oder einen Ort zu durchfahren galt, holten wir vorher das Segel und den Mast runter. In der Regel staunten die Leute dann über unsere Fahrkünste, so dicht nebeneinander. Sie wußten ja nicht, daß wir miteinander verschraubt waren. Wenn einer von uns dann auch noch ein Nickerchen machte, mit verschränkten Armen und Kopf auf dem Tankrucksack, waren sie völlig verdutzt.

An einem windstillen Tag kamen wir schon früh auf eine Estancia, deren Herrenhäuser uns schon bei der Anfahrt beeindruckten. Zahlreiche Nebengebäude, Ställe und Gärten ließen auf einen großen Betrieb schließen, mit vielen tausend Schafen. Ein junges Ehepaar leitete die Farm. Über unseren Besuch freuten sie sich so sehr, daß sie ihn zum Anlaß für ein Churasco am Lagerfeuer nahmen. Schlafen durften wir im holzgetäfelten Gemach der Eigentümer, wo wir zu später Stunde in den Matratzen des alten Bettes versanken. Da am nächsten Tag immer noch kein Wind in Aussicht war, blieben wir und halfen, die Schafe durch die Korrale zu treiben, wo eine Handvoll Schafscherer ihnen die Augen von der Wolle befreite. Dabei passierte es schon mal, daß etwas Blut floß – kein Wunder bei dem Tempo. Die Scherer erzählten, daß Schafe zu den großmütigsten Tieren gehören, die, selbst wenn sie geschlachtet werden, einfach stillhalten und alles über sich ergehen lassen. Außerdem seien sie sehr widerstandsfähige Tiere, die sich bei einem Schneesturm im Kreis zusammenrotten, alle Köpfe in die Mitte gerichtet, so daß sie sogar unter einer zwei Meter dicken Schneeschicht überleben können.

Ein anderes Mal näherten wir uns zwei verwitterten Häusern, von denen die Farbe schon abblätterte, als ein weißhaariger Gaucho auf einem edlen Schimmel dahergeritten kam. Señor Jorge kehrte gerade von einem zweitägigen Ritt zurück, den er jede Woche unternahm, um die Zäune der Schafsweiden zu kontrollieren. Er war schon siebzig Jahre alt, hatte den Job als Hüter dieser kleinen Estancia erst vor kurzem übernommen. Auf unsere Frage, ob er sich denn nicht einsam fühle, so ganz alleine hier draußen, meinte Jorge ganz fröhlich, daß ihm das Leben in der Stadt noch nie gefallen hätte. Hier draußen fühle er sich wohl, mit seinem treuen Pferd, seinem kleinen Gemüsegarten und natürlich den Schafen. Außerdem käme seine Frau alle zwei Wochen, um ihm Proviant zu bringen. Wir durften in der Hütte übernachten und luden Jorge zu einer kräftigen Suppe ein, die wir auf unserem Kocher anrührten. In seiner Küche vor dem Holzofen war es urgemütlich. Lange saßen wir dort mit ihm und lauschten seinen Geschichten, fast so, als ob wir uns schon ewig gekannt hätten.

Wir beschlossen, unseren Segeltörn bei Trelew an der Atlantikküste zu beenden, da der Verkehr zunehmend stärker wurde, je weiter nördlich wir kamen. Am letzten Tag fuhren wir den Mast noch mal ganz aus und klappten das Segel auf. Mit voller Kraft ging es voran.

Mit Motorkraft fuhren wir noch bis zur Halbinsel Valdés, einem großen Naturschutzgebiet, berühmt für seine Meeressäugetiere. Außer Kolonien von Pinguinen und Herden von See-Elefanten konnten wir sogar Orca-Wale beim Attackieren von Seelöwen beobachten. Nach insgesamt 1.150 Kilometern als Gespann dauerte es eine Weile, bis wir uns wieder ans Solo-Fahren gewöhnt hatten. Doch bald gaben wir Vollgas, und nur ein paar Tage später erreichten wir Buenos Aires, die Geburtsstadt des Tango. Wir blieben zwei Monate.

Porto Velho, am Rio Madeira, am Rande des Amazonasbeckens in Brasilien. Wir sitzen auf der Plaza, trinken kühles Bier, genau das Richtige nach einem langen, schwülen Tag auf staubigen Straßen. Auf dem Etikett der Flasche zwei Pinguine mit der passenden Aufschrift »Antarctica«. Im Fernsehen wird das Fußballspiel Brasilien gegen Uruguay übertragen. Brasilien gewinnt mit zwei zu null und hat sich damit für die Weltmeisterschaft '94 qualifiziert. Im Hintergrund dröhnt Samba-Musik in die laue Nacht, gespielt von einer Liveband, auf der Ladefläche eines Lastwagens. Viele junge Leute haben sich versammelt, bummeln in kleinen Gruppen um die Plaza, das allabendliche Balzritual auf den öffentlichen Plätzen Brasiliens. Die Jungs halten sich auffallend zurück, hier baggern die Frauen, denn sie sind in großer Überzahl. Sie haben sich knapp angezogen, zeigen freizügig ihre weiblichen Reize, schwingen gekonnt Hüfte und Po zum Rhythmus der Samba. Ein Brasilianer behauptet, in Manaus, der Hauptstadt des Bundesstaates Amazonas, sei das Verhältnis von Frauen zu Männern gar neun zu eins, die Hälfte aller Männer außerdem schwul. Mit meinen blonden Haaren könne ich da nicht ohne Polizeischutz über die Straße gehen. Nun, das müßte ich erst einmal erleben, bevor ich so etwas glauben kann. Ob wir Manaus jemals erreichen, ist ziemlich ungewiß, denn die Transamazonica, die einzige Straßenverbindung, wird seit Jahren schon nicht mehr befahren, wichtige Brücken sollen eingestürzt sein.

Seit wir Buenos Aires verlassen haben, sind wir mehr oder weniger zielstrebig in Richtung Amazonas gefahren, haben unterwegs nur noch ein paar Schleifen gezogen. Den Winter verbrachten wir in Uruguay, wo wir viele Jugendliche trafen, die alle schon mal in der Welt umhergetrampt sind. Dort aßen wir die besten Churascos, wohnten in einer gemütlichen Strandhütte, die aus Treibholz gebaut war, und tummelten uns in der Aussteigerszene. An der Grenze zwischen Argentinien und Brasilien zelteten wir zwei Wochen an den Iguaçufällen, für uns die eindrucksvollsten Wasserfälle auf der gesamten Reise. Aufdringliche Grenzer empfingen uns in Paraguay mit dem Hitlergruß und erinnerten uns daran, wie sehr Paraguay und viele andere lateinamerikanische Staaten nach dem Zweiten Weltkrieg vom Nazi-Militarismus geprägt wurden.

Zurück in Brasilien. Das Sumpfgebiet im Pantanal war fast ausgetrocknet, die Fische in den verbleibenden Pfützen so eng geparkt, daß sie sich nicht mehr bewegen konnten, für die vielen Alligatoren und Vögel, die sich faul in den eingestaubten Sonnenstrahlen räkelten, ein gefundenes Fressen. Von der Dürre begünstigt, loderten überall Buschbrände, trieben uns, teils gefährlich nahekommend, in den Norden.

Mit dem brasilianischen Benzin scheint irgend etwas nicht in Ordnung zu sein, die Motoren stottern, die Kolben in den Vergasern klemmen, der ganze Verbrennungsraum und auch die Ventile sind von einer zähen, schwarzen Masse verklebt. Wir haben am Abend unsere Hängematten in einer Kirche in Porto Velho aufgespannt, noch schnell den Motor zerlegt, um ihn zu säubern, und müssen alles wieder zusammenschrauben, bevor morgen der Gottesdienst beginnt. Aber im Moment sind meine Gedanken beim Amazonas. Das Amazonasgebiet ist etwa so groß wie die gesamte Fläche der USA. Natürlich würde es mich reizen, ein solch unwegsames Gebiet mit dem Motorrad zu bezwingen – wo hier doch angeblich alle Straßen enden. Viel logischer wäre es jedoch, die Wasserwege zu nutzen, und zwar mit einem eigenen Boot. Ich skizziere auf meinem Notizblock etwas, das mit ein wenig Phantasie ein offenes Boot mit Blätterdach darstellen könnte. In Gedanken und mit dem Bleistift feile ich an den Details, versuche Erfahrungen aus den früheren Experimenten einzubringen. Wenn ich noch einmal eine amphibische Konstruktion baue, soll es ein richtiges Boot werden, mit ganz einfacher, solider Technik. Es darf nur sehr wenig Sprit verbrauchen, muß aber stark genug sein, um gegen die Strömung anzukommen. Das wäre ideal, um den riesigen Regenwald zu erkunden. Ein toller Traum. Aber ist er auch zu verwirklichen, oder nehme ich mir wieder zuviel vor? Ich weiß nicht, wie man ein Boot baut, wir haben kaum noch Geld, das Gebiet ist zu weitläufig und zu einsam. Trotzdem – ich will den Traum nicht aufgeben. Wir können uns ja erst mal herantasten, die nötigen Vorbereitungen treffen und dann weitersehen.

Gespannt beugen wir uns über eine große Landkarte. Der Rio Madeira, der hier an Porto Velho vorbeifließt, erscheint uns zu breit und gerade in seinem Verlauf. Die radikale Abholzung des Regenwaldes hat schon seine diesseitigen Ufer erreicht. Etwa zweihundert

Kilometer weiter westlich hingegen fließt der viel schmalere Rio Purús in ganz engen Windungen durch unberührten Dschungel. Er ist 3.148 Kilometer lang, entspringt in Peru, im Ablaufgebiet der Anden, beherbergt an seinen Ufern eine Handvoll kleiner Dörfer und mündet nach vielen Wochen des Irrfließens in den Rio Solimões, den Hauptstrom, der später unterhalb von Manaus, zusammen mit dem Rio Negro, den eigentlichen Amazonas bildet. Es ist keine Frage mehr, daß wir auf dem Purús fahren müssen, das ist unser Fluß. Es existiert sogar eine Straße von Porto Velho nach Lábrea, einem der Orte an seinem Ufer.

Claudia erinnert sich, genauso wie ich, sehnsüchtig an unser Floßabenteuer mit Yabadu auf dem Yukon. Deshalb klingen ihre Einwände diesmal nur halbherzig, obwohl sie vernünftig sind. Auf dem Yukon haben wir erfahren, wie unentbehrlich eine detaillierte Flußkarte ist. Claudia macht ihr Einverständnis von so einer Karte abhängig. »Und wo soll ich die hier auftreiben? Du glaubst doch nicht im Ernst, daß jemals genaue Flußkarten von den ungezählten Zuflüssen des Amazonas erstellt wurden?« Dennoch begeben wir uns gleich auf die Suche. Im Schiffahrtsamt erinnert sich ein Mitarbeiter vage, zeigt auf einen verschlossenen Stahlschrank, der Schlüssel sei allerdings schon vor ein paar Jahren verlorengegangen. Also brechen wir den Schrank gemeinsam auf. Ganz unten, unter vergilbten Akten, liegt ein dicker, großer Ordner, auf dem Deckel steht in Großbuchstaben: RIO PURÚS. Der hilfsbereite Brasilianer leiht uns das Kartenwerk zum Fotokopieren.

Falls wir wirklich ein Boot bauen, sollte es aus Holz sein, denn Holz gibt es am Amazonas genug. Motoren sind dagegen Mangelware. Es ist klar, daß unsere Motorräder wieder für den Antrieb herhalten müßten. Diesmal sollten sie drei große Schaufelräder antreiben, zwei schmale an den Seiten des Bootes, ein breites Rad am Heck. Die seitlichen Räder würden nach altbewährter Methode mittels Zahnrädern und Kette von Claudias Motorrad angetrieben werden. Diese Teile besorgen wir in Porto Velho. Für das hintere Schaufelrad habe ich mir ein Experiment vorgenommen, von dem mir unterwegs alle Ingenieure, die ich befragte, abgeraten hatten. Ich würde es mit einem Riemen antreiben, wobei die Hinterradfelge meines Motorrades als Antriebsrolle dienen soll. Angeblich greifen Riemen im Wasser nicht. Aber ich bin mir sicher, daß bei langsamer Umdrehung und einer großen Reibfläche genügend Haftung erreicht werden kann.

Luiz, der Chef einer großen Reifenfirma, hilft uns großzügig, vulkanisiert einen vierlagigen Endlosriemen von 553 Zentimetern Länge, wie ich vorher genau berechnet habe. Alles andere müßten wir im Urwald finden.

Mit einer Fähre setzen wir über den Rio Madeira. Bis Humaita führt noch eine Teerstraße. An der letzten Tankstelle meint der Tankwart optimistisch, mit Motorrädern sei die Strecke nach Lábrea kein Problem. Für die 240 Kilometer bräuchten wir nicht mehr als zwei Stunden. Anfangs geht es auch ganz gut voran, die Lehmstraße ist zwar tief ausgefahren und voller Schlaglöcher, aber trocken, was auf solchen Straßen das Wichtigste ist. Abenteuerliche Behelfsbrücken fordern unsere ganze Konzentration und stellen das Gleichgewichtsorgan auf die Probe, rohe Baumstämme bilden die Fahrspur. An größeren Flüssen sind die Brücken eingestürzt, dafür gibt es Pontons, die von Einheimischen gegen ein Trinkgeld zum anderen Ufer gezogen werden. Der Fährmann erzählt, die Straße nach Lábrea sei vor fünfzehn Jahren gebaut und seitdem nicht mehr instand gesetzt worden. Die Straße könne nur in der Trockenzeit befahren werden, und auch nur von hochliegenden Geländewagen. Die Luft ist entsetzlich schwül und die Hitze enorm, die Anstrengung treibt den Schweiß aus den Poren. Wir brauchen viele Pausen, um den Wasserverlust immer wieder auszugleichen. Bis zum Abend haben wir einen großen Teil der Strecke geschafft. Wir halten bei einem Dorf, die Menschen sind freundlich, lassen uns die Hängematten unter ein Vordach hängen. Sie klagen über Malaria, wir sehen Einwohner, die an Kinderlähmung und Lepra leiden.

Am zweiten Tag sind wir schon früh unterwegs. Schwarze Wolken schieben sich vor die Sonne, bringen erfrischende Abkühlung. Dann zucken die Blitze kreuz und quer, orkanartige Böen biegen die Bäume, die Wolken öffnen ihre Schleusen. Damit hat im Amazonas die Regenzeit begonnen. Wir stehen mitten drin, kommen weder vor noch zurück. Der rasch aufgeweichte Lehm hat die Reifen verklebt, das Fahrwerk total zugestopft. Wir müssen den Lehm mit unseren Reifenhebeln abmeißeln. Hundert Meter weiter das gleiche Spiel. Der Regen hält zwar nicht lange an, aber die Straße ist nicht mehr befahrbar. Wir kämpfen uns Meter für Meter vorwärts. Teilweise ist der Untergrund noch recht hart, die Oberfläche aber glatt wie Schmierseife. Wir fahren in den tiefsten Spurrillen, denn die Schwerkraft zieht uns gleich zum niedrigsten Punkt. Die Hitze ist unerträglich – ich habe das Gefühl, mein Gehirn dehnt sich aus, drückt von innen gegen die Schädeldecke. Mein Kopf funktioniert nicht mehr, bei der letzten Flußquerung habe ich vergessen, unser Trinkwasser nachzufüllen. Der Körper ist zu porös, meine Lederhose könnte ich auswringen, wenn ich noch die Kraft dazu hätte. Ich liege neben der Lehmpiste in den Büschen, zu schwach, um die vielen Insekten, Bienen und Wespen abzuwehren. Claudia ist zu Fuß auf Wassersuche, bei jedem Schritt klebt mehr Lehm unter ihren Stiefeln, mit jedem Schritt wird sie größer und werden die Stiefel schwerer.

Am nächsten Fluß gibt es keine Schwimmplattform zum Übersetzen, die alte Holzbrücke ist etwa acht Meter hoch, halb zerfallen und nur noch gut für Lebensmüde. Ich bringe die erste Maschine langsam rüber, wechsele auf halbem Weg die Planken, weiche dabei riesigen Löchern und unbefestigten Brettern aus. Beim zweiten Motorrad macht sich mitten im Nervenkitzel das brasilianische Benzin bemerkbar, das Gas klemmt, die Kupplung trennt vor Überhitzung nicht mehr, die Geschwindigkeit nimmt zu, der Horror verselbständigt sich. In einer Sekunde der Klarheit lege ich den Notschalter um, der Motor würgt ab, das ganze Gewicht kommt zum Stehen. Die Räder stehen auf einer schmalen Planke, rechts und links klaffen große Löcher. Ich rudere wild mit den Beinen, suche Halt für meine Füße. Nichts. Tief unter mir der Fluß. In allerletzter Verzweiflung gelingt mir ein Spagat zur nächsten Planke. Claudia hechtet zu Hilfe, gemeinsam ziehen wir das Motorrad in Sicherheit. Dann versagen meine Beine. Gegen einen Baum gelehnt, warte ich auf den erlösenden Herzschlag. Ich spüre ihn quietschend in den Ohren, meine Hauptschlagadern sind daumendick angeschwollen. Claudia kippt mir Wasser über den rotglühenden Kopf, fächelt kühlende Luft. Erst als ich langsam wieder zu vollem Bewußtsein komme, bemerke ich die Indianer, die uns mit großen Augen anstarren.

Die Lehmstraße ist inzwischen halbwegs getrocknet, wir könnten noch ein paar Kilometer weiterfahren. Wieder kommen Wolken auf, ziehen sich rund um uns zu. Wir geben Vollgas, versuchen noch so weit wie möglich zu kommen, dann holt uns der Sturm ein. Neben der Piste eine Hütte. Die junge Familie lädt uns ein, es gibt eine ausgezeichnete Wildschweinsuppe.

Am vierten Tag haben wir Lábrea erreicht, am Ende der Straße. Vor uns fließt der Rio Purús, fünfhundert Meter breit, im tief eingeschnittenen Flußbett. Das ganze Amazonasbecken wird sich während der

Regenzeit mehr und mehr aufstauen, bis die Flüsse über die Ufer treten. Wenn wir kein Boot bauen können, müssen wir mit einem Frachtschiff weiter, denn über die Straße kommen wir hier nicht mehr raus. In der spanischen Mission bekommen wir ein leerstehendes Zimmer. Wir brauchen eine Woche, um uns von den Strapazen zu erholen. Als wir die Zimmertür öffnen, um frische Luft reinzulassen, steht vor uns ein Indianerhäuptling mit buntem Federschmuck, wie aus dem Märchenbuch. Kurz darauf ist der gesamte Türrahmen mit Indianern gefüllt, die uns und unsere verschlammten Motorräder bestaunen. Sie sind hier, um sich gegen Gelbfieber impfen zu lassen. Zur Begrüßung beschnuppern sie uns neugierig – wie peinlich, wir hätten dringend eine Dusche nötig. Später erfahren wir, Schnuppern sei ein Zeichen der Freundschaft. Diese Indianer würden den Geruch ihrer Freunde aufnehmen, um sie später über ihren stark ausgeprägten Geruchssinn zu identifizieren. Padre Joachim erklärt uns, daß es hier alle Arten von Malaria gibt. Der 25.000-Seelen-Ort Lábrea soll mit 1.800 Erkrankungen die höchste Lepradichte der Welt aufweisen. Lepra würde über Körperflüssigkeiten verbreitet und sei nur im Anfangsstadium heilbar. In der Umgebung von Lábrea gäbe es weitere 2.500 Fälle. Aber die tödlichste Krankheit sei das »schwarze Fieber von Lábrea«. Es ist verwandt mit dem Marburg-Virus, besser bekannt unter dem afrikanischen Namen Ebola. Hier befällt es vorzugsweise Menschen im Alter zwischen fünfzehn und fünfundzwanzig.

Padre Joachim hat auch erfreuliche Nachrichten. Er kenne einen sehr begabten Erfinder im Ort, der verrückt genug sei, sich unser Projekt anzuhören. Er sei Schreiner, sein Vater ein berühmter Bootsbauer. Auf einmal fühle ich mich kerngesund, springe aus der Hängematte, dränge den schmunzelnden Padre, uns mit diesem Schreiner bekanntzumachen. Kurz darauf sitzen wir alle zusammen um dessen Küchentisch. Er heißt Manoel, wirkt noch jung und kräftig, hat Frau und fünf Kinder. Wie viele Kinder wir haben, möchten sie wissen, wie so viele andere auf unserer Reise, denn Kindersegen bedeutet bei vielen Völkern Glück. Wir hoffen, eines Tages auch Kinder zu haben, antworten wir, aber erst, wenn wir uns irgendwo niederlassen. Fatima, Manoels Frau, sagt, sie sei ein letztes Mal schwanger, so plant sie es. Ihre Schwiegermutter habe achtzehn Kinder geboren, was im Amazonas nicht ungewöhnlich sei. Fatimas eigene sechs Kinder sollen eine gute Ausbildung in Manaus bekommen, das koste viel Geld. Manoel und Fatima sind modernen Entwicklungen gegenüber viel aufgeschlossener, als wir es sonst in dieser Gegend beobachten. Sie sind auch die einzigen im Ort, die einen Tiefbrunnen haben und somit das ganze Jahr über sauberes Trinkwasser verfügen. Die ans Haus grenzende Schreinerei ist ein geschäftiger Betrieb mit mehreren Angestellten. Ein paar der Maschinen hat Manoel selbst gebaut, sie beweisen seine geniale Improvisationskunst. Strom liefert der ortseigene Dieselgenerator.

Manoel zeigt sich sehr interessiert an unserem Projekt, die Katamaran-Bauweise sei im Amazonas kaum bekannt. Er versteht erst nicht, warum wir uns die Mühe machen wollen, ein eigenes Boot zu bauen. Mit einem Frachtschiff kämen wir doch viel schneller und billiger nach Manaus. Als wir ihm dann Fotos von unseren anderen Projekten zeigen, insbesondere von unserem Straßensegler in Patagonien, versteht er sofort. »Ihr seid Abenteurer«, lacht er. »Euer Boot soll wunderschön werden. Ich helfe euch dabei.« Er empfiehlt mir drei verschiedene Holzsorten. Teak für alle mechanischen Verbindungen und zwei besondere Mahagonisorten für Bootsrumpf und Deck und für das Dachgerüst. Vor Ort gibt es zwei Sägereien, ihre Besitzer sind die reichsten Männer Lábreas. Die Verhandlungen sind zäh. Schließlich können wir auch sie für unser Projekt gewinnen, sie schenken uns je eine Ladung Verschnittholz, den Rest verkaufen sie zum Sonderpreis. Was dann noch fehlt, steuert Manoel aus seinen Beständen dazu. Für die Schaufelräder benötige ich zwei Achsen, finde nach langem Suchen wenigstens zwei alte Wasserrohre. Sie sind galvanisiert und somit nicht so stabil, wie ich es gerne hätte. Als Speichen benutze ich Moniereisen, an deren Enden ich Gewinde aufschneide, um sie spannen zu können, wie wir das von Radspeichen her kennen. Die Achsen müssen gelagert werden. Passende Kugellager wären wohl kaum aufzutreiben, sie würden im Wasser ohnehin nicht so gut funktionieren. Deshalb entwickle ich meine eigenen Ideen, schnitze Hartholzlager, die aus zwei Halbschalen bestehen, die bei Bedarf mittels Gewindeschrauben nachjustiert werden können.

Das Boot nimmt schnell Gestalt an. Nachdem Manoel das erste Kanu gebaut hat, stellt er mir seinen jungen Assistenten Wagner zur Seite, mit dem ich das zweite Kanu zusammennagele. Die Fugen zwischen den Planken müssen abgedichtet werden, was hier noch nach althergebrachter Bootsbaukunst geschieht. Spezialisten kalfatern mit handgesponnenen Hanffasern den Doppelrumpf so dicht, daß wir später die selbstgebaute Handpumpe von Manoel kaum benutzen müssen. Das ganze Boot wird geschliffen und versiegelt. Die Arbeit ist knochenhart, das feuchtheiße Klima kaum zu ertragen. Nachts, wenn es kühler ist, stelle ich meine Berechnungen an, konstruiere auf dem Papier, was ich tagsüber versuche, in die Praxis umzusetzen. Die Hitze scheint mir die Lunge zuzuschnüren, beim Trinken komme ich mir vor wie ein Durchlauferhitzer. Aber unsere Fortschritte sind nicht zu übersehen, wie auch täglich Dutzende von Schaulustigen bezeugen. Als der Tag endlich kommt, helfen sie das Boot ins Wasser zu lassen. Ich montiere die Motorräder und verbinde sie mit den Schaufelrädern. Nach mehrtägigem Tüfteln gelingt es mir, das hintere Rad mit dem Riemen ans Laufen zu bekommen. Es ist so stark, daß ich damit sogar ein Frachtschiff langsam gegen die Strömung stoßen kann.

Trotz aller Erfolge sind wir etwas nervös. Die Zeit läuft uns davon, die Aufenthaltsgenehmigungen verlieren am 24. November 1993 ihre Gültigkeit. Unsere Touristenvisa können nur einmalig um drei Monate verlängert werden, dann müssen wir das Land verlassen. Es sind aber noch unzählige Dinge zu erledigen, viele Kleinigkeiten, außerdem fehlt ein Blätterdach. Dabei helfen uns die hier ansässigen Apurina-Indianer. Sie flechten es aus drei verschiedenen Blättersorten, die nicht nur vor Sonne und Regen schützen, sondern obendrein auch noch die Luft darunter angenehm kühlen. Während Claudia sich darum kümmert, suche ich einen Buschpiloten, der mich zurück nach Porto Velho fliegt, zur nächsten Meldebehörde.

Ich liege auf einer Ladung von 560 Kilo gefrorenem Fisch. Der auch noch übergewichtige Pilot hat seine frisierte Cessna erst nach dem dritten Anlauf und einem Stoßgebet zum Abheben gebracht. Nur mühsam gewinnen wir Höhe, in Luftlöchern sacken wir immer wieder ab, die Bekreuzigungen des Piloten wirken auch nicht gerade beruhigend. Aber dann entdecke ich den Urwald unter uns. Wir fliegen über einen scheinbar endlos wogenden grünen Teppich, so gleichförmig wie der Ozean. Nichts als unberührter Regenwald, dazwischen wenige Indianerdörfer, so gut versteckt, daß ich sie nur erahnen kann. Kleine Flüsse malen Schnörkel in das ebenmäßige Bild, das sich rund um uns bis zum Horizont erstreckt. Der Horizont verschiebt sich mit einer Fluggeschwindigkeit von knapp dreihundert Kilometern die Stunde, das Bild bleibt gleich. Es deckt sich nicht mit dem Szenario, das von Greenpeace und anderen Umweltorganisationen gezeichnet wird, die den Eindruck erwecken, der Regenwald sei schon fast abgeholzt. Mein Pilot, der seit vielen Jahren kreuz und quer über das ganze Amazonasgebiet fliegt, berichtet von Brandrodungen, die von den Rändern her immer weiter vordringen, die riesige Kernzone sei aber nach wie vor fast unangetastet. Die größten Rodungen seien übrigens von europäischen Großkonzernen betrieben worden, wie zum Beispiel von der deutschen Volkswagen AG. Die Amazonasbewohner regen sich zu Recht über die ausländische Einmischung in ihre inneren Angelegenheiten auf. Wir hätten schließlich fast ganz Europa abgeholzt, in den USA ist viel vom ursprünglichen Baumbestand verschwunden, und zur Zeit würde ganz Kanada von Küste zu Küste abrasiert. Hier fällen die Menschen dagegen immer nur einzelne Bäume, die sie zum Bau von Möbeln, Häusern und Booten brauchen. Flächenrodungen würden Eindringlinge von außen betreiben, die ihre Konzessionen von korrupten Beamten kauften. Ich nehme mir vor, bei Gelegenheit an dem allgemeinen Bild zu rütteln. Die Menschen sollten nicht im Kampf gegen die Zerstörung resignieren. Sie sollten wissen, daß es sich lohnt zu retten, was noch vorhanden ist.

Mit frischen Visa in den Pässen eile ich zurück zur Flugpiste. Die Cessna ist schon startbereit, da versperrt uns die Polizei den Weg zur Startbahn. Der Pilot hat weder Flugschein noch sonstige Papiere, Chassis- und Motornummern sind auch nicht vorhanden. Die Maschine wird konfisziert. Es besteht Verdacht, daß sie gestohlen ist und für Drogentransporte eingesetzt wird. Schöne Bescherung. Claudia erwartet mich in Lábrea, und ich sitze in Porto Velho in der Klemme. Für die Nacht baue ich mir im Hangar auf einer Werkbank mein Bett. Der Nachtwächter freut sich, er will sich vergnügen gehen, drückt mir seine Pumpgun in die Hand, sagt, wenn jemand käme, sollte ich keine Fragen stellen, sondern sofort schießen. Jetzt liegt die Knarre im Bett, und ich kann nicht schlafen. In aller Frühe kommt mein Pilot angelaufen, in Begleitung eines hohen Tiers vom Militär. Sie hängen die Flugzeugtüren zurück in die Angeln, beladen die Cessna hektisch mit Medikamenten. In Lábrea sei die Cholera ausgebrochen, die Epidemie breite sich aus wie ein Buschfeuer. Zwanzig Minuten später sind wir unterwegs.

An Manoels Tiefbrunnen herrscht Hochbetrieb. Das sonst trinkbare Wasser des Purús ist verseucht. Wir beeilen uns, das Boot fertigzustellen. Dann besorgen wir 120 Liter hochwertigen Flugbenzins, das wir mit noch mal soviel Normalbenzin mischen. Von unserem letzten Geld kaufen wir kistenweise Essensvorräte, beladen die

Bootsrümpfe durch die verschließbaren Luken bis zum Rand. Die Inflation in Brasilien beträgt zur Zeit täglich gut ein Prozent, bis wir in Manaus ankämen, wäre unser Geld sowieso nichts mehr wert. Unterwegs können wir uns an der im Amazonas üblichen Tauschwirtschaft beteiligen.

Zum Abschied sind alle Freunde gekommen, die uns beim Bootsbau geholfen haben, auch die spanischen Padres der Missionsstation. Auf dem erhöhten Marktplatz stehen mehrere hundert Zuschauer und winken. Ein bewegender Moment. Das Wasser hat fast seinen Höchststand erreicht, seit unserer Ankunft in Lábrea sind zweieinhalb Monate vergangen. Stolz stehe ich am selbstgedrechselten Steuerrad, lasse unser Boot stromaufwärts stampfen für eine Ehrenrunde, bevor ich beidrehe, das Steuer Claudia überlasse und mich der Technik widme, bei der noch viele kleine Probleme gelöst werden müssen. Doch alle drei Schaufelräder wühlen sich gleichmäßig durchs Wasser. Während wir mit angenehmer Geschwindigkeit flußabwärts gleiten, verschwindet der Kirchturm von Lábrea hinter der Flußbiegung. Zufrieden schauen wir uns um. Die harte Arbeit hat sich gelohnt. Das Boot hat eine gewisse Ähnlichkeit mit meiner ersten Skizze, ist nur viel schöner geworden. In ruhigem Rhythmus stampft es vorwärts. Den Flußwindungen folgend, zieht es einen langen Wellenschwanz hinter sich her, der durch die Schaufelräder entsteht. Die Motoren tuckern leise im Standgas, die Abgase werden abgeleitet und verschwinden im Luftsog unter Deck zwischen den Kanus. Nach einer Stunde schalten wir die Motoren ab, lassen uns treiben wie die vielen kleinen, schwimmenden Grasinseln um uns herum. Nach der Flußkarte haben wir seit Lábrea fünfzehn Kilometer zurückgelegt, jedes der beiden Motorräder hat nur einviertel Liter Benzin verbraucht. Dafür, daß der Purús kaum Strömungsgeschwindigkeit mitbringt, ist das Ergebnis viel besser, als ich erhofft habe. In Zukunft können wir also mit einem Motor fahren, den zweiten nur stromaufwärts dazuschalten.

Claudia hat Kaffee aufgegossen, jetzt zaubert sie einen Kuchen hervor, deckt den soliden Bordtisch, der aus Platzgründen um das Vorderrad des hinteren Mopeds gebaut ist. Manoel hatte noch schnell einen neuen Backofen besorgt, damit seine Tochter Elcicleia Claudias Backrezepte ausprobieren konnte, die auf der ganzen Welt immer wieder aufs neue begeisterte Fans finden. Jetzt kann der Urlaub beginnen. Da peitscht ein plötzlicher Regenguß das Wasser auf, verursacht Wellen, die uns leicht ins Rollen bringen. Wir scherzen über die Möglichkeit, seekrank zu werden, als uns das unverkennbare Geräusch eines Motors aufhorchen läßt. Hinter einer engen Kurve taucht aus dem dunklen Regenschleier ein Passagierschiff auf, drei Stockwerke hoch. Flußaufwärts hat es Vorfahrt, wir müssen schleunigst ausweichen. Kickstarter durchtreten, ersten Gang einlegen, Kupplung kommen lassen. Peng! Das war zu schnell, die Kette ist gerissen. Durch die Übersetzung von drei zu eins muß sie die dreifache Kraft aushalten. Kurz bevor sie sich abwickelt und ins Wasser fällt, bekomme ich sie noch zu packen. Der große Pott schiebt sich knapp vorbei, die hohe Bugwelle läßt uns tanzen, daß es im Dachgerüst fürchterlich kracht. Zum Glück besteht das Boot den Härtetest. Eine Stunde später habe ich die Kette neu vernietet, wir fahren weiter. Die Nacht möchten wir lieber im seichten Wasser eines Nebenflusses verbringen, wo uns neugierige Kapitäne nicht mit ihren Wellen aus den Hängematten schmeißen können. Als wir uns der Mündung des Rio Pacia nähern, signalisiere ich den Fischern, ihre Netze einzuziehen, damit wir passieren können. Im selben Moment gibt es ein metallisches Geräusch. Wir verlieren Schubkraft, das vordere Zahnrad ist abgeschert. Eine kleine Bucht bietet einen idealen Liegeplatz. Die Fischer klatschen Beifall. Wir sind glücklich. Unser erster Tag auf dem Fluß ist gut verlaufen. Bis zum nächsten größeren Ort, wo wir den Schaden beheben können, verbleibt uns ja noch der hintere Antrieb.

Am nächsten Morgen erkunden wir den Pacia. An manchen Stellen ist er fast zu schmal für unsere vier Meter Breite. Das Doppelruder funktioniert gut. Es macht es trotz fehlendem Rückwärtsgang möglich, auf engstem Raum zu manövrieren. Der Fluß weitet sich zu kleinen Seen, wir umfahren Inseln, biegen ein in Seitenkanäle, die wie Tunnel durchs Geflecht des Urwaldes stoßen, zum nächsten See hin, wo ein Strand das Ufer säumt, im Hintergrund ein Haus. Eine alte Frau heißt uns mit Acai willkommen, einem zähen, süßen, roten Saft. Sie sagt, jeder, der von dieser Frucht trinkt, wird immer wieder zum Amazonas zurückkommen. Ihr Mann ist ganz erstaunt, zum ersten Mal in seinem Leben im Pacia einen Pirarucu zu sehen, den rosafarbenen Amazonasdelphin. Weil das Fleisch so gut schmeckt, wird er mit der Harpune gejagt. Deshalb hält er sich in der Regel von Menschen fern. In unserem Gefolge haben wir ungefähr ein Dutzend dieser teils fünf Meter großen Säugetiere mitgebracht. Das sei ein gutes Omen. Sie bleiben in unserer Nähe, tummeln sich paarweise in unserer

Schwanzwelle, springen übermütig neben den Schaufelrädern hoch, als ob sie die Drehung kopieren wollen, spielen nachts unterm Boot, lassen blubbernd Blasen aufsteigen, rülpsen und röcheln. Wenn Claudia vorne am Rand des Sonnendecks Wäsche ausspült, taucht urplötzlich ein Pirarucu auf, erschreckt Claudia, dreht sich blitzschnell um und spritzt sie mit der Schwanzflosse naß.

Verglichen mit dem schlammig-gelben Wasser des Purús, sind die Nebenflüsse glasklar. Hier springen wir ins erfrischende Naß, können beim Tauchen das Boot von unten begutachten oder rausschwimmen und von weitem das perfekte Spiegelbild im Wasser bewundern, das goldfarben leuchtende Blätterdach, die roten Schaufelräder und das rotblonde Holz der Planken. Am Nachmittag, nach starken Regengüssen, ist das Licht besonders intensiv. Da die meisten Ufer schon überschwemmt sind, läßt Claudia mich zum Fotografieren an einem Baum aussteigen und dreht alleine eine Runde. Beim Klettern werde ich von einer Hornisse in die Hand gestochen, ich habe wohl in ihrem Bau nach Halt gesucht. Vor Schmerz lasse ich einen Urschrei los, es hilft nichts, ich muß die Zähne zusammenbeißen, kann mich ja schlecht mit den drei Kameras ins Wasser fallen lassen. Später binden wir das Boot an einen Baum, schaukeln gemütlich in den Hängematten, umgeben von einem natürlichen Wassergarten aus Sumpfgras, blühenden Wasserpflanzen, hängenden Lianen, leuchtenden Farnen und Orchideen. Kurz vor Einbruch der Dämmerung kommen die Mücken und andere blutsaugende Insekten. Wir hängen schnell das Großraum-Moskitonetz auf, das Claudia aus vielen Reststücken mit der Hand genäht hat. Die einhundertfünfzig Meter Naht haben sich gelohnt. Darunter können wir in Ruhe unser Abendessen kochen, bei elektrischer Beleuchtung, die wir mit den 12-Volt-Motorradbatterien speisen.

Zu Weihnachten gibt es eine gute Flasche Wein, Rinderbraten aus der Dose mit Zwiebelringen und Soße auf Kartoffeln, Erbsen und Möhren, als Nachtisch Waldfrüchte. Der Schleier des Moskitonetzes verleiht dem Bootsinnern eine verzauberte Atmosphäre. Kerzenlicht wirft einen flackernden Schatten, der vom Steuerrad stammt, gegen die weiße Zeltwand. Draußen rasseln Heuschrecken, Grillen und Zikaden um die Wette, bis die Frösche mit ihrem Konzert alles übertönen und uns in den Schlaf quaken. Wenn der Radau urplötzlich abbricht, lauschen wir dem Ruf der Eule oder hören mit an, wie ein altersschwacher Baumriese abbricht und ins Unterholz kracht. Ganz selten nur vernehmen wir das Geräusch einer Axt oder Kettensäge. Einmal hustet Claudia ein Jaguar ins Ohr. Vielleicht war es auch eine Anaconda, die sich ähnlich anhören soll.

Am frühen Morgen wimmelt es auf dem Holzdeck von Ameisen. In der Regenzeit halten sie sich auf den Bäumen auf, über Nacht ist eine ganze Kolonie mitsamt Eiern über das Haltetau auf unser Boot umgesiedelt. Wir wollen unseren Wohnraum aber nicht teilen, doch die emsigen Krabbler geben ihn nicht kampflos auf. Ein anderes Mal sind es fliegende Termiten, die sich einnisten wollen. Wer nicht freiwillig wieder geht, wird plattgeschlagen. Das gilt auch für Giftschlangen und für handgroße Spinnen, die eine ekelerregende Substanz verspritzen.

In aller Frühe hängen wir das Netz ab, fahren kurz raus bis zur Flußmitte, schalten die Motoren aus, lassen uns treiben. Als besonderen Luxus hatten wir uns vor der Abfahrt kiloweise Salami und Käse von einem Piloten mitbringen lassen, die wir unter dem kühlen Schattendach frisch halten. Davon schneiden wir etwas ins Frühstücksomelett. Dazu gibt es selbstgemachtes Fladenbrot und Oliven. Nach dem Abwasch begeben wir uns an kleine Arbeiten. Ich habe eine automatische Wasserkühlung ausgetüftelt, damit die Motoren nicht überhitzen. Ein Seitenrad schaufelt Wasser über Ableiter in ein hoch hängendes Auffangbecken. Von dort läuft das Kühlwasser durch Schläuche in Duschköpfe, die über den Motoren angebracht sind, sie gleichmäßig berieseln.

Claudia hängt vorne über die Reling gebeugt, umrandet mit weißer Farbe den roten Namenszug unseres Bootes. Wir haben es »Juma da Amazonia« getauft, nach einem zum Aussterben verdammten Indianerstamm. Einst waren die Juma einer der größten Volksstämme im Amazonas. Es heißt, sie seien gute Krieger gewesen, die in den sechziger Jahren verbissen ihr Territorium gegen eindringende Kautschukjäger verteidigt hätten. Böse Zungen behaupten, die Juma seien Kannibalen gewesen. Eines Tages zogen die Bewohner des Ortes Canutama aus, um die Juma zu massakrieren. Nur neun von ihnen blieben am Leben, kleine Mädchen und alte Leute. Der letzte zeugungsfähige Mann wurde kürzlich von einem Jaguar angegriffen und getötet. Weil wir ihren Namen auf unserem Boot weitertragen wollen, ließen sie uns eine Wasserschale überbringen und einen Axtstein, der angeblich über dreitausend Jahre lang im Besitz der Juma war.

In Canutama empfängt uns das halbe Dorf, der Bürgermeister schenkt uns 20 Liter Benzin. Der vordere Antrieb wird verstärkt, dann sind wir wieder mit voller Kraft unterwegs. Die Menschen sind so angetan von dem Boot, daß Nachrichten über uns weit voraus eilen. Sie sitzen vorne im Einbaum, paddeln zu uns rüber, möchten sich unterhalten, Essen tauschen, oder sie schenken uns Früchte, Fisch und leckere Wurzeln. Die Einheimischen leben in Seitenarmen oder in Mündungsgebieten der Nebenflüsse, haben ihre Häuser auf riesige Flöße gebaut, mit schwimmenden Vorgärten, auf denen Ferkel und Hühner gehalten werden. Am Ufer bauen sie Maniok an, leben ansonsten vom Fischfang. Ihre Netze werfen sie elegant im hohen Bogen aus. Einer erzählt uns, früher hätte es so viele Fische gegeben, daß sie zuhauf in die Einbäume sprangen. Obwohl zur Zeit der kommerzielle Fischfang verboten ist, kommen große Schiffe aus dem über tausend Kilometer entfernten Manaus und kehren nicht eher zurück, bis sie, je nach Größe, zwanzig bis fünfzig Tonnen Fisch in den Ladeluken haben.

Eines Tages, wir tuckern gerade gemütlich auf dem inzwischen breiter gewordenen Purús, vernehme ich einen hellen Ton, als ob jemand eine Gitarrensaite gezupft hätte. In der hinteren Achse klafft ein Riß. Das große Schaufelrad war mein ganzer Stolz, ich hatte mir soviel Mühe damit gegeben. Die minderwertigen Metalle haben der Belastung nicht mehr standgehalten. Wir lassen uns schiffbrüchig in eine Bucht treiben, machen an einem riesigen Stück Treibholz fest. Am Abend kommt mir der rettende Einfall. Ich werde die Achse mit Eisenholz flicken. In der Nähe lebt der Besitzer eines Passagierschiffs, der zufällig ein Stück Masaranduba da hat, das härteste Holz dieser Gegend. Seine Kettensäge schneidet nur unwillig einen Stock von der annähernd richtigen Größe. Die genaue Form schnitze ich über die nächsten drei Tage mit der frisch geschärften Machete heraus, während wir flußabwärts treiben. Bis ich fertig bin, habe ich Schwielen an den Händen, so hart ist das Holz. Im Mündungsgebiet des Rio Maguari liegt Exportholz zusammengekettet, ein paar hundert Stämme, die über das ganze Jahr gefällt wurden und jetzt auf ihren Abtransport warten. Sie bieten mir eine ideale Plattform, von der aus ich den Rundstab mit einem schweren Holzhammer und Gleitöl Millimeter für Millimeter in die gebrochene Achse aus Wasserrohr treiben kann. Am Ende ist das Schaufelrad wieder funktionstüchtig.

Inzwischen haben wir ein neues Problem. Benzin tropft aus unseren Fiberglastanks. Der hohe Alkoholgehalt im brasilianischen Benzin löst das Kunstharz auf, das wiederum verklebt die Vergaser und

Einlaßventile. Mir bleibt nichts anderes übrig, als die Lecks mit Zweikomponentenkleber zu flicken und die schwarze Masse regelmäßig aus den Motoren zu entfernen.

Ein kleiner, unscheinbar wirkender Zufluß bringt uns in ein überraschend großes Überschwemmungsgebiet. Für die Querung des ersten Sees brauchen wir gut zwei Stunden. Am anderen Ende ragen abgestorbene Bäume aus dem Wasser, an denen wir uns festhalten, während wir mit Kanufahrern sprechen. Eine Frau klagt über Kopfschmerzen, wir geben ihr Aspirin. Ihr Mann glaubt in mir einen Arzt zu erkennen, will uns gleich zu seinem Onkel mitnehmen, der wegen Gallensteinen im Sterben läge. Da muß ich leider passen. Schließlich erzählen sie uns von Indianern, die sich besonders gut mit medizinischen Pflanzen auskennen. Sie leben zurückgezogen in den hintersten Winkeln des Dschungels. Nur jetzt, während der Regenzeit, wären sie erreichbar, falls wir den Weg zu ihnen fänden. Wir stoßen uns ab, der Baumstumpf bewegt sich, schießt plötzlich in die Höhe, gewinnt an Fahrt wie eine Rakete, wird breiter, zum ausgewachsenen Baumstamm, immer größer, steht senkrecht in der Luft, kippt um, klatscht ins Wasser und spritzt eine Riesenfontäne. Der an den Wurzeln abgerissene Stamm mißt etwa dreißig Meter. Er hätte uns erschlagen können.

Die Wegbeschreibung ist gut. Nach zwei Dritteln des nächsten Sees an einer Baumgruppe rechts, an drei Hausflößen vorbei, auf eine Wellblechhütte zufahren, dort den Besitzer nach weiteren Instruktionen fragen. Der sammelt Paranüsse, hält inne, als er uns sieht. Er ist skeptisch, meint, die Indianer würden flüchten, wenn sie uns mit diesem Ungetüm sähen. Das können wir nicht glauben, denn bisher ist es uns immer gelungen, mit den Naturvölkern, die wir besucht haben, Freundschaft zu schließen. Wir versuchen uns im Gewirr halb versunkener Bäume zurechtzufinden, treffen auf einen jungen Indianer im Kanu, der auf die höchste Baumkrone im Hintergrund deutet. Dort würde seine Familie wohnen. Claudia steht am Steuer, versucht Bäumen auszuweichen, die sich ganz unter Wasser verstecken. Ich stehe hinten an meinem Motorrad, mit der Hand an der Kupplung, um notfalls das Rad sofort anhalten zu können. Sollte sich ein Ast darin verfangen, könnte die ganze Konstruktion auseinanderreißen.

In der angegebenen Richtung finden wir eine kleine Ansammlung von wandlosen Häusern auf Stelzen. Der Ort scheint verlassen, bis auf einen Mann, der mir keine Beachtung schenkt. Er steht vor einem zerbrochenen Handspiegel, rupft sich mit einer Pinzette die letzten Barthaare aus. In seinem Mund ist nur noch ein Zahn, vielleicht ist der Mann zu alt, um fortzulaufen. Doch dann entdecke ich unter einem großen Gemeinschaftsdach einige Frauen und Kinder. Schweigend flechten sie Körbe, erwidern keinen Gruß. Meine Anwesenheit scheint ihnen nicht geheuer. Endlich treten die Männer aus ihren Verstecken vor, grüßen schüchtern und führen mich zum Chef. Er heißt Abapia, ist kleinwüchsig, zollt Respekt, den er genauso einflößt. Ich erkläre unsere friedlichen Absichten, frage um Erlaubnis zu bleiben. Er möchte wissen, ob wir an Gott glauben und ob wir Alkohol dabei hätten. Die erste Frage bejahe ich, die zweite verneine ich. Da huscht Abapia ein Lächeln übers Gesicht, er sagt: »Gut, ihr dürft bleiben, aber nur für eine Nacht.« Dann sagt er, Gott sei gut, er gebe im Überfluß, und macht dabei eine Armbewegung zum Urwald, der ungehindert in sein Haus hineinwächst. Alkohol habe er einmal für alle anderen probiert, ihn nicht für gut befunden, darum werde er hier nicht toleriert. Wir erfahren, daß sie zum Stamm der Apurina gehören, ihr einziger Kontakt zur Außenwelt in zwei Missionarinnen besteht, die ab und zu vorbeikommen, ihnen Kleiderspenden aus den USA mitbringen, Rechnen, Lesen und Schreiben beibringen. Den verschlissenen Kleidern nach zu urteilen muß ihr letzter Besuch schon lange her sein.

Wir dürfen uns im Ort umsehen. Die Häuser bestehen aus überdachten, erhöhten Wohnplattformen, die untereinander mit kleinen Brücken verbunden sind. Ihre Bewohner zeigen sich jetzt freundlich, winken uns die Stiegen hoch, bieten einen auf Blech erhitzten Bolo de Goma an, Gummikuchen aus Maniokmehl. Sie kochen auf Holzkohle in selbstgebrannten Tonöfen. Neben der Küche wird auf einer anderen Plattform geschlafen, unterm schützenden Moskitonetz. Gegen Malaria und andere Krankheiten liefert der Urwald die notwendige Medizin. Wir staunen über die Vielfalt der Pflanzen, die die Indianer in irgendeiner Form zu verwerten wissen. Sie verbringen täglich etwa vier Stunden mit Jagen, Fischen und Sammeln von wild wachsendem Obst und Gemüse, das sie mit den anderen teilen, insbesondere mit den Alten und Schwachen. Daneben gibt es auch kleine Beete, wo Mais und Maniok angepflanzt werden. Wir probieren eine Palmfrucht, die wie Rosenkohl schmeckt, irgendwelche Kerne ähneln geröstet im Geschmack Pellkartoffeln. Sie schätzen alles als Gaben Gottes, Habsucht und Materialismus scheinen in ihrer Welt nicht zu existieren.

Abapia läßt uns zu einer Sitzung mit den Stammesältesten rufen. Portugiesisch würde nicht so einfach über seine Zunge rollen, entschuldigt er sich. Dann erzählen sie von dem bevorstehenden großen Fest, zu dem jährlich verschiedene Stämme zusammenkommen. Sie drängen uns, doch noch mindestens eine Woche zu bleiben, damit wir die Tänze, Kostüme und ihre traditionellen Rituale miterleben können. Wir freuen uns über ihre Einladung, denken aber gleichzeitig an die Antriebsprobleme unseres Bootes und den langen Weg bis Manaus, den wir vor Ablauf unserer Aufenthaltsfrist zurücklegen müssen. Die Versuchung, einfach auszusteigen und hierzubleiben, ist groß. Irgendwann gäbe es eine Vermißtenanzeige: »zwei deutsche Reisende im Amazonas verschollen«, die dann als Aktennotiz in einem Bundesarchiv verschimmelt. Am nächsten Vormittag beschenken uns die Dorfbewohner mit Handarbeiten und leckeren Dschungelfrüchten. Sie entlassen uns erst, nachdem wir hoch und heilig versprochen haben, eines Tages zurückzukommen, ein ganzes Jahr mit ihnen zu verbringen, ihre Sprache und Bräuche zu erlernen.

Der Abschied fällt uns nicht leicht, doch unser Gefühl erweist sich als richtig. Wir schaffen es gerade noch, den langen Weg mit einem immer zappeliger werdenden Schaufelrad zum Hauptstrom zurückzuhumpeln, als die hintere Achse endgültig bricht, diesmal in drei Teile. Das Eisenholz hat zwei Wochen gehalten. Der nächste Ort, der über ein Schweißgerät verfügt, ist Beruri, kurz vor der Mündung des Purús in den Rio Solimões. Die Kette des vorderen Antriebs ist schon fünfmal gerissen. Wir werden ihn nur noch in Notfällen benutzen, zum Anlegen oder wenn wir auf Strömungssuche gehen, denn der Purús ist inzwischen so träge geworden, daß wir kaum noch von der Stelle kommen. Bis wir die zweihundert Kilometer nach Beruri getrieben sind, wird eine Woche vergehen. Wir schaukeln in den Hängematten, beobachten einen Reiher, der lässig auf einem Stück Holz an uns vorbeitreibt. Listig spanne ich ein kleines Segel, langsam holen wir ihn mit unserer Juma wieder ein. Am Ufer fauchen die Brüllaffen, eine Insel ist weiß getüncht von schnatterndem Federvieh. Seit unserer letzten Exkursion haben die Pirarucu uns verlassen, dafür umgibt uns jetzt ein Schwarm kleiner Meeresdelphine. Sie jagen Fische, von denen uns einer aufs Deck fliegt. Plötzlich ein pfeifendes Geräusch. Wildgänse fliegen mit hektischem Flügelschlag knapp über uns weg. Sie fliehen vor einem Sturm, lösen bei uns Großalarm aus. Stürme treten um diese Jahreszeit häufig auf, versetzen alle Bootsmannschaften in Angst und Schrecken. Innerhalb von nur fünf Minuten verdunkelt sich der Himmel, ein orkanartiger Wind peitscht das sonst ruhige Wasser auf, es bilden sich hohe Wellen. Wehe den Booten, die bis dahin noch keinen Schutz zwischen den Uferbäumen gefunden haben. Dummerweise befinden wir uns auf der ungeschützten Seite des Flusses. Bis zum Windschatten der Bäume ist es ein langer Weg. Wir lassen die Seitenräder laufen, um manövrierfähig zu sein. Der starke Wind muß längs durchs Boot blasen, packt er uns von der Seite, würde das Dach abgedeckt. Zu allem Überfluß reißt auch noch das Drahtseil der Steuerung. Ich hechte nach hinten, bekomme das Doppelruder unter Wasser zu greifen, zwinge unser Boot weiter mit dem Bug in den Wind. Schwere Regentropfen prasseln nieder, der Sturm legt sich. Eine Stunde später hat sich das Wasser beruhigt, der schwarze Himmel reißt auf. In nur wenigen Minuten ist strahlender Sonnenschein.

In Beruri hilft uns die Dorfverwaltung bei den nötigen Reparaturen. Diesmal werden die Schwachstellen gründlich verstärkt. Bisher haben uns die Menschen immer mit Respekt behandelt. Doch hier erklären sie uns für verrückt: »Ihr wollt über den Solimões fahren? Wißt ihr denn nicht, daß das der gefährlichste Fluß im ganzen Amazonasbecken ist? Wir haben die stürmische Jahreszeit!« Selbst ozeantüchtige Frachter hätten darauf Probleme, so manche wären schon an die Ufer gedrückt worden und seien gekentert. Urplötzlich könnten fünf Meter hohe Flutwellen entstehen, es gäbe mehrere hundert Meter tiefe Löcher im Flußbett, wo unberechenbare Strudel und Strömungen entstehen. Allein der Versuch einer Überquerung mit unserem niedrigen Boot grenze an Selbstmord. Aber wir können unsere Juma doch nicht einfach hier zurücklassen, wir fühlen uns viel zu verbunden mit ihr, wir haben so viel Schönes darauf erlebt. Claudia bittet die Leute, uns zwei Schwimmwesten zu leihen, doch die lachen nur: »Macht euch keine Sorgen. Wenn ihr erst mal im Wasser seid, besorgen die Piranhas den Rest.« Natürlich müßte alles reibungslos funktionieren. Ich hätte keine Möglichkeit mehr, Reparaturen unter Wasser auszuführen. Der Solimões ist berüchtigt wegen seiner Piranhas. Steckt man eine Hand ins Wasser, kann es passieren, daß man Sekunden später nur noch die abgenagten Knochen herauszieht.

Bedrückt machen wir uns auf den Weg. Noch bevor wir den Solimões erreichen, kommt ein kleines Flußschiff mit Namen »Deus me livre« längsseits, der freundliche Kapitän Antonio lädt uns zur köstlichen Henkersmahlzeit. Schildkrötensuppe, zubereitet von seiner Frau. Antonio hat sechzehn Jahre Erfahrung auf dem Solimões, kennt jeden Schlupfwinkel, alle Seitenkanäle und Inseln. Er nimmt uns die Furcht, zeichnet eine detaillierte Route, die zwar Umwege bedeutet, uns aber aus den gröbsten Gefahren heraushält. Dann wünschen er und seine Familie uns viel Glück, er bindet los und verschwindet in die andere Richtung.

Den Übergang auf den Solimões haben wir kaum mitbekommen. Am entfernten Ufer erkennen wir, daß die Strömungsgeschwindigkeit erheblich zugenommen hat. Eine vorgelagerte Insel versperrt den Blick über den Fluß. Das andere Ufer ist so weit weg, wir könnten es sowieso nicht erkennen. Wir sind allein auf weiter Flur, sehnen uns nach dem überschaubaren Purús zurück, dem wir – die vielen Exkursionen in Seitenflüsse nicht mitgerechnet – seit Lábrea 1.340 Kilometer gefolgt sind, was fast exakt der Gesamtlänge des Rheins entspricht. Wir steuern einen schmalen Kanal an, der dann durch weitläufige Juteplantagen führt. Als wir am anderen Ende wieder auf den Hauptfluß treffen, geht gerade die Sonne unter. Das Wasser ist etwas rauh, trotzdem entschließen wir uns, zu einer Insel zu kreuzen, wo laut Zeichnung ein Unterschlupf für die Nacht zu finden wäre. Mit beiden Motoren und voller Kraft werden wir vielleicht zwanzig Minuten brauchen. Es weht nur eine schwache Brise aus Norden, das Wetter wird hoffentlich zu dieser Tageszeit nicht mehr umschlagen. Falls doch, dann gute Nacht!

Ziemlich bald bin ich gezwungen, die Richtung zu ändern. Die Wellen kommen in gleichmäßigen Abständen. Es ist sicherer, sie diagonal zu schneiden, was aber die Überfahrt erheblich verlängert. Die Wellen werden immer höher, ich traue mich nicht, umzukehren, aus Angst, die größten Brecher würden uns beim Wendemanöver zertrümmern. Die Wellen krachen unters Sonnendeck, erschüttern das ganze Boot. Erst ein Drittel der Strecke hinter uns, starren wir wie versteinert auf die heranrollenden Wogen. Das Wasser bricht links am Bug und kommt über Bord. Ein schreckliches Krachen von Holz, und schon kommt die nächste. Claudia lehnt sich mit aller Kraft gegen die Dachpfosten, die zu splittern drohen, während ich das Steuer umklammere, versuche, breitbeinig das Gleichgewicht zu halten. Das Boot ächzt und stöhnt, der Bug wird vom Gewicht der Wassermassen nach unten gedrückt, taucht wieder auf, nur um sich gegen den nächsten Brecher zu behaupten. Wir haben Angst, sind vom Lärm wie betäubt. Die Insel ist noch weit entfernt, und es ist schon fast dunkel. Doch unsere Juma hält durch, die starken Räder schaufeln weiter, unermüdlich, bis wir endlich seichtes Wasser erreichen. Mit dem Fernlicht unserer Motorräder finden wir eine kleine Bucht, in der auch schon ein anderes Schiff ankert. Erleichtert machen wir fest.

Am nächsten Morgen sind wir schon vor der Sonne unterwegs. Die beste Chance, das nördliche Ufer des Solimões in einem Stück zu erreichen, haben wir, bevor Temperaturunterschiede Wind aufkommen lassen. Zuerst geht es bis zum Ende der Insel. Wir fahren direkt in den Sonnenaufgang, im weichen Morgenlicht bildet sich hinter uns ein Regenbogen. Die Wasseroberfläche ist spiegelglatt, wir kreuzen. Hier hat dieser Flußabschnitt seine engste Stelle, sie mißt nur fünf Kilometer. Im Mündungsdelta soll er sich bis auf zweihundertfünfzig Kilometer ausdehnen. Wir fühlen uns wie auf offenem Meer. Einen ruhigeren Zeitpunkt hätten wir nicht abpassen können.

Die nächsten Tage riskieren wir nichts mehr. Beim geringsten Anzeichen einer Wetteränderung sind wir bereit, in Deckung zu gehen. Wir fahren recht schnell an Fincas vorbei, sehen die ersten Kühe. Dann kommt die erste Stadt in Sicht, Manacapuru. Am Kai erwarten uns Hunderte Schaulustige und Lärm, Dreck, Gestank. Im Treffpunkt der zwei größten Wasserstraßen kreuzen wir vom gelben Wasser des Solimões ins klare Wasser des Rio Negro. Es herrscht reger Schiffsverkehr, neben den Ozeanriesen wirkt unser Boot wie eine Nußschale. Noch eine Flußquerung, noch drei Stürme, dann haben wir die Hauptstadt dieser großen Region erreicht. Die Stadt steht Kopf, Karneval in Manaus. Wir sind uns gar nicht mehr so sicher, was wir hier überhaupt wollen. Das Wasser ist verdreckt, stinkt wie eine Jauchegrube.

Unsere Aufenthaltsgenehmigungen sind abgelaufen, von unserem Boot wollen wir uns immer noch nicht trennen. Auf der Suche nach unseren Briefen, die wir längst verloren glauben, weil sie keiner sechs Monate aufbewahrt, treffe ich den deutschen Honorarkonsul. Er hat nicht nur unsere Post. Er ist auch der Vertreter einer großen deutschen Schiffsgesellschaft. Wir schicken ein Fax nach Hamburg. Die Antwort kommt prompt. Eines ihrer Charterschiffe läuft nächste Woche in Manaus ein. Sie gratulieren uns zu unserer Leistung. Selbstverständlich werden sie auf ihrem Frachter Platz schaffen, um unser Boot nach Europa zu bringen. Und alles auf Kosten des Hauses. Wenn wir in Zukunft ihre Hilfe noch einmal benötigen, dürfen wir uns gerne wieder an sie wenden. Wir sind platt. Ein weiterer Traum wird wahr. Wir können unser Boot behalten. Vielleicht gelingt es uns eines Tages, den Namen Juma über europäische Gewässer zu tragen, gar mit diesem Boot unsere Weltreise auf dem Rhein in Köln zu beenden. Aber so weit in die Zukunft wagen wir nicht zu träumen.

Wir sitzen am Flughafen von Manaus, warten auf unseren Flug nach Miami. Die Tickets haben wir uns schicken lassen, sie sind gerade noch rechtzeitig per Expreßkurier eingetroffen. Der Polizeichef hatte Verständnis für unsere verspätete Ausreise und die Daten in den Visa kurzerhand verfälscht. Überhaupt haben uns alle Beamten der verschiedenen Regierungsstellen wie auch die Schiffsagentur schnell und unbürokratisch geholfen, alle Exportgenehmigungen und Zollpapiere zu erledigen. Wir hatten unser Boot, so gut es ging, für den Transport auseinandergenommen, das Dach abgeschnitten und zusammengelegt. Die Verkranung war reibungslos verlaufen, die Juma fand Platz oben auf vier Containern, wo sie gut festgezurrt wurde. Jetzt ist sie schon unterwegs nach Europa. Claudia hält das Steuerrad in der Hand, wir haben es lieber abmontiert. Sie wird von Miami nach Frankfurt weiterfliegen, das Boot in Antwerpen in Empfang nehmen und einen sicheren Stellplatz suchen. Unsere Motorräder haben wir in Manaus untergestellt, nach drei Monaten wollen wir uns hier wiedertreffen. Inzwischen werde ich in San Francisco Berichte schreiben, Diavorträge über den Amazonas halten, Spenden und Sponsoren für ein Projekt in Lábrea sammeln. Wir möchten dort Kleinbetriebe mit hochwertigen Werkzeugen unterstützen und außerdem ein Wiederaufforstungsprojekt mit einer Geldspende ankurbeln.

Auf dem Rückflug mußte ich bei einer Zwischenlandung in Boston feststellen, daß ich im Computer der amerikanischen Einwanderungsbehörde als unerwünschte Person gespeichert war. Wie hartnäckig die Amis waren. Vor fünf Jahren, als ich das letzte Mal aus Deutschland zurückkehrte, wollte ich nach einem Zwischenstop in Vancouver, Kanada, den Anschlußflug nach San Francisco nehmen. Ich hatte gerade das Gepäck aufgegeben, als eine Beamtin der amerikanischen Einwanderungsbehörde auf mich zukam und mich in einen Glasverschlag beorderte. Sie bombardierte mich – alles andere als freundlich – mit Fragen über mein Privatleben. Ich wußte nicht, wie mir geschah, fühlte mich wie ein Verbrecher behandelt. Eine Ste-

wardeß kam und fragte, ob sie mein Gepäck wieder ausladen sollen, was Frau Uniform bejahte. Nun wollte ich doch gerne wissen, was los war, aber sie setzte ungerührt ihr Verhör fort.

Nach über zwei Stunden – sie hatte alle meine Papiere, Briefe, Adreßbuch, Ticket und ähnliches fotokopieren lassen –, hatte sie schließlich die Gnade, mir mitzuteilen, daß ich nie wieder in meinem Leben amerikanischen Boden betreten werde. Am besten, ich fliege mit der nächsten Maschine zurück nach Deutschland. Meine Tränen schienen sie nicht zu beeindrucken, und auch nicht, daß ich dann wütend wurde. Schließlich fragte ich nach ihrem Vorgesetzten – sie selbst war der Big Boss. Sie hatte die Entscheidung getroffen, und daran gab es nichts zu rütteln. Also blieb mir nichts anderes übrig, als Klaus anzurufen, damit er nicht umsonst zum Flughafen fuhr.

Frau Uniform hatte mir noch empfohlen, ich solle mir ein Flugticket nach Mexiko kaufen und mein Motorrad dahin verschiffen lassen, falls ich meine Reise fortsetzen wollte. Klaus mobilisierte von San Francisco aus alle möglichen Leute, die für uns bürgten, darunter auch einen Kongreßabgeordneten. Später durfte ich dann doch fliegen, mich aber nur so lange in den USA aufhalten, bis unsere Motorräder wieder fit waren. Wir erfuhren, daß es übliche Praxis der amerikanischen Behörden ist, immer wieder mal einem – willkürlich ausgeguckten – Passagier die Einreise in das Land of Freedom zu verweigern. – Diesmal erkämpfte ich mir wenigstens vierundzwanzig Stunden Aufenthalt.

Im Juli '94 bin ich pünktlich zurück. Der brasilianische Chef des Zollamtes erkennt mich wieder, schleust mich an den Sperren vorbei. Er weiß, daß der Inhalt meiner Kisten für gute Zwecke gedacht ist. Auch Claudia wird einiges an Übergepäck aus Deutschland mitbringen, auch Werkzeuge und Sachspenden, die wir alle nach Lábrea verschiffen. Ihr Rückflug hat sich verzögert. Bis sie hier eintrifft, habe ich Gelegenheit, unsere Benzintanks auseinanderzusägen und von innen neu zu beschichten. Die Fußballweltmeisterschaft ist in vollem Gange, die brasilianische Elf gewinnt ein Spiel nach dem anderen, das ganze Land ist in begeisterter Stimmung. Überall sind die Straßen mit den Landesfarben bemalt, stehen Fernsehapparate im Freien, davor jubelnde Fans. Kurz nach Claudias Ankunft ist Brasilien Weltmeister. Es folgt ein rauschendes Fest, das drei Tage anhält. Solange bleiben auch die Geschäfte und Betriebe geschlossen. Wir finden ein

Schubschiff, mit dem wir den ganzen Amazonas runterfahren, bis nach Belém ins Mündungsdelta, wo die Straßen wieder beginnen.

Die Bremslichter vor mir leuchteten auf, Klaus rollte langsam auf die Polizeikontrolle zu. Ich hielt direkt hinter ihm an, beobachtete, wie der Uniformierte etwas zu Klaus sagte, dann mit der Faust auf seinen Helm klopfte, nur um gleich darauf meiner Schwester auf den Kopf zu trommeln. Die saß nämlich hinter ihm auf dem Motorrad, hatte sich ein dickes Tuch um den Kopf gewickelt und sah nun aus wie ein Beduine. Zum Scherz hatte Patty bei meinem fünften Abstecher nach Hause bemerkt, wenn Brasilien Weltmeister wird, käme sie uns besuchen. Sie wollte uns entlang der brasilianischen Küste mit dem Bus begleiten und hatte deshalb keinen Helm mitgebracht. Doch die Fahrkarten für die Überlandbusse mußte man im voraus kaufen und Sitzplätze reservieren, das hatten wir nicht gewußt. Der Polizist wollte uns so nicht weiterfahren lassen, bestand darauf, daß Klaus allein zur nächsten Stadt zurückfuhr, um einen Helm zu kaufen. Die war aber über hundert Kilometer entfernt. Ein Bus hielt an der Straßensperre, ich fragte den Busfahrer, ob er meine Schwester mitnehmen würde, doch alle Plätze waren ausgebucht. Ein Auto mit einem älteren Paar hielt an. Ich erklärte ihnen kurz die Situation und bat sie, meine Schwester ein Stück mitzunehmen, bis wir außer Reichweite des Polizisten wären. Sie willigten ein, Patty wurde auf dem Rücksitz untergebracht, und ab ging die Post. Sie hatten uns beschrieben, wo sie ein paar Kilometer weiter abbiegen wollten in ein Dorf, doch jetzt gaben sie Vollgas und fuhren immer weiter auf der Schnellstraße. Wir hatten Mühe nachzukommen, so daß ich schon Angst um meine Schwester bekam, die kein Wort Portugiesisch sprach. Erst achtzig Kilometer weiter hielten sie an einer Tankstelle und zeigten uns den Busbahnhof. Benzingeld lehnten sie dankend ab.

Patty blieb fünf Wochen bei uns. Zusammen genossen wir das ausgelassene Strandleben, für das Brasilien so berühmt ist. Gleichzeitig machte es Freude, ihr etwas von unserem Leben zeigen zu können. Damals bei unserer Abfahrt war sie vierzehn gewesen, und ich hatte immer bedauert, daß wir uns im Laufe der Jahre fremd geworden waren. Jetzt rückten wir im Zelt zusammen und kochten in unseren Töpfen für drei. Am Strand spielten wir Beachball, und abends feierten wir so manches wilde Fest mit Südamerikanern und Europäern, die sich hier niedergelassen hatten. Es war schön zu sehen, wie bei

Patty der deutsche Alltagsstreß abfiel und sie mehr und mehr an unserem spartanischen Lebenswandel Gefallen fand.

Wir reisen die Atlantikküste entlang südwärts, Richtung Rio de Janeiro, genießen die ausgelassene, brasilianische Stimmung an den Stränden. In Bahia freuen wir uns schon auf ein Wiedersehen mit unserem Freund Thomas, mit dem wir in Zentralamerika solange gereist waren. Doch wir treffen nur noch Freunde von ihm an. Sie erzählen, jemand habe ihm sein Land streitig gemacht, Thomas hätte seine Finca verlassen und sei in die Schweiz zurückgekehrt. Solcherlei Fehlschläge erleidet man leider häufig in Brasilien, was auch der Grund ist, warum wir uns hier kein Grundstück kaufen würden, obwohl wir das Land mit seinen Menschen lieben wie kaum ein anderes. Von Thomas' Kollegen Beat wissen wir, daß seine Schreinerei in Venezuela mittlerweile gut läuft. In Rio de Janeiro stellt uns ein wohlhabender Freund seine riesige Zweitvilla zur Verfügung. Sie steht an der höchsten Stelle des steilen Hügels Botafogo, dem ehemaligen Feuerausguck. Durch die breite Fensterfront haben wir den besten Panoramablick über eine der schönsten Großstädte der Welt.

Fast überall haben sich unterwegs Zeitungs- und Fernsehreporter für uns interessiert. Wir sind ihnen, so gut es ging, ausgewichen. Der Grund dafür ist, daß wir – erst einmal über die regionalen Medien bekannt geworden –, von Fotografen und Filmteams belagert wurden. Sie meinten, da wir den Traum so vieler Menschen leben, müßten wir ihn teilen. Doch der Traum funktioniert nur, solange die Menschen uns natürlich und spontan empfangen. Kennen sie uns aus den Medien, stellen sie Ansprüche an uns, die wir gar nicht erfüllen können, zeigen eher mit dem Finger auf uns, statt uns willkommen zu heißen.

Trotz allem wollen wir hier noch mal eine Ausnahme machen. Zum einen ist die Begeisterungsfähigkeit der Brasilianer für Abenteuer und Reisen ungewöhnlich groß. Zum anderen hat der Hersteller unserer Motorräder in São Paulo eine große Niederlassung. Ich vereinbare mit dem brasilianischen Chef einen Kuhhandel. Wenn wir es schaffen, eine kleine Dokumentation über unsere Weltreise ins Fernsehen zu bekommen, dürfen wir unsere Motorräder auf dem Werksgelände komplett überholen. Also sprechen wir in Rio den Sender an, der sonntags abends das beliebteste Programm Brasiliens ausstrahlt. Es heißt Fantastico und handelt von außergewöhnlichen

Freuden oder Leiden, die Menschen quer durchs Land erlebt haben. Wir werden uns schnell einig. Drei Tage lang begleiten uns Filmteams von Rio nach São Paulo. Das Drehmaterial wird zu einem fünfminütigen Beitrag zusammengeschnitten. Unsere Geschichte wird eine Woche lang, mehrmals täglich, im Fernsehen angekündigt. Der Erfolg überrascht auch die Sendeanstalt. Achtzig Millionen Menschen sollen uns, laut Einschaltquote, gesehen haben. Wir hätten nicht gedacht, in einer so großen Stadt wie São Paulo wiedererkannt zu werden. Die nächsten zwei Monate können wir uns nirgendwo mehr blicken lassen, sogar am Strand, in Badeklamotten, werden wir erkannt. Die Leute lachen sich schlapp über unser Urwald-Portugiesisch. Die meisten wollen uns nur umarmen und beglückwünschen. Der Chef der Motorradfabrik hält sein Wort. Die Mitarbeiter helfen, wo sie nur können. Unter ihnen auch einige Japaner von fast schon brasilianischer Herzlichkeit. Weil uns das Mutterunternehmen in Japan nicht mit Ersatzteilen unterstützt, kopieren sie für uns die kompliziertesten Teile auf ihren Maschinen. Ein Formel-3-Tuningshop hilft, Zylinder und Zylinderköpfe zu schleifen. Sie leisten so gute Arbeit, daß die Motoren über die nächsten 50.000 Kilometer kaum einen Tropfen Öl verbrauchen.

Im Hafen von Santos, in der Nähe von São Paulo, finden wir einen Frachter, der uns nach Durban in Südafrika mitnimmt. Es wird der letzte große Umzug zu einem neuen Erdteil. Unsere brasilianischen Freunde stehen am Kai und winken. Wehmütig schauen wir zurück auf den südamerikanischen Kontinent, wo wir knapp vier Jahre verbracht haben. Vor uns liegen erst einmal 7.780 Kilometer offene See, für die der Frachter zwei Wochen benötigt. Unterwegs feiern wir mit der Crew, die aus Kroaten, Polen und Burmesen besteht, Weihnachten und Sylvester. Claudia backt beim Smutje in der Küche ihre Kuchen, während ich mir fasziniert die riesigen Schiffsmotoren anschaue. Bei leichtem Wellengang, strahlendem Sonnenschein, tiefblauem Wasser und in der fröhlichen Gemeinschaft mit der Besatzung wird der Törn zu einer entspannten Kreuzfahrt.

Anfang Januar 1995 betreten wir im Hafen von Durban südafrikanischen Boden. Bevor wir das Land erkunden, suche ich nach einer Möglichkeit, neue Fiberglastanks für unsere Motorräder zu bauen. Die alten Tanks sind durch das ewige Flicken im Volumen von ehemals 30 Litern auf nur 24 geschrumpft, sie sind schwer geworden und lecken immer wieder aufs neue. In Johannesburg finde ich eine Firma, die Leichtflugzeuge herstellt, unter anderem auch Benzintanks. Der Besitzer Peter, ein Deutscher, gibt mir die Gelegenheit, das Handwerk der Fiberglasverarbeitung mit hochwertigen Produkten zu erlernen. Einen Monat lang entwickele, forme und baue ich zwei neue 38-Liter-Tanks. Bei der aufwendigen Arbeit helfen mir Peters schwarzafrikanische Angestellte.

Nelson Mandela hat vor ein paar Monaten das Amt des Präsidenten übernommen. Er hat einen schweren Stand, denn seit das Apartheidregime der weißen Minderheitsregierung abgeschafft wurde, herrscht im Land noch mehr Chaos. Mord und Totschlag, Folter und Verstümmelungen beherrschen das tägliche Geschehen. Die wenigen Weißen haben sich eingeigelt. Jetzt bekriegen sich Schwarze verschiedener Volksgruppen. Wir treffen auffallend viele Weiße, die sich betont als »Nicht-Rassisten« geben. Wir haben keinen Grund, ihnen nicht zu glauben. Natürlich treffen wir auch diejenigen, die uns beibringen wollen, wie man »Kaffer« zu behandeln hat. »Kaffer« ist das Schimpfwort der Buren für Schwarzafrikaner und mittlerweile im Sprachgebrauch verboten.

Wir sind froh, nicht in diesem Land leben zu müssen, obwohl es landschaftlich sehr reizvoll ist, vor allem wegen der vielen Tierparks. Jedoch werden wir täglich an unsere Hautfarbe erinnert. Wir müssen lernen, daß Weiße in Schwarzafrika nicht überall gerne gesehen sind. Aus Sicherheitsgründen müssen wir die Townships, rein schwarze Siedlungen, meiden. Zum Glück finden wir auch Regionen, wo die Spannungen geringer sind, wie zum Beispiel die Kleine Karoo, ein Gebiet im Südwesten des Landes. Hier gibt es große Farmen mit Landwirtschaft und Tierzucht.

An einem Spätwintermorgen verlassen wir in aller Frühe einen Gutshof, dessen weiße Besitzer uns am Nachmittag zuvor erst sehr mißtrauisch betrachteten, bis wir die Erlaubnis bekamen, in einer Ecke ihres Privatgrundstücks unser Zelt aufzustellen. Es ist neblig trüb und ungemütlich kühl. Kaum sind wir unterwegs, beginnt es zu regnen. Nur fünf Kilometer weiter halten wir vor einer Scheune der Nachbarfarm, um im Schutz des Daches in die Regenanzüge zu schlüpfen. Da erscheint Farmer Blake, bittet uns zu einer Tasse Kaffee ins große, alte Herrenhaus, das seit mehreren Generationen im Besitz seiner Familie ist. Überrascht stellen wir fest, daß die Fenster nicht vergittert sind, die Räume nicht mit Alarmanlagen gesichert und vor den Schranktüren keine dicken Vorhängeschlösser prangen, wie so oft, wenn die Besitzer ihren Angestellten nicht trauen. Auch freuen wir uns über die Einladung, ein paar Tage bleiben und uns solange in einem Nebengebäude einrichten zu dürfen. Blake zeigt stolz seine besondere Zucht von Mohairschafen, mit denen er schon manchen ersten Preis auf internationalen Wettbewerben gewonnen hat, sogar in Australien und Neuseeland. Am Abend sitzen wir alle auf der Veranda beim Braai, wie hier das Grillen genannt wird, essen vorzügliches Schafsfleisch, das vom Geschmack bestimmter Gewürzsträucher durchzogen ist, die die Hauptnahrung der Schafe ausmachen. Blakes Frau Pippa unterrichtet ihre Kinder und die der Farmangestellten in einem Nebengebäude zusammen mit einer schwarzafrikanischen Lehrerin. Hier herrscht eine fröhliche Stimmung. Ich werde nicht, wie so oft, mit Baas, also Herr, angesprochen, unsere Gespräche sind offen und herzlich. Auch in Kapstadt scheint die Stimmung entspannter zu sein. Hier leben hauptsächlich die Farbigen, die Mischlinge, bei denen wir leider bald beobachten müssen, daß auch viele von ihnen die Schwarzen treten, obwohl sie selbst von weißen Rassisten getreten werden.

Am Kap der Guten Hoffnung treffen wir Jochen, einen deutschstämmigen Südafrikaner. Er schwärmt von Namibia, der dortigen Vielfalt an Wüsten, von den vielen verborgenen Ecken, die wir auf unserer Entdeckungsreise auf keinen Fall verpassen dürften. Er scheint sich in Namibia gut auszukennen, schenkt uns eine Straßenkarte, auf der er seine besten Tips einträgt – teilweise empfiehlt er private Farmwege – und viele Adressen seiner Freunde, keiner von ihnen ein Rassist, wie er uns versichert. Mit entsprechender Vorfreude machen wir uns auf den Weg. Noch bevor wir die Landesgrenze erreichen, wählen wir einen Umweg durchs Namaqualand, eine bergige Steinwüste von überwältigender Schönheit. Am Abend zelten wir mitten im Irgendwo unter einzelnen Köcherbäumen, die von so ungewohnter Statur sind, daß wir uns in die Frühzeit der Evolution zurückversetzt fühlen. Es heißt, daß diese Wüste, zusammen mit der Namibwüste, die älteste der Welt sei, daß hier Gondwana sei, die Gegend, wo sich unser Planet geformt hat, wo unsere Erde entstanden ist. Ein schmaler Weg windet sich durch Hell's Kloof, durch wild zerklüftete Felsen, vorbei an einem hochhausgroßen Steinquader, bis zum Grenzfluß Oranje. Am nördlichen Ufer ragt eine Steilwand empor, in die sich der Fluß gegraben und einen Querschnitt durch die Gesteins- und Sedimentschichten freigelegt hat, an denen wir die Formierung unseres Erdmantels nachvollziehen können. Jenseits ist Namibia. Bis wir den nächsten Fluß erreichen, müssen wir das ganze Land von Süd nach Nord durchfahren, bis zum Kunene, dem Grenzfluß zu Angola. Dazwischen liegt einzigartige Wüstenlandschaft, die sich alle paar Kilometer völlig verändert. Vom über zweitausend Meter hohen Gemsbergpaß schauen wir hinunter auf die Namibwüste, auf deutlich erkennbare Risse in der Erdkruste, die durch ständige Erdbewegung aufgebrochen, von unglaublichen Kräften verschoben, hochgedrückt wurde, wie Schuppen, die schräg in der Ebene stecken. Die sich über Millionen von Jahren vollziehende Veränderung präsentiert sich uns wie eine Momentaufnahme. Im Hintergrund ein Meer von Kieselsteinen, in der Mitte der ebenen Fläche ein Monolith, im Felsen eine Höhle, groß genug für unser Zelt. Nachdem die glutrote Scheibe am Ende der weiten Ebene versunken ist, sich ein sternenklarer, riesiger Himmel über uns gewölbt hat, genießen wir die Stille, die nur die scheinbar leblose Wüste hervorbringen kann. Das einzige Geräusch außer unserem eigenen Atem ist das Rieseln von winzigen Felspartikeln auf unsere Zelthaut, während der Monolith langsam verwittert, eine ewige Sanduhr. Anderntags wandern wir auf Sterndünen herum, die selbst wandern, sich immer neu verformen, ineinander verschachteln, bis auf dreihundertfünfzig Meter Höhe anwachsen und fortgeblasen werden, um sich Sandkorn auf Sandkorn neu zu formieren.

Auf Koimasis treffen wir Freunde von Jochen aus Kapstadt: Farmer Wulff und seine Familie. Wulffs Vorfahren sind zu Kaiser Wilhelms Zeiten hier eingewandert, als das ehemalige Südwestafrika noch unter deutscher Kolonialherrschaft stand. Obwohl Wulff auch gerne reist, kam er immer wieder zurück nach Koimasis, was soviel heißt wie: ein Platz, an dem sich gute Menschen treffen. Dieser Ort wurde von dem Urvolk der San so benannt, den Buschmännern, die als nicht seßhaft galten und deshalb überall vertrieben wurden. Koimasis umfaßt etwa hunderttausend Hektar für namibische Verhältnisse fruchtbares Land, das über Generationen von den Einwanderern zur Caracol-Schafzucht genutzt wurde, dem damaligen Hauptwirtschaftszweig. Wulff beschränkt sich heute auf die Zucht von exotischen Vögeln und afrikanischen Straußen, die das cholesterinfreie Fleisch der Zukunft liefern sollen. Auf seinem Land reißt er nach und nach die Zäune ein, er möchte es der Natur zurückgeben, damit es sich vom Schafschock erholt. Im hohen Gras nistet wieder der selten gewordene Sekretär, ein Greifvogel, dessen Existenz bedroht ist, weil seine Nester von Kühen und Schafen zertreten werden. Eine Herde wilder Pferde hat sich im Nachbartal niedergelassen, Oryx- und Elandantilopen, Hyänen und Leoparden.

Am Abend sitzen wir unter den Sternen am Feuer, über der Glut gart die Keule eines Springbocks. Wir schauen den Wolken zu, wie sie sich bilden und gemächlich wieder auflösen. Die notorische Wasserknappheit im Land ist nur ein Grund, warum Wulff nicht mehr daran glaubt, in seiner Heimat alt werden zu können. Während die Regierung den Tourismus fördert, überall Gasthäuser, Hotels und Feriendörfer entstehen, sinkt der Grundwasserspiegel drastisch ab, weil das kostbare Wasser aus Tiefbrunnen abgepumpt wird. Die vielen Touristen möchten schließlich duschen. In der Hauptstadt Windhuk lief vor kurzem wieder mal kein Wasser aus der Leitung, die reichen Weißen mußten sich ihr Kaffeewasser aus den Schwimmbecken filtern.

Die Küstenstadt Swakopmund ist besonders von der Kolonialzeit geprägt. Prachtbauten an der Kaiser-Wilhelm-Straße, gepflegte Vorgärten, Kaffeestuben, Feinbackwaren und gutes, deutsches Brot. Es wundert uns nicht mehr, in der Metzgerei von einer tiefschwarzen Hererofrau im traditionellen viktorianischen Kostüm mit schiffsförmigem Stoffhut in bestem süddeutschen Dialekt gefragt zu werden, was es denn nun sein dürfte, Schweinshaxe, Pfälzer Saumagen oder Rostbratwürstle.

Im Kaokoveld, ganz im Norden des Landes, verbringen wir einige Zeit mit den Ovahimba, einem halbnomadischen Volk mit noch immer sehr traditioneller Lebensweise. Da sie auf beiden Seiten der Grenze leben, ist ihnen Portugiesisch von Angola her geläufig. Die Frauen reiben ihre Körper mit einer Mischung aus roter Erde und Butter ein, die sie mit einem stark ranzigen Geruch umgibt, was uns an Tibet erinnert. Sie sind spärlich in Tierhäute gekleidet und mit viel Schmuck behangen. In ihre kurzen Locken haben sie lange Lederstreifen eingebunden, um die Fesseln sind schwere Metallketten gelegt, die beim Gehen einen anmutigen Schwung in den Hüften verursachen. Ringe und Armreifen sind aus Munitionshülsen gefertigt, Überbleibsel aus dem letzten Krieg. Über Angola sind Millionen Kunststoffsprengkörper abgeworfen worden. Seither lauern sie nahezu unauffindbar im Erdreich. Ein Grund, warum wir hier die Grenze nicht überschreiten.

Jetzt droht ein neuer Konflikt: Der Kunene-Fluß soll zum fünften Mal gestaut werden, ein Prestigeprojekt des namibischen Präsidenten, das von der Weltbank finanziert werden soll, dessen Nutzen aber heftig umstritten ist. Verlierer wären die Ovahimba, denn die Weideflächen für ihre riesigen Rinderherden würden überschwemmt werden, genau wie die traditionellen Bestattungsplätze ihrer Toten. Der Damm soll genau an den wunderschönen Epupafällen errichtet werden. An deren oberem Rand hat sich ein majestätischer Baobab-Baum festgekrallt. Sogar der stünde dann etwa fünfzig Meter unter Wasser.

Wir unterhalten uns mit vielen ihrer Stammesbrüder und -schwestern, besuchen uns gegenseitig. Sie schlafen in einfachen igluförmigen Hütten, welche aus Zweigen gebogen sind, die Zwischenräume mit Kuhdung verfugt. Gekocht wird unter freiem Himmel. Eine mit Milch gefüllte Kalebasse hängt an einem Zweig und wird solange geschwenkt, bis der Inhalt zu Butter geworden ist. Zur Ernährung der Ovahimba gehören Mais, den sie selbst anbauen, und Ziegenfleisch aus eigener Tierhaltung. Rinder werden nur zu besonderen Anlässen geschlachtet. Die Größe der Herde ist der Stolz der Sippe, daran wird ihr Reichtum gemessen. Geld als Zahlungsmittel ist ihnen nicht geläufig, ein Zustand, der sich bald ändern soll, denn die Regierung versucht, sie mit Prämien nach Opuwo zu locken, dem wirtschaftlichen Zentrum dieser Gegend. Das Volk soll seßhaft werden, sich in den ökonomischen Kreislauf unserer »Zivilisation« eingliedern. Dieser Prozeß ist schon längst im Gange, wir haben ihn mit Grausen beobachtet. Meist steht in den neuen Zentren ein bunkerähnlicher Betonklotz, der Getränkesupermarkt, voller Cola und hartem Schnaps. Rundherum die Slums, inmitten von stinkenden Abfallbergen, dem Müll, den die westliche Zivilisation hervorbringt. Am Straßenrand versuchen ehemals stolze Ovahimba Touristen anzuhalten,

alten Silberschmuck oder Kleidungsstücke aus Leder zu verkaufen, sich gegen Bares fotografieren zu lassen. Wer nicht anhält, wird mit Steinen beworfen.

Hier draußen leben die Menschen noch glücklich und zufrieden. Sie lachen gerne. Die Frauen zeigen dabei ihre konisch gefeilten Schneidezähne, die Lücke dazwischen ein Schönheitsattribut. Auch die Muschel, die am Hals hängt, ist konisch geformt. Sie ist selten geworden und daher besonders wertvoll, entlang der Küste von Angola soll sie ganz verschwunden sein. Wir hatten davon gehört und diese Muscheln in einem Souvenirladen in Swakopmund gefunden. Wenn wir jetzt am Ende einer Begegnung eine Muschel überreichen, ist die Überraschung und Freude groß. Aber auch einige Ovahimba wissen uns zu überraschen. Besonders staunen wir über ihre Neugier, was andere Naturvölker betrifft, und ihr Einfühlungsvermögen in unsere Lebensweise. Sie versuchen zu verstehen, wie wir reisen, kommen irgendwann zu dem Schluß, daß wir es ohne Geld wohl kaum schaffen können. Wir erklären ihnen, daß wir nur ein Minimum benötigen. Damit kämen wir noch bis zum Touristenzentrum Maun im Nachbarland Botswana, wo wir uns nach einem Job bei einem Safari-Unternehmen umschauen möchten. Der Chef der Gruppe, bei der wir gerade zelten, hat eine bessere Idee. Er spannt uns auf die Folter und holt erst mal eine kleine Cremedose mit Schnupftabak hervor. Bedächtig träufelt er mit einem langen Silberbesteck eine Prise in die Kuhle an der Daumenwurzel und saugt sie genüßlich mit der Nase ein. Dann sagt er: »Besorgt euch einen Pritschenwagen. Ich schenke euch einen meiner größten Ochsen. Der bringt beim Schlachthof in Opuwo mindestens tausend Dollar. Dann braucht ihr in Maun nicht zu arbeiten.« Wir freuen uns über sein großzügiges Angebot, lehnen jedoch dankend ab. Hier im Busch wäre wohl kaum ein geeignetes Fahrzeug zum Transport aufzutreiben.

Wir müssen noch oft an diese freundliche Geste denken, als wir auf schwierigen, staubigen Wegen dem traumhaft schönen Kunene folgen. Unter großen Schattenbäumen machen wir immer wieder Pause, versuchen uns vorzustellen, wie es wohl aussähe, wenn hier in Zukunft ein riesiger Stausee wäre. Einige Kilometer weiter wird uns solch ein gewaltsamer Eingriff in die Natur vor Augen geführt. Wo einst der Fluß über die Ruacanafälle achtzig Meter in die Tiefe stürzte, haben Bulldozer die Landschaft völlig umgestaltet, ragen jetzt hohe Staumauern aus Beton empor. Je näher wir Ruacana kommen, desto unfreundlicher werden die Leute. Ovahimba stoppen uns, verlangen Pillen gegen Kopfschmerzen. Ihre benebelten Augen lassen eine Überdosis Schmerztabletten vermuten. Wenn ihnen jeder vorbeikommende Tourist Medikamente als Gegenleistung für ein Foto gibt ...

Durch den kleinen Mohango-Wildpark können wir nach Botswana einreisen. Er gehört zu den wenigen Tierparks, in denen Motorräder zugelassen sind. Man sagt, es sei zu gefährlich, wegen der Löwen. Dabei können wir mit den Motorrädern im Notfall viel eher fliehen als zu Fuß. Die Wildparkregeln sind überall unterschiedlich: Den Park in Manapools, Zimbabwe, durften wir nur zu Fuß erkunden, dafür konnten wir uns frei, ohne Führer, bewegen, was wir auch ausgiebig nutzten. Natürlich ist das ziemlich gefährlich, und es kommt mitunter auch zu tödlichen Unfällen. In Südafrika hingegen sind die Wildgehege eingezäunt und streng überwacht. Dort darf man noch nicht einmal die Fenster des Autos öffnen.

Als ich mich im Krüger-Nationalpark einmal aus dem Fenster lehnte, um ein gutes Foto von einer alten Löwin zu schießen, schlich sie sich geduckt heran, setzte zum Sprung an. Gerade noch rechtzeitig konnte ich meinen Kopf ins Auto retten. Später im Luangwa-Park, in Sambia, hätte ein anderer Löwe mich fast erwischt. Claudia war gerade auf ihrem sechsten und letzten Heimaturlaub in Deutschland. Eines Nachts wurde ich von einem heftigen Regenguß überrascht. Noch halb im Schlaf, stieg ich aus dem Innenzelt, um das Regendach darüber zu spannen. Da gähnte mich aus unmittelbarer Nähe ein ausgewachsener Löwe an, leckte sich genüßlich das Maul, gab dabei raunende Laute von sich. Hals über Kopf hechtete ich zurück ins Zelt, zog noch im Sprung den Reißverschluß hinter mir zu. Glücklicherweise verlor der Löwe das Interesse an mir – aus den Augen, aus dem Sinn.

Hier im Mohango-Park taucht plötzlich aus einer Staubwolke eine Herde Elefanten auf, kommt genau auf uns zu, steuert ein Wasserloch an. Wir drehen gerade unsere Motorräder in eine günstige Fluchtposition, da stampfen sie schon an uns vorbei: sechzig Dickhäuter, wie Soldaten in Reih und Glied. Die größte Elefantenkuh dreht sich zu uns um, schüttelt gefährlich den mächtigen Kopf, trompetet und läuft weiter. Alle wollen schnell zum Wasser, wo sie trinken, sich naß spritzen und im Schlamm wälzen. Die Babies versuchen ihre größeren Geschwister zu imitieren, rutschen auf der glitschigen Böschung aus und werden von der Mutter mit dem Rüssel gestützt. Am Abend zelten wir am Ufer des Okavango-Flusses, beobachten durchs Moskitonetz die Flußpferde im Mondlicht, wie sie grunzend aus dem Wasser steigen, um zu grasen. Auf einem Ast über uns sitzen zwei riesige Eulen. Im Hintergrund hören wir das Gebrüll eines Löwen, der sein Revier absteckt, und zwei Elefantenbullen, die sich laut röhrend streiten.

In Maun haben wir ausgesprochenes Glück, wir bekommen beide einen Job beim angesehensten Safariunternehmen im Okavangobekken. Das Gebiet ist einige tausend Quadratkilometer groß und wohl eines der schönsten in ganz Afrika. Das klare Wasser kommt aus dem Hochland von Angola und versickert im Inlanddelta. Deshalb ist es hier sehr grün, was wiederum viele Tiere anlockt, die alle reichlich zu fressen finden. Wo viele wilde Tiere auf einem Haufen sind, ist immer etwas los. Hier können wir die verschiedenen Verhaltensweisen studieren. Eine wichtige Erfahrung, da wir praktisch schutzlos für mehrere Wochen mitten in freier Wildbahn zelten. Im Okavango ist jede Art von Waffen verboten.

Das Safaricamp besteht aus einer großen, offenen Restaurant-Bar, einem Baumhaus, verschiedenen anderen Hütten, einem Zeltplatz und liegt auf einer Insel mitten im Delta. Fahrzeuge dürfen nur mit Sondergenehmigung in dieses Gebiet fahren, die vielen Besucher werden mit Sportflugzeugen eingeflogen. Der Blick aus der Vogelperspektive ist überwältigend. Überall sieht man Inseln mit Herden von Büffeln, Antilopen, Elefanten und Giraffen, Zebras oder Gnus. Zwischen den trockenen Flächen viele Wasserwege, auf denen Einheimische in Mokoros unterwegs sind, den flachen, langen Einbäumen, die mit Hilfe von Stangen vorwärts gestakt werden. Die Mokoros sind im Delta das wichtigste Transportmittel, sie eignen sich auch besonders gut, um sich an Tiere heranzupirschen. Die einzige Gefahr dabei sind Krokodile und Flußpferde. Abgesehen von der Anophelesmücke fordern unter allen Tieren Afrikas Flußpferde die meisten Todesopfer.

Claudia schmeißt die Bar, unterhält die Gäste und erledigt nebenbei die Buchführung des Camps. Insgesamt gibt es etwa vierzig Mitarbeiter für sechzig Gäste, die sich zum größten Teil auf längeren Mokoro-Trips im Delta befinden. Ich bin für die Wartung der einfachen technischen Anlagen zuständig, führe Reparaturen durch, baue Barhocker in den verrücktesten Designs. Mein Lieblingssitz ist eine Schaukel mit Lehne und Armstützen, die ich an einem Dachbalken aufgehängt habe, direkt vor der Theke, einem umgedrehten Mokoro.

Es geht fröhlich zu und immer spannend, denn das Camp ist nicht umzäunt. Zur Zeit befindet sich etwa ein Dutzend Elefanten zwischen den Zelten, schüttelt kleine Nüsse von den Palmen oder frißt die Blätter der Büsche. Unser Zelt steht abseits neben einem etwa vier Meter hohen Termitenhügel, vor uns Sumpfgras, dahinter ein Flußlauf. Am frühen Morgen weckt uns ein Elefantenbulle, wenn er auf seinem Routine-Spaziergang nur Zentimeter an unserem Zelt vorbeistreicht. Er hält dann immer kurz inne, dreht seine Rüsselöffnung gegen das Moskitonetz und schnüffelt. Wenn wir unsere Augen öffnen, steht sein Bein wie ein Baumstamm direkt neben uns. Er weckt uns rechtzeitig, so daß wir noch den Fischadler vor seinem Frühstück beobachten können. Elegant kreist er überm Wasser, erspäht einen Fisch, stürzt sich mit vorgestreckten Klauen darauf, um im nächsten Moment schon wieder hoch in der Luft zu schweben, die Beute sicher im Griff. Aus der halboffenen Dusche heraus beobachte ich Impala-Antilopen oder Warzenschweine. Paviane tollen umher, ausnahmsweise unaufdringlich, weil streng darauf geachtet wird, daß Touristen sie nicht füttern. Die Aufklärung und Beratung der Gäste gehört auch zu meinen Aufgaben. Viele kommen aus Europa oder Amerika, nur die wenigsten waren schon einmal in Afrika. Ich bin dafür zuständig, kleine Gruppen auf dem zwanzigminütigen Weg von der Landepiste über die Insel sicher zum Camp zu führen. Erst dort unterschreiben sie, ihren Abenteuerurlaub ganz auf eigenes Risiko zu unternehmen. Nach und nach veranstalte ich mit einigen von ihnen Spezialführungen, die großen Anklang finden, so daß immer mehr Gäste danach fragen.

Ich bin gerade dabei, den Franzosen Emerik einzuarbeiten. Der tingelt langsam um die Welt, gerade so, wie es ihm Spaß macht. Er lebt vom Nachlaß seines Großvaters, der ein erfolgreiches Medikament entwickelt hat. Er hat Galgenhumor, wir verstehen uns ausgezeichnet. Ausgerüstet mit Sprechfunkgeräten stehen wir an der Landepiste, empfangen eine zusammengewürfelte Gruppe, die in zwei Cessnas gekommen ist. Das Gepäck stellen wir zu K.C., dem Bootsführer, ins Mokoro, der es zum Camp stakt. Ich bitte die Gäste, ihre Wertsachen wie Dokumente und Kameras an sich zu nehmen, damit sie bei einer möglichen Flußpferd-Attacke nicht verlorengehen oder naß werden.

In einem kurzen Gespräch finden wir heraus, daß alle Gäste zum ersten Mal in Afrika sind, bisher keinerlei Erfahrung mit wilden

Tieren haben. Fünf Minuten später sind sich alle bewußt, daß dies hier kein Zoo ist, daß wir jederzeit plötzlich in Lebensgefahr geraten können. Sie brauchen aber keine Angst zu haben, sie müssen sich nur ganz genau so verhalten wie wir, ihre Führer. »Wenn ich laufe, dann alle hinter mir her!« Emerik und ich sind uns einig, die Gruppe ist jung, Kinder sind nicht darunter, wir können sie vielleicht etwas näher an das Großwild heranführen. Auf dem Hinweg haben wir uns die Positionen der Tiere gemerkt und am Ende der Piste einen Haufen frischen Elefantenmist gesehen. Dort halte ich an, erkläre typische Verhaltensweisen der Elefanten und probe mit den Gästen den Ernstfall, der eintreten kann, falls wir von einer Elefantenherde eingekreist werden. Wir müssen uns auf alle viere hocken, den Pavian nachmachen, uns kratzen, so tun, als ob wir Blätter essen – bloß nicht seine geliebten Nüsse –, sonst wird der Elefant böse. Wir dürfen ihm auch nicht in die Augen sehen, müssen unterwürfiges Verhalten mimen, ihm langsam aus dem Weg gehen, immer unterhalb des Windes bleiben, damit er uns nicht riechen kann. Auf gar keinen Fall in Panik geraten. Beiläufig greife ich tief in den Misthaufen, nehme eine Handvoll auf, rieche daran und nehme es mit. Prompt kommt die Frage, warum ich das mache. Ich lasse sie daran riechen und fühlen, sie bestätigen den angenehmen Geruch. Dann erkläre ich ihnen, daß ich mich notfalls damit einschmiere, damit der Elefant mich in Ruhe läßt. Emerik nimmt sich jetzt einen großen Haufen und sagt: »Ihr braucht das nicht zu machen. Die Gefahr, daß ihr in so eine Situation kommt, ist nicht so groß. Wir sind hier jeden Tag solchen Gefahren ausgesetzt.«

Wir gehen im Gänsemarsch weiter, Emerik ganz hinten. Ein Blick zurück zeigt mir, alle acht Gäste tragen einen Haufen feuchtes Stroh in der Hand, ich muß aufpassen, daß ich mein besorgtes Pokerface nicht verliere und anfange loszukichern. Dabei habe ich diesen Trick von einem Elefantenforscher gelernt, den ich öfter auf Flügen in seinem kleinen Observationsflugzeug begleite, um Elefanten zu zählen. Am Boden trauen wir uns nur als nach Elefantenmist duftende Paviane unter eine Herde. Eine australische Touristin protestiert, wirft den Dung weg, meint, ich würde sie zum Narren halten.

Plötzlich zwei Elefanten von schräg vorne. Halt, hinhocken, Ruhe. Wir beobachten sie. Wenn die Elefanten ihre Richtung beibehalten, gehen sie zwar knapp an uns vorbei, können uns jedoch nicht riechen. Geräusche von links. Keine dreißig Meter entfernt brechen noch zwei Bullen durchs Gebüsch, sie würden in ungünstigem Winkel an uns vorbeistreifen. Keine Ausweichmöglichkeit. Tiefer runter, keine Panik. Jetzt kommt zwischen den vier Elefanten ein fünfter, ein Riese hervor. Sauer stapft er, Rüssel und Ohren schwenkend, den Kopf hoch erhoben, direkt auf uns zu. Wie nebenbei schmiere ich meine Arme ein, Emerik macht es auch, genau wie alle anderen, die mich mit weit aufgerissenen Augen anschauen. Ich versuche, sie mit Handbewegungen zu beruhigen, aber die Australierin reagiert panisch, bettelt um Mist, schmiert ihn sich ins Gesicht, in die Haare, überall hin. Inzwischen steht der Bulle über uns. Angelockt von den wilden Bewegungen läßt er seinen tropfenden Rüssel über die Australierin gleiten, beschnuppert sie. Langsam entfernen wir uns aus der Reichweite der riesigen Füße, sie bleibt wie versteinert liegen. Da dreht der Bulle ab, schaut noch mal von oben herab in die Runde und trottet zufrieden vor sich hinschnaubend den anderen hinterher. Später an der Bar setze ich mich in meine Schaukel und trinke mit den erleichterten Gästen auf unser aller Gesundheit. Claudia bringt noch eine Runde und zwinkert mir verschwörerisch zu.

Als wir nach einigen Wochen den Park verlassen, haben wir viel über die Verhaltensweisen der Tiere gelernt, von Forschern und den einheimischen Führern. Der Boß des Unternehmens in Maun ist zufrieden mit dem gestiegenen Umsatz. Wie wir das geschafft haben, weiß er nicht. In östlicher Richtung nehmen wir Kurs auf Zimbabwe und Moçambique. Wir kommen an der Nxai-Pfanne vorbei, wo eine Ansammlung von eindrucksvollen Baobab-Bäumen in einer trockenen Salzsenke steht, ein bekanntes Fotomotiv. Beim Baobab oder Affenbrotbaum saugt der ganze Stamm das Wasser auf wie ein Schwamm. Elefanten wissen das in der Trockenzeit zu schätzen. Die individuellen Formen verblüffen uns immer wieder aufs neue. So manche dieser Baumriesen wurden schon ausgehöhlt und zu Wohnhäusern oder Kneipen umfunktioniert.

Vierzig Kilometer südlich der Straße befinden sich sieben ineinander verwachsene Baobabs, auch die Sieben Schwestern genannt. Staunend wandern wir um den mächtigen Stamm, zu dem sie verschmolzen sind, klettern darin herum, essen das trockene Fleisch ihrer Früchte und betten uns für die Nacht in ihrem Windschatten. Als sich das erste Sonnenlicht in den dünnen Zweigen verfängt, sind wir schon auf den Beinen. Wir möchten eine bestimmte Insel finden, auf der noch weitere hundert dieser Ungetüme stehen. Die Insel liegt irgendwo in der Salzpfanne von Makgadikgadi, ganz in der Nähe.

Nach zweitägiger Irrfahrt von dreihundert Kilometern schlagen wir unser Lager mitten auf der Insel auf. Freunde hatten uns dringend geraten, hier nur mit einheimischen Führern hineinzufahren. Es sei sehr schwierig, sich in diesem großen Gebiet zurechtzufinden, einige Besucher seien schon durch die Salzkruste eingebrochen und spurlos verschwunden. Doch wir haben keine Probleme mit der Orientierung. Was uns zu schaffen macht, sind die vielen Zäune, die von der Europäischen Gemeinschaft aufgestellt worden sind. Sie zwingen uns zu beträchtlichen Umwegen.

Die Zäune sollen die Verbreitung der Maul- und Klauenseuche verhindern, denn neben Diamanten sollte auch Rindfleisch ein wichtiger Exportartikel in Botswana werden. Als dann eines Tages fünfzigtausend Gnus auf ihren Migrationsrouten Hunderte Kilometer durch die trockene Kalahari-Wüste wanderten, um am Ende der Durststrecke einen Fluß zu erreichen, trennte sie dort ein dämlicher Zaun nur wenige Meter vom rettenden Wasser. Sie mußten alle jämmerlich verdursten. Entwicklungshilfe in Afrika mag gut gemeint sein. Leider müssen wir immer wieder beobachten, daß sie langfristig oft mehr Unheil anrichtet, als Nutzen zu bringen.

Wir bereuen unsere Umwege nicht. Jetzt kennen wir zwar jeden Meter Zaun und jedes Schlupfloch darin, sind im Weichsand eingesunken, um Dünen herumgefahren, durch die Salzkruste gebrochen und haben die Motorräder wieder freibekommen. Aber wir haben auch die Menschen getroffen, die hier draußen leben, haben gesehen, wie sie ihre runden Hütten und Ställe mit spitzen Holzpflöcken umgeben, als Schutz vor Angriffen der Raubtiere. Wir sind über kleine Salzpfannen gefahren, durch Mopane- und Ebenholzgewächse geirrt. Schließlich fanden wir die Insel, auf der wir jetzt im silbrigen Mondlicht die schwarzen Silhouetten der verschiedensten Baobabformen betrachten, die sich von der reflektierenden, weißen Scheibe Salz abheben, die die Insel umgibt. Der Wind rauscht in den kahlen Zweigen wie entfernte Meeresbrandung, der Vollmond wirft gespenstische Schatten.

Wir sind nicht alleine. Etwa fünfhundert Meter weiter, am anderen Ende der Insel, hat ein Fernsehteam sein Camp aufgebaut. Die einheimischen Führer besuchen uns, verhalten sich merkwürdig zurückhaltend und respektvoll. Sie scheinen irgend etwas über uns zu wissen, unterhalten sich aufgeregt in ihrer Sprache, schauen uns mit großen Augen an. Dann erzählen sie uns zögernd, daß ihre Begegnung mit uns von einem Buschmann vorausgesagt worden sei. Er habe getanzt, bis er in einen Trancezustand gefallen sei, habe dann über ihre Zukunft gesprochen. Unter anderem habe er dieses Treffen beschrieben, mit einem Paar, das immer reist, Fremde, die von sehr weit her kommen, auf großen Motorrädern reiten. Sie würden sich auf dieser Insel treffen, bei Vollmond. Wir sind gleichermaßen erstaunt. Dieser Tanz soll vor etwa einem Jahr stattgefunden haben, da waren wir noch in Südamerika. Die drei Afrikaner sind pechschwarz, nur ihre weißen Augen und Zähne strahlen uns aus der Dunkelheit entgegen. Sie sagen, sie wüßten jetzt, daß auch die anderen Weissagungen eintreffen werden. Bisher hätten sie es für Hokuspokus gehalten.

Diese Insel ist eine der zwei wichtigsten Stätten der Buschmänner. Ich hatte schon einige Erfahrungen mit einer Gruppe der San gemacht. Wir waren uns in der Nähe der Tsodilo-Hügel begegnet, der anderen heiligen Stätte, wo sie im Verlauf mehrerer Generationen über dreitausend Felszeichnungen hinterlassen haben. Eigentlich hatte ich unterwegs mehrmals aufgeben wollen, denn der Weg durch den lockeren Sand der Kalahari-Buschwüste war eine Nummer zu hart für mich gewesen, er gehört zu den schwierigsten im Lande. Claudia war erst gar nicht mitgekommen, sie wartete bei einem Camp am Okavango-Fluß auf meine Rückkehr. Zwei tiefe Spurrillen, die Geländefahrzeuge gegraben hatten, führten kurvenreich um Büsche, die direkt neben der Spur wuchsen und mit langen Dornen bewehrt waren. Es gab keine andere Möglichkeit, als genau in einer Spur zu fahren, den Lenker nur locker zu führen und das Motorrad unter äußerster Konzentration durch Gewichtsverlagerung mit dem Hintern zu steuern. Alle zehn Minuten brauchte ich eine Pause, um meine Muskulatur zu lockern und die vielen Dornen aus meinem Körper zu ziehen. Als ich die San traf, fragte ich sie, ob ich mich für eine Weile an ihrem Feuerplatz ausruhen dürfe. Sie nickten und setzten sich dazu, alle Augen auf mich gerichtet. Ich sagte nichts weiter, bedauerte nur insgeheim, daß Claudia nicht mitgekommen war, wir hätten vielleicht für ein paar Tage hierbleiben können. Die San sagten, natürlich könne ich meine Frau mitbringen, wir seien herzlich eingeladen, hier zu wohnen, solange wir möchten. Sie hatten meine Gedanken gelesen und darauf geantwortet. Nonverbale Kommunikation, wie ich sie schon so oft erlebt habe, nur diesmal einseitig: ich dachte, sie redeten. Sie machten sich einen Spaß daraus, meine Gedanken zu jagen. Bevor ich mir meiner Gedanken richtig bewußt wurde, kam schon eine passende Bemerkung. Unwillkürlich dachte ich an meine Kamera, die ich bei Begegnungen dieser Art eher als störend empfinde. Aber den Anblick der ganz alten Männer, die in ihrer wettergegerbten Haut wie mumifiziert aussahen, wollte der Fotograf in mir natürlich gerne auf Zelluloid festhalten. Der Älteste, der auf dem Bauch im Sand lag, stützte sich auf die Ellbogen und nuschelte etwas, die Augen fest verschlossen. Die anderen nickten zustimmend, er möchte fotografiert werden, es sei in Ordnung.

Nach ein paar Tagen auf der Insel haben wir unseren Trinkwasservorrat fast aufgebraucht, wir müssen weiterziehen. Vom östlichen Hochland in Zimbabwe schauen wir herunter auf Moçambique, ein Land, dessen Wirtschaft nach dreißigjährigem Bürgerkrieg zum Stillstand gekommen ist, in dem nichts mehr funktioniert, weil einfach alles zerstört wurde, was zerstört werden konnte. Wir treffen einen ehemaligen britischen Söldner, der sich im Land sehr gut auskennt. Er kopiert uns militärische Landkarten und markiert darauf die Wege, auf denen ein Durchkommen mit Motorrädern möglich sein soll. Er sagt, das Land sei so fruchtbar, es könnte die Kornkammer für ganz Afrika sein. Da aber noch einige Millionen Minen rumliegen, die noch nicht gefunden wurden, trauen sich die Bauern nicht auf die Felder zurück, auf denen heute wieder Büsche und Bäume wachsen. Er ist um unser Wohl besorgt, legt uns ernsthaft ans Herz, wegen der vielen Minen zum Austreten bloß nicht hinter einen Baum zu gehen. Lieber sollten wir uns ein Schlagloch auf der Straße suchen, andere Fahrzeuge gäb es kaum, die könnten wir gegebenenfalls schon von weitem hören.

Die Menschen freuen sich, daß wir portugiesisch mit ihnen sprechen, erzählen von ihren Plänen, das Land von Grund auf wieder aufzubauen. Wir bewundern ihren Mut. Es gibt auch nicht genügend Trinkwasser. Eine Dürre hat den mächtigen Sambesi-Strom nahezu ausgetrocknet, schon die Victoriafälle in Zimbabwe hatten kaum Wasser geführt. Die Fähre einer amerikanischen Hilfsorganisation sitzt auf Grund. Nahrung kann nicht transportiert werden, alle Brücken sind gesprengt. Überall liegen Eisenbahnwaggons verstreut, die von der Wucht explodierender Minen durch die Luft geschleudert worden waren. Gleise ragen wie riesige, getrocknete Spaghetti in den Himmel. Kinder humpeln dazwischen auf Krücken herum, die Beine amputiert. Menschen graben nach eßbaren Wurzeln. Viele sind in

Baumrinde gekleidet, weil sie sich die Altkleider aus Spendenaktionen nicht leisten können, denn die werden von skrupellosen Händlern teuer verkauft. Eine europäische Organisation gibt Saatgut aus, damit die Menschen Gemüse anpflanzen können, aber bis zur Ernte können sie nicht warten. Der Hunger ist zu groß, lieber essen sie die Körner gleich auf. Zu allem Übel kommt noch eine sengende Hitze dazu. Wir halten die Härte des Lebens hier selbst nicht mehr aus und flüchten in Richtung Malawi in kühleres Bergklima. Am letzten Tag in Moçambique werden wir Zeuge einer Tragödie, die sich überall im Land täglich ereignet. Eine junge Mutter will ein scharfkantiges Metallstück aus ihrem Garten entfernen. Es ist eine Mine. Wir können ihr nur noch helfen, den Arm abzubinden und einen Jeep zu besorgen, der sie, mit dem Kind auf dem anderen Arm, zur Amputation in ein Krankenhaus auf der anderen Seite der Grenze bringt.

Auch wir passieren hier die Grenze und entscheiden uns damit, auf der westlichen Seite des großen Njassasees durch Malawi nach Tansania zu fahren. Viel lieber hätte ich die Route auf der Ostseite des Sees durch die nördlichen Regionen von Moçambique nach Tansania genommen, weil das Gebiet auf beiden Seiten der Grenze zu den ursprünglichsten in Afrika gehören soll, mit entsprechend großem Tierbestand. Doch uns schreckt die lähmende Hitze ab. Dafür freuen wir uns schon auf ein Gebiet zwischen der Massaisteppe und dem Natronsee, in dessen Mitte sich der noch rauchende Vulkan Ol Doinyo Lengai befindet.

Auch hier gibt es keine richtigen Straßen, wir müssen uns auf Tierpfaden zurechtfinden und auf den Wegen der Massai. Die Grenzen des weltberühmten Serengeti-Nationalparks existieren nur auf Karten. Da es keine Zäune gibt, befinden sich die Tiere auch außerhalb des ausgewiesenen Areals. Es ist gerade die Zeit, zu der Hunderttausende von Gnus und Zebras auf Wanderschaft gehen. Wo immer sich diese Tiere befinden, tauchen Löwen, Geparde, Hyänen, Schakale und Geier auf. Südlich des Ngorongorokraters folgen wir einer Spur entlang der steilen Außenflanke dieses riesigen Vulkans in den Norden. Wir treffen auf einige kleine Dörfer der Massai, die mit ihren Rinder- und Ziegenherden die Steppenlandschaft mit den wilden Tieren schon seit Menschengedenken recht friedlich teilen. Ihre ovalen Hütten sind aus Zweigen und Lehm geformt, mit flachen Dächern. Die Frauen sind meist in blaue Stoffe gehüllt, ihr Kopf- und Halsschmuck ist mit vielen bunten Plastikperlen bestückt. Die Männer tragen einen

Umhang aus rotweißkariertem Stoff. Im durchbohrten Ohrläppchen klemmt ein Filmdöschen, in dem sich irgendwelche Kräuter oder Pudermixturen zum Schutz gegen Geister oder Löwen befinden, zu deren Abwehr die großen, hageren Männer auch immer einen Speer mit sich führen. Sie empfangen uns freundlich und stolz, betrachten sich gerne in unseren Motorradspiegeln und scheinen sehr auf ihr äußeres Erscheinungsbild bedacht zu sein. Sie sorgen sich um unsere Sicherheit. Von Wasserlöchern sollen wir lieber fernbleiben. Dabei sind gerade diese kleinen Teiche so interessant, weil da alle Tiere zur Tränke hinkommen.

Wir haben schon an vielen Wasserlöchern gesessen, in vielen verschiedenen Parks, allerdings geschützt auf einem Hochstand oder im Auto. Stundenlang beobachteten wir dann das Treiben, immer wieder fasziniert, wie Schnelligkeit, List, Kraft oder Zusammenhalt einer Gruppe das Überleben oder Sterben in der Natur bestimmen. In der Etoschapfanne in Namibia konnten wir beobachten, wie mehrere Löwen ein Nashorn rissen, das nach zwanzigminütigem Todeskampf unterlag – ein grausamer, aber natürlicher Vorgang. Im Hwange-Park in Zimbabwe sahen wir, wie ein Krokodil sich ein junges Kudukalb beim Trinken schnappte, unter Wasser hielt, zerlegte und auffraß. Als den eigentlichen König der Tiere haben wir den Elefanten ausgemacht, unser Wappentier, das wir seit Kerala, Südindien, auf unseren Benzintanks tragen. Er läßt sich durch nichts beirren, geht geradewegs auf sein Ziel zu, der erhobene Rüssel ein Symbol des Glücks.

Wenn wir hier in der freien Wildbahn zelten wollen, müssen wir uns zum Schutz vor Raubtieren etwas einfallen lassen. Ein Trampelpfad führt uns zu einem entlegenen Wasserloch, kein Dorf und keine Menschenseele in der Nähe, im Vordergrund ein einzelner Baum, im Hintergrund der perfekte Kegel des Ol Doinyo Lengai. Am Wasser ein Dutzend verschiedener Tiere, in der üppigen Landschaft grasen wilde Herden. Afrika wie im Bilderbuch. Hier möchten wir bleiben. In etwa hundert Meter Entfernung bauen wir unser Camp, indem wir Zelt und Motorräder mit trockenen Zweigen von Dornbüschen umgeben, so wie es junge Massai-Krieger tun, wenn sie über Nacht draußen bei ihren Rinderherden bleiben müssen. Es ist unglaublich, wie viele Tiere wir hier beobachten können, auch der große Marabu und viele Weißstörche landen zum Trinken. Sie überwintern hier, wenn es in Europa zu kalt ist. In der Nacht hören wir das Heulen der

Schakale, Hyänen schleichen um unser Lager, laufen kichernd davon. Am Morgen stolziert vorsichtig eine einzelne Giraffe vorbei, spreizt die Vorderbeine weit auseinander, damit sie mit der Schnauze tief genug zum Trinken herunterreicht. Zebras umgeben schützend ihre Jungen. Auf diese Weise bilden sie eine gestreifte Mauer und verwirren ihre Feinde. Ganz langsam fahren wir weiter, mitten durch die großen Herden, die sich von den Motorrädern kaum gestört fühlen.

Die nächste Nacht verbringen wir in einem Revier scheuer Leoparden, im Hintergrund der schneebedeckte Kilimandjaro, mit seinen 5.895 Metern der höchste Berg Afrikas. In Kenia kreuzen wir mehrmals den Äquator, fahren durch Tee- und Kaffeeplantagen um den Berg Kirinyaga herum, ins trockene Rifttal, durch Parks und an Seen vorbei, die von rosa Flamingos besetzt sind. Dann wählen wir eine Lehmpiste, die nördlich um den Berg Elgon nach Uganda führt, wunderschön, durch kleine Dörfer und dichten Mischwald. Am riesigen Victoriasee entlang überqueren wir die Stelle, an der der Blaue Nil austritt. Wir erreichen die Hauptstadt Kampala, wo wir in der ehemaligen Residenz des Exdiktators Idi Amin campieren, die heute als Zeltplatz für Afrikareisende aus aller Welt dient.

Hier treffen wir Maya wieder, einen Südafrikaner, den wir bei einem Rolling-Stones-Konzert in Johannesburg kennengelernt hatten. Er hatte uns von einem Zeitschriftenartikel her wiedererkannt und angesprochen. Auch er wollte mit seiner Freundin zusammen auf Motorrädern quer durch Afrika bis nach Europa und Deutschland reisen, dem Herkunftsland seiner Eltern. Unterwegs hatten sich die beiden getrennt, und er war alleine weitergefahren. Auch ein anderes Pärchen hatte unsere Geschichte gelesen, sich daraufhin zwei Motorräder gekauft und uns unterwegs eingeholt. Wir verbrachten etwas Zeit zusammen auf der Gewürzinsel Sansibar, aber sie reisten viel schneller und sind längst in England angekommen, wie sie uns per Brief mitteilten. Ähnlich haben wir es schon öfter erlebt. Leute lesen unsere Abenteuerberichte, in ihnen erwacht ihr eigener Traum, sie fühlen sich ermutigt und fahren los. Wenn wir uns dann unterwegs zufällig treffen, ist das immer ein Grund für eine spontane Party. Mit Maya haben wir uns für Mitte März 1996 in Kampala verabredet. Wir sind froh, daß er auf uns gewartet hat, denn wir haben uns um einige Wochen verspätet. Wir wollen gemeinsam durch Zaire, nur vorher noch einen Abstecher nach Ruanda machen.

Total durchnäßt folgten wir den schwarzen Parkrangern, die beiden Soldaten liefen mit ihren Gewehren über den Schultern hinterher. Mittlerweile war es uns egal, wo wir hintraten, unsere Schuhe waren schon lange schlammgetränkt. Gerade hatte uns der eine Ranger auf den frischen Kot im Dickicht aufmerksam gemacht, nun krochen wir auf allen vieren hindurch, denn er war überall. Die Gruppe mußte hier die letzte Nacht verbracht haben. Fast fühlten wir uns schon selber wie die Gorillas, auf deren Suche wir uns begeben hatten.

Seit ich ein paar Jahre zuvor den Film über die Berggorillas in den Nebelwäldern Ruandas gesehen hatte, war es mein Wunsch gewesen, diese sanften Riesen in freier Natur zu beobachten. Es wäre einfach gewesen, in Kampala, der Hauptstadt Ugandas, eine Tour in den Virunga Park zu buchen, wo verschiedene Gruppen Gorillas leben. Doch war uns der Ablauf dort zu touristisch, die Parkranger waren dort jeden Tag mit einer größeren Gruppe ausgebucht, und wenn man Pech hatte, bekam man gar keinen Gorilla zu sehen. Hier hatte man wenigstens die Chance, es am nächsten Tag fürs selbe Geld noch mal zu probieren.

Nur zögernd hatten wir uns nach Ruanda hineingetraut, hatten vorher überlegt, ob wir wirklich in ein Land fahren wollen, wo sich die Völker gegenseitig morden. Überall auf den Straßen gab es Militärkontrollen, wobei die Soldaten noch recht höflich waren, zumindest gab es keine Korruption. Dafür mußten wir aber alles auspacken, mitten auf der Straße, die Schlafsäcke, das ganze Essen, den gesamten Inhalt unserer Packtaschen – auf einer kurzen Strecke dreimal hintereinander. Auf dem Weg zum Kivusee wollte Klaus ein Foto von einem Auffanglager für zurückkehrende Flüchtlinge machen, doch da waren die Soldaten dann nicht mehr so höflich.

Abrupt hielt der Führer unserer kleinen Gruppe an, bedeutete mit einem Finger über den Lippen, daß wir leise sein sollten. Im Flüsterton erklärte er uns, daß die Gorillas ganz in der Nähe seien, wir unsere Kameras bereit halten sollten. Ganz plötzlich zog er mich am Ärmel meiner Regenjacke und schob mich um den nächsten Busch herum. Dort fand ich mich Auge in Auge mit einem Silberrücken wieder, der, sichtlich überrascht über mein plötzliches Auftauchen, erst große Augen machte, sich dann aber laut brüllend auf die Brust trommelte und im nächsten Moment einen Satz in die Büsche machte. Dort blieb er sitzen und beobachtete uns Störenfriede.

Der Regen war in ein Nieseln übergegangen und hörte langsam auf, dafür bildeten sich sogleich Nebelschwaden, die zwischen dem nassen Blattwerk der Bäume und Büsche aufstiegen. Nach und nach entdeckten wir auch die anderen Mitglieder der Gorillafamilie. Da gab es zwei Weibchen mit je einem Gorillababy, zwei Jungtiere und noch ein ausgewachsenes Männchen, die aber alle dem Silberrücken als Anführer der Gruppe unterlegen waren. Dieser hatte sich wieder beruhigt und kaute nun genüßlich an den Blättern herum, beobachtete uns aber aus den Augenwinkeln. Die Parkranger hatten uns erklärt, daß wir den Gorillas nie direkt in die Augen sehen dürfen, sondern auf den Boden schauen und uns dabei immer wieder räuspern sollten, so als ob wir einen Frosch im Hals hätten. Gleichzeitig könnten wir noch so tun, als ob wir Blätter kauten. Auch sollten wir nicht mit dem Finger auf die Tiere zeigen, da diese Geste als Aggression verstanden werden könnte. Trotz der Größe der Tiere hatten wir überhaupt keine Angst, wußten wir doch aus Filmen und Berichten, wie gutmütig Gorillas sind.

Es war ungemein faszinierend, die hübschen Gesichter mit den ausgeprägten Nasen und die Mimik dieser Tiere, die der unseren so ähnlich ist, zu beobachten. Während sich die Weibchen etwas abseits hielten, gaben uns die Jungtiere eine Sondervorstellung. Wie um die Wette trommelten sich die beiden auf ihre Brust, versuchten ähnliche Töne wie der große auszustoßen. Immer wieder fielen sie dabei hintenüber und vollendeten das Ganze mit ein paar Purzelbäumen. Leider ging die Stunde, die uns zur Verfügung stand, viel zu schnell vorbei, doch die Begegnung mit diesen seltenen Tieren, die immer ein wenig traurig aussehen, hatte uns tief beeindruckt. Es wäre schön, wenn ihr Lebensraum in den Nebelwäldern erhalten bliebe.

Zaire ist das Land, das den Afrikafahrern am meisten zu schaffen macht, weil das Straßennetz total zusammengebrochen ist. Präsident Mobutu hat seit über dreißig Jahren nichts mehr für die Infrastruktur getan, die früher zu den am besten entwickelten in Afrika zählte. Heute gibt es kaum noch intakte Brücken, jährlich erobert sich der Urwald Tausende von Kilometern des einstigen Straßennetzes zurück. Mit jedem Jahr wird ein Durchkommen schwieriger, nur noch die wenigsten lassen sich auf dieses Abenteuer ein. Wenn wir mal jemanden treffen, der uns aus Zaire entgegen kommt, überschütten wir ihn mit Fragen, schreiben uns alle Tips sorgfältig auf. Viele mußten sich Behelfsflöße und -brücken bauen und dann doch ihre Fahrzeuge zurücklassen. Am meisten schimpfen die Abenteurer über die maßlose Korruption. Nach neuestem Stand müssen Truck-Afrika-Fahrer mitten im Schlammloch von Buta, einem Ort, den sie nicht umfahren können, 1.600 Dollar Wegezoll zahlen. Zu dritt können wir uns gegenseitig besser helfen. Mit unseren Visa haben wir einen Monat Zeit, die knapp tausend Kilometer bis zur Zentralafrikanischen Republik zu bewältigen.

An der Grenze zu Zaire geht das Drama schon los. Nach dem Ruanda-Abstecher sind wir ganz in den Norden Ugandas gefahren. Dort haben wir einen kleinen Übergang im Busch gewählt. Jetzt suchen wir den Zöllner, der in irgendeiner Lehmhütte wohnt, damit er uns ordnungsgemäß aus Uganda ausstempeln kann. Wir sind froh, es bis hierher geschafft zu haben, denn die Grenzregion wird von christlich-fanatischen Koni-Rebellen unsicher gemacht, die vom Sudan her ihre Überfälle organisieren. Ihre Spezialität ist es, ihren Opfern Ohren und Lippen abzuschneiden. Eine schwerbewaffnete Militäreskorte hat uns im Schneckentempo durch dieses Krisengebiet gebracht, ausgebrannte Fahrzeuge am Straßenrand zeugten von der Gefährlichkeit der Strecke.

Wir finden den Zöllner und komplimentieren ihn in sein Büro, eine winzige Lehmhütte. Dort stellt er zu seinem Bedauern fest, daß das Stempelkissen ausgetrocknet ist, und entläßt uns aus Uganda auf einem schmalen Trampelpfad durch das Dickicht, an dessen Ende nach etwa einem Kilometer sich der Posten von Zaire befindet. Hier hat der Grenzbeamte ein tropfnasses Kissen. Aber bevor er es benutzt, errechnet er umständlich – neben der üblichen Spende für neue Tinte – eine Gebühr von 420 US-Dollar. Wir haben mit einem höheren Betrag gerechnet, wollen aber nichts bezahlen, außer einem Trinkgeld zum Abschluß, falls die Leute uns nett behandeln. Es kommen noch andere Beamte in die Bretterbude, eine lebhafte Diskussion hebt an, wobei wir Gelegenheit haben, unser eingerostetes Französisch zu trainieren. Wir werden es brauchen können, denn von hier bis Marokko ist die Amtssprache meist Französisch, während in Süd- und Ostafrika Englisch gesprochen wird. Die Beamten sind ausnahmslos sehr freundlich, von der gewohnten Arroganz afrikanischer Zöllner keine Spur. Wir argumentieren, in Kampala bei der zairischen Botschaft schon je 50 Dollar für die Einreisevisa bezahlt zu haben, wobei wir ausdrücklich darauf hingewiesen wurden, daß an der

Grenze keine weiteren Gebühren folgen würden. Also hätten wir dafür kein Geld vorgesehen. Unser Weg zurück nach Europa sei noch lang und unsere Reisekasse fast leer. Allerdings sagen wir nie, daß wir gar nichts zahlen wollen. Sie klagen, daß Mobutu ihre Löhne nicht bezahle, sie seien auf Nebeneinnahmen angewiesen. Über dem Schreibtisch hängt das Bild des Präsidenten, darunter ein Schild: »Es ist eine Ehre, seinem Volke zu dienen!« Es hilft alles nichts, unsere Pässe wandern in die Schublade, die Volksdiener ziehen sich in ihre Hütten zurück, sie wollen unsere Geduld auf die Probe stellen. Zu allem Überfluß geht noch ein Wolkenbruch nieder, weicht langsam die Erde auf. Jetzt haben wir viel Zeit, denn bevor es nicht wieder trocken ist, brauchen wir erst gar nicht zu starten. Nach ein paar Stunden erbitten wir die Genehmigung, hier zelten zu dürfen, und richten uns auch gleich ein, direkt vor dem Zollhaus. Kaum stehen die Zelte, über dem Spirituskocher brutzelt das Abendessen, da kommen unsere Pässe gestempelt zurück, wir sind willkommen, brauchen nichts zu bezahlen. Am Morgen verteilen wir ein paar Geschenke, T-Shirts, Kugelschreiber, Feuerzeuge und Zigaretten. Für die Menschen im tiefsten Busch, die wir später zu treffen hoffen, haben wir Jodsalz im Gepäck, was dort Mangelware ist. Wir haben es in viele leere Filmdöschen gefüllt, die auch später noch begehrte Behälter sein dürften, weil sie wasserdicht sind.

Anfangs sind die Straßen in Zaire noch recht passabel. Wir kommen schnell voran und erreichen unseren ersten Stützpunkt, einen internationalen Tabakkonzern. Große Firmen halten die Straßen in ihrer Umgebung selbst in Schuß, wie auch die vielen Missionsstationen, die nahezu einzigen noch funktionierenden Kommunikationszentren im Lande. Der Tip eines anderen Reisenden, hier zu übernachten, war goldrichtig, wir werden freundlich aufgenommen, bekommen zwei hübsche Zimmer. Von unserem Kilo Antilopenfleisch, das wir in der Küche zur Zubereitung abgegeben haben, bleiben für uns nur drei klägliche Fleischbällchen übrig. Kein Wunder, so gut wie sie schmecken. Es soll unser letzter Luxus sein für lange Zeit, nur wissen wir das noch nicht.

Die Straße wird zusehends schlechter. Wir befinden uns auf einer der letzten Lkw-Routen in diesem Teil des Landes. Distanzen von Ort zu Ort werden in Wochen oder Monaten angegeben. Die Löcher im Lehmboden sind so groß und tief, ganze Lastwagen könnten darin verschwinden. Ein Beifahrer läuft mit einem Stock voraus und zeigt die Tiefe an. Steckt ein schwerbeladener Laster fest, wird solange tiefer gegraben, bis man auf festen Grund stößt, wo die Antriebsräder wieder packen. Das ist uns auf die Dauer zu anstrengend. Also versuchen wir, die Löcher auf Trampelpfaden zu umfahren, die uns oft, zur Freude der Buschbewohner, durch deren Vorgärten führen. Bei nächster Gelegenheit weichen wir auf eine Straße aus, die wegen der schwachen Brücken gerade noch von leichten Geländefahrzeugen befahren werden kann. Hier sind die Löcher nicht ganz so tief. Aber wir kommen kaum noch voran. Das heiße und schwüle Klima, Regen und Matsch setzen uns immer mehr zu. Bald lernen wir die festen, schmalen Fahrradspuren schätzen, die – zügig im Slalom zu nehmen – die beste Spur auf den Wegen vorzeichnen.

Zaires Lastentransporteure haben längst vom Lkw aufs Fahrrad umgesattelt. Was in Tagesmärschen transportiert werden kann, wird noch auf dem Kopf getragen. Der Rest der Wirtschaftsgüter rollt von Pedalen getrieben durchs Land und über die Grenzen. Wir treffen zahlreiche Fahrradkolonnen, unter ihnen viele Frauen, die sich besonders freuen, wenn sie Claudia entdecken. Der Handel mit Uganda ist lohnender als der mit der Zentralafrikanischen Republik oder dem Sudan. Sie befördern Palmöl nach Uganda, vier bis fünf Kanister à 20 Liter pro Rad, investieren den Erlös in ein neues Fahrrad, Ersatzteile, Seife oder Salz – Dinge, die sie dann auf dem Rückweg verkaufen. Die Radfahrer können uns über den letzten Stand der Verbindungswege aufklären. Sie erzählen von ihren eigenen Wegen, die sie sich auf ehemaligen Straßen erhalten haben. Es sind Spuren, die durchs mannshohe Gras führen, oft nur handbreit. Die Abkürzung nach Faradje, einem Ort mit einer Mission, die wir ansteuern, finden wir erst gar nicht, bis wir einen Radfahrer im hohen Gras verschwinden sehen und ihm folgen. Es ist, als ob wir mit dem Motorrad in einem trockenen grünen See schwimmen. Gräser kommen entgegen, und wir schweben in der Mitte durch, wir können die Spur nur erahnen. Sie ist fest und eben, keine Löcher oder Schrägen. Wir kommen zwar nicht schneller als im ersten Gang vorwärts, dafür aber stetig. Die Brücken bestehen aus wenigen Baumstämmen, doch zu dritt ist es kein Problem, die Motorräder einzeln sicher darüber zu balancieren. Die Graslandschaft wechselt mit Buschwald ab, dazwischen ab und zu runde Lehmhütten. Die Menschen winken uns von ihren kleinen Maisfeldern zu oder aus ihrem Lehnstuhl, der gemütlich im Schatten eines größeren Baumes steht. Je weiter wir aus der sumpfigen Tiefebene des Landes in die höheren Lagen des Nordens kommen, desto granithaltiger wird der Boden, desto griffiger die Wege. Hier macht es nichts mehr aus, daß gerade Regenzeit ist. Im Süden des Landes dürften die Wege jetzt so glitschig sein wie damals im Amazonasgebiet.

In jedem größeren Ort gibt es lästige Polizei- und Militärkontrollen. Wir umfahren sie möglichst oder rauschen notfalls durch, ohne anzuhalten, um langwierige Wegezollverhandlungen zu vermeiden. Hinter Faradje unterbricht eine fehlende Brücke unseren Weg nach Dungu, dem einzigen Benzindepot auf unserer Route nach Bangassou in der Zentralafrikanischen Republik. Die Böschung ist zu steil, das Wasser zu tief. Eine Umfahrung im Süden würde einen Umweg von fünf bis sieben Tagen bedeuten. Soviel Benzin haben wir nicht. Im Norden liegt der Garamba-Nationalpark, da sind Motorräder offiziell verboten. Wir wissen, daß es dort eine Möglichkeit gibt, auf Parkwegen und mit Fähren wieder Anschluß an die Straße nach Dungu zu finden. Im Schatten der Mangobäume beraten wir unsere Lage und beschließen, es zu versuchen. Überall sind Spuren von Elefanten, sie mögen Mangos genauso gern wie wir.

Im Park lernen wir Frazer und seine Frau Kathy kennen, die aus Südafrika stammen und schon seit zwölf Jahren hier arbeiten. Sie sind beide Piloten und führen ein sehr spannendes Leben. Der Garamba-Park ist einer der ältesten Afrikas und wird von ausländischen Organisationen unterstützt, unter anderem auch von der Frankfurter Zoologischen Gesellschaft. Belgische Kolonialisten haben schon 1901 begonnen, hier Elefanten zu domestizieren und als Arbeitstiere zu trainieren. Heute sind noch vier erwachsene Elefanten übrig, die geritten werden können. Zu den 138 verschiedenen Säugetierarten des Parks zählt auch eine Unterart des Breitmaulnashorns, deren Population sich seit 1984 von fünfzehn auf zweiunddreißig erhöht hat. Das ist nur einer der Erfolge. Ein Problem sind die Wilderer, die meist aus dem Sudan hier einfallen. Wenn auf dem Schwarzmarkt bis zu vierzigtausend Dollar für ein Horn geboten werden, ist die Versuchung bei vielen groß. Pulverisiert als Aphrodisiakum, wird es dann auf den Märkten in Taiwan und Japan weiterverkauft. Die meisten kommen vom Hunger getrieben und riskieren dabei ihr Leben. Die Anti-Wilderer-Einheiten bestehen aus jeweils zehn Soldaten. Sie sind mit tschechischen und jugoslawischen Schnellfeuergewehren ausgerüstet. Für einen »contact« bekommt die Truppe 120 Dollar, für jede erbeutete Waffe noch mal 50 Dollar, was hier ein kleines Vermögen darstellt. Ein »contact« bedeutet in der Regel den Tod des Wilderers. Sein Körper bleibt für die Raubtiere zurück, gewildertes Fleisch wird von den Soldaten gegessen. In den letzten fünf Jahren wurden hier allein dreieinhalb Tonnen Elfenbein von den Wildhütern eingesammelt und unter Verschluß genommen, wieviel das Land verlassen hat, weiß niemand.

Wir richten uns für ein paar Tage in einem der schönen Gästehäuser ein. Maya und ich begleiten einen Colonel im offenen Geländewagen zu einem Ausbildungslager für Rekruten ganz in der Nähe der Grenze zum Sudan. Sechzig junge Männer werden militärisch gedrillt, ihre Kleidung besteht aus Stoffetzen, ist als solche kaum noch zu erkennen. Grob geschnitzte Hölzer sollen die Waffen darstellen. Die Rekruten müssen auf der Stelle laufen, sie werden vom Vorgesetzten angebrüllt, der will den Colonel beeindrucken. Wer nicht schnell genug ist, muß zur Strafe Purzelbäume ums Mannschaftszelt herum schlagen. Wer alles richtig macht, darf im Laufschritt sein Emaillegeschirr holen, um Essen zu fassen. Gekocht wird auf offenem Feuer in aufgeschnittenen Öltonnen, dieselbe Sorte, die wir damals auf dem Yukon als Schwimmer für unser Floß verwendet haben. In einer Tonne ist Reis, in einer anderen sind rote Bohnen und in der dritten das Fleisch von einem Büffel. Weil Maya und ich heute Gäste sind, bekommen wir zusammen mit dem Colonel zuerst serviert. Ich bin angenehm überrascht, der Koch hat Talent. Maya scheint es auch zu schmecken. Er kaut genüßlich schmatzend an einem zähen Stück, das bei näherer Betrachtung verdächtig nach einem bestimmten Ringmuskel aussieht. Spätestens jetzt ist mir klar, daß hier wirklich restlos alles vom Tier verwertet wird.

Zurück im Verwaltungsgebäude, bekommen wir den Führer Takipi zugeteilt. Er soll uns bei der Durchquerung des Parks mit seiner Kalaschnikow vor Angriffen wilder Tiere schützen. Ich verteile etwas von meinem Gepäck auf die beiden anderen Motorräder und nehme Takipi als Sozius mit. Kaum fahren wir durch das Gras der Savanne, das zur Zeit niedrig ist, da beginnt es stark zu regnen. Der schwarze Boden wird rutschig wie Glatteis, wir müssen warten, bis er wieder getrocknet ist, bauen an Ort und Stelle unsere Zelte auf. Takipi legt sich mit der Kalaschnikow zu Maya ins Zelt und schnarcht bald seelenruhig vor sich hin. Am nächsten Tag kommen wir gut voran. Nur einmal hält uns eine Büffelherde auf, die unseren Weg kreuzt, ihr Getrampel wie Donnergrollen, die Bewegung wie eine Lawine.

Auf parkeigenen Pontons ziehen wir uns über den Garamba-Fluß. Dann finden wir den Anschluß an die Hauptstraße und erreichen bald Dungu.

Am Ortseingang stehen zwei aufgebockte Geländewagen, daneben sitzen auf Campingstühlen zwei Pärchen. Die einen sind Schweizer, die anderen Engländer. Sie kommen aus Bangassou, haben es bis hierher geschafft, sind mit den Nerven am Ende, fluchen über die mörderische Strecke, Mobutu, Zaire und den Rest der Welt. Die Chassis ihrer Fahrzeuge sind an mehreren Stellen gebrochen, die Tanks vom ständigen Aufsetzen leck geschlagen. Im Gegensatz zu uns brauchen sie zwei befahrbare Spuren. Ist eine tiefer als die andere, gerät das Auto in Schräglage. Oft müssen Seilwinden zu Hilfe genommen werden, Blechschäden lassen sich nicht vermeiden. Wir tauschen unsere aktuellen Reisetips aus und erfahren, welchen Weg wir nehmen müssen, um auf guten Straßen zum Grenzort Zemio zu gelangen. Einer der schlechtesten Streckenabschnitte, wo fast alle langfahren, liegt vor Bangassou, und das wollen wir uns nicht unbedingt antun.

Bei der Mission in Dungu tanken wir alles voll, auch die Reservekanister. Es ist der teuerste Sprit auf unserer gesamten Weltreise – bei den immensen Transportschwierigkeiten auch kein Wunder. Wenn das Benzin auf dem Landweg nicht mehr durchgebracht werden kann, wird es eingeflogen. Auf dem Marktplatz decken wir uns ein mit Kaffee aus der Region, Tomatenmark in kleinen Döschen, hausgemachter Erdnußbutter, Reis, Ananas und Gemüse. Die reichste Auswahl, die wir im Lande finden. Weil wir wußten, daß es in Zaire nicht viel zu kaufen gibt, haben wir aus Uganda Essensrationen für einen ganzen Monat mitgebracht, darunter 20 Kilo Kartoffeln. Die Menschen sind sehr hilfsbereit, sie zeigen uns den richtigen Weg, wir kommen gut voran, fahren von Mission zu Mission, bis ins Dreiländereck mit Sudan und der Zentralafrikanischen Republik. Unterwegs spielen wir für die Missionare Postbote, einmal habe ich fünf Kilo Briefe im Gepäck. Für die schnelle Beförderung laden uns Nonnen auf einen gemütlichen Abend beim Palmwein ein. In Zaire hat es uns sehr gut gefallen, berichten wir ihnen, auch sind wir viel besser vorangekommen als erwartet. Das berüchtigte Zaire-Abenteuer haben wir bisher kaum erlebt. Daher entschließen wir uns, einen unter Überlandfahrern unbekannten Weg auszuprobieren. Anstatt den großen Umweg auf der empfohlenen Straße nach Zemio zu fahren, wollen wir versuchen, entlang der Grenze abzukürzen. Immerhin haben wir in Erfahrung gebracht, daß über diese Route ab und zu Fahrradtransporte aus Zemio kommen. Wo sie genau langfahren, müssen wir unterwegs herausfinden.

Die Straße ist zugewachsen bis auf eine schmale Spur. Wir fahren gemütlich im zweiten Gang, wegen der vielen Termitenhügel, die hier wie große Pilze mit Schirmdach aussehen. Sie sind etwa kniehoch und stehen versteckt hinter Gräsern. Wenn wir sie mit den Packtaschen erwischen, hebeln sie uns aus der Bahn, Stürze bleiben nicht aus. Oft müssen wir die Aluminiumkoffer wieder geradebiegen, Türscharniere neu verschrauben, weil sie von der Wucht einfach abgerissen werden. Nur hier und da kommen wir an Hütten vorbei, wo Leute Mais und Erdnüsse anpflanzen. Sie winken uns freundlich heran, bringen frisches Wasser zum Trinken und um Gesicht und Hände zu waschen, freuen sich, wenn wir unsere Zelte bei ihnen aufschlagen. Es ist das Gebiet der Zande, ein Volk, das sich früher über ein großes Gebiet ausbreitete und ein kleines Imperium errichtet hatte. Sie sollen in der Lage gewesen sein, Eisen zu gewinnen und Waffen zu schmieden, die sie den Nachbarvölkern überlegen machten, bis Engländer kamen und sie zurückdrängten. Die Frauen haben ihre steifen Kraushaare auf der Kopfhaut in Karrees aufgeteilt, in deren Mitte jeweils ein fest geflochtener Zopf absteht, wie eine Antenne.

Je näher wir der geographischen Mitte des Kontinents kommen, desto mehr haben wir das Gefühl, in tiefstes Afrika hineinzufahren. Wie in den ärmsten Gegenden von Moçambique sind die Menschen auch hier oft in Baumrinde gekleidet. Manche haben gar nichts an, einer versucht seine Mannespracht hinter der Klinge seiner Machete zu verbergen. Ihre runden Hütten mit spitzem Strohdach, auch die Ställe und Vorratskammern sind aus Lehm erbaut und ruhen auf Stelzen. Darunter steht oft eine große Trommel, die aus einem Stamm geschnitzt ist, innen ausgehöhlt, oben nur eine schmale Öffnung, ein hervorragender Klangkörper. Mit kleinen, harfenähnlichen Zupfinstrumenten, von Gesang begleitet, wird die Nacht durch musiziert und getanzt. Die Rhythmen sind mitreißend, die Melodien ergreifend, die Stimmen phantastisch. Hier wird noch die Kunst des Sprechtrommelns ausgeübt, die Übermittlung von Nachrichten mit Hilfe verschiedener Trommelklänge.

Wir kommen ganz gut voran, finden es aber verdächtig, daß uns in den letzten Tagen kein einziger Radfahrer begegnet ist. Offensichtlich wird diese Strecke nur sehr selten befahren. In einem niedrig geschnittenen Tunnel durch dichten Dschungel versperrt uns ein wild aussehender Typ den Weg. Seine Haare sind zottelig, sein Blick wirr, wie auf Droge. Mit der linken Hand stützt er ein Bettgestell, das er auf dem Kopf trägt, in der rechten hält er den frisch abgeschlagenen Kopf eines Affen. Den versucht er Claudia aufzudrängen, die sich vor Ekel abwendet.

In Pasi, dem größten Ort vor Zemio, erinnert sich kaum noch jemand daran, daß hier jemals eine Straße durchging. Wir kriegen nur raus, daß es etwa siebzig Kilometer von hier einen ersten Fluß und nach weiteren fünfundvierzig Kilometern einen zweiten geben soll, beides tiefe Ströme mit steilen Uferböschungen, die Brücken eingestürzt. Selbst für Radfahrer wäre es unmöglich, da rüberzukommen. Die würden in der Nähe einen sehr schmalen Schmugglerpfad durch den Urwald nehmen, der auf den sechzig Kilometern bis Ligua, dem ersten Ort hinter der Grenze, fünfzehn kleinere Flüsse kreuzt. Das sei an der Sudan-Straße, die von Bangassou kommt. Für den Grenzfluß Mbomo bräuchten wir ein Boot. Normalerweise gäbe es dort einen Fährbetrieb mit einem Einbaum, aber der Eigentümer sei zur Zeit verreist. Selbst die optimistischsten Kenner der Strecke bezweifeln, daß wir mit den großen und schweren Motorrädern überhaupt so weit kommen. Wir beratschlagen zwei Tage und zwei Nächte. Claudia ist dafür, zurückzufahren und den empfohlenen Umweg zu nehmen. Maya und ich stimmen für das Dschungelabenteuer. Letztendlich beschließen wir, gemeinsam zu versuchen, auf dem Schmugglerpfad durchzukommen.

Doch schon nach einem Kilometer sind die Motoren heißgelaufen, die Mopeds sind im Netz der Schlingpflanzen und Lianen gefangen. Die Pflanzen haben sich um die Rückspiegel, Lenker, Fußrasten, Brems- und Schalthebel gewickelt. Schnittwunden von den Dornen, Blutergüsse, Hautabschürfungen. Mein rechter Fuß verdreht sich, trotz festem Motocross-Stiefel, als er an einer Schlinge hängenbleibt, unter die Packtasche gezogen wird und so das Motorrad abbremst. Frust, Enttäuschung. Klar, es geht nicht. Trotzdem geben wir nicht auf. Maya geht mit mir zweieinhalb Kilometer voraus. Es ist nicht alles so schlimm. Die Kurven sind sehr eng, wild windet sich der Pfad in Schlangenlinien um die größten Bäume herum, über gefallene Stämme hinweg, zwischen Granitblöcken hindurch und über kleine, offene Flächen mit zwei Meter hohem Gras. Auf dem Weg zurück zu Claudia schlagen wir im Weg stehende Pflanzen mit der Machete weg, fällen sogar einen dünnen Baum. Wenn wir es schaffen, die Motorräder so weit voranzubringen, wie wir gelaufen sind, dann haben wir ein Vierundzwanzigstel der Strecke geschafft, vorausgesetzt die Angabe von sechzig Kilometern bis zur Straße in Ligua stimmt. Mayas Motorrad steht vorne, dann kommt Claudias und zum Schluß meins. Die Reihenfolge würden wir beibehalten, bis wir durch sind. Wir würden dann immer wenn nötig einen Kilometer vorauslaufen und in der Breite unserer Motorräder freischlagen, was nicht umfahren werden kann. Maya würde vorfahren, den halben Weg zurücklaufen und Claudias Moped von mir übernehmen. Ich würde die andere Hälfte des Wegstücks zurücklaufen, um meine Maschine nachzuholen. Claudia würde an den ärgsten Hindernissen zur Stelle sein, um uns abzustützen, zu schieben oder zu ziehen. So könnten wir es schaffen, es sei denn, ein Hindernis wäre zu groß.

Bis zum Abend haben wir sechs Kilometer bewältigt, den ersten Fluß noch nicht erreicht. Wir sind alle guten Mutes, es scheint doch möglich zu sein. Auch beim Laufen tragen wir den Helm auf dem Kopf, denn die Gräser sind rasierklingenscharf, schneiden sich tief in unser Fleisch. Fünfhundert Meter ohne Anhalten zurückzulegen ist schon ein Erfolgserlebnis, denn meist liegt ein Baumstamm im Weg, über den wir die Motorräder gemeinsam drüberheben, oder wir schlagen eine Schneise in den Busch und umfahren ihn. Oft schaffen wir es nur, wenn wir eine Maschine zu dritt durchwuchten. Bei jeder Pause gibt es eine Handvoll Erdnüsse, die wir am Vorabend geröstet haben. Sonst haben wir kaum noch zu essen, außer morgens eine kleine Schale Müsli und abends eine halbe Ration Spaghetti mit Thunfisch und Tomatensoße aus der Dose.

Den ersten Fluß haben wir kaum wahrgenommen, es war eher ein kleiner Bach. Der zweite ist viel schwerer zu überwinden, er gibt uns einen Vorgeschmack, was wir noch zu erwarten haben. Steil geht es ein Gefälle von achtzig Metern hinab, über viele entblößte Wurzeln, die das Motorrad immer zum Baum hin leiten, weil die Reifen daran entlang rutschen. Im Fluß wachsen Mangroven, die auf einem Meter Breite erst weggehackt werden müssen. Auf der anderen Seite schieben wir bei schleifender Kupplung ein Moped nach dem anderen wieder hoch. Das Gepäck haben wir vorher abgebaut und einzeln hinübergetragen. Plötzlich schreit Maya auf, springt kopfüber in den Fluß zurück. Er ist in eine Straße wandernder Treiberameisen getreten, die ihn sofort befallen haben. Ihre großen Zangen bohren sich durch die

Haut und krallen sich fest. Wo immer sie im Heer von Zehntausenden auftreten, rettet sich, wer kann, denn ihre Soldaten zerlegen alles, was ihnen zwischen die Schneidewerkzeuge kommt, die Arbeitsameisen transportieren die Stücke dann ab. Damals in den Usambarabergen in Tansania hatte uns ein Feuer geweckt, mit dem die Leute anrückende Treiberameisen verscheuchen wollten, die in Richtung Hühner- und Schweinestall marschierten. Maya schlägt wild um sich, zerrt die Klamotten vom Leib und dann die Viecher einzeln. Dabei reißen ihre Zangen ab, bleiben in Haut und Kleidung stecken.

Wir zelten in der Nähe der Flüsse, weil wir dort unser Trinkwasser schöpfen, uns duschen und die durchgeschwitzte Kleidung auswaschen können. Über Nacht kann sie trocknen, vor allem die Stiefel, die bei den Flußdurchquerungen immer vollaufen. Die nassen Sachen ziehen Bienen an, die sich zu Tausenden darauf niederlassen, bis zur späten Dämmerung, wenn sie urplötzlich alle abziehen. Kurz danach nehmen Motten ihren Platz ein, bis die Bienen sie am Morgen wieder ablösen. Wir sind schon von Stichen übersät. Noch unangenehmer sind die Feuerameisen, die in den Gräsern hocken und beim Durchstreifen auf uns überspringen. Eines Morgens trauen wir unseren Augen nicht. Winzige Termiten zerfressen in Windeseile unser Moskitonetz vor dem Zelteingang, der Zeltboden wird von Blattschneideameisen zerlegt und wandert in fingernagelgroßen Stücken, steil über den Köpfen getragen, in langer Kolonne ab. Während wir so schnell wie möglich unsere Behausung retten, kommt eine Gruppe Waldmenschen vorbei, mit Speeren und einer selbstgebauten Schrotflinte. Sie transportieren stinkendes, schwarzes Fleisch von einem erlegten Elefanten. Die langen, schönen Stoßzähne wollen sie uns für zehn Dollar verkaufen. Ihre Frauen haben symmetrische Markierungen im Gesicht, Narben von tiefen Schnitten, die ihnen bei Ritualen zugefügt wurden.

Nach fünf Tagen und ungefähr dreißig gefällten Bäumen stehen wir auf einmal am Grenzfluß. Die Fährleute sind mit ihrem Boot noch nicht zurückgekehrt. Auf der Suche nach geeigneten Stämmen für ein Behelfsfloß finden wir einen ausrangierten Einbaum. Die Risse im Stamm dichten wir mit Lehm ab. Mit leeren Kanistern und langen Ästen binden wir Ausleger an das sonst kippelige Boot und paddeln zuerst Claudia hinüber. Dort zurren wir den Einbaum mit einem langen Seil an einer kräftigen Wurzel fest, damit er nicht von der Strömung erfaßt wird und abtreibt. Ein großes Krokodil lauert flußabwärts, wartet wohl darauf, daß uns ein Mißgeschick passiert. Dann bringen wir das Gepäck hinüber. Nach jeder Überfahrt müssen die Lecks erneut gestopft werden. Der ausgehöhlte Baumstamm ist gerade breit genug, ein Motorrad aufrecht darin einzuklemmen. Die steile Böschung am anderen Ufer ist durch unsere Arbeit glitschig geworden, wir müssen jedes Motorrad an einer anderen Stelle an Land ziehen. Der Einbaum ist fest an eine Wurzel gebunden, zum Halt für die Füße haben wir Kerben in den Lehmboden geschlagen. Zu dritt heben wir die hundertfünfzig Kilo Leergewicht an, ziehen und stemmen, fassen nach, das Seil dehnt sich, droht zu reißen. Plötzlich verkrampfen sich alle unsere Muskeln, elektrische Hochspannung läßt uns mitten in der Bewegung erstarren, grelle, weiße Feuerzungen ziehen sich auf der Wasseroberfläche zusammen, bündeln sich, züngeln am Rand des Einbaums entlang, huschen über mein Motorrad, springen rasend schnell zu uns über, gleißend, körperlich spürbar – ich beobachte es deutlich, obwohl es nicht mal so lange wie ein Wimpernschlag dauert –, da schießt der Lichtstrahl steil in die Luft, knickt um die neben uns stehende Baumkrone herum, und weg. Im gleichen Moment erschüttert uns ein ohrenbetäubender Knall, hinterläßt einen beißenden Geruch. Wir sind soeben alle drei von einem Blitz getroffen worden. Mechanisch beenden wir unsere Arbeit und setzen uns ans Ufer. Wir sind uns einig: Es war erleuchtend, im wahrsten Sinne des Wortes.

Um Kräfte zu sammeln, bleiben wir einen Tag, der leider zum Alptraum wird, wegen der vielen stechenden Insekten, die uns das Blut aussaugen. Am schlimmsten sind hier die Tsetsefliegen, gegen die wir uns nicht wehren können, weil sie so flink sind. Sie stechen noch durch doppelten Jeansstoff, stellenweise haben sie uns schon mehrfach übereinander gestochen. Erst viel später finden wir heraus, daß die gesamte Region von den Tsetsefliegen entvölkert wurde. Die Menschen sind alle an der von ihnen übertragenen Schlafkrankheit gestorben. Die ersten Radfahrer treffen ein, freuen sich über unsere Wegverbreiterung und darüber, daß wir den Fährbetrieb aufrechterhalten. Fürs Übersetzen zahlen sie von sich aus mit Maniokwurzeln, Zuckerrohr oder Apfelsinen.

Nach insgesamt zehn Tagen erreichen wir ein Erdnußfeld und die ersten Menschen. Sie sind klein und von eigenartig gedrungener Statur, beeilen sich, Stühle zu bringen, um uns unter einem riesigen Mangobaum zu empfangen. Mit den Buschmännern und Hottentotten gehören Pygmäen zu den letzten Nachfahren der ältesten Völker Schwarzafrikas. Wir sitzen einander gegenüber, sie staunen, wir staunen. Motorräder sind hier noch nie aus dem Wald herausgekommen. Wir haben es geschafft. Wir haben Ligua erreicht und die Straße. Welche Straße? Die gab es mal.

Sie erlauben uns, unter dem kleinen Dach der offenen Kirche unser Lager auszubreiten. Eine Frau läuft vorbei, sie trägt eine Staude großer, reifer Bananen auf dem Kopf. Wir kaufen sie ihr ab, sie kosten umgerechnet genau einen Pfennig das Stück. Völlig ausgehungert verschlingen wir alles vor den lachenden Zuschauern, die uns noch Fladenbrot zum Nachtisch bringen.

Schon früh um sieben Uhr werden wir von einem energischem Rütteln an der Zeltwand geweckt. Es ist der Polizeichef aus dem größeren Nachbarort Obo. Er hat von unserer Ankunft gehört und sich in aller Frühe auf den Weg gemacht. Es ist seine ausgesprochene Pflicht, unsere Motorräder einer Art TÜV-Prüfung zu unterziehen. Wir hatten schon davon gehört, auch von den dicken französischen Büchern, die dabei gerne zu Rate gezogen werden und in denen jede nur denkbare Fahrzeugfunktion verzeichnet ist. Es ist kaum zu glauben, aber er findet keine Mängel, alles funktioniert, sogar das Standlicht. Trotzdem wünscht er sich eine Eindollarnote als Souvenir. Wir überreichen sie ihm feierlich in einem Briefumschlag am Ortsausgang. Von ihm erfahren wir, daß in der Hauptstadt Bangui in den letzten Wochen ein Bürgerkrieg getobt hat, der erst vor sechs Tagen von französischen Truppen niedergeschlagen wurde. Soldaten haben im ganzen Land die Benzinvorräte geplündert.

Irgendwie schaffen wir es dennoch bis Obo. Dort treffen wir deutsche Missionare, eine junge Familie, die uns mit Kaffee und Kuchen empfängt. In einer Nacht- und Nebelaktion können wir etwas gebunkertes Benzin organisieren, gerade genug, um Mboki zu erreichen, wo das Büro der UN-Flüchtlingsorganisation, wie über Funk versprochen, seine letzten 60 Liter im Benzinfaß für uns reservieren wollte. Die Mitarbeiter koordinieren und regulieren die Flüchtlingsströme, die aus dem Sudan hierher kommen. Der Weg, der ehemals eine Straße war, besteht bis Zemio fast nur aus Schlaglöchern, die bis zum Rand mit Wasser gefüllt sind. Die Flüchtlinge überholen uns, zu Fuß kommen sie viel schneller voran als wir mit den Motorrädern. Es ist sehr anstrengend, wir brauchen mehrere Tage. Unterwegs besuchen wir die wenigen Missionsstationen. Die Missionare bekommen nur selten Besuch, sie haben Mitleid und verwöhnen uns mit den leckersten Speisen aus ihrer Vorratskammer.

Von Bangassou sind die Bulldozer schon fast bis nach Zemio vorgedrungen. Finanziert von der Weltbank, wird eine neue Straße zur sudanesischen Grenze gebaut. Die Trasse führt wie ein Highway durch unberührten Urwald. Sie bringt uns schnell nach Bangassou und weiter zur Hauptstadt Bangui. In wenigen Jahren wird es entlang der gut tausend Kilometer keinen Wald mehr geben. Die Bäume wird man auf dieser Straße bis zum Hafen nach Kamerun gebracht und von dort mit großen Frachtschiffen in die Herrenländer dieser Welt exportiert haben, die für diese Straße bezahlten.

Bangui ist zerschossen, geplündert, zerstört. Im Gebäude der Zentralbank, in der wir unsere Travellerschecks tauschen, klafft mitten in der Schalterhalle ein Krater. Es soll ein Massaker gegeben haben. Weitere Kampfhandlungen werden befürchtet. Der Mechaniker, der uns in Mboki in sein Haus nach Bangui eingeladen hatte, ist nicht mehr da: Er hat ein Flugzeug gechartert und ist abgehauen. Wir versuchen, bei der deutschen Botschaft eine Genehmigung zu bekommen, auf ihrem gesicherten Grundstück unser Zelt aufbauen zu dürfen. Der Botschafter ist am Abend noch erreichbar, er hat Post für uns: unsere neuen internationalen Führerscheine vom Kölner Ordnungsamt. Die alten sind seit vierzehn Jahren abgelaufen. Der Botschafter ist sichtlich erleichtert, als ein Bekannter von der UN anruft, er sei aus Mboki zurück. Wir können bei ihm wohnen.

Überall in der Zentralafrikanischen Republik herrscht Chaos. Stellenweise sind die Pisten geradezu von Kontrollposten gepflastert, Uniformierte entpuppen sich als Straßenräuber. Die unverschämte Wegelagerei findet ihren Höhepunkt in Kamerun. Auf dem Weg zur Küste überholen wir einen Lkw nach dem anderen, die mit den größten Baumstämmen beladen sind, die ich je in meinem Leben gesehen habe. Der Raubbau hat längst begonnen. Mit den Bäumen verschwinden die Tiere. Hier ist die Straße mit EU-Geldern gebaut, also aus europäischen Steuern finanziert worden. Die Nutznießer sind Konzerne, in diesem Fall vor allem französische.

Bei regnerischem Wetter machen wir Urlaub an einem kleinen, einsamen Strand in der Nähe von Kribi, wo wir noch einmal Maya treffen, der seit Bangui, wie verabredet, alleine weiterreist. Wir hatten eine harte, aber gute Zeit miteinander. Hier feiern wir Abschied und fünfzehn Jahre Planet Earth Expedition. Für unsere Verhältnisse sind wir recht schnell in Afrika unterwegs. Das liegt wohl hauptsächlich daran, daß wir nur wenige Ruhepunkte finden, wo wir uns entspannen und regenerieren können. Wir beschließen endgültig, die Rückreise nach Deutschland anzutreten. Indirekt hatten wir diese Entscheidung schon damals in Manaus getroffen, als wir unser Urwaldboot verschifften. Wir setzen uns ein Datum: In einem Jahr möchten wir zurück in Köln sein. So hatte es auch angefangen. Ich hatte gesagt, in einem Jahr fahre ich los.

Diese bewußte Zielsetzung veränderte natürlich unsere gewohnte Art, unterwegs zu sein. Wir reisen nicht mehr, um zu reisen, sondern um anzukommen. Bis Deutschland mußten wir allerdings noch einige Länder durchqueren.

Der Transit durch Nigeria klappte ganz gut. Viele Reisende kommen erst gar nicht über die Grenzen dieses krisengeschüttelten Landes. In Togo lassen wir uns für einen Monat bei Alice in ihrem Gäste-Chalet nieder. Sie ist Schweizerin und lebt schon seit siebzehn Jahren im Land, hat alle politischen Unruhen miterlebt. Ihre nächtlichen Erzählungen sind spannend. Hier, im schmalen Küstenstreifen von Benin und Togo, liegt der Ursprung der Voodoo-Kultur – verschiedenen Spielarten dieser mächtigen und gefährlichen Schwarzen Magie waren wir unterwegs begegnet. In Alices Restaurant spielt eine Tanzgruppe aus Liberia. Es sind Flüchtlinge, die den Massakern im eigenen Land entkommen sind. Sie haben ihre Familien verloren. Hier unterhalten sie weiße Touristen, schlagen wilde Trommelrhythmen und singen Lieder über die Mutter Afrika, klagend, sehnsüchtig. Vor der Tür wartet bereits die Polizei, um den Flüchtlingen ihre Gage wieder abzunehmen. Sie sind illegal im Land, haben keine Aufenthaltsgenehmigung. Armes Afrika.

Wir sind gut zwei Jahre durch den schwarzen Kontinent gereist, kreuz und quer, haben viel gesehen, gelesen, diskutiert, wollten einen Einblick in eine völlig andere Kultur bekommen, um sie zu verstehen. Wir haben viele verschiedene Menschen getroffen, die sich ihrem jeweiligen Stamm zugehörig und verbunden fühlten. Oft wirkten sie entwurzelt, verloren, fallengelassen. Sie irrten umher, zwischen Grenzen, die der weiße Mann gezogen hat, mitten durch ihre Stammesgebiete hindurch. In den Städten, den Ballungszentren nach europäischem Vorbild, sahen wir die Verwahrlosung und die Verrohung. Oft wirkten die Menschen aufdringlich und fordernd, wenn sie den Weißen ihre Hände entgegenstreckten, um nach Geld zu betteln. Ihre Augen schienen zu fragen, warum die einen Geld haben und die anderen nicht. Geld, das man nicht essen kann, das aber bestimmt, wer essen darf.

Wir haben so manche europäische Entwicklungshelfer getroffen, die an den Verständigungsproblemen fast verzweifelten. Sie sahen ihre Arbeit durch die europäische Brille, lehrten europäische Denkweisen und Wertesysteme. Doch diese stehen im Widerspruch zur ursprünglichen und tiefverwurzelten Mentalität der Scharzafrikaner. Ihre Lebensqualität wird nicht vom Geld bestimmt, sondern von all dem, was die Natur bereitstellt. Die Lösung der Probleme findet sich oft in ihrer Einfachheit, im lokalen Umfeld, wie wir auf unserer Reise um die Welt immer wieder feststellen konnten. Erst die Denkweise der industrialisierten Gesellschaft verkompliziert alles.

Afrika hat funktioniert, bis Europäer kamen und das über Generationen in Afrika entwickelte Gleichgewicht zerstörten, indem sie die verfügbaren Ressourcen, wie Wasser und Land, ausschließlich nach wirtschaftlichem Interesse umverteilten. Dies soll nicht heißen, daß es im voreuropäischen Afrika keine Konflikte unter den Völkern und keine Eroberungskriege verschiedener afrikanischer Reiche gegeben hat. Aber sie wurden ausgetragen mit primitiven Waffen, waren regional begrenzt und sind nicht vergleichbar mit jener europäischen Eroberung, die die Strukturen des gesamten Kontinents mit der Gewalt moderner Waffen verändert hat und bis heute das Denken eines Großteils der Eliten zwischen Sahara und Sambesi prägt: Schwarzafrikaner mit weißgewaschenem Kopf.

Sicherlich sind viele Traditionen und Gebräuche in Afrika für den westlich Denkenden nur schwer zu akzeptieren, wie zum Beispiel die Beschneidung der Frauen, Hexerei oder das rituelle Töten von Kindern. Aber wer gibt den Europäern das Recht, der ganzen Welt ihre Sichtweise aufzudrängen? Was hat die westliche Kultur denn der Welt Großartiges gebracht, denkt man an Massenvernichtungswaffen, die Unterwerfung anders denkender Völker, die globale Zerstörung der Umwelt, die allgemeine Herrschaft des materiellen Prinzips? Das Gros der Schwarzafrikaner hat kein Interesse, beim globalen Wettbewerb mitzumachen, sie hätten auch gar keine Chance.

In diesem Licht lassen sich viele Probleme besser verstehen, die wir seit Beginn unserer Afrikareise in Durban beobachteten, einschließlich der exzessiven Brutalität im Stammeskonflikt in Ruanda, wo es letztendlich auch um Territorialansprüche geht. Wir hatten dort viele

Fragen gestellt. Die Grausamkeiten, die uns von Überlebenden und Augenzeugen berichtet wurden, erschütterten uns.

Hoffnung hatte ich bei den Zande im Zaire geschöpft, die von der Infrastruktur des Landes total abgeschnitten waren. Dort erinnerten sich die Menschen ihrer Wurzeln, leben heute wieder nach altem Vorbild, zufrieden, wohlgenährt, gesund, stolz, würdevoll und mit Respekt vor anderen. Gleich zu Anfang hatte uns Swasiland im südlichen Teil Afrikas stark beeindruckt. Dort besteht eine Art Königreich, auch hier der Stamm stolz und stark. Einige hatten sogar eine Synthese zweier Kulturen zustande gebracht: Ich sprach mit einem Bankmanager beim Essen in seiner Hütte. In seinem Nadelstreifenanzug saß er im Schneidersitz auf dem gestampften Lehmboden und löffelte seine Mahlzeit mit den bloßen Fingern. In Lesotho, ebenfalls eine Monarchie, schien mir der Versuch einer Kultursynthese gescheitert: Dort hatten sich die vielen verschiedenen Entwicklungshilfeorganisationen so stark in das Leben der Menschen eingemischt, daß auf sie die höchsten Pro-Kopf-Fördermittel der Welt entfielen. Damit wurde das Volk in die totale Abhängigkeit getrieben, ein Effekt, der in ganz Afrika zu beobachten ist.

Noch immer richtet sich der Zuschnitt der afrikanischen Staaten nach den Grenzen, die ihnen die Kolonialherren hinterlassen haben. Sie verhindern, daß die verlorenen Menschen zurückfinden zu ihrem Territorium, zu ihrem Stammesleben, zum Sippensystem, wo sie ihre kulturelle Identität zurückerlangen, Halt, Bestätigung und Erfüllung finden.

Außerdem blieb der größte Teil ihrer Kolonialarmeen zurück, der sich aus Mitgliedern der verschiedensten Stämme zusammensetzt. Die Ranghöchsten traten die Nachfolge der Kolonialherren an und wurden die neuen Herrscher Afrikas. So entstand innerhalb der einzelnen Staatsgrenzen jeweils ein neuer Stamm: das Militär. Ohne ihre Armeen hätten Diktatoren wie Mobutu, Idi Amin Dada, Bokassa und Konsorten sich nicht über die anderen Stämme erheben und die Ressourcen der Länder skrupellos ausbeuten können. Ihre Nachfolger machen es nicht anders.

Im Sahel, der Savannenzone südlich der Sahara, besuchen wir gemeinsam mit den Entwicklungshelfern Werner und Susanne aus Djibo ein Flüchtlingslager der Tuareg, fühlen uns bei den Wüstennomaden bald zu Hause. Auch sie sind Opfer eines Konflikts, in dem es um Gebietsansprüche geht, ihr traditionelles Territorium wird gleich von fünf verschiedenen nationalen Grenzen durchtrennt. Die Tuareg werden vertrieben und zum Teil grausam massakriert. Sie schlagen nicht weniger brutal zurück, machen das ganze Gebiet um Agadez im Niger mit Überfällen unsicher. Dennoch wollen wir dort durchfahren, über Tamanrasset durch die Sahara nach Lybien und Tunesien, um der Gegend um Algier auszuweichen, die von moslemisch-fundamentalistischen Unruhen erschüttert wird.

Auf Eselskarrenspuren suchen wir unseren Weg durch den staubig-trockenen Sahelgürtel, treffen auf seßhaft gewordene Fulbe-Nomaden, die Frauen mit schwerem Schmuck behängt. Mit langen Knüppeln stampfen sie Hirse in grob gezimmerten Holzmörsern. Auf den Köpfen balancieren sie riesige Tonkrüge, ihre bunten, weiten Kleider flattern im Wind. Auf dem Kamelmarkt feilschen Männer mit eleganten Turbanen und Gewändern um jeden Preis. Sie sitzen auf staubigem Boden, stopfen sich lange, dünne Tabakpfeifen und trinken stark gezuckerten grünen Tee aus China, den sie bei jeder Gelegenheit frisch aufgießen. In der Hauptstadt von Niger, in Niamey, beantragen wir ein Visum für Algerien. Die algerische Botschaft hält uns einen Monat lang hin, das Visum bekommen wir nicht. Die inoffizielle Begründung: die deutsche Botschaft in Niamey gewährt Algeriern auch keine Visa für Deutschland. Jetzt müssen wir den ganzen Weg über Burkina Faso und Mali zurückfahren, um über Senegal nach Mauretanien zu gelangen – eine Strecke, die wir wegen der Grenzkonflikte mit der Separatistenbewegung Polisario in der Westsahara eigentlich vermeiden wollten.

Wochen später erreichen wir Nouakchott, die Hauptstadt Mauretaniens am Atlantischen Ozean. Vor uns liegt die Sahara: Wüste und Niemandsland, und mittendrin eine Grenze, die von marokkanischen Besatzungsmächten bewacht und von einem Minengürtel gesichert wird. Die Wüstenstrecke von gut tausend Kilometern bis nach Dakhla in Marokko wird offiziell nur von Nord nach Süd befahren, streckenweise im Konvoi vom Militär begleitet. Vom Süden her kommend ist es verboten, die Grenze zu überschreiten. Wir müssen also versuchen, uns illegal durch den Minengürtel zu tasten. Alleine würden wir es kaum schaffen, für die lange Durststrecke genügend Benzin und Trinkwasser mitzuschleppen, in unsere Richtung sind aber nur ganz selten andere Fahrzeuge unterwegs, mit denen wir uns zu einer Gruppe zusammenschließen könnten. Wir treffen Dieter und Gretel, die mit ihrem Unimog-Wohnmobil die Sahara schon oft durchquert haben. Sie können einen Teil unseres Gepäcks verstauen. Dann geht es los. Erst siebzig Kilometer am Strand entlang, vorbei an den letzten Fischersiedlungen, und dann ab durch die Mitte, immer den Angaben von Dieters Satelliten-Navigationsgerät folgend. Es ist das erste Mal, daß wir uns auf ein solches Gerät verlassen, mit dem wir sogar fast bis auf den Meter genau Süßwasserbrunnen finden können. Wir brauchen nur die Koordinaten anzufahren. Bisher sind wir immer nach dem Kompaß im Kopf oder dem in der Tasche gefahren, was wir viel spannender und interessanter finden als die moderne Technik.

Die Wüste ist wunderschön. Wir campieren am Wüstenrand, wo die Meeresbrandung uns in den Schlaf singt, oder am Fuße der Dünen, im spärlichen Schatten einsamer Bäume, um uns vor der glühenden Sonne zu schützen. Das Fahren im Sand ist ein einziges Vergnügen, auch wenn uns so manche Weichsandfelder zu schaffen machen. Zuerst streikt Claudia, doch dann lassen wir etwas Luft aus den Reifen und sie faßt sich ein Herz, gibt kräftig Gas und fliegt mit Vollgas über den Sand. Auf einmal kann es ihr nicht schnell genug gehen. Verglichen mit den vielen Wüsten und Sandstrecken, die wir auf der Welt schon bewältigt haben, ist dieses Stück der Sahara ein Zuckerschlecken. Düne rauf, Düne runter, über große, harte Bodenflächen, in den Tiefsand hinein und wenig später wieder heraus. Die Sahara sei der Welt größter Sandkasten, sagt man – und so fühlen wir uns auch. Dann erreichen wir ganz im Norden von Mauretanien die Eisenbahnlinie und das Grenzgebiet zu Marokko. Weil es angeblich vermint ist, habe ich mich bei einem Beobachtungsposten der UN erkundigt. Nach ihren Informationen ist vor drei Jahren zum letztenmal ein Grenzgänger auf eine Mine gefahren. Fast haben wir es bis zur Demarkationslinie geschafft, an der alle paar hundert Meter ein marokkanischer Militärposten steht. An einem kleinen Schild »Menen/Mines« bleiben wir stehen. Jetzt kommen uns Soldaten entgegen, ihre Waffen locker geschultert. Sie lassen uns nicht passieren. Wir müssen entlang der Grenzmarkierung bis zum Brunnen von Gandouz fahren. Siebzig Kilometer Minengürtel. Am nächsten Vormittag haben wir den Militärstützpunkt erreicht. Davor kämpfen sich etwa sechzig Fahrzeuge durch ein Weichsandloch. Wochenendabenteurer, die mal eben alten Schrott, der in Europa vor keinem TÜV mehr besteht, nach Afrika verschieben. Dahinter beginnt eine Teerstraße. Bevor wir die nehmen dürfen, haben marokkanische Grenzsoldaten Spaß daran, uns drei Tage lang unter sengender Hitze bei Wasser und Brot festzuhalten. Danach sind wir endlich frei.

Marokko überrascht uns mit seiner Kultur, der Freundlichkeit der Menschen und der Farbigkeit der ausgedehnten Marktviertel, der Souks. Die Landschaft ist fabelhaft schön. Steinwüste, Sanddünen, Oasen, das Atlasgebirge – ein wunderbarer Abschluß unserer langen Afrikareise. Im nördlichsten Zipfel Marokkos liegt die spanische Enklave Ceuta. Marokkanischer Zoll hält uns noch stundenlang auf. Dann rollen wir auf den spanischen Grenzposten zu. Der Zöllner fragt: »Alemania?« und winkt uns durch. Wir können es kaum fassen. Noch eine letzte Nacht im Zelt auf einem Hügel vor einem Kloster. Ein letztes Mal geht für uns über Afrika die Sonne unter. Auf der anderen Seite der schmalen Straße von Gibraltar beobachten wir, wie in Algeciras zur Dämmerung die Lichter angehen.

Damit kommen wir zum Ende unserer Reise und zum Ende unseres Buches. Ich habe viel zuviel geschrieben, zusammen mit Claudias Seiten sind es bald doppelt so viele wie mit dem Verlag vereinbart. Jetzt müssen wir kürzen. Aus Platzgründen haben wir in unserem Text schon große Sprünge gemacht, konnten sowieso lange nicht alle Aspekte unseres Reiselebens berücksichtigen. Das Salz dieser Reise waren eigentlich die vielen interessanten Menschen, die wir unterwegs trafen, und ihre Geschichten, die wir im Rahmen dieses Buches gar nicht alle erzählen konnten. Diese Menschen gaben uns Energie, und ihre Hilfe ermutigte uns auf unserem Weg. Wir teilten Freude und Leid. Sie waren unsere große Familie. Allen, die uns geholfen haben, unseren großen Traum zu verwirklichen, sind wir ganz besonders dankbar. Das gilt auch für die vielen Kleinwerkstätten, die uns gerne geholfen haben.

Wir konnten die vielen Tagebücher, Briefe und Gesprächsnotizen, die sich über 16 Jahre angesammelt haben, nur bruchstückhaft auswerten. Allein die 25.000 Dias anzuschauen, dauerte vier Monate, fast jeden Abend ein paar hundert. Farb- und Schwarz-Weiß-Aufnahmen konnten wir nur im Negativ sichten, da wir die Erstabzüge unterwegs unseren Briefen beigelegt hatten.

Weil wir so viel geschrieben haben, dauert es mit der Manuskriptabgabe länger als vorgesehen. Inzwischen ist unsere Tochter Anna Claudia geboren. Genau eine Stunde nach der Abdankungsrede von Helmut Kohl traute sie sich auf die Welt. Heute ist sie acht Wochen alt. Sie liegt auf meinem Schoß, während ich schreibe. Wir haben viel Freude mit ihr, sind um ein großes Glück reicher. Seltsamerweise ist sie gar nicht so gerne unterwegs, scheint sich am wohlsten in der warmen Stube zu fühlen. Aber vielleicht entdeckt sie ja noch ihre Reiselust, wenn wir zusammen wieder losziehen.

Doch halt, wir müssen ja erst noch ankommen: Europa empfängt uns mit einem dichten Straßennetz, so unübersichtlich, daß wir uns an fast jeder Kreuzung neu orientieren müssen. Wir suchen die kleinen Landstraßen, aber sie münden immer wieder in eintönige Schnellverkehrs-Trassen. Portugals ehemals wunderschöne Gebirgssträßchen werden gerade der Europanorm angeglichen. Die kleinen Bergdörfer verlieren ihren Charme. Was uns aber gefällt, ist die Öffnung der Grenzen in Europa. Keine Kontrollposten, dafür genormte Empfangsschilder: Willkommen in Portugal – Spanien – Frankreich. Anfang April ist es uns noch zu kalt im Süden Europas, wir frieren, besonders in den Pyrenäen, wo noch Schnee liegt. Campingplätze sind noch geschlossen. Wir zelten wild, an kleinen Flußläufen, im Wald oder wo immer wir uns für eine Nacht verstecken können, werden aber mehrmals von der Polizei geweckt und verscheucht. Alles muß seine Ordnung haben, an vieles werden wir uns wieder gewöhnen müssen. Auch die Südeuropäer scheinen die Muße schon etwas verlernt zu haben. Ob der Faktor »Zeit« unser Leben wieder beherrschen wird? Wir hoffen es nicht.

Mit jedem Kilometer, den wir uns unserer alten Heimat nähern, wächst die Ungewißheit. Damals lag das Ungewisse in der Ferne, in die wir abgefahren waren. Dann hatten wir viele Länder und Kulturen kennengelernt, die unser Zuhause geworden sind. Wir hatten unsere Sicherheit in unserem Lebensstil gefunden. Nun ist es umgekehrt, unser ehemaliges Zuhause kommt uns jetzt fremd vor. Die wenigsten werden nachvollziehen können, was dies für uns bedeutet. Unsere Freunde, Emile und Marie, verstehen uns. Wir besuchen sie in ihrem gemütlichen Haus in Südfrankreich, das sie sich gekauft und frisch renoviert haben. Es ist, als ob wir uns erst gestern von ihnen verabschiedet hätten. Dabei liegt Alaska nun schon neun Jahre zurück. Emile hat noch immer seinen stattlichen Schnurrbart, und Marie lacht noch genau so herzlich wie damals. Nachdem sie zurückgekehrt waren, hatten sie Bücher geschrieben, waren mit einer Segelyacht auf dem Mittelmeer gekreuzt, hatten eine Fahrradtour durch die

Mongolei gemacht. Zur Zeit bereiten sie einen Rundritt durch die USA vor. Über ihre Abenteuer halten sie Diavorträge in Frankreich. So ähnlich stellen wir uns auch unsere Zukunft vor: An einem schönen Platz ein Basislager einrichten, von dort aus Trips unternehmen, darüber berichten und von dem Einkommen bescheiden leben. Vor allen Dingen möchten wir Kinder haben – der eigentliche Grund, weshalb wir unsere Dauerreise vorerst unterbrechen wollen. Wir haben Lust auf ganz neue Abenteuer, in meinem Kopf schwirrt immer noch Daedalus herum, eine erste Konstruktionsskizze habe ich schon mal entworfen. Eine Weile in Deutschland zu leben und zu arbeiten bedeutet für uns eine Herausforderung, der wir mit gemischten Gefühlen entgegensehen. Auf der ganzen Welt haben wir überlebt, dann werden wir es auch in Deutschland schaffen. Zum Glück wartet unsere »Juma da Amazonia« in Belgien.

Nach einem Monat bei Emile und Marie fahren wir die letzten Straßenetappen bis Antwerpen. Ich folge Claudia, die sich noch gut im großen Hafengelände zurechtfindet. Das Tor zur Halle, wo sie unser Boot vor dreieinhalb Jahren abgestellt hatte, ist offen. Dort steht es immer noch, unglaublich. Die Abdeckplane ist über die Jahre vom Hafendreck ganz schwarz geworden. Aber das Holz ist unversehrt, die Palmblätter und die Schaufelräder hängen noch an der Hallenwand, genau so, wie Claudia alles zurückgelassen hatte. Das freudige Wiedersehen verdanken wir Etienne, dem Terminalmanager. Wir finden ihn in seinem Büro. Als wir hereinkommen, fällt er vor Überraschung fast vom Stuhl. »Ach, die Weltenbummler! Da seid ihr ja endlich«, freut er sich. Er bietet uns sofort einen Platz neben der Halle an, wo wir das Boot für unsere letzte gemeinsame Fahrt vorbereiten können. Etienne erzählt mir, wie Claudia damals hier auf dem Hafengelände erschienen ist, an dem Morgen, als das Charterschiff aus Manaus anlegte, mit unserer Juma als Fracht. Claudia habe genau gewußt, was sie wollte, habe sich Zentimeter um Zentimeter vorgekämpft, sei keinen Millimeter mehr zurückgewichen, bis er und seine Leute aufgaben und sich ihren Wünschen beugten. Sie wehrt sich, wiegelt ab, schließlich hätte sie einige harte Nüsse zu knacken gehabt.

Die Flamen nehmen unser Vorhaben, das Boot gründlich zu restaurieren, mit begeisterter Hilfsbereitschaft auf. Wir müssen komplett restaurieren. Nach über drei Jahren im Trockenen ist das Tropenholz geschrumpft. Die Fugen zwischen den Planken sind so breit, daß das Dichtungsmaterial schon fast herausfällt. Sie müssen alle gesäubert und neu abgedichtet werden, eine mühsame Arbeit. Vorsorglich hatte Claudia fünf Kilo dieser Hanffasern aus dem Amazonas mitgebracht. Bootsrümpfe und Oberdeck müssen geschliffen und mit Öl versiegelt, die Spritzschutze der Seitenräder und ein Teil der Dachbögen erneuert werden. Das nötige Mahagoni- und Teakholz spendiert der Chef einer Holzhandlung, der auch begeisterter Motorradfahrer ist. Die Besitzer einer Marinewerkstatt stellen die Materialien zur Verfügung und tauschen die alten Wasserrohre aus, die wir im Amazonas als Achsen für die Schaufelräder benutzt hatten. Hier lassen sie für uns Flansche, Lagersitze und Arretiervorrichtungen drehen, alles auf ein Hundertstel Millimeter genau.

Die Restaurierungsarbeiten ziehen sich über sechs Wochen hin. Inzwischen wohnen wir auf einem alten Schleppkahn, mit Schlafkojen, Toilette und Küche, nur hundert Meter von unserem Arbeitsplatz entfernt. Dort malochen wir täglich zwölf bis vierzehn Stunden bei schlimmstem belgischen Frühlingswetter mit Regen und Sturm. Zum Schluß muß nur noch das Dach neu gedeckt werden. Dafür schieben wir das Boot zurück in die Halle, denn draußen pfeift der Wind zu stark. Diesmal sind keine Indianer dabei, um uns zu helfen. Wir installieren eine neue Ruderanlage, fügen ein vorderes den hinteren Rudern hinzu, um den Wendekreis den schmalen Kanälen in Europa anzupassen. Und montieren unsere Motorräder.

Endlich ist es soweit. Heute scheint sogar die Sonne. Juma steht auf dem Tieflader, ein Traktor zieht sie aus der Halle und hinüber zum riesigen Hafenkran. Die Arbeit am Kai ist vorübergehend zum Stillstand gekommen. Die Hafenarbeiter haben Wetten abgeschlossen. Juma glänzt in frischen Farben, die Räder rot, weiß das Metall, und goldbraun leuchten Holz und Dach. Langsam schwebt das Boot am Stahlhaken hinüber ins Hafenbecken, wo es von unruhigem Wellengang empfangen wird. Schnell ein Blick in die Ladeluken, kein Wasser dringt ein, die Fugen sind dicht. Ich lasse kurz die Motoren warmlaufen, dann erster Gang rein, Kupplung langsam kommen lassen, die Schaufelräder greifen ins Wasser, schieben uns vorwärts. Alles läuft wie geschmiert.

Die Luken sind schnell beladen, am späten Nachmittag geht es los. Vorbei an den großen Ozeandampfern, unter Zugbrücken hindurch, eine rote Ampel, dann in den Albertkanal hinein und zum ersten Yachthafen. Freunde, die uns geholfen haben, kommen zu Besuch. Hier verbringen wir die nächsten Tage mit Probefahrten und Parties.

Fast alle schiffbaren Flüsse Europas sind untereinander mit Kanälen verbunden, unsere Route nach Köln können wir beliebig zusammenstellen. Wir beschließen, die Maas und den Canal de l'Est hinaufzutuckern und anschließend den Rhein-Marne-Kanal hinab in die Mosel. Bis nach Maastricht weichen wir auf die engen Kanäle über Turnhout aus, an denen Rad- und Wanderwege entlang führen.

Die Reaktionen der Menschen, die uns mit unserem exotischen Gefährt sehen, sind oft überschwenglich. Manche vergessen auf die Wege zu achten, es kommt zu Zusammenstößen, wenn sich größere Fahrradgruppen begegnen. Eine Frau fällt mitsamt Rad in den Kanal, muß von ihrem Begleiter wieder herausgefischt werden. Sie winken, klatschen und rufen »Chapeau!«

Ein ungewohntes Bild, Juma in einer Schleuse. Es ist unsere erste, denn im Amazonasgebiet gab es keine, genauso wenig wie Tunnel. Das Gefälle auf der gesamten Strecke dort hatte weniger als 50 Meter betragen. Hier müssen wir einen Anstieg von 245 Metern überwinden, wobei uns siebenundachtzig Schleusen helfen. Die Tunnel sind nur wenige Zentimeter breiter als unser Boot. Claudia steht konzentriert am Steuerrad, ich reguliere die Geschwindigkeit der Motoren, die meist nur im Standgas laufen. Wir haben keinen Rückwärtsgang und keine Bremsen, dafür aber ein Signalhorn, das uns ein freundlicher Skipper unterwegs geschenkt hat.

Wir können den Albertkanal nicht ganz umgehen, den belgischen Highway der Binnenschiffer. Die geben uns keine Chance: riesige Bugwellen lassen uns tanzen, die Schaufelräder drehen schon mal in der Luft, werden im nächsten Moment ganz unter Wasser gedrückt und würgen die Motoren ab. Der Kanal ist zwischen steilen Mauern eingebettet, umgeben von Straßen, Brücken, Atomkraftwerken, Strommasten und Drähten, an denen Städte und Industrieanlagen hängen. Statt der wohltuenden Urwaldgeräusche des Amazonas hören wir ratternde Güterzüge, dröhnende Flugzeuge, quietschende Autoreifen und heulende Sirenen. Erst ab Lüttich wird der Schiffsverkehr ruhiger, und in den Ardennen ist es dann wunderschön. Berge, Wald, gemütliche Ortschaften, Gutshöfe und Schlösser. Vorher passierten wir auch eins der vielen Anwesen von Mobutu, dem Präsidenten von Zaire, der sein Land geplündert hat.

In den Yachthäfen sind wir immer willkommen, dort besuchen uns Freunde und Familie. Claudius, den wir aus Guatemala kennen, kommt angejettet, will sich die Gaudi nicht entgehen lassen, wenigstens für ein paar Tage dabeizusein. Mit ihm verstecken wir uns zwischen den Büschen an den Steilufern, wo wir ungestört von Zaungästen die Nächte verbringen. Zweimal werden wir nachts überfallen, aber es gelingt mir, die Kriminellen mit meiner Urwaldmachete in die Flucht zu schlagen.

Unterwegs stehen oft viele Menschen an den Schleusen, Schulklassen, Touristen und Arbeitslose. Wir freuen uns über das rege Interesse und die vielen Glückwünsche, die uns die Leute zurufen, aber wenn Neugierige in unser schwimmendes Heim eintreten, ohne anzuklopfen, finden wir das doch ganz schön dreist und respektlos. Zumal fast jeder, statt zu grüßen, uns erst mal nur die laufende Videokamera ins Gesicht hält.

Den Scheitelpunkt unserer Schiffsreise erreichen wir, als uns die letzte Schleuse des Canal de l'Est genau beim Kilometerstein III in den Rhein-Marne-Kanal hebt. Rechts geht's nach Paris, links herum die Schleusentreppe hinunter nach Toul und in die Mosel. Die Mosel ist viel breiter als die Maas, hier haben wir unsere Ruhe, bis auf die Wochenenden, wenn die Leute den tollen Sommer von 1997 ausnutzen und mit Schlauchbötchen, Schnellbooten, Wasser- und Jetski immer wieder um uns herumwirbeln, bis es uns schwindelig wird. Die Kapitäne der Ausflugsdampfer fahren gefährlich nah an uns heran, damit die Gäste uns während der Fahrt von allen Seiten fotografieren und filmen können.

Luxemburg, Montag, 1. September: Wir stehen vor der großen Europaschleuse, weil wir mit unserer Juma nicht in die kleinen Bootsschleusen passen. Der junge Wart will uns nicht durchlassen, droht mit hohen Geldstrafen. Ohne Schiffspapiere, Registriernummer, Versicherung, Bootsführerschein oder sonstige Genehmigungen dürften wir nicht passieren. Wir bleiben ruhig, geben dem Sesselfurzer Zeit, sich wieder abzuregen und bestehen darauf, daß er in seinem Gesetzbuch die Klauseln sucht, die uns trotz aller Verbote die Fahrt auf den internationalen Gewässern, wie Mosel und Rhein, erlauben. Wütend stampft er davon, will sich bei seinem Vorgesetzten über Funk erkundigen, der sei aber zu Tisch. Nach vier Stunden kommt die Entwarnung: Die oberste Schiffsbehörde gibt grünes Licht. Im Konzer Yachtclub betreten wir deutschen Boden. Ein ungewohntes Gefühl. Ich stehe schwankend, obwohl der Untergrund fest ist. Ob die Deutschen uns wohl weiterfahren lassen? Mit schlimmsten Befürchtungen schwinge ich mich aufs Fahrrad, das uns Claudias Schwester Patty für

Besorgungsfahrten aufs Boot gestellt hat, und strampele den Ämtern entgegen, dem Dickicht des deutschen Paragraphendschungels.

Aber Schiffahrtsamt und Wasserschutzpolizei überraschen uns: »Wenn die anderen Europäer euch fahren lassen, dann müssen wir das auch tun.« Es scheint unmöglich, uns in ein Raster einzuordnen. Wohnsitz in Südamerika, Kölner Motorradkennzeichen, Heimathafen Lábrea/Amazonas, gebürtige Deutsche unter brasilianischer Flagge. Aber ein Foto möchten sie gerne noch machen, bevor wir unsere Reise fortsetzen.

Weiter geht's flußabwärts, Richtung Koblenz, zwischen Weinbergen hindurch, den langgezogenen Windungen der Mosel folgend. Wir lassen Burgruinen und Touristenorte hinter uns und erreichen die letzte Schleuse vor dem Deutschen Eck. Hier mündet die Mosel in den Rhein, vor dem uns schon viele Motoryachtpiloten gewarnt haben. Die Spannung steigt, gleich werden wir von der starken Strömung erfaßt. Plötzlich taucht mit Affenzahn die Wasserschutzpolizei auf, schmeißt uns mit ihrer Breitseite eine hohe Welle entgegen, daß wir fast kentern, befiehlt uns umzudrehen. Dazu ist es zu spät, wir fahren weiter, die Polizei soll längsseits kommen, so können wir uns mit Rufen verständigen. Sie beobachten uns eine halbe Stunde lang, dann winken sie und drehen ab. Sie haben sich über Funk informiert. Wir dürfen weiterfahren.

Dichter Verkehr auf dem Rhein. Riesengroße Flußfrachter, Schubschiffe, Tragflügelboote und Touristendampfer tragen Rennen untereinander aus. Da können wir nicht mithalten. Das Unkeler Loch: Wellen wie auf hoher See. Kurz danach der Hafen von Bad Honnef. Die halbe Strecke auf dem Rhein bis Köln ist geschafft, wir beschließen, noch einen Tag Pause einzulegen. Kaum zu glauben, daß unsere Reise jetzt ein Ende haben soll. Wir werden uns damit abfinden müssen.

Samstag, der 20. September 1997. Bei Rodenkirchen kommen wir um die letzte Flußbiegung, dann schieben sich die Spitzen des Kölner Doms ins Bild. Mir wird warm ums Herz, ich schreie in den Wind. Claudia am Steuerrad. Wenn es unterwegs schwiwrig wurde, hat sie ihrem Moped immer versprochen: »Wenn du bis Köln durchhältst, brauchst du nie wieder fahren.« Am Ufer unsere Familien, an der Hafeneinfahrt alte Freunde von früher, als wir »noch jung« waren. Wir sind zu schnell, Claudia brüllt: »Mach aus, mach aus!« Bevor ich dazu komme, geht der Motor ihrer Maschine von selbst aus. Wir haben ihn nicht wieder angemacht.